스몰자이언츠가온다

SMALL

세상을 바꾸는
완전히 다른 패러다임

스몰 자이언츠가 온다

GIANTS

BO BURLINGHAM

보 벌링엄 지음 | 김주리 옮김

넥스트북스

소중한 아내 리사와 사랑하는 가족들에게

이 책을 바친다.

위대한 비즈니스를 창조한 작은 거인들

내가 '탁월한' 비즈니스를 만들어가는 기업들에 대해 처음 조사를 하기 시작하던 때만 해도 '작은 거인'이라는 개념은 머릿속에 없던 단어였다. 내가 만난 기업들은 비슷한 점을 갖고 있었다. 이를테면, 그들은 사업의 규모를 키워야 한다는 압박과 유혹에서 자유로워 보였다는 점이다. 외형적 성장보다 중요한 자신들만의 비전을 갖고 있었기 때문이다. 물론 당시만 해도 나는 그런 비슷한 점들이 어떤 '특별한' 현상이라고 확신하지는 못했다. 그러나 당시 내가 근무하던 비즈니스 매거진《인크(Inc.)》에서 한 기업에 대한 기사를 집중적으로 쓰면서 나는 그 '특별한' 현상이 의미하는 바를 깨닫게 되었다.

그때 내가 기사를 쓴 기업은 '징거맨스 커뮤니티 오브 비즈니시스(Zingerman's Community of Busimesses)'라는 곳이었다. 미시간 주 앤아버(Ann Arbor)라는 도시의 유명한 식품점인 징거맨스 델리카트슨(Zingerman's Delicatessen)을 필두로 사업을 시작한 회사다. 징거맨스 델리카트슨의 창업주들은 전국적인 규모로 사업을 확장할 수 있는 천금 같은 기회를 거절하고, 앤아버 지역 내에서만 사업을 유지했다. 자신들이 뿌리 내린 앤아버에 '훌륭하고 특별한 무언가를 기여하기 위해' 사업을 시작했다고 하는 징거맨스는 내가 만난 어떤 회사들보다도 독특하고 흥미로운 신념을 지니고 있었다. 나는 그들과 비슷한 선택을 한 다른 경영자들에 대해 좀 더 본격적으로 조사해봐야겠다는 생각이 들기 시작했다.

순전히 호기심 때문에 시작한 일이었지만, 징거맨스와 비슷한 철학을 지닌 회사들에 대해 더 깊이 파악하게 되면서 그 호기심은 더욱 강력해졌다. 당시 《인크》는 다방면에서 기업 환경을 조사하는 일에 많은 시간과 노력을 쏟고 있기도 했다. 나는 조사 과정에서 '놀라운 발전'을 보여왔지만 그동안은 우리의 시야를 피해갔던 회사들을 여럿 발견하게 되었다.

일반적인 회사라고 하면 흔히 대기업, 중견기업(대기업으로 성장하고 있는), 중소기업으로 분류할 수 있다. 그러나 내가 조사하던 회사들은 세 가지 범주 가운데 어느 곳에 속한다고 확신하기 어려웠다. 그들 가운데 대부분은 여전히 성장 중에 있지만, 일부는 성장을 억제하기로 결정했으며, 또 다른 회사들은 의식적으로 기존의 규모를 유지하기 위해 노력을 기울이고 있었다.

규모와 성장률을 제외하고도, 이들은 몇몇 특정한 공통점을 지닌다. 먼저, 이 회사들은 자신이 속해 있는 분야에서 최고가 되겠다는 강력한 의지를 갖고 있다. 그들 가운데 대부분은 이미 업계의 내외부에서 탁월한 능력을 인정받았다. 때문에 그들은 자본을 늘리고, 빠르게 성장하고, 인수합병을 하고, 지리적인 확장을 하는 등 성공한 기업들이 가는 보편적인 길을 따를 기회가 많았다. 그러나 그들은 의도적으로 매출 증가나 지리적 확장에만 초점을 두지 않기로 결정했다. 빠르게 성장하는 것보다 더 가치 있게 여기는 '다른 목표들'을 추구했기 때문이다.

그들이 지금까지 뚜렷한 비즈니스 카테고리 안에 분류되지 못한 것은 바로 이런 이유 때문일 것이다. 사람들은 개인 소유의 소규모 회사들에는 큰 관심을 보이지 않는 경향이 있다. 비즈니스에 대한 우리의 관점은(혹은 비즈니스에 대한 우리의 전반적인 인식은), 전체 비즈니스에서 대단히 낮은 비율을 차지하는 상장기업이나 급성장하는 기술벤처기업들의 영향을 받고 있다. 또한 시중에 나와 있는 대중적인 베스트셀러 경영서적들 역시 대규모 상장기업이나 그러한 기업으로 성장하길 원하는 회사들에 초점을 맞추고 있다. 『초우량 기업의 조건』, 『좋은 기업을 넘어 위대한 기업으로』 등이 여기에 해당된다. 대부분의 경영 관련 잡지나 신문, TV나 라디오에서도 그러한 기업들에 집중하고 있으며, 경영대학원에서 가르치는 커리큘럼도 마찬가지다.

그 과정에서 우리는 위에서 언급한 두 가지 유형(상장기업, 급성장하는 기술벤처기업)의 기업들에만 적용되는 원칙이나 아이디어를 '비즈니스의 진리'인 것처럼 받아들이고 있다. 예를 들어 '성장하지 않는 기업은 사라질 수밖에 없다'는 사회적 통념은 어떤가? 대부분의 상장기업이나 신생 기술벤처기업에는 의심의 여지없이 맞는 말일 것이다. 매출, 이윤, 시장점유율 등으로 나타나는 꾸준한 성장은 투자자들의 기대를 충족시키기 위한 필수 요소이며, 이 수치들이 감소하거나 정체되면 투자자들은 그 즉시 투자에서 손을 뗄 것이다. 그러나 수많은 개인소유 회사들은 급격하게 성장하지 않고도 사라지지 않는다. 그들은 성장하지 않고도 오히려 건실한 재정 상태를 유지하는 경우가 많다.

GE의 전 CEO인 잭 웰치(Jack Welch)는 "각 해당 분야에서 1위나 2위의 시장점유율을 달성하지 못하는 기업은 경영하고 싶지 않다"는 말을 남겼다. 그러나 일부 사람들은 잭 웰치가 경영하던 GE가 실제로 그의 말처럼 운영되었는지 의문을 제기한다. GE 캐피탈이 소유한 모든 회사들이 높은 시장점유율을 달성한 것은 아니기 때문이다. 그럼에도 잭 웰치의 명성과 그가 경영권을 쥐고 있는 동안 상승한 주가 덕분에 그가 했던 말은 비즈니스 업계의 진리처럼 자리 잡았다. 하지만 그의 말은 규모가 크지도 않고 상장기업도 아닌 나머지 기업들에게는 전혀 도움이 되지 않는다.

그럼, 사람들이 흔히들 말하는 '다음 단계로의 도약'이라는 말은 어떤가? 물론 이는 사람마다 다른 방식이나 다른 맥락에서 사용되기도 하지만, 대부분의 경우 매출 증가와 직결된다(실제로 그 누구도 '다음 단계'를 매출 감소와 연관 짓지는 않을 것이다). 또한 이 말은 경영 측면에서도 적용된다. 즉 경영에서 '다음 단계'라는 것은 훨씬 더 큰 회사를 경영할 만한 역량을 가진다는 것을 의미한다. '다음'이라는 단어는, 어떻게 보면 '클수록 더 좋다'는 의미를 함축한다. 상장기업들에게는 맞을 수도 있고 틀릴 수도 있지만, 대부분의 개인 기업들에게는 이 역시 명백히 틀린 말이다.

가장 큰 혼란은 '주주가치'에 대한 개념과 관련되어 있다. 상장기업들에게 주주가치는 보다 구체적인 의미를 갖는다. 그들은 주주들을 위한 재정적인 이익을 도출해야 한다는 법적, 도덕적 의무를 지니고 있다. 다른 이의 돈을 투자 받으면 그 대가로 그들이 원하는 것을 제공해야 한다. 상장기업의 주주들이 원하는 것은 당연히 투자에 대한 높은 수익이다. 둘 사이의 관계는 너무나 명백해 보이기 때문에 우리는 일반적으로 모든 기업들이 이런 방식으로 운영된다고 생각한다. 그러나 이 생각은 한 가지 중대한 사실을 간과한다. 주주들의 이익은, 그 주주들이 누구인지에 따라 달라진다는 사실이다.

이 책에 등장하는 기업을 소유한 주주들은 재정적인 목표 외에도 다른 우선적 목표들을 지니고 있다. 물론 그들이 투자에 대한 좋은 수익을 원치 않는다는 뜻은 결코 아니다. 다만 그것이 그들의 유일한 목표이거나 최우선적인 목표는 아니라는 의미다.

그들은 '자신의 분야에서 뛰어난 실력을 유지하고, 일하기 좋은 환경을 창출하고, 고객에게 훌륭한 서비스를 제공하고, 공급업체들과 좋은 관계를 맺고, 그들이 속한 지역사회에 기여하고, 행복한 삶을 영위하는 것'에 더 큰 관심을 보인다. 이 모든 것을 가능하도록 하기 위해 그들은 '회사의 소유권과 경영권을 회사 내부에 두어야 한다'는 점과 '성장의 규모와 속도에 제한을 두어야 한다'는 사실을 깨달았다. 그들이 창출한 재정적인 수익은 그런 목표를 추구하며 자연스럽게 얻은 성공의 부산물이었다.

나는 이토록 특별하고 탁월한 회사들에게 걸맞은 이름을 붙여줘야 한다고 생각했다. 책의 집필과 관련된 조사를 끝낼 무렵, 이 책에서 소개한 기업의 소유주 가운데 한 사람인 제이 골츠(Jay Goltz)가 내게 말했다. "우리 같은 기업들을 '작은 거인'이라고 부르면 어떤가요?" 작은 거인. 더할 나위 없는 표현이었다.

· · · · · · · · · ·

비범한 비전과 경영 방식을 지닌 기업들

사실, 대부분의 개인 기업들은 대중의 눈에 쉽게 띄지 않는다. 심지어 홍보를 위해 노력하는 일부 기업들조차 그들과 접촉하는 비교적 작은 규모의 사람들 외에 널리 알려지는 데 한계가 있다. 물론 업계에서 수상을 하거나, 주목할 만한 공헌을 하거나, 중대한 혁신을 일으키거나, 끊임없이 대규모 광고를 하는 경우 사람들의 주목을 받을 수도 있다. 그러나 어떤 개인 기업도 3M, 아메리칸 익스프레스, 월마트, 월트 디즈니, 맥도널드 등의 상장기업만큼 명성을 얻을 수는 없다. 만일 개인 기업이 주목을 받는다면, 그것은 대부분 회사의 제품이나 서비스 때문일 것이며 비즈니스의 내부 구조는 주목의 이유가 될 수 없다. 따라서 설문조사를 통해 가장 존경받는 개인 기업들을 선정하는 것은 사실상 불가능했다. 대중들에게 그만큼 잘 알려진 개인 기업은 드물기 때문이다.

그러나 나는 내가 찾고 있는 회사가 어떤 모습인지에 대해서는 확실하게 파악하고 있었다. 자신이 추구하는 높은 가치를 위해 필요하다면 매출이나 전국적인 확장을 단호하게 포기할 수 있는 비범한 개인 회사들이 여기에 속했다. 내가 말하는 '비범한' 회사란, 업계의 다른 회사들과 명확하게 차별화된 비전과 경영 방식을 지닌 기업을 뜻한다. 나는 편집자 겸 기자로서 오랫동안 《인크》에서 근무하며 이미 그런 회사들을 만난 적이 있었다. 내가 열심히 찾아본다면, 분명 그런 회사들이 더 많이 존재할 것이라고 생각했다. 그러나 세상에 그런 기업들이 몇 개나 있을지, 그들을 가려내기가 얼마나 어려울지, 그들이 어디에 위치할지, 어떤 산업군에 속해 있을지, 혹은 그들 간에 어떤 공통점이 있을지 등 조사해봐야 할 것들이 많았다.

나는 시야를 최대한 광범위하게 확대했다. 주변의 모든 사람들에게 회사를 추천해달라고 부탁했다. 인터넷 검색도 했고 잡지와 신문도 꼼꼼히 살폈다. 잠재적인 후보가 될 만한 회사들이 점차 증가하면서, 내가 세운 기준에 맞는 회사들을 선별해내기 시작했다. 그리고 점차 목록을 더 좁혀가면서 그들을 특별하게 만든 특징에 초점을 두고 인터뷰를 시작했다. 어떤 회사를 포함해야 할지에 대한 내 결정에는 불가피하게 주관적인 요소가 개입될 수밖에 없었다. 대신 주관성을 최소화하기 위해 다음의 몇 가지 기준을 추가했다.

첫째, 회사를 설립하거나 소유한 당사자들이 '중대한 결정'을 내렸던 회사들로 제한했다. 즉, 훨씬 더 빨리 성장하거나, 더 커지거나, 상장하거나, 거대 기업의 일부가 될 수 있는 기회가 있었지만 의식적으로 그 길을 따르지 않기로 선택한 회사들이었다.

둘째, 자신이 속한 업계에서 존경받으며 다른 회사들이 모범으로 삼고 싶어 하는 기업들을 선택했다. 그들에게 가장 현실적인 비판을 내릴 수 있는 경쟁업체들로부터 존경받는 회사들을 찾았다.

셋째, 뛰어난 성과와 탁월함으로 다른 업계에서도 인정받는 회사들에 주목했다. 제3자가 특별하게 인정받을 만한 가치가 있다는 것을 입증한다면 그보다 확실한 것은 없을 것이기 때문이다.

이외에 기업의 규모 문제도 고려해야 했다. '대규모'와 '소규모'는 사실상 대단히 상대적이고 주관적인 개념이다. 자택에서 근무하며 연간 20만 달러의 매출을 올리는 사람에게는, 직원 6명을 거느리며 연간 200만 달러의 매출을 올리는 회사가 거대해 보일 것이다. 반면 시중의 주요 매체들은 연간 매출액이 3억 달러 이하라면 소규모로 보는 경향이 있다(실제로 《비즈니스위크》의 한 기사에서 약 1억 달러 규모의 회사를 "콩알만 하다"라고 표현한 적이 있다). 때문에 규모에 관해서 만큼은 개인적으로 기준을 명확하게 세워야 했다.

내가 생각하는 규모의 기준은 '연 매출'이 아닌 '직원 수'에 있었다. 내가 찾던 회사들은 모두 '인간적인 규모'로 운영되는 조직이었다. 즉 모든 직원들이 서로를 친밀하게 느끼고, 회사의 경영자가 언제든 직원들과 만날 수 있는 직접적이고 긴밀한 관계를 맺는 조직이었다. 회사의 규모와 관계의 밀접성은 결코 우연이 아니었다. 회사의 규모는 사업의 운영 방식에 중대한 역할을 했다. 그러나 어느 정도의 직원 수를 보유하고 있어야 '인간적인 규모'를 유지할 수 있는지에 대해서는 확신하지 못했다. 또한 몇몇 회사들은 규모가 너무 작아서 내가 언급했던 '현상'이라는 것에 포함시킬 수 있을지에 대해서도 고민해야 했다. 결국 나는 극단적으로 작은 규모의 기업도 포함하기로 결정했고, 그들에게서 어떤 점을 배울 수 있는지 지켜보기로 했다.

그러나 이른바 라이프스타일 회사(Lifestyle business, 사주가 자기의 생활양식에 필요한 정도의 이익만을 추구하는 기업), 본사의 비전을 따르는 프랜차이즈 가맹점은 제외했다. 고급 시장만을 목표로 삼는 부티크 회사들 역시 제외했다. 그들에게는 사업을 성공적으로 운영하는 나름의 전략이 존재했지만 내가 찾던 곳은 아니었다. 나는 전통적인 방식을 거부하고 자신의 길을 닦은 회사를 원했다.

· · · · · · · · ·

주어진 기회를 가장 창의적으로 활용한 사람들

여러 측면의 제한에도 불구하고, 한 권의 책 속에 포함할 수 있는 것보다 훨씬 더 많은 회사들이 내가 만든 기준에 부합한다는 사실을 깨달았다. 더 오래 찾아볼수록 그 수는 더 많아졌다. 그들은 전국 곳곳에 그리고 거의 모든 산업에 다양하게 존재했다. 소매업체, 도매

업체, 제조업체, 서비스 회사, 수공예 회사도 있었다. 그중 일부 회사들은 자사의 인지도 높은 제품으로 인해 어느 정도 유명한 기업들도 있었다. 그러나 대부분은 그들이 함께 일하거나 업계의 경쟁업체들 사이에서만 알려져 있는 경우가 많았다.

선택할 수 있는 기업의 수가 풍부했기 때문에, 나는 내가 연구하고 싶은 현상을 가장 광범위하고 깊이 있게 보여줄 회사들을 선정할 수 있었다. 회사의 규모, 역사, 위치, 사업의 유형 등 기업을 선별하는 데 있어서 다양성을 추구했다. 또 '개인 기업으로 남기로 한 결정'과 '성장을 제한한 결과로 주어진 자유를 어떤 방식으로 활용'했는지도 중요한 요소였다.

그들이 얻은 자유는 성공의 핵심 요소라고 볼 수 있다. 성장에만 집착하거나, 외부자본을 많이 들여오거나, 상장기업이 되고 나면 사실상 자유는 거의 얻을 수 없다. 상장기업이나 벤처기업의 대표들은 외부 주주들에 대한 책임과 의무를 지니고 있으며, 항상 그들의 이익에 주목해야 한다. 급속하게 성장하는 회사의 경영자는 엄청난 양의 요구 사항들을 처리해야 하기 때문에 일의 노예가 될 수밖에 없다. 어느 쪽이든 고용하고, 판매하고, 교육하고, 협상하고, 회유하고, 경고하고, 부탁하는 등의 활동을 지속적으로 이어가야만 한다.

어떤 이에게는 그런 경험이 즐거울 수도 있지만, 그렇게 되면 사실상 다른 것을 위한 시간은 거의 내지 못한다. 특히 일과 삶에서 스스로가 진정으로 원하는 게 무엇인지 성찰해볼 시간이 없어질 것이다. 그러나 개인 기업으로 남고, 성장보다는 다른 목표를 추구하려고 선택한 사람들은 삶과 일에 대한 통제와 시간을 얻는다. 이 두 가지를 합한 것이 결국 자유를 얻는 것이다. 보다 정확하게 말하자면, 자유로워질 수 있는 기회를 얻는 것이다. 나는 이 기회를 가장 창의적으로 활용한 사람들을 책에 포함하고 싶었다.

결국 나는 14개의 기업을 선정했다. 양극단을 대표한다고 느끼는 두 곳의 회사도 포함했다. 책에 등장하는 기업 가운데 가장 작은 회사인 '셀리마'는 마이애미 해변에 위치한 의류회사로 단 2명이 운영하며 약 60년 된 역사를 지니고 있었다. 가장 큰 회사는 솔트레이크시티에 위치한 'O.C.태너'로, 1722명의 직원과 3억 4400만 달러의 연간 매출을 기록하는 79년의 역사를 지닌 기업이다. 14개의 회사는 다음과 같다.

- 앵커 브루잉(Anchor Brewing) : 샌프란시스코 소재, 전통 미국식 소형 맥주 양조장

- 시티스토리지(CitiStorage Inc.) : 뉴욕 주 브루클린 소재, 미국 최고의 기록물 보관 서비스 회사

- 클리프바(Clif Bar & co.) : 캘리포니아 주 버클리 소재, 유기농 에너지바 및 영양식품 제조회사

- ECCO : 아이다호 주 보이시 소재, 차량용 후진 경고장치 및 황색 경고등 제조회사

- 해머헤드 프로덕션(Hammerhead Productions) : 캘리포니아 주 스튜디오시티 소재, 영화의 CG 및 특수효과 제작회사

- O.C.태너(O. C. Tanner Co.) : 유타 주 솔트레이크시티 소재, 직원 보상 프로그램 및 상패 제작 회사
- 레엘 프리시전 매뉴팩처링(Reell Precision Manufacturing) : 미네소타 주 세인트폴 소재, 노트북 경첩과 같은 동작 제어 제품 디자인 및 제조회사
- 리듬 앤 휴스(Rhythm & Hues Studios) : 로스앤젤레스 소재, CG 캐릭터 애니메이션 및 특수효과 제작회사
- 라이처스 베이브 레코즈(Righteous Babe Records) : 뉴욕 주 버펄로 소재, 싱어송라이터인 애니 디프랑코(Ani DiFranco)가 설립한 음반회사
- 셀리마 주식회사(Selima Inc.) : 플로리다 주 마이애미 소재, 소규모 고객을 대상으로 하는 패션 디자인 및 의류 제조회사
- 골츠 그룹(The Goltz Group) : 일리노이 주 시카고 소재, 미국 최대의 맞춤형 액자 전문 기업인 아티스트 프레임 서비스(Artists Frame Service)를 비롯한 여러 회사 운영
- 유니언 스퀘어 호스피탤러티 그룹(Union Square Hospitality Group, USHG) : 뉴욕 주 뉴욕 소재, 유명 레스토랑 경영자인 대니 메이어(Danny Meyer)가 운영하는 레스토랑 기업
- W. L. 버틀러 컨스트럭션(W. L. Butler Construction) : 캘리포니아 주 레드우드 시티 소재, 상업용 프로젝트를 전문으로 하는 종합건설회사
- 징거맨스 커뮤니티 오브 비즈니시스(Zingerman's Community of Businesses) : 미시간 주 앤아버 소재, 세계적으로 유명한 징거맨스 델리카트슨 및 기타 식품 관련 회사를 운영하는 기업

이 회사들 가운데 가장 짧은 역사를 가진 회사는 1994년에 설립된 해머헤드 프로덕션이고, 가장 긴 역사를 가진 회사는 1927년에 설립된 O.C.태너다. 모든 회사들은 사업의 흥망성쇠를 경험해보았다. 또한 한 곳을 제외하고는 지속적으로 안정적인 수익을 창출해왔다 (때로는 상당히 높은 수익을 달성하기도 했다). 예외적으로 수익을 내지 못한 기업은 리듬 앤 휴스의 경우다. 수익이 낮았던 부분적인 이유는, 창출된 수익의 상당 부분을 직원 복지를 위해 쓰기로 한 회사의 의도적인 결정 때문이었다.

14개 회사의 경영자들은 다양한 배경, 성격, 기질을 지니고 있었다. 또한 '작은 거인'이 되기까지 서로 너무나도 다른 길을 거쳐온 인물들이다. '골츠 그룹'의 제이 골츠는 타고난 사업가로, 이미 20대 때 《포브스》에서 그를 '성공한 천재 사업가'로 선정하기도 했다. 그는 사람들의 기대에 걸맞은 사람이 되기 위해 열정적으로 성장을 추구했다.

가수 겸 작곡가 애니 디프랑코는 일찍부터 그녀의 잠재력을 알아본 수많은 대규모 음반사들에게 사업 제의를 받았지만, 거대 기업의 일부가 되는 것을 원치 않았기 때문에 모든 제안을 거절한 뒤 '라이처스 베이브'를 설립했다.

댄 츄바(Dan Chuba)와 제이미 딕슨(Jamie Dixon)은 대규모 특수효과 회사를 그만두고, 자유롭게 프로젝트를 선택할 수 있는 유연성을 갖기 위해 '해머헤드 프로덕션'을 설립했다.

할리우드 영화의 그래픽 회사에서 경력을 쌓은 존 휴스(John

Hughes)와 그의 파트너들은 '리듬 앤 휴스'를 설립하면서 '사람들이 즐겁게 일하고, 공정하고 정직하게 대우받으며, 존중 받는 근무 환경'을 만드는 것을 목표로 삼았다.

이라크의 유대인 출신인 셀리마 스타볼라(Selima Stavola)는 가족을 부양하기 위해 옷을 디자인하는 일을 시작했으며, 이후 그녀를 제2의 크리스찬 디오르나 코코 샤넬로 평가한 패션 업계의 중역들과 투자자들로부터 수많은 사업 제안을 받았다.

시티스토리지를 세운 놈 브로드스키(Norm Brodsky)는 회사의 연간 매출이 8년 만에 제로에서 1억 2000만 달러를 달성하는 과정을 지켜보았다. 그리고 이후 다시 8개월 만에 1억 2000만 달러에서 제로가 되는 것을 지켜본 인물이다. 결국 회사는 파산보호 신청을 하게 되었고, 그 사건을 계기로 브로드스키는 성장에만 과도하게 집착했던 과거를 되돌아보고 회사를 원점에서 다시 일으켜 세웠다.

데일 메릭(Dale Merrick), 밥 발슈테트(Bob Wahlstedt), 리 존슨(Lee Johnson)은 3M 출신으로, 일과 삶의 균형을 찾을 수 있는 회사를 설립하는 것을 목표로 삼고, '레엘 프리시전 매뉴팩처링'을 설립했다. 레엘은 세계에서 가장 민주적으로 운영되는 회사 가운데 하나다.

이처럼 각자 배경은 달랐지만, 그들은 매출이나 성장보다는 다른 목표를 우선시한다는 점에서는 같았다. 그리고 더 많은 유사점들을 앞으로 이 책을 통해 발견할 수 있을 것이다. 유니언 스퀘어 호스피탤러티 그룹(USHG)의 경영자인 대니 메이어의 다음 말을 주목해 보자.

"저는 남들처럼 '예'라고 말하는 것보다는 '아니오'라고 말할 수 있는 올바른 일들을 선택해서 훨씬 더 많은 돈을 벌었습니다. 이제껏 잃지 않은 돈과 희생하지 않은 품질로 제가 얻은 성과를 확신할 수 있습니다."

대니 메이어의 말은 위에서 소개한 다른 기업의 경영자들에게 도 똑같이 적용된다. 그들의 회사에는 다른 회사에는 없거나 부족한 무언가 특별한 것이 분명 존재했고, 그들도 그것을 인지하고 있었다. 그리고 그들과 함께 일해본 경험이 있는 사람들 역시 그것을 알고 있 었다.

· · · · · · · · ·

다른 기업들에는 존재하지 않는, 특별한 비즈니스의 비밀

시티스토리지의 놈 브로드스키는 당시 미국 내 최고 기록물 보 관 회사인 아이런 마운틴(Iron Mountain)의 회장 겸 CEO 리처드 리스 (Richard Rees)가 자신의 회사를 방문했던 이야기를 내게 들려주었다. 리스는 이전에 산업 컨퍼런스에서 브로드스키가 한 연설을 들은 후 깊은 감명을 받은 바 있었다. 브로드스키는 그를 회사로 초대했고, 리스는 그의 요청에 응했다.

브로드스키는 네다섯 시간 동안 리스에게 회사 곳곳의 시설을 보여주었고, 직원들에게도 그를 소개했다. 때마침 브로드스키의 아내인 일레인이 직원들에게 고객서비스 교육을 하고 있었다. 그녀는 인사부서의 부사장이었고, 여러 중대한 역할을 맡고 있었다. 브로드스키는 리스에게 고객서비스 교육을 참관해보면 어떻겠냐고 제안했다. 직원들은 다양한 고객서비스 상황들을 재연하고 있었고, 리스는 그 과정을 대단히 흥미롭게 지켜보았다. 브로드스키가 이제 그만 다른 곳으로 가자는 말을 꺼낼 때까지도 리스는 교육에 푹 빠져 있었다. 그리고 회사를 거의 다 둘러보았을 무렵, 리스는 떠날 준비를 하며 이렇게 말했다.

"당신이 회사를 운영하는 방식이 퍽 인상 깊었습니다. 대단하더군요. 회사의 이곳저곳을 돌아보면서 직원들과도 이야기를 나눠봤는데, 우리 회사도 시티스토리지처럼 운영되면 좋겠다는 생각이 들었습니다. 물론 불가능한 일이지만 말입니다."

"왜 불가능하다고 하시는 겁니까?"

"회사가 커지면 운영 방식에 한계가 옵니다. 어쩌면 비슷하게 모방해볼 수는 있겠지만, 이런 분위기를 내는 게 가능할지는 잘 모르겠습니다."

나는 내 목록에 있는 모든 회사들에 대해 리스가 시티스토리지에서 느낀 감정과 똑같은 느낌을 받았다. 그들에게는 공통적으로 느껴지는 무언가 특별한 것이 존재했지만, 그것이 정확히 무엇인지는 규정하기가 힘들었다. 나는 책에 소개한 회사들을 둘러볼 때, 사내 게시판이나 직원들의 표정과 목소리에서도 특유의 분위기를 느낄 수 있었다. 또 그들이 서로 간에 혹은 고객들이나 낯선 이들과 소통하는 방식에서도 같은 느낌을 받았다. 하지만 '그것'이 무엇인지 명확히 정의하기는 대단히 어려웠다.

그것은 지금은 유명해진 기업들이 막 본격적인 성장을 이루기 시작했던 시기에 내가 느꼈던 감정들과 비슷했다. 예를 들면 애플, 피델리티 인베스트먼트(Fidelity Investments), 피플 익스프레스 항공(People Express Airlines), 파타고니아(Patagonia), 더 바디숍(The Body Shop), 그리고 《인크》 같은 기업들이다. 그들에게서는 넘치는 에너지, 열정과 기대감, 생동감, 목표의식 등이 느껴졌다. 내 생각에 이러한 현상은 직원들이 그들을 둘러싼 주변 세계와 완벽한 조화를 이룰 때 나타나는 것 같다. 하지만 내가 알고 있던 대부분의 회사들은 결국 그런 에너지를 잃고 말았다. 반면 우리가 이 책에서 살펴볼 회사들은 그것을 성공적으로 유지해왔다.

그렇다면 '그것'이란 정확히 무엇일까? USHG의 대니 메이어는 '영혼을 지닌 비즈니스'에 대한 이야기를 꺼냈다. 그는 기업이 지닌 '영혼'이 비즈니스를 탁월하고 가치 있게 만든다고 믿고 있었다.

"회사의 여러 이해관계자들과 직접적이고 의미 있는 소통을 지속하지 않으면 영혼은 결코 생겨날 수 없습니다. 사업을 처음 시작하는 경영자라면, 가장 먼저 회사의 가치를 명확하게 정립해야 합니다. '내가 세운 가치는 무엇이며, 그 가치는 어디에서 비롯되는지, 그 가치에 대한 내 관점은 무엇인지'를 정확하게 규정할 수 있어야 합니다. 대부분의 경우 처음에는 경영자의 독백으로 시작되지만, 시간이 지날수록 그것은 대화가 되고, 점차 의미 있는 진정한 대화로 변모합니다. 마치 새 야구 글러브가 점점 손에 익어가는 것처럼 말이죠. 가만히 앉아서 야구 글러브가 손에 맞기를 바란다고 해서 그것이 실현되지는 않습니다. 직접 사용하면서 손에 익어가는 과정이 필요하지요. 사업도 마찬가지로 계속 사용해야 합니다. 익숙해져야 한다는 뜻입니다. 만일 그 과정을 거치지 않고 너무 빨리 다음 단계로 넘어간다면, '영혼'이라는 것은 결코 생겨날 수 없습니다. 새로운 레스토랑을 처음 열었을 때 분위기가 어떤지 생각해보십시오. 초반에는 문전성시를 이루겠지만, 아직 그 식당에는 영혼이 깃들지 않았기 때문에 대개는 어색한 느낌이 듭니다. 영혼이 생기기까지는 꽤 오랜 시간이 걸리고, 그렇게 되기 위해서는 반드시 지속적인 노력이 필요합니다."

한편, 클리프바의 게리 에릭슨(Gary Erickson) 역시 '그것'을 명확히 정의하는 데 큰 도움을 주었다. 에릭슨은 한 무역박람회에서 유명한 소비재 상품 마케터를 만났는데, 그가 사람들이 넘쳐나는 클리프바 부스와 달리 썰렁하기만 한 경쟁업체의 부스를 가리키며 이렇게 말했다고 한다.

"저들은 마법(mojo)을 잃었네요."

그 마케터가 했던 말은 무역박람회 이후에도 에릭슨의 마음속에 깊이 남아 있었다. '마법'이 무엇이든 간에 일부 현명한 이들은 분명 그 마법을 가치 있게 여겼고, 에릭슨은 자신의 회사도 정말 그것을 지니고 있는지 고민했다. 확실히 그것은 주목할 필요가 있는 요소였다. 그때부터 '마법'은 에릭슨에게 일종의 모토로 자리 잡았고, 나 역시 이 '마법'이라는 단어가 내가 찾은 회사들의 신비로운 힘을 표현하는 데 중요한 단어라는 생각이 들었다. '마법'은 조금만 소홀해도 금세 잃어버릴 수 있다. 에릭슨은 자신의 저서 『기준을 높여라(Raising the Bar)』에서 이렇게 말했다.

"클리프바의 마법은 브랜드, 제품, 세상에 존재하는 방식이 남들과는 다른 독특함을 지닌 데서 비롯되었다. 마법을 생성하는 것과 유지하는 것은 결코 쉽지 않기 때문에 그것을 잃지 않기 위한 세심한 주의가 필요하다."

에릭슨은 자신의 생각을 구체화하기 위해 클리프바의 직원들에게 한 가지 과제를 주었다. 무역박람회에서 일어난 일을 설명한 뒤, 한때는 마법을 지니고 있었지만 현재는 그것을 잃어버린 회사들을 조사해보자고 했다. 선정한 기업이 왜 마법을 지니고 있다고 느꼈는지, 그들이 이후에 그 마법을 잃었다고 생각한 이유는 무엇인지 알아보자는 것이었다. 직원들은 에릭슨의 과제에 적극적으로 참여했고, 수십 가지의 성실한 답변을 제출했다.

성장과정에서 창의력을 잃어버린 회사, 고객과의 정서적 유대감을 상실한 회사, 진정성과 제품의 품질을 잃어버린 회사, 지나치게 상업적인 측면만 추구하고 비용 절감에 과도하게 집중한 회사, 지역사회와의 관계를 무시한 회사, 자사만의 문화를 보존하지 못한 회사, 너무 단기간에 급성장한 회사 등이 답변으로 제시됐다.

에릭슨은 뒤이어 또 다른 과제를 냈고, 직원들은 이전과 똑같이 열정적으로 해답을 찾았다. 그는 직원들에게 클리프바에 마법이 있다고 생각하는지, 있다고 생각한다면 그 이유는 무엇인지, 그것을 강화하는 방법은 어떤 것인지, 그리고 어떻게 하면 그것을 잃어버리게 될지 서술하게 했다. 그는 직원들의 모든 답변을 수집해 책으로 엮었고, 사내에서 누구나 쉽게 볼 수 있는 곳에 전시해두었다. 직원들의 답변을 통해 그는 다음과 같은 명확한 사실을 알 수 있었다.

첫째, 대부분의 직원들은 '마법'이 무엇인지 직관적으로 알고 있었다. 둘째, 그들은 그 '마법'이 어디에서 만들어졌는지에 대한 다양한 아이디어를 지니고 있었다. 셋째, 그들은 '마법'이 생겨난 원인보다는 그것이 일으키는 효과에 집중했다. 한 직원은 이렇게 적었다. "나에게 '마법'이란, '엔진에 시동을 걸었으니 한계는 없어!'와 같은 뜻이다."

• • • • — • • • •

'영혼'과 '마법'을 만들어낸 놀라운 비즈니스 스토리

나는 드디어 시작점에 섰다는 느낌이 들었다. 적어도 그들이 공유하는 신비로운 현상에 붙일 수 있는 명칭이 생겼기 때문이다. 문제는 그들이 어떻게 '영혼'을 지니고 '마법'을 만들어냈는지 찾는 것이었다. 아마도 그것은 여러 요인이 조합된 결과일 것이다. 여기서 가능성을 좁히는 한 가지 방법은, 이미 마법을 지니고 있는 회사들 사이의 공통점을 살펴보는 것이었다.

첫째, 그들의 창립자들과 리더들은 보편적으로 기업들에게 주어

진 선택을 거부했다. 그들은 사업의 성공에 대한 일반적인 정의에 의
문을 제기했고, 모두에게 익숙한 것이 아닌 다른 가능성들을 상상하
고 추구했다.

둘째, 이 회사의 리더들은 성장에 대한 주변의 엄청난 압박을 극
복해냈다. 즉, 성공한 회사라면 당연히 전통적이고 보편적인 방식을
택해야 한다는 압박을 이겨낸 것이다. 그들은 그런 길을 선택하지도
않았고 원하지도 않았다. 그들은 회사의 영혼을 찾기 위한 끊임없는
노력을 이어갔다. 긍정적인 의도가 담겨 있지만 자신과는 맞지 않는
조언들을 거부하며 자신의 길을 설계하고, 외부의 압력에 의해 만들
어진 비즈니스 환경에 적응하는 대신 자신이 원하는 비즈니스를 창
출하기 위해 노력했다.

셋째, 이들은 자신의 사업이 뿌리 내린 지역사회와 대단히 밀접
하고 친밀한 관계를 유지했다. 이는 단순히 '지역사회에 공헌한다'는
개념을 넘어선 것이었다. 그들은 모범적인 기업이었는데, 그보다 중
요한 것은 그들이 맺은 관계가 상호적으로 긍정적인 영향을 미쳤다
는 점이다. 각각의 회사들이 지역사회가 원활하게 돌아가는 데 중요
한 역할을 한 것처럼 지역사회 역시 그들의 성격을 형성하는 데 영향
을 미쳤다.

넷째, 이 회사들은 고객과 공급업체들과의 직접적인 접촉, 일대
일 상호 교류, 서로의 약속을 이행하는 데 충실한 태도 등을 토대로
그들과 이례적으로 친밀한 관계를 구축했다. 관계 형성에는 역시 리
더들이 모범을 보였다. 회사의 리더들은 고객이나 공급업체와 인간

적인 관계를 맺고 유지하기 위해 누구보다 먼저 헌신을 보였다. 고객들은 이런 회사의 노력에 감사 편지로 응답했고, 공급업체들 역시 뛰어난 서비스를 제공하며 기대에 부응했다. 그 결과 회사는 그들과 공동의 목표 의식과 공동체 의식을 만들어낼 수 있었다. 이런 친밀한 관계는 대규모 회사들에서는 얻기 힘든 것이다.

다섯째, 그들은 사회의 한 개체로서 직원들이 필요로 하는 광범위한 니즈를 충족시키기 위해 노력하는 작은 사회와 같은 기능을 했다. 회사는 경제적인 측면을 비롯한 창의적, 감정적, 영적, 사회적인 측면까지 충족시키고자 노력했다. 사우스웨스트 항공의 허브 켈러허(Herb Kelleher)는 에너지가 넘치기로 유명한 자사의 문화가 '직원들의 총체적인 삶 전체를 보살피는 것'이라는 신념을 바탕으로 만들어졌다고 말했다. 내가 조사한 회사들의 특징도 그와 같았다. 이 회사들의 직원들 역시 삶의 전체적인 부분에서 회사의 보살핌을 받는다고 느끼고 있었다. 회사의 창립자들과 지도자들은 직원들을 존중하고, 공정하게 대하며, 따뜻하고 너그럽게 대우하는 것을 원칙으로 삼았다. 그런 측면에서 이 회사들은 비즈니스 역시 궁극적으로 하나의 사회제도라는 점을 잘 표현해내는 듯했다.

여섯째, 회사들은 자체적으로 고안해낸 다채로운 기업 구조와 경영 방식을 지니고 있었다. 그들은 비공개 기업이고, 소주주 지배 방식을 따르고 있기 때문에 자신의 경영 방식을 자유롭게 개발하고 적용할 수 있었다. 징거맨스는 교육업체인 징트레인(ZingTrain)을 설립해 자사의 비즈니스 방식을 가르치며 비즈니스 커뮤니티를 개발했고, 해머헤드 프로덕션은 새 프로젝트를 수주할 때마다 인력을 확장하고 프로젝트가 종료되면 다시 원래의 규모로 돌아가는 일명 아코디언 구조를 따랐다. 레엘 프리시전 매뉴팩처링은 2명의 CEO가 경영권을 쥐고 있었으며, 내가 본 회사들 가운데 가장 민주적인 경영 방식으로 운영되었다. 다른 회사들 역시 직원 교육에 집중했고, 재무 지식, 서비스, 리더십 그리고 성공적인 회사를 설립하는 데 필수적인 모든 요소들을 열성적으로 교육하고 있었다.

마지막으로, 회사의 리더들은 회사가 하는 일에 대단한 열정을 지니고 있었다. 음악, 음식, 특수효과, 기술, 맥주, 기록물 보관, 건축, 식당, 패션 등 그들은 각각 자신의 분야를 누구보다 소중히 여기고 사랑했다. 그들은 모두 훌륭한 사업가지만, 전문 경영인은 아니다. 오히려 전문 경영인과는 정반대의 면모를 보인다. 그들은 자신의 일, 함께 일하는 사람들, 고객과 공급자들에게 깊은 애정을 갖고 있었다. 때로 이러한 개인적인 감정은 전문 경영인이 가져서는 안 되는 요소로 간주되기도 한다.

이 책은 이러한 공통점들을 중심으로 기록되었다. 또한 초판이 나온 이후 10년간의 여러 변화를 고려해 일부 내용들을 수정, 보완하기도 했다. 이 책에서는 먼저, 각 회사들의 창립자와 소유주들이 내린 결정을 살펴보고, 어떻게 그러한 선택을 하게 되었는지, 그리고 다른 방향을 강요하는 외부의 압박에 어떻게 대처했는지 살펴볼 것이다. 그다음에 그들이 지닌 공통적인 특성에 대해 알아보겠다. 특히 지역사회, 고객, 공급업체, 직원들과 맺은 친밀한 관계에 주목할 것이다. 또한 그들이 세운 목표를 달성하기 위해 사용한 기업 구조와 관행을 살펴볼 것이다.

초판에서 언급하지 못한 기업의 재무적인 측면에도 접근해볼 것이다. 특히 작은 거인이 장기적으로 생존하기 위해서는 필수적인 재정적인 특징에 대해 자세히 살펴볼 것이다. 기업의 경영권 계승에 대한 주제도 다뤘다. 책에 등장한 기업들이 과연 자신의 마법을 잃지 않고 한 세대 이상 지속될 수 있을까? 만일 그렇다면, 어떻게 그것을 이룰 수 있을까?

그러고 나서 우리는 작은 거인의 창립자, 리더, 소유주들이 비즈니스에 접근하는 방식과 그들이 말하는 비즈니스의 가능성에 대해 살펴볼 것이다. 마지막으로, 초판이 출간된 이후 10년 동안 이 회사들이 걸어온 길을 짚어볼 것이다.

비즈니스에서 무엇보다 중요한 것은 긴 여정의 첫걸음이다. 이 것은 가장 중요한 단계이기도 하다. 1992년 앵커 브루잉의 경영자 프리츠 메이태그(Fritz Maytag)가 아무도 그에게 알려주지 않았던 사실을 깨달으며 내디딘 첫걸음처럼 말이다. 그의 회사는 계속 더 커지면서 비인간적으로 성장할 필요가 없었다. 그에게는 선택의 여지가 있었기 때문이다. 바로 그 이야기에서부터 시작해보자.

SMALL GIANTS

SMALL
GIANTS

1장

선택 그리고 자유

남들이 가지 않는 '다른 길'을 간다는 것

"무엇보다 중요한 점은

자신만의 영혼을 잃어서는 안 된다는 점입니다.

만일 영혼을 잃으면 사업 확장은 전혀 의미가 없습니다.

그건 제가 원하는 방식이 아니니까요."

_ USHG의 CEO, 대니 메이어

샌프란시스코 마리포사 거리에 위치한 앵커 브루잉의 양조장은 완성된 맥주를 맛보는 시끌벅적한 관광객들로 한껏 들떠 있다. 프리츠 메이태그는 사무실에 서서 이제 막 우편으로 도착한 청록색의 조그마한 양장본을 훑어보고 있었다. 『레이크사이드 클래식(Lakeside Classics)』의 최신판이었다. 이는 미국 역사 중 서부 개척 당시를 1인칭 시점으로 서술한 시리즈로, '적은 자본으로도 성공하는 사업이 무엇인지 보여주기 위해' 매해 발행하는 책이다. 메이태그는 1912년 판부터 이 책의 모든 시리즈를 수집해왔다.

메이태그는 가전 대기업 설립자의 증손자지만, 개인적인 취향뿐 아니라 사업에서도 '작고 아름다운 것'에 남다른 애정을 갖고 있다. 예순다섯 살인 메이태그는 지난 40년간 국내 최고 소형 양조장의 소유주이자 최고경영자로 살아왔고, 43년간 가족의 성(姓)인 '메이태그'의 이름을 붙인 유명한 고급 치즈 회사의 공동경영자로 일해왔다. 그는 두 사업 모두 자부심을 가지고 운영했지만, 양조장 사업은 그간 여러 차례 위기에 처한 적이 있었다는 사실을 털어놓았다.

메이태그는 성공적인 사업가라면 한 번쯤은 직면하는 선택의 기로에 놓인 적이 있었다. 불행히도 대부분의 사업가들은 뒤늦게서야 자신에게 선택의 여지가 있었음을 깨닫지만 메이태그는 그렇지 않았다. 그는 시기적절하게 선택의 시기를 판단했고, 그에 따른 올바른 선택을 했다.

자칫하면 회사가 큰 위기에 처할 수도 있는 상황이었다. 많은 사람들이 성공의 정점이라고 여길 만한 때였고, 앵커 브루잉을 27년간 운영하고 있던 시점이었다. 앵커 브루잉은 100년 이상 명맥을 유지해온 역사 깊은 양조장이었다. 그가 이 사업의 운영권을 처음 넘겨받았을 때, 앵커 브루잉은 사실상 거의 파산 직전의 위기에 놓여 있었다. 하지만 그는 양조장을 다시 일으키고, 그곳의 유일한 제품인 앵커 스팀비어(Anchor Steam Beer)를 되살리겠다는 각오로 사업에 전념했다. 결국 메이태그는 양조장과 제품 모두를 소생시키는 데 성공을 거두었고, 그 과정에서 맥주 제조업계에 혁신을 가져왔다. 그가 생산한 맥주는 소형 양조장 맥주로는 최초로 미국 전 지역에서 높은 인지도를 얻었다. 전통적인 제조법과 발효 기술을 이용해 최고의 원료로 직접 제작한 고품질 수제 맥주와 에일을 선보인 결과였다.

하지만 회사의 성공에 좋은 측면만 있는 건 아니었다. 앵커 스팀 맥주와 이후에 출시된 앵커 포터(Anchor Porter), 리버티 에일(Liberty Ale), 올드 포그혼(Old Foghorn) 등의 제품들이 연이어 굉장한 인기를 끌면서 수요가 공급을 넘어서기에 이르렀다. 메이태그가 양조장을 운영하기 시작한 해의 생산량은 600배럴이었는데, 8년 만에 생산량은 1만 2000배럴로 급증했다. 맥주의 인기가 고공행진 하던 시점에 양조장의 생산 가능 용량이 한계에 다다른 것이었다.

* * * * * * * *

우리가 사업을 하는 근본적인 목적은 무엇인가?

메이태그는 이후 몇 년을 지옥 같은 시간으로 회상한다. 고객들이 대거 몰리는 바람에 도매업자들에게 맥주 공급을 제한해야만 했기 때문이다. 모두가 제품을 더 달라고 애원했다. 하지만 그가 할 수 있는 최선의 대답은 보유하고 있는 맥주를 최대한 공평하게 배분하겠다는 약속뿐이었다. 빈손으로 돌아가야만 했던 도매업자와 식당 주인과 맥주 소매상들은 불만이 가득했다. 결국 대부분의 회사들이라면 축하할 만한 날에 최악의 사태가 발생하고야 말았다.

네바다 주에 있는 도매업자가 전화를 걸어와 다음과 같은 소식을 전했다. 그 지역 대규모 카지노에 부임해온 CEO가 앵커 스팀 맥주의 열렬한 팬이라서 카지노의 모든 바에 앵커 스팀 맥주를 판매하고 싶어 한다는 내용이었다. 실로 엄청난 주문이었다. 이는 곧 카지노에 어마어마한 양의 맥주를 무기한 공급해야 하는 것을 의미했다. 메이태그는 도매업자에게 물었다.

"그래서 뭐라고 대답했습니까?"

"그야 당연히 된다고 했지요."

"안 된다고 했어야지요."

"안된다니요? 그게 무슨 소립니까?"

"미안하지만, 새 거래처는 더 이상 받을 수 없다고 말했잖습니까? 다른 고객의 몫을 줄일 수는 없어요."

"전 도저히 안 된다고 말 못하겠으니 당신이 가서 직접 설명해 보시오."

결국 메이태그는 그곳까지 가서 주문을 받아들일 수 없는 이유를 직접 설명해야만 했다. 카지노의 총지배인은 불편한 기색을 역력히 드러냈고, 메이태그도 찜찜하기는 마찬가지였다.

물론 다른 대안들도 있었다. 예를 들면 시외의 양조장을 고용하여 늘어난 수요를 감당할 만큼 맥주를 추가적으로 제조할 수도 있었다. 나중에 생겨난 다른 소형 양조장들은 애초부터 이런 방식을 택했지만, 메이태그는 이 방식은 검토할 생각조차 하지 않았다. 이는 곧 그가 처음 사업에 뛰어든 목적인 '제품의 진정성'을 포기해야 함을 의미했기 때문이다. 그는 고객들의 끊임없는 공급 요청과 최고 품질의 맥주만 판매하겠다는 자신의 신념 사이에서 초조하게 속을 태워야만 했다.

메이태그는 이때의 경험을 잊지 않았고, 그로부터 6년 후 앵커 브루잉이 새 건물로 이전하면서 다시는 같은 일이 발생하지 않게 하겠다고 스스로에게 다짐했다. 이후 12년 동안 공급 제한과 관련된 문제는 더 이상 발생하지 않았다. 그러나 앵커 브루잉 맥주의 수요는 지속적으로 증가했고, 메이태그는 좋든 싫든 또다시 생산 용량에 위기가 닥칠 수도 있다는 사실을 인정해야만 했다. 그는 예방책으로 건너편의 부지를 사두었고, 이후 그곳에 제품의 보관과 포장을 위한 건물을 세워 맥주 생산용 시설을 추가로 확보하고자 했다. 또한 시설 확장에 필요한 자금을 확보하기 위해 기업공개(IPO, Initial public offering)에 대해서도 검토하기 시작했다.

그가 고려한 것은 주식 직접공모 형태로, 증권인수업자를 거치지 않고 직접 대중에게 주식을 판매하는 방식이었다. 그는 양조장이 다시 생산 용량의 한계에 이르기 전까지 10~15%의 판매량 정도는 감당할 수 있을 거라고 판단했고, 그 전에 회사의 규모를 확장하면 십수 년 전 겪었던 공급 대란 문제는 피할 수 있다고 생각했다.

'어차피 회사란 어느 시점이 되면 다음 단계로 도약하는 것이 아니던가? 이는 기업이 성장하는 자연스러운 수순이 아닌가?'

그는 모든 사업은 결국 성장하거나 실패하거나 둘 중 하나일 수밖에 없다고 생각하며 차라리 조금이라도 더 빨리 사업을 확장하는 편이 나을 거라고 여겼다. 확장을 위해서는 외부 자본이 필요했고, 주식 직접공모가 이를 위한 최선의 방법이라고 생각했다. 하지만 메이태그는 이 계획에 대한 찜찜한 기분을 도저히 지울 수가 없었고, 결국 직원들과 상의를 해보고 난 후 문제를 재고하기 시작했다. 메이태그와 고위간부 세 명은 몇 시간에 걸쳐 기업 상장과 관련한 문제를 논의했다. '새로운 투자자들은 무엇을 원할 것인가? 그들의 요구는 사업 운영에 어떤 영향을 미칠 것인가? 우리가 사업을 하는 근본적

인 목적은 무엇인가? 우리가 원하는 사업의 형태는 무엇인가? 인생의 목표는 무엇인가?'

그들은 다양한 결과들을 예측해보았지만, 결국 모두가 주식 상장에 대해 의구심을 가진다는 사실을 깨달았다. 무엇보다 회사의 규모가 지금보다 더 커지기를 원하는지 확신이 들지 않았다. 현재의 회사가 좋았고, '최대한 갈 수 있는 데까지 가보는 것'에는 큰 관심이 없었다. 회사의 규모가 너무 커지면 그들이 가장 소중하게 여기는 것들을 포기해야 한다는 생각이 무엇보다 컸다. 메이태그는 이렇게 말했다.

"논의 끝에 우리는 성장에 대한 강박관념 때문에 무리하게 상장을 하려고 했다는 사실을 깨달았습니다. 규모는 작더라도 품질로 인정받으며 그에 따른 수익을 내는 회사라면 충분하다는 생각이 들었습니다. 레스토랑을 예로 들면, 지역에서 유명해졌다고 해서 반드시 프랜차이즈 사업을 한다거나 확장을 해야 한다는 의미는 아니니까요. 그 상태를 유지하면서도 수익을 내고, 보람과 자부심을 느낄 수 있습니다. 그래서 우리는 확장을 하지 않기로 결정했습니다. 혹시 모를 맥주 배급 문제 때문에 걱정은 됐지만, 어차피 직면해야 할 상황이라면 받아들여야 한다고 생각했죠. 제가 회사의 운영권을 쥐고 있는 한, 지금의 규모를 그대로 유지하겠다는 우리의 뜻은 변하지 않을 것입니다."

그는 이제까지 자신이 내린 결정을 단 한 번도 후회하지 않았다. 물론 걱정했던 맥주 공급량 제한 위기가 오지 않은 것은 천만다행이었다. 당시 앵커 브루잉이 일으킨 맥주 제조업계의 혁신은 전국을 휩쓸었다. 이후 넘쳐나는 맥주의 수요를 충족시키고자 수많은 소규모 양조장들이 잇따라 생겨났다. 메이태그는 경쟁자들의 권모술수가 때때로 불만이기는 했지만, 어쨌든 늘어나는 경쟁자들을 긍정적인 시각으로 바라보았다. 그는 경쟁자들과 대치하기보다는 오히려 신생 업체가 양조 기술을 발달시킬 수 있도록 도왔다.

그는 업계의 경쟁자들 덕분에 더욱 자부심을 느끼며 즐겁게 회사를 운영했고, 한편으로는 커다란 성취감도 느꼈다. 그리고 이런 사업은 그의 개인적인 삶에도 자연스레 긍정적인 영향을 미쳤다. 결국 이것이 사업을 하는 목적 아닐까?

· · · · — · · ·

성장이 아니면 길이 없다?

이 책에서 소개하는 회사들은 사업을 시작하려는 모든 이들에게 다음과 같은 중요한 메시지를 전한다. 만약 당신이 세운 회사가 업계에서 살아남는다면, 머지않아 '얼마나 크게' 그리고 '얼마나 빨리' 성장할지를 선택해야 하는 시기가 오게 된다는 것이다. 그 상황에 대해 미리 경고를 해주거나 준비하라고 알려주는 이도 없고, 그 시기가 언제인지 말해주는 사람도 없다. 아마 은행가나 변호사나 회계사 또는 당신이 사업상 조언을 구하는 많은 이들은 최대한 빨리 기업을 성장시키라고 말할지도 모른다. 당신의 회사가 커질수록 그들과 더 많은 일을 함께할 것이고, 그들의 조언은 더욱 타당하게 들릴 것이다.

외부적 환경 또한 기업의 성장을 장려하는 분위기다. 결국 누구나 성공을 원하며 성공에 대한 시각은 대중매체의 영향, 시대의 분위기, 사회적인 통념을 따르기 마련이다. 하루가 멀다 하고 주변에서 성장이 아니면 길이 없다는 말을 하고, 모두가 다음 단계로 올라가려고 기를 쓰며, 규모가 커지고 급속히 성장하는 기업만이 좋은 평가를 받는다면, 과연 성장이 아닌 다른 선택을 고려할 수 있을까?

당신이 진심으로 아끼는 친구들과 가족들도 마찬가지다. 그들 역시 더 큰 행복을 위해 다른 대안을 찾으라고 조언하기는 힘들다. 어쩌면 선택할 수 있는 다른 길이 있다는 것조차 모를 것이며 규모를 키우는 것만이 최선이라고 생각할지도 모른다. 그리고 만약 기대했던 방향과는 다르게 사업이 운영되거나 결과가 내키지 않으면 그들은 당신의 선택보다는 사업 자체를 비난할 것이다. 당신 역시 나중에 회사에 문제가 생기면 사업 자체를 탓하거나 경쟁 회사, 경제 상황, 직원들, 혹은 정부를 탓할지도 모른다. 물론 이런 행동이 꼭 잘못된 것은 아니다.

하지만 완전히 옳다고 볼 수도 없다. 이 책에 등장하는 기업들과 마찬가지로, 당신에게도 선택권이 있다. 그리고 남들이 잘 가지 않는 길을 선택하는 것은 나중에 예상치 못한 긍정적인 변화를 불러올지도 모른다. 그 결정은 사업의 모든 측면에 커다란 영향을 미친다. 동료와의 관계에서부터 시간과 삶에 대한 통제력, 세상에 미치는 영향력, 사업을 통해 얻는 만족도와 성취감에 이르기까지 말이다.

그러나 안타깝게도 대부분의 사람들은 심각한 위기를 겪고 난 후에야 자신에게 선택권이 있었다는 사실을 깨닫는다. 어떤 이들은 자신과 회사가 심각한 곤경에 빠졌을 때조차 이를 알아채지 못하며 회사의 매각과 같은 중요한 기점에 이르러서야 그 선택권을 깨닫는 경우도 있다. 회사 매각은 기업의 생애에서 볼 수 있는 보편적인 단계에 속하며, 때로 그 과정이 힘든 경우도 있지만 적어도 전통적인 의미에서는 주주 가치를 창출하는 최적의 선택이라고 알려져 있다.

기업의 소유권이 바뀔 때 인수자가 기업이 보유한 자원을 사들일 만한 가치가 있다고 판단되면 회사 입장에서는 그동안 투입한 노력의 보상을 얻게 되는 셈이다. 따라서 대부분의 기업가들은 결국에는 회사를 매각할 것이라고 생각하며, 자신들이 못하게 된다 해도 후계자들이 이행할 거라고 여긴다. 또한 적절한 제의가 들어오면 상장이나 매각 과정을 거쳐 현금을 확보하는 편이 옳다고 생각하며, 사업의 소유권을 인수한 기업가들이라면 회사를 '더 발전된 다음 단계로 도약'시킬 수 있을 거라고 믿는다.

하지만 어떤 이들은 마지막 순간에 결정을 철회하기도 한다. 때때로 우리는 돌이킬 수 없는 결정을 내려야만 할 때 불현듯 거기에 다른 대안도 존재한다는 사실을 깨닫는다. 앵커 브루잉의 상장을 고민하는 시점에 그 깨달음을 얻은 프리츠 메이태그처럼 말이다. 마찬가지로, 클리프바의 게리 에릭슨 역시 연매출 3900만 달러의 수익을 내는 자신의 회사를 1억 2000만 달러에 매각하려는 시점에 그것을 깨달았다.

기로의 순간, 선택권은 당신에게 있다

거래가 거의 성사되기 직전이었던 어느 봄날의 아침이었다. 양측은 계약서 서명만을 남겨두고 있었고, 인수자 측 대표자들은 계약 완료만을 기다리고 있던 참이었다. 클리프바를 인수할 기업은 식품 대기업인 퀘이커 오츠(Quaker Oats)였고, 에릭슨은 자신이 기뻐해야 할 상황이라는 것을 잘 알고 있었다. 매각으로 엄청난 돈을 받게 될 것이고, 그의 몫인 50%의 지분은 평생 동안 그를 먹여 살리고도 남을 터였다. 8년 전만 해도 그는 자전거 회사에서 일하며 부업으로 작은 도매 제과점을 운영하는 사람이었다. 그러던 중 부엌에서 에너지바의 제조법을 개발했고 회사와 제품 이름 모두에 아버지의 이름을 붙여 클리프바를 세웠다.

그는 이제 6000만 달러라는 큰돈을 가지고 회사를 떠나면 됐다. 더 이상 바랄 것이 없는 상황이라고 할 수 있었다. 그럼에도 캘리포니아 버클리에 있는 사무실에서 계약서를 앞에 두고 공동경영자인 리사 토머스(Lisa Thomas)와 함께 앉아 있던 에릭슨은 불안한 기분을 떨칠 수 없었다. 손이 떨리기 시작했고 숨조차 쉬기 힘들 지경이었다. 잠시 어찌할 바를 몰랐던 그는 양해를 구하고 바깥 공기를 쐬러나갔다.

그때까지만 해도 에릭슨은 회사를 매각하는 것 외에는 다른 길이 없다고 생각했다. 더군다나 강력한 경쟁업체인 파워바(Power Bar)와 밸런스바(Balance Bar)도 비슷한 시기에 네슬레(Nestlé)와 크래프트(Kraft)에 매각된 상태였다. CEO였던 그와 리사는 단번에 자신들을 몰아낼 만큼의 대형 자본을 보유한 기업들과 정면 대결하는 것이 두려웠다. 그들은 클리프바를 다른 대기업에 매각하면 자신들의 제품과 직원들을 보호할 수 있다고 믿었다. 매각을 하더라도 관리 권한은 여전히 남아 있기 때문이다. 하지만 계약 협상이 종료될 무렵, 인수자 측에서 예상치 못한 통지를 전했다. 매각 이후 몇 달 내 클리프바의 본사를 중서부로 옮기고 새로운 운영진들이 사업을 관리하게 된다는 내용이었다.

그 봄날의 아침, 잠시 사무실을 나온 에릭슨은 근처 거리를 걷다가 눈물을 쏟아내기 시작했다. 그는 회사의 매각을 추진한 일을 후회했다. 그때 돌연 한 가지 생각이 떠올랐다. 계약은 아직 체결되지 않았고, 계약서에 사인을 끝낸 것도 아니지 않은가? 결정을 되돌릴 기회가 남아 있다고 생각하니 마음이 요동치기 시작했다. 에릭슨은 사무실로 돌아가 리사에게 매각을 중단하겠다고 말했고, 리사는 계약을 위해 모인 인수자 측 대표들과 은행가와 변호사를 돌려보내야만 했다.

보는 이의 시각에 따라 에릭슨의 이 같은 결정은 놀랍도록 대담해 보이기도 하고 무모해 보이기도 한다. 에릭슨은 엄청난 돈을 포기했을 뿐만 아니라 대기업들이 밤낮으로 경쟁하는 업계에서 독립적인 소규모 회사로 남기를 선택했다. 투자 은행가들과 벤처투자자들은 회사가 곧 파산할 것이라고 확신했다. 파트너인 리사도 그들의 의견에 동의했고, 이제까지 쌓아온 모든 것이 자칫하면 한 번에 무너질 수도 있다는 두려움을 느꼈다. 결국 얼마 지나지 않아 리사는 회사를 그만두기로 결정했고, 에릭슨에게 본인 몫의 지분을 현금화 해달라고 요구했다(리사는 회사 지분의 50%를 소유하고 있었기 때문에 만약 그녀의 요구를 받아들이지 않으면 회사가 폐쇄될 수도 있었다. 50% 미만의 지분 소유자는 영향력 행사에 제한이 있었다). 결국 에릭슨은 5년 동안 리사에게 약 6500만 달러를 지급한다는 계약에 합의했다. 당시 에릭슨이 계좌에 보유하고 있던 금액은 1만 달러에 불과했는데도 말이다.

회사의 단독 CEO가 된 에릭슨은 먼저 사업운영 방침을 재고하고 매각 이슈로 어수선해진 회사 분위기를 바로 잡고자 했다. 에릭슨은 버클리의 사무실에 앉아서 그때를 회상했다.

"내가 왜 이 회사를 운영하고 있는가? 사업을 하는 목적은 무엇인가? 그런 고민 끝에 제가 내린 결론은 고객들의 자연스러운 수요로 꾸준한 수익을 내는 탄탄하고 내실 있는 회사를 만들고, 이를 사람들에게 증명하고 싶다는 것이었습니다."

결국 에릭슨과 직원들은 이 목표를 이뤘다. 엄청난 빚에도 불구하고 클리프바는 살아남았다. 그리고 살아남은 것 이상으로 번창했다. 회사의 매출은 3900만 달러(매각 파기 이전 년도의 매출)에서 5년 후 9200만 달러로 두 배 이상 증가했고, 이는 외부의 투자나 회사의 무리한 확장 없이 이루어낸 놀라운 성과였다.

　게리 에릭슨과 앞서 프리츠 메이태그의 결정은 모두 극적으로 이루어졌다. 그러나 이런 중요한 선택의 순간이 기업 상장이나 매각 직전에만 발생하는 것은 아니다. 회사가 성공적으로 운영되고 있을 때에도 선택의 순간은 찾아온다.

· · · · — · · · ·

성공은 '행복한 고민을 갖게 되는 것'이어야 한다

　미시간 주 앤아버에 있는 징거맨스 델리의 공동 창업자인 애리 바인츠바이크(Ari Weinzweig)와 폴 새기노(Paul Saginaw)의 사례를 살펴보자. 그들은 품질 좋은 재료로 최고의 맛을 내는 샌드위치를 만들겠다는 목표로 음식점을 열었다. 새기노는 말한다.

　"샌드위치 드레싱이 손에 뚝뚝 흘러내릴 정도로 푸짐하고, 두 손으로 잡고 먹어야 할 만큼 커다란 샌드위치를 만들고 싶었습니다. 사람들이 다른 샌드위치를 먹으며 '괜찮은 샌드위치네. 하지만 징거맨스만큼은 아니군'이라고 말하기를 원했지요."

　음식점을 오픈한 지 10년이 채 되지 않았지만, 그들은 목표한 바이상을 이뤘다. 《뉴욕타임스》, 《본 아페티(Bon Appetit)》, 《이팅 웰(Eating Well)》 등 여러 매체에서 징거맨스의 음식을 극찬하는 기사를 쏟아냈다. 소설가 짐 해리슨(Jim Harrison)은 징거맨스에 대해 다음과 같이 언급하기도 했다.

"이렇게 맛있는 음식을 먹을 때면, 내가 살고 있는 세상이 완전히 나쁜 곳만은 아니라는 확신이 든다. 나는 파리의 디저트 브랜드 포숑(Fauchon), 런던 해롯백화점(Harrdos)의 푸드코트, 뉴욕의 프리미엄 식료품점 발두치(Balducci's)나 딘앤델루카(Dean & DeLuca)에서 느낀 감동을 징거맨스에서도 느꼈다."

하지만 징거맨스의 성공에도 불구하고, 혹은 어쩌면 그 성공 때문에 창립자들은 자신들 또한 선택의 순간에 직면했다는 사실을 깨달았다. 바인츠바이크는 그 선택의 고민이 시작된 날을 정확히 기억한다. 한창 일이 바쁜 어느 무더운 여름날의 점심시간이었다. 몰려든 고객들을 상대하는 와중에 엎친 데 덮친 격으로 냉방 장치까지 고장이 났다. 애리 바인츠바이크는 쏟아지는 문제들을 해결하느라 정신이 없었다. 그때 폴 새기노가 헐레벌떡 들어와서 말했다.

"애리, 얘기 좀 해야겠어."

"폴, 나중에 얘기해. 지금 너무 바쁘잖아."

"안 돼. 중요한 일이야. 지금 바로 얘기하는 게 좋겠어. 잠깐만 밖에 나가서 얘기하자."

바인츠바이크는 마지못해 새기노를 따라 나가 벤치에 앉았다.

"자, 무슨 일인지 말해봐."

"애리, 10년 뒤에 우리 가게는 어떤 모습일까?"

바인츠바이크는 당시를 회상하며 이렇게 말한다.

"어이가 없었죠. 머릿속엔 온통 이런 생각뿐이었어요. '지금 한

가하게 10년 뒤 얘기를 나눌 상황인가? 매장 냉방 장치는 고장 났고, 주방엔 직원이 모자라서 정신이 하나도 없는데 고작 불러내놓고 한다는 소리가 10년 뒤 얘기야?' 하지만 지나고 보니 그때 새기노가 정말 중요한 질문을 했다는 사실을 인정할 수밖에 없었지요."

바로 그때부터 두 사람의 파트너십을 시험할 2년의 시간이 시작되었다. 새기노는 회사의 성공으로 징거맨스가 자만에 빠졌고, 이 때문에 경쟁업체들이 제품을 모방하고 주 고객층을 빼앗아가는 상황에 취약해졌다고 생각했다. 당시에 두 사람은 자사의 제품을 모방한 경쟁업체와의 소송을 겪은 터였다. 새기노는 그 경험으로 법적인 보호에만 의지해서는 안 되며, 기업의 혁신이 가장 우선시되어야 한다고 확신했다.

회사는 대대적인 개혁이 필요했다. 제품을 개선하고, 새로운 시도를 통해 경쟁업체가 접근할 수 없도록 높은 장벽을 만드는 것이 그 방안이었다. 즉 징거맨스에는 성장을 위한 새로운 비전이 필요했고, 새기노는 다른 지역에 징거맨스의 체인점을 여는 방안을 포함해 다양한 대책을 마련해야 한다고 주장했다. 체인사업은 소규모 지역 업체가 덩치를 키우고 성장해가기 위한 가장 타당하고 합리적인 방법으로 여겨졌다. 이미 많은 이들이 징거맨스에 체인 사업을 제안했고, 일부는 직접 참여하기를 원하기도 했다. 새기노는 바인츠바이크에게 말했다.

"이 시점에서 체인 사업을 시작하지 않는 건 어리석은 짓이야."

하지만 바인츠바이크는 체인점 운영에 대해 완강한 반대 의사를 갖고 있었다.

"저는 캔자스시티까지 날아가서 실망스럽고 별 볼일 없는 징거맨스를 보고 싶지 않았습니다. 우리 제품만의 우수한 품질과 고유성을 잃고 싶지 않았죠. 음식을 따라 만들려고 하다 보면 결국 그 독특함은 사라지고 말거든요. 저는 폴에게 '사업적인 관점에서 보면 네 의견이 틀렸다고 할 수는 없지. 체인 사업을 원한다면 시작해봐. 하지만 만일 그렇게 된다면 나는 회사를 떠나겠어'라고 말했습니다."

새기노는 이렇게 말했다.

"애리의 마음은 충분히 이해할 수 있었습니다. 그 친구는 오렌지 마멀레이드의 역사를 공부할 만큼 우리가 만든 제품에 깊은 애정을 갖고 있었으니까요. 우리 이름을 건 체인점에서 상한 코울슬로를 파는 것이 두려웠던 거죠. 저는 말했습니다. '네 이름이 가게 문 앞에 붙어 있는 것도 아닌데 왜 그런 것까지 신경 써? 난 사실 코울슬로 따위는 전혀 신경 쓰지 않아. 상한 건 버리면 되니까. 하지만 네가 그렇게 신경이 쓰인다면 어쩔 수 없지. 함께 다른 방법을 찾아보도록 하자'라고요."

하지만 다른 방법을 찾는 일은 좀처럼 쉽지 않았다. 그들은 다른 회사를 인수하거나 본사를 타 지역으로 이전하는 것은 염두에 두지 않았고, 소규모 회사를 위한 성장 전략에 대해서도 아는 지식이 거의 없었다. 대신 그들은 관련된 서적을 많이 찾아서 읽고, 서로의 생각을 나누고, 대화를 자주 해보기로 했다. 둘은 정기적으로 서로의 아이디어들을 공유하고 논의했다. 그들은 회사의 새로운 비전문을 작성했고, 여러 사람들에게 조언을 구하며 수정을 거듭해나갔다. 그리고 2년여 후, 드디어 회사에 관한 원대한 계획의 윤곽이 점차 드러나기 시작했다.

비전문은 '징거맨스 커뮤니티 오브 비즈니시스'로, 간단히 ZCoB라고 불렀다. 그들은 향후 15년간 12개에서 15개의 분리된 사업체를 설립하기로 했다. 신규 사업은 모두 소규모로 운영되며 앤아버 지역에만 위치할 예정이었다. 각각의 회사는 모두 징거맨스의 이름을 따르지만, 고유의 전문성과 그들만의 정체성을 유지하기로 결정했다. 모든 사업체들은 징거맨스 고객에게 제공되는 음식과 서비스의 품질을 향상시키도록 노력하며, 동시에 징거맨스의 수익을 높일 수 있도록 만들어졌다.

만약 이 계획이 성공한다면, 징거맨스는 성공을 이룬 대부분의 회사가 몇 년 후 겪기 마련인 침체와 위축을 피해갈 수 있다고 믿었다. 바인츠바이크와 새기노는 사업을 성장시키는 동안 처음 회사를 설립했을 때의 신념을 잃지 않기로 다짐했다. 그 신념이란, 지역사회와의 밀접한 교류, 고객과의 친밀감, 직원들 간의 팀워크, 제품의 품질과 서비스 유지를 뜻했다. 향후 15년 동안 징거맨스가 계속 성장하더라도, 회사는 앤아버 지역을 기반으로 운영될 것이었다. 또한 그들은 각자의 분야에서 최고가 되기 위해 노력하는 소규모 사업들의 집합체로 남고자 했다.

전략은 성공적이었다. 이 전략은 회사 발전의 원동력이 되었고, 두 사람에게도 커다란 에너지를 불어넣었다. 8년 후 시점에 그들의 계획은 절반쯤 이루어져서 7개의 사업 부문을 성공적으로 운영하고 있었다. 바인츠바이크는 말한다.

"20년 동안 사업을 해왔지만 처음 일을 시작했을 때보다 지금이 훨씬 즐겁습니다. 하루하루가 만족스럽고 삶의 현실도 예전보다 편안하게 받아들이고 있지요. 성공은 행복한 고민을 갖게 되는 것을 의미합니다. 저는 요새 그 고민들 때문에 행복합니다."

이 책에 등장하는 모든 기업가들이 바인츠바이크, 새기노, 메이태그, 그리고 앞서 언급한 에릭슨처럼 운이 좋은 건 아니었다. 이들 중 일부는 혹독한 경험을 겪고 난 후에야 성공을 이루었다. 특히 시티스토리지의 창립자이자 CEO인 놈 브로드스키의 경우가 그랬는데, 그는 자신이 겪은 고통을 '그라운드호그 데이(Groundhog Day) 증후군'이라고 칭한다.

- - - - - - - - - -

위험한 모험과 혹독한 경험 끝에 얻은 가치

놈 브로드스키는 25년 이상 사업을 운영하며 영화 〈사랑의 블랙홀〉 속의 주인공처럼(이 영화의 원제가 'Groundhog Day'다) 특정 행동 패턴에 빠져 같은 실수를 반복하는 사람들을 많이 보아왔다. 브로드스키는 이 증상을 겪는 사람들을 직접 관찰하며 자신의 그라운드호그 데이 증후군 역시 치료해야 한다고 생각했다. 그래야만 자신이 삶에서 진정으로 원하는 사업체를 설립하고 운영할 수 있다고 믿었다.

그가 첫 번째 회사를 설립한 것은 1979년이었다. 비교적 진입장벽이 낮은 심부름 서비스 사업으로, 본사는 경쟁업체가 차고 넘치는 대도시 맨해튼에 두었다. 말 그대로 한정된 고객들을 대상으로 수백 개의 심부름 회사가 피 터지는 가격 경쟁을 하는 곳이었다. 이러한 경쟁에도 브로드스키는 수익성 있는 틈새시장을 공략해 성공을 거두었다. 이는 어느 광고회사의 고객 덕분이었는데, 그 고객이 "배달 서비스를 이용할 때마다 요금을 지불받는 거래처의 담당자가 누구인지 알 수 있도록 청구서를 작성해주는 서비스가 있으면 당장 이용할 것"이라며 털어놓은 불만이 주효했다. 요즘 같으면 간단히 처리가 가능하겠지만, 당시에는 대부분의 소기업들이 여전히 타자기나 수기로 내역을 기록하고 있었기 때문에 쉽지만은 않은 요구였다.

경쟁업체들은 청구서를 일일이 작성해주는 서비스는 불가능하다고 말했다. 하지만 브로드스키는 업계에서 가장 먼저 컴퓨터를 구매했을 정도로 이 방면의 전문가였다. 그는 컴퓨터를 활용해 필요한 소프트웨어를 개발해냈고 회사의 매출은 급등하기 시작했다. 당시 그의 회사 퍼펙트커리어(Perfect Courier)는 《인크》가 선정한 '500대 급성장 기업 목록'에 3년 연속 이름을 올리기도 했다.

경기가 좋았던 1980년대에는 금융업계에 정크본드(Junk bonds, 신용등급이 낮은 기업이 발행하는 고위험 채권), 기업 강탈, 적대적 인수합병과 같은 이른바 '약탈자들의 무도회'(Predators' Ball, '정크본드 시장의 황제'로 군림하다 내부자거래와 사기 혐의가 드러나 옥살이를 했던 마이클 밀켄의 생애를 담은 소설을 일컫는다)'가 펼쳐졌던 시절이었다. 당시 브로드스키는 대규모 업체들과 경쟁하고 싶었기 때문에 회사를 상장하고, 매출을 늘리고, 전국에 지점을 두며 사업의 규모를 확장하고자 했다. 성공에 대한 그의 열망은 하나의 수치로 드러났다.

"그 당시에 누군가가 제게 무엇을 원하는지 물어봤다면, 저는 망설임 없이 연매출 '1억 달러'를 내는 회사라고 답했을 겁니다. 이유는 모르겠습니다. 그저 하나의 목표였습니다. 그 목표를 위해서는 무엇이든 할 작정이었습니다."

1986년, 브로드스키는 상장되어 있던 경쟁업체들 중 한 곳을 인수해 기존 기업과 합병했다. 새로운 회사의 이름은 시티포스털 (CitiPostal)이었다. 시티포스털은 미국에서 가장 급성장하는 상장기업 중 하나가 되었지만, 연 매출은 4500만 달러로 브로드스키가 애초에 설정한 목표에는 크게 미치지 못했다. 때마침 그의 친구 중 한 명이 연 매출 7500만 달러 규모의 경쟁업체인 스카이커리어(Sky Courier)가 인수자를 찾고 있다는 소식을 전했다. 스카이커리어는 몇몇 심각한 문제점을 안고 있긴 했지만, 브로드스키는 그 회사를 인수함으로써 연 매출 1억 달러의 목표에 도달할 수 있다고 믿었다.

더 이상 지체할 시간이 없었다. 결국 그는 주변의 반대를 무릅쓰고 스카이커리어를 인수했고, 이는 이후 브로드스키에게 닥친 비극의 시발점이 되었다. 스카이커리어의 상황은 예상보다 훨씬 더 심각했다. 브로드스키는 시티포스털의 퍼펙트커리어 부문에서 500만 달러의 자금을 끌어와 스카이커리어에 모두 투입했지만, 회사의 부실을 막기에는 역부족이었다. 다시 200만 달러를 더 쏟아부었고, 스카이커리어의 회생을 위해 퍼펙트커리어의 신용으로 수백만 달러의 대출을 받기에 이르렀다. 결국 두 회사의 운명은 불가분의 관계가 되었다. 그러나 브로드스키는 인수한 회사를 다시 매각하거나 폐쇄함으로써 손실을 줄이는 방안은 단 한 번도 고려하지 않았다. 전에도 힘든 상황에 처한 적이 있지만 이겨냈기 때문에 무슨 일이 와도 감당할 수 있을 거라고 확신했다. 예측불허의 사건들은 언제든지 발생할 수 있다는 것을 그때는 전혀 생각하지 못했던 것이다.

1987년, 주식시장의 폭락으로 스카이커리어의 주 고객층인 인쇄업체들이 큰 타격을 입었고, 하룻밤 사이에 매출의 절반이 감소했다. 또한 퍼펙트커리어는 팩스 기기의 갑작스러운 보급과 인기로 스카이커리어 못지않은 타격을 받은 상황이었다. 점점 더 많은 사람들이 팩스로 서류를 보내기 시작하면서 퍼펙트커리어는 불과 몇 달 만에 매출의 40%를 잃었다.

두 사건이 회사에 미친 부정적인 영향은 실로 엄청났다. 결국 1988년, 시티포스털을 구성하는 모든 사업부들은 파산 보호를 신청하게 되었다. 1991년에 회사가 간신히 재기했을 때는, 3000명의 직원들 중 불과 50명만 남아 있었으며 매출액은 250만 달러가 채 되지 않았다. 브로드스키는 당시를 회상하며 말한다.

"정말 충격적이었습니다. 대체 무슨 일이 일어난 건지, 원인은 무엇인지, 다시 그런 상황을 겪지 않으려면 어떻게 해야 할지를 이해하는 데 몇 년이 걸린 것 같습니다."

브로드스키의 이 경험은 애초에 그가 사업을 시작한 이유와 자신이 진정으로 원하는 것이 무엇인지에 대해 돌아보는 계기가 됐다. 또한 자신이 직원들에게 엄청난 책임을 떠맡기고 있다는 사실도 깨달았다.

"회사가 어려움에 처하기 전에는, 매출을 늘리고 회사의 덩치를 키우는 게 전부라고 생각했지요. 제 결정이 다른 사람들에게 미치는 영향에 대해서는 생각하지 못했습니다. 파산 신청을 하기 직전까지도 그 책임을 스스로 부정할 정도였으니까요. 현실을 받아들이지 못한 거죠. 그래서 더 무리하게 일에 뛰어들었고, 그러다 보니 점차 더 나락으로 떨어지게 되었습니다."

그는 계속 말을 이어갔다.

"악순환이었습니다. 회사는 가급적 현금을 보유하고 있는 편이 안전하기 때문에 공급업체들에게 지급되는 대금도 지연될 수밖에 없었지요. 이쯤 되면 직원들도 회사의 분위기가 심상치 않다는 사실을 눈치 채게 됩니다. 그들도 채권자나 업체로부터 받는 전화가 있을 테니까요. 저는 당시에 심리적으로 고립된 기분을 많이 느꼈습니다. 아무와도 대화하고 싶지 않았습니다. 무너져가는 회사의 비용 문제만으로도 감당하기 힘들었으니까요. 결국 파산 신청을 해야만 한다는 사실을 알고 나면 더 이상 다른 방도가 없지요. 그때부터는 현실과 마주해야 합니다. 불현듯 다음으로 처리해야만 하는 일을 깨닫게 되는 겁니다. '아, 이 많은 직원들을 해고해야 하다니……' 저는 회사에 엄청난 돈을 투자했고, 회사에 필요한 모든 비용을 사비로 처리했습니다. 저에게는 다른 재산이 있었기에 가능했던 일입니다. 소비를 좀 줄여야 하긴 하겠지만, 그럭저럭 사는 데는 지장이 없을 정도라고 생각했지요. 하지만 회사의 수많은 직원들은 저를 의지했는데 이제 실직의 위기에 놓인 겁니다. 조금이라도 양심 있는 사람이라면 '내가 어쩌다가 일을 이 지경까지 오게 만들었지?'라고 생각할 수밖에 없는 거죠."

브로드스키는 외부의 사건(주식시장의 붕괴, 팩스 기기의 활황)을 실패의 원인으로 돌려서는 안 된다는 점을 누구보다 잘 알고 있었다. 진실을 받아들여야만 했다. 탄탄하고 수익성 있는 사업을 한 순간에 수렁으로 빠뜨린 것은 다름 아닌 브로드스키 자신이었다. 성급하게 스카이커리어를 인수하지 않고 거기에 무리한 자본을 쏟아붓지 않았더라면, 시티포스털은 그렇게 쉽게 무너지지 않았을 것이다.

그렇다면 그는 자그마치 8년 동안 운영해온 회사에 어째서 그런 위험한 모험을 감행했던 것일까? 그는 말한다.

"저는 천성적으로 모험을 즐기는 타입입니다. 일단 갈 데까지 가서 상황을 지켜보는 거지요. 이것이 제가 겪는 '그라운드호그 데이 증후군'입니다. 결국 저 때문에 수많은 사람들이 직장을 잃었습니다. 저에게는 굉장히 뼈아픈 교훈이 된 셈입니다. 직원들은 전혀 잘못이 없었습니다. 이 모든 상황에 대처하기까지 얼마나 힘들었는지 모릅니다. 그 이후로는 누군가의 삶을 위태롭게 할 만한 결정을 단 한 번도 내리지 않았어요. 혹독한 경험을 통해 얻은 소중한 깨달음이었습니다."

이 경험으로 브로드스키는 그 외에 다른 여러 교훈들도 얻었다. 그중 한 가지는 자신의 충동적인 성향을 고쳐야 한다는 점이었다. 사업가들이 대개 그렇듯, 그 역시 신중히 생각하며 시간을 끄는 것을 싫어했고 항상 즉흥적인 결정을 선호했다. 하지만 이제 브로드스키는 모든 결정에 앞서 차분하게 시간을 두고 심사숙고의 과정을 거쳐야 한다는 것을 깨달았다. 다른 사람의 의견을 경청하는 것이 얼마나 중요한지도 배웠다. 그가 스카이커리어를 인수하려고 했을 때, 많은 사람들이 리스크를 경고했지만 그는 이러한 조언들을 모두 무시했다. 아니 들을 생각조차 하지 않았다. 브로드스키는 이 일이 있은 후부터 다른 사람들의 조언을 경청하는 습관을 기르기로 마음먹었다.

무엇보다도 가장 큰 변화는 그가 사업에서 성취하고자 하는 목표와 삶에서 원하는 것을 진지하게 고민하기 시작했다는 점이다. 허황된 1억 달러의 꿈을 정신없이 좇다가 큰 딸이 성장하는 모습도 놓쳤다. 둘째 딸에게도 같은 실수를 반복할 수는 없었다. 그들 부부는 여행을 좋아했지만, 그가 했던 유일한 여행은 업무 차 출장을 떠난 것이 전부였다. 12년 넘게 진정한 휴가를 보내지 못했던 것이다. 잃어버린 과거의 시간은 결코 되돌릴 수 없었다. 그는 다시는 같은 실수를 반복하지 않겠노라고 다짐했다.

그럼 그가 운영한 사업의 결과는 어땠을까? 브로드스키는 수익보다는 판매에만 집중하는 과오를 저질렀다. 이윤 없이 매출 1억 달러를 올리는 회사보다는 1000만 달러의 매출을 내더라도 이윤이 높은 쪽이 훨씬 낫지 않을까? 회사의 규모가 작더라도 업계와 지역사회에서 좋은 평판을 얻고, 고객들에게 훌륭한 서비스를 제공하며, 그들과 우호적인 관계를 맺는 편이 더 낫지 않을까? 브로드스키는 회사의 파산에 일면 고마움을 느꼈을 정도로 중요한 교훈을 얻었다. 그는 "어떤 사람들은 크고 중대한 실수를 겪어야만 중요한 교훈을 배운다"고 말한다. 그 역시 새 회사인 시티스토리지가 국내 기록물 보관서비스 분야의 최고 기업으로 자리매김한 지 한참 후에야 그 사실을 깨달았다.

· · · · — · · · ·

원하는 방향으로 사업을 이끌어가는 길

브로드스키처럼 모두가 커다란 위기를 겪고 나서야만 '선택권'을 인식하는 시기가 찾아오는 것은 아니다. 실제로 이 책에 등장한 대부분의 리더들은 큰 위기나 고민의 과정을 거치지 않고 자신의 길을 선택했다. 특히 회사의 성장을 의도적으로 억제하는 결정은 대개 자연스럽게 이루어졌다. 작은 거인의 경영자들은 마치 자신들에게 선택의 여지가 있다는 것을 본능적으로 알고 있는 것 같았다. 그 덕분에 그들은 너무 빨리 또는 잘못된 방향으로 회사를 무리하게 확장하려는 유혹을 이겨냈다. 만일 무리한 성장을 감행한다면, 사업에서 자신들이 가장 소중하게 여기는 것들을 잃어버리게 될지도 모른다는 사실을 본능적으로 알고 있었던 것이다.

무엇보다도 그들은 회사를 운영하며 자신이 추구하는 '탁월함'을 포기해야 하는 상황을 피하려고 애썼다. 작은 거인의 경영자들은 누구보다 열정을 갖고 일했으며, 원하는 목표를 성취하기 위해 최선을 다해 노력하는 사람들이다. 하지만 목표를 달성하고 성공을 이룰수록 그 자리를 유지하기는 더욱 어렵다. 오히려 그 성공 탓에 수많은 기회를 접하게 되어 잘못된 방향으로 사업을 운영하지 않으려고 의식적으로 노력을 기울여야 하기 때문이다.

USHG의 대니 메이어가 그 좋은 예다. 그는 일찍이 뉴욕 레스토랑 업계의 스타로 부상했다. 세인트루이스 출신인 대니 메이어는 대학 졸업 후 뉴욕으로 이사를 했고, 1985년 스물일곱의 나이에 유니언 스퀘어 카페(Union Square Cafe)를 오픈했다. 레스토랑은 오픈 초기부터 비평가들의 찬사를 받았고, 《뉴욕타임스》는 이 식당에 영예로운 쓰리스타(Three-star) 평가를 내렸다.

주변 사람들은 레스토랑을 하나 더 오픈하는 것을 제안하며 대니 메이어에게 접근해왔다. 그 가운데 일부 제안들은 충분히 매력적이었지만 그는 사람들의 지나친 관심이 다소 우려스러웠다. 그래서 그는 식당을 새롭게 오픈할 때 반드시 충족해야만 하는 세 가지 기준을 고안했다. 첫째, 유니언 스퀘어 카페처럼 특별하고 멋진 레스토랑이 되어야 한다. 둘째, 유니언 스퀘어 카페의 가치를 높일 수 있어야 한다. 셋째, 내 삶에 더 많은 균형을 가져다주어야 하고, 삶의 여유가 축소되어서는 안 된다.

"저는 무리한 사업 확장을 피할 수 있도록 스스로 기준을 만들었습니다. 유니언 스퀘어 카페는 제 인생에서 최고의 작품 같은 존재입니다. 제가 그만큼 개성 있고 훌륭한 레스토랑을 또 만들 수 있을지에 대한 일종의 두려움이 있었죠. 물론 시간적인 여유도 부족했고요. 그 당시만 해도 이미 하루에 16시간씩 일하고 있었거든요."

시간이 흘러 몇년 후, 대니 메이어는 고민 끝에 유니언 스퀘어 지역에서 두 번째 레스토랑을 열기로 결정했다. 새로운 레스토랑의 이름은 그라머시 태번(Gramercy Tavern)이었다. 그가 그라머시 태번의 오픈을 결심한 이유 중 하나는, 당장 데려오지 않으면 후회할 만큼 훌륭한 셰프를 영입할 기회가 찾아왔기 때문이다. 또한 유니언 스퀘어 카페의 중간급 직원들의 잦은 이직도 우려하던 중이었다. 그는 업무 경험을 넓히고 능력을 향상시킬 수 있는 기회를 지속적으로 제공하지 않으면 유능한 직원들이 계속 떠날 수밖에 없다는 사실을 진작 알고 있었다. 때마침 자신에게도 변화가 필요하다고 느끼던 시기였다. 그는 이렇게 말한다.

"유니언 스퀘어 카페도 충분히 훌륭한 레스토랑이었지만, 제 창의성을 표현할 만한 새로운 기회와 장소가 필요했습니다. 제가 따분함을 못 견디고 가만히 못 있는 성격인 건 맞지만, 그렇다고 해서 이미 성공적으로 운영되고 있는 식당을 바꿔버리는 건 말도 안 되니까요. 제 아이디어를 다른 레스토랑에도 적용해보고 싶다는 생각이 들었습니다."

그라머시 태번은 주변의 기대를 한 몸에 받으며 오픈했고, 한동안 자리를 잡기 위해 고군분투해야만 했다. 그는 당시를 이렇게 회상한다.

"물론 힘들었습니다. 오픈 초기라면 어떤 레스토랑도 운영상의 여러 어려움에 직면합니다. 레스토랑은 와인과 비슷한 면이 많지요. 처음에는 깊은 맛을 내기 어렵지만, 시간이 흐를수록 그 맛이 우러나는 것처럼 레스토랑도 마찬가지입니다."

그의 말대로 그라머시 태번의 명성은 날이 갈수록 높아지기 시작했다. 1997년, 그라머시 태번은 '자갓 서베이(Zagat Survey, 프랑스 '미슐랭 가이드'와 함께 권위를 인정받는 대표적인 레스토랑 안내서)'가 선정한 '뉴욕에서 네 번째로 가장 인기 있는 레스토랑' 목록에 이름을 올렸다 (유니언 스퀘어 카페가 1위를 차지했다). 이후 1999년에는 3위로 올라갔고, 2000년에는 유니언 스퀘어 카페에 이어 2위에 올랐다. 두 레스토랑은 이후 계속해서 번갈아가며 1, 2위를 차지했다.

한편 1990년대의 경기 호황은 레스토랑 업계에도 커다란 변화의 바람을 불러왔다. 볼프강 퍽(Wolfgang Puck)이나 토드 잉글리시 (Todd Englis) 같은 셰프들은 전국적인 유명인사가 되었고, 부동산 개발업자들은 인기를 끄는 레스토랑이 해당 지역이나 쇼핑몰을 변화시키고 호텔, 카지노, 박물관 등의 발전을 촉진한다는 사실을 알게 되었다. 전국의 개발자들은 너도나도 할 것 없이 메이어에게 몰려들었다. 그들은 라스베이거스나 로스앤젤레스와 같은 대도시에도 유니언 스퀘어 카페나 그라머시 태번의 분점을 내라고 메이어를 부추기기 시작했다.

그러나 개발자들의 끊임없는 설득에도 메이어는 자신만의 '5분 원칙'을 주장하며 모든 제안을 거절했다. 그는 유니언 스퀘어와 가까운 자신의 집에서 도보로 5분 이내에 이동할 수 없는 곳이라면 레스토랑을 열지 않겠다고 결심했다. 가족과 가까이 있고 싶은 마음도 컸지만 지리적으로 거리가 먼 곳에서 사업을 확장하는 것에 부정적이었기 때문이다. 하지만 그 외에도 메이어가 5분 원칙을 따르는 실질적인 이유가 있었다.

그는 사장이라면 당연히 영업시간에 자주 레스토랑에 들러서 돌아가는 상황을 파악해야 한다고 생각했다. 자신의 관심이 직원들 그리고 손님들과의 친밀한 소통으로 이어진다고 확신했기 때문이다. 레스토랑들이 서로 가까이에 모여 있으면 점심시간 동안에도 충분히 오가며 운영 상태를 점검할 수 있었다.

메이어의 '5분 원칙'이 잠시 흔들리던 시기도 있었다. 2000년, 스타우드 호텔 앤 리조트(Starwood Hotels and Resorts)가 유니언 스퀘어에 W호텔을 짓기로 결정했을 때, 메이어에게 호텔 내 레스토랑을 맡아 달라고 제의를 해온 것이다. 사업 가능성을 논의하기 위해 두 세 차례 회의를 가졌지만 메이어는 결국 그 제안을 거절했다. W호텔은 자신들만의 운영 방식으로 훌륭한 체인 호텔로 성장했지만 메이어가 추구한 방식과는 맞지 않다는 이유에서다. 대신 그는 1998년부터 2004년까지 유니언 스퀘어 지역에 네 곳의 레스토랑을 오픈하면서 자신이 추구하는 방식을 마음껏 펼쳤다.

각각의 레스토랑은 독특한 테마와 그들만의 정체성을 보유했다. 일레븐 매디슨 파크(Eleven Madison Park)는 '고품격 식당'으로 자리 잡았는데, 예술품으로 장식된 넓은 내부와 황금색 인테리어의 와인 바로 유명했다. 타블라(Tabla)는 미국과 인도 음식의 퓨전요리를 제공했으며, 블루스모크 · 재즈 스탠더드(Blue Smoke · Jazz Standard)는 메이어의 고향인 세인트루이스 식으로 만든 바비큐 전문 식당이었다. 셰이크쉑(The Shake Shack)은 메디슨 스퀘어 파크 중앙에 위치한 정통 버거와 냉동 커스터드 전문점이었다. 이 모든 식당을 모아놓고 보면, 마치 재능 있는 작가가 쓴 소설들 같다. 각각의 레스토랑에는 메뉴, 장소, 식당의 분위기, 직원들의 복장, 음식의 향과 맛에 따라 독특한 줄거리와 캐릭터들이 있다. 그럼에도 메이어가 운영하는 모든 식당에는 공통점이 있다. 손님을 대하는 서비스에서 느껴지는 자연스러움과 따뜻함이 바로 그것이다.

메이어의 레스토랑에 방문하는 손님들은 식당에 와 있는 것이 아니라, 자신들을 환영해주는 누군가의 집에 초대를 받은 듯한 친근한 기분을 느꼈다. 메이어는 이것을 '깨어 있는 서비스(Enlightened hospitality)'라고 불렀고, 이러한 서비스의 기본 마인드는 레스토랑 경영의 기본이 되었다(이와 관련해서는 5장에서 더 자세히 다루겠다).

회사의 확장을 부정적으로만 보던 메이어의 시각은 시간이 흐를수록 점차 바뀌기 시작했다. 가장 큰 이유로는 그의 곁에 회사의 확장을 함께 감당할 수 있고, 새로운 도전을 원하는 경영진들과 직원들이 있었기 때문이다. 메이어는 말한다.

"회사의 성장에 관해서라면 아마 제가 제일 소극적이었을 겁니다. 그래서 저는 도전에 보다 긍정적인 사람들을 직원으로 뽑았습니다. 그들은 포부가 큽니다. 만일 레스토랑을 오랜 기간 동안 훌륭하게 성장시키고자 한다면, 포부가 큰 직원들을 고용해야 합니다. 물론 모든 직원들이 성장에 적극적인 것은 아닙니다. 하지만 유니언 스퀘어 카페처럼 20여 년 동안 훌륭하게 레스토랑을 운영하려면 모든 면에서 항상 더 나은 방법을 찾으려고 노력하는 직원들을 고용하는 것은 대단히 중요합니다. 열심히 시도하다 보면 훌륭한 직원들이 어느 정도 갖춰지게 되지요. 제 역할 중 하나는 직원들의 포부를 이해하고, 이를 기반으로 더 나은 발전을 이루는 것입니다."

이후 그는 회사에 커다란 반향을 불러일으킬 만한 변화를 시도했다. 근본적으로 회사와 자신의 역할 모두를 탈바꿈할 만한 도전이었다. 맨해튼의 웨스트 53번가에 위치한 뉴욕현대미술관(MoMA)이 보수공사 후 개관할 때, 그곳에 신규 레스토랑과 두 곳의 새로운 카페를 동시에 열기로 한 것이었다. 레스토랑의 이름은 '더 모던(The Modern)'이라고 지었다. 더 모던에는 더 이상 메이어의 5분 원칙을 적용할 수 없었다.

"더 모던을 오픈하면서 제가 세운 원칙에도 커다란 변화가 생겼지요. 더 이상 점심이나 저녁식사 시간에 제가 운영하는 모든 레스토랑을 돌아볼 수 없었기 때문입니다. 이전의 제가 레스토랑 운영자였다면, 이제는 회사의 CEO가 된 것이나 다름없다고 봅니다."

더 모던은 회사 입장에서도 커다란 도약을 이룬 계기가 되었다. 지난 10년간 회사가 들인 노력의 결과물이었기 때문이다. 메이어가 유니언 스퀘어 카페의 단골 고객이었던 출판업자 폴 고트리브(Paul

Gottlieb)로부터 현대미술관에 레스토랑을 오픈하면 어떻겠냐는 제안을 받은 건 10년 전이 처음이었다. 폴 고트리브는 뉴욕현대미술관의 이사회 회원으로 활동 중이었다. 귀가 솔깃한 제안이었다. 메이어에게는 자신의 경험에서 우러나온 창의적인 아이디어를 토대로 식당을 오픈하고 싶다는 바람이 있었고, 현대미술관이야말로 그가 원하던 장소였다. 메이어가 어렸을 때 그의 어머니는 세인트루이스에서 미술관을 운영했고, 그의 가족들은 모두 현대미술관에 회원으로 가입되어 있었다. 메이어의 집 벽에는 늘 현대미술관 달력이 걸려 있었다. 그러나 10년 전 당시에는 메이어 자신도, 회사도 뉴욕현대미술관에 식당을 오픈할 준비가 되어 있지 않았다. 그리고 10년 후 드디어 때가 온 것이었다.

더 모던은 여러 방면에서 메이어가 운영했던 이전의 어떤 식당들과도 달랐다. 가장 큰 차이점은 지금껏 한 번도 상대해본 적 없는 새로운 부류의 미술관 관람객들이 주 고객이 된다는 점이었다. 그는 레스토랑 오픈을 몇 주 앞두고 이렇게 말했다.

"저는 사람들이 더 모던에 올 때 느끼는 감정을 먼저 생각해봤습니다. 기존에 운영하는 레스토랑들은 고객층이 무척 다양합니다. 손님이 식당에 들어오기 전에 어디서 뭘 했는지 알 수 없지요. 이제 막 비행기에서 내렸을 수도 있고, 회의를 끝내고 왔을 수도 있고, 호텔에 있다가 밥을 먹으러 나왔을 수도 있고, 어쩌면 식당에 오려고 이십 블록이나 걸어왔을 수도 있지요. 그런데 미술관 안에 있는 더 모던에 오는 손님들은 확실한 목적이 있는 사람들입니다. 바로 미술관 관람을 하기 위해 왔다가 식당에 들른 사람들이지요."

그는 계속 말을 이어갔다.

"우리는 미술관에서 몇 시간씩 머물다가 식당에 들어오는 손님들이 무엇을 원할지를 고민해야 했습니다. 어쩌면 자녀들과 함께 올 수도 있고, 외국인이 올 수도 있죠. 저희로서는 이전과는 완전히 다른 경험이었습니다. 손님들이 원하는 음식과 서비스에 대한 이해와 그에 따른 변화가 필요했지요. 먼저 서비스가 빨라야 했습니다. 사람들은 미술관에 오기 위해 일부러 시간을 냈기 때문이니까요. 그렇다면 미술관에서 먹는 이유가 무엇이겠습니까? 아마도 아픈 다리를 좀 쉬게 하거나, 빨리 먹고 배를 채워야 할 이유 등이 있겠지요. 우리의 역할은 이러한 기본적인 욕구들을 어떻게 채워 줄지 파악하는 것이었습니다."

더 모던이 뉴욕현대미술관에 오픈한다는 이유로 많은 주목을 받았기 때문에 메이어는 부담이 컸지만 동시에 기회도 많아졌다고 말했다.

"더 모던은 단순한 레스토랑과 달리 미술관이라는 큰 틀 안에서 운영된다는 의미가 있습니다. 미술관과는 떼려야 뗄 수 없는 관계인 셈이지요. 식당이 길가에 단독으로 운영된다면 자신들만의 스토리를 만들 수 있겠지만, 더 모던은 미술관이라는 더 큰 스토리 안에서 운영되기 때문에 그 이야기의 일부가 되어야 합니다. 마치 거대한 파도를 타는 것과 같을 테지요. 더 모던은 미술관이라는 거대한 파도를 따라 움직이는 겁니다. 장점도 많지만 기대에 부응해야 한다는 책임감도 컸습니다."

더 모던의 오픈과 함께 회사의 직원은 1000명을 넘어섰고, 더 많은 성장의 기회들이 눈앞에 다가왔다. 경영진들은 지속적인 회사의 성장을 위해 이미 전략을 고안해두었다.

한편 회사 운영에 관한 메이어의 전반적인 운영 방식에도 변화가 생겼다.

"새로운 레스토랑을 오픈하면, 저는 늘 창의적인 아이디어를 먼저 찾아보려고 합니다. 물론 지금도 그렇고요. 그런데 요새는 고민거리가 하나 더 생겼습니다. 바로 회사의 성장이 우리가 세운 전략에 부합하는지에 관한 고민입니다. 우리는 관심 분야와 그렇지 않은 것에 대해서는 명확하게 구분해두었습니다. 독립적인 형태로 운영되는 고품격 레스토랑은 이미 충분히 많기 때문에 더 이상 확장이 불필요합니다. 반면 우리가 운영하고 있는 셰이크쉑은 어떻습니까? 셰이크쉑은 우리가 잠재적으로 소규모 체인 사업의 가능성을 열어두고 있다는 사실을 명확하게 보여줍니다."

메이어가 추구한 사업 목표 중 한 가지는 직원들이 자유롭게 여러 레스토랑에서 근무할 수 있는 기회를 제공하는 것이다. 이는 두 가지 방면에서 장점이 있었는데, 첫째는 USHG을 떠나지 않고도 내부에서 성장할 수 있는 기회를 제공한다는 측면이었다. 이를 통해 메이어는 유능한 인재들을 계속 회사에 남겨둘 수 있었고, 새로운 프로젝트가 생기면 기존의 인재들을 활용할 수 있었다.

"제가 오픈한 블루 스모크의 주방장은 8년 동안 유니언 스퀘어 카페에서 근무한 경험이 있습니다. 또한 서비스 책임자는 5년간 그라머시 태번에서 근무했고, 제빵사는 타블라와 매디슨 파크에서 3년간 제빵사로 근무한 경력이 있었지요. 이외에도 여러 유사한 사례들이 많습니다. 이미 우리 회사에 익숙한 사람들이라면 회사의 문화에도 편안함을 느낄 테고요. 결론적으로 회사와 직원들 모두에게 긍정적인 영향을 미치게 됩니다."

메이어가 회사를 바라보는 관점에도 변화가 생겼다. 이제껏 USHG는 독립적인 식당들의 집합체였지만, 메이어가 회사의 미래에 대한 고민을 시작하면서 그 시각도 바뀌었다. USHG를 자신이 운영하는 모든 레스토랑을 통합하는 하나의 개체로 바라보고, 회사의 전체적인 방향 역시 새롭게 설정하기로 결심한 것이다. 중앙에서 어떤 형태로 각각의 독립적인 식당들을 통제해야 하는지, 또 정확히 어떤 부분에서 그 방식을 적용할 것인지를 고민해야 했다. 직원들과 회사와의 관계 또한 재고해볼 필요가 있었다. 예를 들어 유니언 스퀘어 카페에서 근무하는 직원은 레스토랑 소속의 직원이 되기를 원할까, 아니면 USHG 소속의 직원이 되기를 원할까? 메이어는 말한다.

"이 문제는 우리가 내부적으로도 많이 논의하는 사항입니다. 저는 직원들이 자신을 먼저 레스토랑 소속이라고 느끼고, 그다음 그룹에 소속감을 느껴도 크게 개의치 않습니다. 모든 레스토랑들이 제각기 훌륭하게 돌아간다면 그걸로도 만족하니까요. 어느 누가 스스로를 거대한 조직의 부속품에 불과하다고 느끼는 걸 원하겠습니까?"

이런 측면에서 볼 때, 메이어의 레스토랑들은 대단히 흥미로운 균형을 이루었다. 식당들은 모두 USHG에 속해 있지만, 각각은 완전히 독립된 개체들이었다. 공통의 문화를 갖고 있지만 식당들의 분위기는 모두 달랐다. 메이어는 자신의 식당을 마치 아이들 같다고 말한다. 같은 부모에게서 태어났지만 각기 다른 성격을 타고나는 것과 같은 이치인 것이다. 그들의 DNA에는 비슷한 부분도 있고 완전히 다른 부분도 있다. 하지만 메이어는 아직 개선해야 할 문제들이 많다는 사실을 털어놓으며 이렇게 말했다.

"사실 모든 레스토랑에는 비슷하게 따라야만 하는 일종의 규칙들이 있습니다. 제가 가장 중요하게 여기는 측면은 고객들이 느끼는 '서비스의 질'에 관한 문제입니다. 이것은 고객들의 관심을 잃지 않기 위한 대단히 중요한 요소입니다."

그렇다면 메이어가 운영하는 사업의 리스크는 무엇일까? 회사의 덩치가 커지면 무언가를 잃게 되는 것은 불가피하지 않을까? 회사의 규모가 커져도 여전히 고객들과의 친밀감을 유지할 수 있을까? 메이어는 말한다.

"물론 고객들은 예전처럼 저와 직접적인 친밀감을 느낄 수는 없을 겁니다. 하지만 고객들이 원하는 건 식당에서 느껴지는 친밀감입니다. 오늘 아침에 우리 식당의 친근한 서비스를 칭찬하는 세 통의 고객 이메일을 받았습니다. 지배인과 관리직원, 서빙하는 직원을 칭찬하는 내용이었습니다. 식당에서 음식을 주문받고, 요리를 하고, 완성된 음식을 제공하고 관리하는 모든 과정은 대기업을 운영하는 것과는 다릅니다. 우리 직원들은 모두 소속된 식당에서 주인의식을 갖고 일합니다. 하지만 무엇보다 중요한 점은 모든 식당들이 반드시 자신만의 영혼을 잃어서는 안 된다는 점입니다. 영혼을 잃으면 사업 확장은 전혀 의미가 없습니다. 그건 제가 원하는 방식이 아니니까요."

전반적으로 메이어는 자신의 사업에 대해 낙관적이었다. 사업을 확장하더라도 영혼을 잃지 않을 것이라고 자신했기 때문이다. 그는 초기에 몰려든 성장에 대한 압박을 이겨낸 덕택에 지금의 위치에 오를 수 있었다고 말한다. 영혼을 희생시키지 않고 도전할 준비도 갖춰지지 않았던 시기에 무리하게 확장을 시도하지 않았다는 의미다. 메이어는 거절할 수 있는 올바른 판단력을 지님으로써 자신의 선택권을 열어두었고, 사업의 규모와 속도를 조절하는 능력을 유지했다.

여기에 또 다른 교훈이 있다. 만일 선택권을 갖고 싶다면, 그것을 얻기 위해 부단한 노력을 기울여야 한다는 점이다. 대개 모든 비즈니스는 성장해야 한다는 엄청난 압박을 받는다. 이러한 압박은 고객, 직원, 투자자, 공급업체, 경쟁업체 등 누구에게서도 받을 수 있다. 만일 이러한 압박에 맞서지 않는다면, 당신에게 결코 선택권은 주어지지 않을 것이다. 당신은 결국 원하는 방향으로 사업을 이끌어갈 수 있는 기회를 잃게 될 테니 말이다.

2장

회사의 주인은 누구인가?

경영자라면 반드시 직면하게 되는 현실

"모두가 당장 성장해야 한다고 강요하고,

성장의 과정을 당연하게 여기는 데서 오는

압박감을 떨쳐내기란 결코 쉬운 일이 아닙니다.

일단 성장을 하겠다고 마음먹으면,

그 앞에는 당신이 풀어야 할 현실적인 고민거리들이

잔뜩 기다리고 있을 거고요."

_ 징거맨스의 공동창립자, 애리 바인츠바이크

트라이넷 주식회사(TriNet Inc.)
는 14개의 작은 거인에는 속하지는 않지만, 이 회사를 설립한 마틴 바비넥(Martin Babinec)의 경험은 모든 회사들이 직면해야 하는 성장의 대한 압박을 잘 보여준다. 마틴이 처음 사업을 시작하던 때만 해도, 그는 자신의 회사가 미국에서 가장 급속하게 성장하는 회사 중 하나가 되거나, 언젠가 회사를 상장하거나, 벤처 투자자들에게 회사를 매각할 가능성이 있을 거라고는 상상하지 못했다. 설령 그런 변화가 찾아올 것을 알았다 해도 그는 그런 상황을 원하지 않았을 것이다. 기업 관료주의로부터 독립된 회사, 자신의 삶과 일을 통제할 수 있는 규모의 회사를 꾸리고 싶었기 때문이다. 하지만 그가 원했던 작은 규모의 사업체를 만드는 일은 실현되지 못했다.

서른세 살이었던 바비넥은 전 세계 미 해군 기지에 매장을 둔 정부 소유 소매업체 네이비 익스체인지(Navy Exchanges)에서 12년 동안 인사관리 담당자로 근무하고 있었다. 그는 회사의 특성상 로드아일랜드 주에서 워싱턴 주, 캘리포니아 주, 일본의 요코스카, 이탈리아의 나폴리 등으로 거주지를 옮겨 다녀야 했고, 잦은 이사로 지친 상태였다. 그와 그의 아내는 캘리포니아 주에 있는 오클랜드에 정착하고 싶었다. 마침 그 지역에 집도 사두었고, 첫째 아이도 이제 막 태어난 참이었다.

당시 바비넥은 기업 관료주의에 신물을 느꼈고, 자신의 사업을 시작할 준비가 되어 있다고 느꼈다. 하지만 2년 동안 다양한 사업 기회를 물색했음에도 불구하고 제대로 된 사업 아이템을 찾지 못한 상태였다. 그러던 중 우연한 기회로 인사 관리자들을 대상으로 하는 전국 콘퍼런스에 참가한 바비넥은 인사업무를 대행하는 회사(PEO, Professional employer organization)라는 새로운 유형의 사업에 대해 듣게 되었고, 여기에 사업 기회가 있다고 판단했다. 이후 그는 두 달 만에 직장을 그만두었고, 저축해둔 5000달러의 자본으로 자신의 PEO인 트라이넷 주식회사를 설립했다.

- - - - - - - - -

위기의 회사, 어떻게 지켜야 하는가?

트라이넷은 신생기업들이 전형적으로 겪는 사업상의 파란만장한 위기를 여러 차례 겪어야만 했다. 트라이넷이 여타 신생회사들과 달랐던 점은, 바비넥이 계획한 바는 아니었을지라도, 결국 행복한 결말을 맞았다는 점이다. 그러나 분명한 점은, 그 과정에서 자칫하면 회사의 통제권을 상실할 수도 있는 무수한 외부의 압박을 견뎌야만 했다는 사실이다.

대부분의 압박은 사업의 초기 단계에서 흔히 찾아오며, 이는 회사의 성장 규모와 속도에 지대한 영향을 미치는 '선택권'과 직결된 문제다. 그것을 올바르게 극복해야만 자신이 원하는 방향으로 회사를 일궈나갈 수 있다. 이는 굉장히 중요하다. 대부분의 사람들의 생각과는 달리, 개인 소유의 기업이 점차 성장해가며 그들의 소유권과 통제권을 굳건히 지키기는 무척 어렵기 때문이다. 회사에 대한 통제 권한을 잃게 되면, 회사는 자연스럽게 당신의 목표가 아닌 외부인들이 세운 목표에 따라 움직이게 된다. 설사 당신이 통제권을 유지하는 데 성공하더라도, 당신이 원하는 바와는 상관없이 성장을 강요하는 수많은 외부의 압박에 대처해야만 한다.

초창기만 해도 바비넥의 사업은 이런 문제들까지 고려할 만큼 오래 지속될 것 같지 않았다. 회사를 세우고 2년 후쯤 되었을 때, 바비넥은 한계에 다다른 것처럼 보였다. 트라이넷에 근무하는 직원은 단 한 명이었고, 고객사는 겨우 여섯 개뿐이었다. 회사는 거의 파산 직전이었다. 바비넥은 판매와 마케팅 지식이 전무했고, 둘 중 어느 분야에도 재능이 없었다. 게다가 그는 PEO나 HR 아웃소싱에 대해서는 한 번도 들어본 적 없는 고객들에게 이를 인지시켜야 했고, 이를 위한 교육에는 엄청난 비용이 소요되었다.

한편 그의 아내는 둘째 출산을 앞두고 있었고, 그는 25만 달러의 빚을 지고 있는 상태였다. 갖고 있던 돈마저 모두 써버렸고, 지인들에게 빌릴 수 있는 돈도 더 이상 없었다. 그의 삶은 말 그대로 바닥을 치고 있었다. 바비넥은 식탁에 앉아 패배자처럼 눈물을 보였다. 더 이상 길이 보이지 않는 것만 같았지만, 사실 한 가지 가능성이 남아 있었다. 외부 투자자들에게서 자금을 투자받는 방법이었다. 하지만 이 방법은 거의 승산 없는 모험에 가까운 시도였다. 과연 이미 파산 직전인 회사에 투자할 사람이 있을까? 만일 그 사람들이 회사가 이전보다 더 성장할 수 있다고 확신하는지 묻는다면 뭐라고 대답할 수 있을까?

바비넥은 적어도 두 번째 질문에는 해답이 있다고 생각했다. 그는 이제껏 다른 PEO들의 전례를 따르며 사업을 운영해왔다. 즉 회사가 수익을 내며 고객에게 혜택을 제공하려면 먼저 최대한 많은 고객을 확보함으로써 규모의 경제부터 달성해야만 했다. 하지만 광고비가 전무한 상황에서 신규 고객을 확보하는 일은 무리였다. 입소문을 통한 소개나 추천이 가장 좋은 방법이었지만 현재처럼 체계가 없는 사업 방식으로는 그 역시 어려웠다. 기존 고객과 잠재 고객은 대부분의 경우 서로 알지 못하는 사이였다.

고심 끝에 그가 고안해낸 해결책은 소통을 필수적으로 하는 시장을 목표로 삼는 것이었다. 회사의 서비스를 가장 필요로 하며, 그에 따른 비용을 기꺼이 지불할 의사가 있는 기업이 바비넥의 1차 목표였다. 급성장하고 있는 실리콘밸리 인근의 테크놀로지 기업들이 그 대상이 되었다. 여기에 속한 기업들 중 대부분은 투자자들로부터 신속한 기술개발에 대한 엄청난 압박을 받고 있었다. 바비넥은 그 회사들이 인사 관리에 쏟는 시간을 절약해줌으로써 기술 개발에만 힘쓸 수 있도록 도왔다. 무엇보다 중요한 점은 테크놀로지 업계의 사람들은 서로 끊임없이 소통한다는 점이었다. 트라이넷이 맡은 일을 훌륭히 해낸다면(바비넥은 그 점에 대해 확신했다), 분명 다른 기업들의 의뢰가 이어질 것이라고 생각했다.

PEO 업계에서 바비넥의 그런 결정은 대단히 비상식적이고 이단적인 생각이었다. 규모의 경제를 달성하려면 다수의 고객을 확보하는 게 먼저인데, 대부분의 잠재고객들을 포기한 그의 전략을 업계 사람들은 이해할 수 없었다. 하지만 바비넥은 기업의 생존만을 생각했다. 회사가 재기하려면, 서비스에 대한 고비용을 기꺼이 지불할 만한 고객들부터 가능한 한 빨리 확보하는 것이 중요하다고 여겼다. 기업 간의 소개나 추천이 필수였던 것이다.

계획을 곧바로 실행하기는 어려웠다. 몇 달 동안 트라이넷을 정상적으로 운영하려면 어림잡아 10만 달러의 자금이 필요한 상황이었기 때문이다. 자금을 끌어오기 위해 사업 계획서를 작성하고 잠재투자자들을 설득할 만한 전문성 있는 프레젠테이션도 준비해야 했다. 프레젠테이션을 위한 회의장도 필요했고, 도움을 받기 위한 외부의 전문가들도 섭외해야 했다. 결국 이 모든 과정들도 자신과 가족에게 더 많은 빚을 안길 터였다. 성공할 가능성은 희박했다. 게다가 만약 실패한다면 바비넥과 아내는 집을 포함한 전 재산을 잃을 수도 있었다. 결국 한 푼의 수입도 없이 두 살 딸과 임신한 아내를 데리고 길거리로 나앉게 될지도 모르는 상황이었다.

바비넥은 아내의 결정을 따르기로 했다. 만일 아내가 새로운 일자리를 찾는 게 좋을 것 같다고 한다면, 당장 사업을 접고 구인광고를 검색할 생각이었다. 하지만 그의 아내는 "진짜 포기하고 싶어? 당신이 지금껏 사업에 투자한 시간과 노력을 생각해봐. 아직 선택권이 있으니까 다시 시도해 보는 게 어때?"라고 했고, 그는 마지막으로 다시 한 번 도전하기로 결심했다.

곧바로 사업 계획에 착수했다. 회계 분야의 전문지식이 있는 지인에게도 도움을 청했다. 또한 PEO 업계의 권위자인 조 월리(Joe Willey)를 설득해 잠재 투자자들을 대상으로 업계의 전망을 발표할 수 있는 기회를 얻는 데 성공했다.

무더운 어느 여름날의 저녁, 약 40명의 잠재 투자자들이 바비넥이 예약해놓은 한 레스토랑의 안쪽 방에 모였다. 트라이넷에 투자하는 데 관심이 있던 모든 사람들이 모였다고 봐도 무방했다. 행사는 트라이넷의 재정 악화에도 불구하고 꽤 순조롭게 진행됐고, 결국 일곱 명이 총 5만 달러를 투자하기로 결정했다. 사업의 현금 유동성 문제를 해결하기에는 충분한 금액이었다. 그 5만 달러가 바비넥이 트라이넷의 CEO로 남아 있을지, 다른 회사의 직원이 되어 있을지를 결정한 셈이었다.

하지만 아이러니하게도 그 5만 달러는 회사의 독립적인 운영권을 상실하게 만든 시발점이 되기도 했다. 투자금에는 명백한 조건이 따라왔기 때문이다. 투자자들은 바비넥을 위기에서 구했고, 바비넥은 이제 투자자들의 기대치를 충족시켜야만 했다. 즉 투자에 대한 높은 수익을 안겨줄 의무가 있었던 것이다. 결국 회사는 공격적으로 성장해야만 했다. 또한 어느 시점에는 회사의 지분을 매각하고 현금화할 방법 또한 찾아야만 했다.

바비넥은 회사의 새로운 사업 전략을 실행하는 데 총력을 기울였고, 결국 성공적인 결과를 얻을 수 있었다. 트라이넷은 실리콘밸리의 신생 기업들 사이에서 빠르게 명성을 쌓아갔다. 테크놀로지 회사들이 성공을 위한 핵심 기술을 시장에 출시하는 데 집중할 수 있도록 모든 인사관리 업무를 책임지는 회사로 자리매김한 것이다. 트라이넷은 점차 벤처 투자자들의 주목을 받기 시작했고, 그들은 자신들이 투자한 다른 회사에 트라이넷의 서비스를 추천하기 시작했다. 바비넥은 주요 벤처 캐피탈 회사들이 포진해 있는 캘리포니아 주 샌드힐 로드에 자주 등장하는 친숙한 인물이 되었다.

트라이넷은 흑자를 기록하며 빠르게 성장했지만 바비넥은 더 급속한 성장이 필요하다고 판단했다. 6년 동안 그는 PEO 업계의 생태를 더욱 잘 이해하게 되었고, 회사의 규모를 키우는 것이 핵심임을 잘 알고 있었다. 규모가 클수록 고객에게 더 많은 서비스를 제공할 수 있고, 거래 건수별 비용도 낮아졌기 때문이다. 뿐만 아니라 치열한 경쟁에서 살아남을 가능성도 높아졌다. 현실적으로 PEO 업계에서 '작은 보석'으로는 살아남기가 힘들었다. 업계에서 살아남고 싶다면, 빠른 성장을 이루어야만 했다.

빠른 성장이란 두 가지를 의미했다. 먼저, 회사의 성장을 위해 엄청난 규모의 자금을 확보하는 것이다. 다음으로, 기업을 운영해본 경력이 많은 경영진의 고용이 시급했다. 경영진의 도움 없이는 기업 운영에 필요한 자금 확보도 힘들 것이고, 무엇보다 성공적인 경영을 위한 전문지식 역시 필요했다. 하지만 전문 경영 인력들은 외부에서도 수요가 엄청났다. 때에 따라 경영진들이 고용주를 선택하는 경우도 많았으며, 고용주들은 그들의 구미에 맞게 각종 혜택과 특전을 제시해야만 했다. 바비넥은 고민 끝에 세 가지 혜택을 제시하기로 결정했다(그중 두 가지는 무형의 혜택이었다). 업계에서 잘나가는 회사를 더 훌륭하게 함께 일궈나가는 도전, 회사와 함께 성장할 기회, 마지막으로 회사의 지분을 제공하는 것이었다. 물론 어느 시점에 지분을 매각할 수 없다면, 그가 제시한 혜택은 금전적인 가치가 전혀 없을 것이다. 따라서 언젠가는 회사를 매각하거나 상장할 준비가 되어 있어야만 투자자들뿐만 아니라 유능한 인재를 확보하는 데 훨씬 유리했다.

바비넥은 노력 끝에 결국 유능한 경영진들을 영입했고, 기존 투자자들을 비롯해 그들과 의견을 함께하는 몇몇 다른 투자자들, 그리고 경영진들로부터 25만 달러의 투자 자금을 확보할 수 있었다. 그는 투자자들에게 훨씬 더 큰 규모의 투자 자금을 유치할 수 있다는 확신을 줘야 했다. 이듬해 그는 유럽의 대형 인력회사에 트라이넷의 지분 50.1%를 390만 달러 매각했다(회사 지분의 50%가 넘으면 지배지분[회사의 경영권 행사에 충분한 주식]으로 분류한다). 기업의 성장률은 껑충 뛰었고, 트라이넷은 전국에 지사를 설립하는 기업으로 거듭났다.

이때쯤에는 바비넥이 애초에 꿈꿨던 '작지만 훌륭한 기업을 만들겠다'는 소망은 이미 멀어진 것이나 다름없었다. 또한 처음 사업을 시작했을 때보다 자신의 일과 삶을 통제하는 것 역시 훨씬 어려워 졌다. 그는 기업의 최고경영자로서 많은 특전을 누렸지만, 결코 자유 롭지는 못했다. 회사에 대한 책임감은 그가 보내는 시간, 만나는 사람, 가는 장소, 언제 무엇을 할 것인지에 대한 대부분의 자유를 제한 했다. 그 책임감이 사업의 종류와 방향을 결정했기 때문에 그는 더욱 신중해야만 했다. 바비넥이 선택한 산업의 특성, 외부 투자의 필요성, 그리고 그가 고용한 직원들의 기대치를 모두 고려할 때, 그는 최대한 빠른 시간 내에 회사를 성장시켜야만 했다. 또한 다음 단계로 회사를 매각하거나 상장하는 일을 실행에 옮길 수밖에 없었다.

비록 회사의 모습이 처음에 바비넥이 상상했던 것과는 달랐지 만, 그렇다고 해서 그가 불만을 가진 것은 아니었다. 그는 함께 일하 는 사람들에게 깊은 애정을 갖고 있었고, 사업이 안고 있던 도전은 오히려 그에게 활력이 되기도 했다. 일의 압박은 심했지만 그에게는 분명 그 정도의 압박은 다룰 만한 능력이 있었다. 또한 그는 유럽의 투자자들을 비롯한 다수의 외부 투자자들이 요구하는 사업의 철저 한 운영과 책임감을 기꺼이 받아들이고 실천했다.

그러나 당시 바비넥 부부는 세 명의 자녀들을 데리고 동부 지역 으로 돌아가고 싶어 했다. 그곳에는 친지들이 살고 있었고 캘리포니 아보다 교육제도가 더 체계적으로 갖춰져 있었기 때문이다. 그래서 바비넥의 가족은 뉴욕 주의 북부 지역으로 이사를 했고, 바비넥은 오 클랜드와 뉴욕 주를 오가며 고된 통근 시간을 감내해야만 했다. 그럼 에도 바비넥은 자신의 회사를 운영하는 것에 만족했으며, 다른 회사의 직원이 되는 것보다는 훨씬 현명한 선택이었다고 생각한다.

회사의 성공은 물론 기뻐할 만한 일이었지만, 여기서 내가 전달하고자 하는 중요한 점은 바비넥이 사업을 잘 이끌었다는 사실이 아니다. 그보다는 바비넥을 비롯한 책 속의 다른 경영자들이 회사를 일궈나가는 과정에서 직면한 압박들에 주목하고자 한다. 외부의 압박은 경영자들이 처음 회사를 설립할 때 계획했던 회사의 방향과는 전혀 다른 쪽으로 회사를 변화시키기도 한다는 점을 말이다.

성공 때문에 회사를 잃게 되는 아이러니

바비넥이 내린 중대한 결정은 분명 성공을 위해 큰 규모의 고객 기반이 필수적인 방향을 선택한 것이다. 회사의 규모에 따라 성공 여부가 달려 있는 업계에서 작은 거인과 같은 회사를 만들기는 결코 쉽지 않다. 규모가 경쟁력인 업계에서는 트라이넷의 사례처럼 급속한 성장에 대한 압박은 불가피하며, 사업 초기의 자본 규모와는 상관없이 외부 투자자들을 찾을 수밖에 없다.

회사의 규모가 중요하지 않은 업계라고 해도(바비넥이 겪었던 것처럼 절박한 상황에 처하지 않더라도), 성장을 위해 외부 자본을 끌어와야 한다는 압박을 받게 되는 경우는 많다. 기업의 경영자라면 언젠가는 직면해야만 하는 현실이기도 하다. 앞서 이야기했듯이, 앵커 브루잉의 프리츠 메이태그도 앵커 스팀비어의 수요가 급증하기 직전에 이러한 외부의 압박을 겪었다. 당시를 회상하며 들려준 그의 이야기를 한 번 들어보자.

"저희 회사는 와인 사업을 하고 있으니 성장을 위해 더 많은 와인이 필요합니다. 매년 와인 1000상자를 판매하고 있는데 이것만으로는 충분하지 않습니다. 수요를 충족시키려면 내년에는 100상자가 더 필요하다고 해보죠. 그 생산량을 맞추려면 포도 1.5톤이 더 생산돼야 합니다. 포도밭 1에이커에서 3톤 정도의 포도를 수확할 수 있으니 1.5톤을 더 만들려면 0.5에이커 이상의 포도밭을 확보해야 합니다. 한편, 1에이커의 밭에서 포도를 수확하려면 총 20만 달러의 비용이 소요됩니다. 지역에 따라 더 많이 들 수도 있고요. 어쨌든 20만 달러라고 해봅시다. 그러니까 100상자를 더 확보하려면, 10만 달러가 더 필요합니다. 와인 한 상자당 발생하는 수익이 10달러니까 1000상자를 팔면 연 수익은 1만 달러거든요. 결국 다른 곳에서 9만 달러를 끌어오지 못하면 내년 수요를 충족시킬 수 없는 겁니다."

메이태그의 말은 멈추지 않고 길게 이어졌다.

"그러니까 제 말의 요지는, 기업의 성장은 현재 보유한 자본의 규모나 외부에서 자본을 끌어오는 능력에 좌우된다는 점입니다. 저로서는 눈이 번쩍 뜨이는 깨달음이었지요. 경영대학원에서는 첫 수업에 이런 경영 상식을 가르칠지도 모르겠지만, 저는 그때 처음으로 그 사실을 깨달았던 거지요. 자본집약적인 사업에 속해 있다면 성장을 위한 추가 생산을 위해 신규 자본의 투입이 필수적입니다. 한 상자라도 더 늘리고 싶다면 더 많은 자본이 필요한 거죠. 그뿐만이 아닙니다. 작은 단위로는 생산량을 확장할 수 없습니다. 적어도 포도밭 10에이커를 확보해야만 트랙터를 매입하는 의미가 있습니다. 확장을 위해 넘어야 할 산이 어마어마하게 큰 셈이지요. 물론 자본집약적인 사업이 아니라면 이야기가 다를 수도 있지만, 또 다른 종류의 넘어야 할 단계들이 여전히 있지요. 인력을 고용하는 일도 그렇습니다. 신규 직원을 채용했다고 해봅시다. 당신이 정상적인 고용주라면, 그 직원이 더 이상 회사에 필요하지 않다고 해도 최소 6개월은 고용하고 있는 것이 도의적 의무라고 할 수 있겠지요. 직원 한 명에게 나가는 6개월치 월급은 충분히 부담되는 금액입니다. 소프트웨어 업계에서 가장 자본 집약도가 높은 곳이 연구 분야라고 하더군요. 고급 인력들이 모여 밤낮으로 내년 전략을 세우는 일이 필수니까요. 그런데 마이크로소프트 같은 경쟁 대기업이 다음 해에 근사한 신제품을 출시해 버리면 어쩌겠습니까? 그야말로 기업의 생존이 달려 있는 문제이지요. 그런 이유로 회사들은 지분을 판매할 수밖에 없는 상황에 처합니다. 충분한 자본이 없이는 스스로 성장할 수 없으니까요."

메이태그가 이야기하는 바의 중요한 핵심, 마무리는 결국 다음과 같았다.

"그렇게 회사의 지분을 조금씩 팔다 보면, 소유주 몫의 지배지분은 금세 사라지게 됩니다. 그러니까 회사의 성공은 때로 상황을 더 악화시키지요. 만일 당신의 회사가 지역 내에서 유일하게 특정 제품을 판매하는 회사라면, 당연히 엄청난 수의 고객들이 모여들 것이고,

곧 제품의 수요는 폭발적으로 증가할 겁니다. 그럼 회사는 수요를 감당하기 위해 자본이 필요할 테고, 지분을 매각해야 하는 상황에 처하게 되는 것이지요. 이것이 바로 많은 사람들이 성공 때문에 오히려 자신의 회사를 점차 잃게 되는 과정입니다."

회사의 지분 구조와 통제권, 성장의 상관관계

물론 대부분의 사람들이 이런 방식으로 자신의 회사를 잃는 것은 아니다. 하지만 전문 투자자들에게 회사의 지분을 판매하게 되면, 독립적으로 사업을 경영하는 측면에서 상당히 중요한 결정권을 잃게 되는 것은 자명하다. 그 결과 작은 거인들이 선택한 것과 같은 길을 택하기는 더욱 어려워진다. 물론 당신이 자유롭게 회사를 성장시키는(또는 성장시키지 않는) 것에 대해 선택권을 주는 투자자들을 찾는 것이 완전히 불가능하지는 않겠지만, 그러한 결정에는 항상 일종의 거래나 협상이 수반된다. 투자자들은 회사 소유주의 신념과 비전을 믿고 따르는 대신 자신들이 원하는 것을 얻을 수 있다는 확신이 있어야만 투자를 결정하기 때문이다.

따라서 이 책에서 소개하는 14개의 작은 거인들 중 오직 4개 기업의 경우만 외부의 주주들이 회사의 지분을 보유하고 있다는 사실은 그리 놀랍지 않다. 그중 하나가 레엘 프리시전 매뉴팩처링이다.

이 회사 지분의 56%는 회사를 은퇴한 창립자들과 그들의 자녀들, 손자들이 소유하고 있다. O.C.태너도 마찬가지로 35%의 의결권 지분을 창립자의 조카와 가족들이 소유하고 있다. 그리고 USHG는 대니 메이어의 모친, 이모, 삼촌들의 자본 투자로 설립된 회사다. 이후 다양한 외부 투자자들이 더해졌지만, 그들은 메이어에게 전적으로 사업 운영의 독립권을 부여했다. 징거맨스가 운영하는 징거맨스 로드하우스에도 외부 투자자들이 있지만, 나머지 회사들은 모두 징거맨스의 내부 소유다.

그들 외에 나머지 10개 회사들은 조직 내에서만 지분을 보유하도록 각별한 주의를 기울였다. 클리프바의 게리 에릭슨의 사례를 보자. 1억 2000만 달러의 매각 제안을 거절하고 파트너인 리사 토머스도 회사를 떠난 뒤, 그는 클리프바의 완전한 소유권과 통제권을 가져오기 위해 2년 동안 홀로 고군분투했다. 리사가 회사를 떠나기로 결정했을 때, 에릭슨은 그녀의 지분 50%를 다시 사들여야 했다. 그는 리사 토머스와 협상을 맺어야만 했다. 그녀에게 선불로 1500만 달러, 다음 5년 동안 4200만 달러를 지급하기로 했고, 경업금지계약(Noncompete agreement)을 맺는다는 합의하에 5년간 약 100만 달러를 매년 추가지급 하기로 결정했다.

당시 에릭슨은 소유하고 있던 현금이 거의 없었기 때문에 은행에서 선불 1500만 달러를 무려 23%의 이자율로 빌려야만 했다. 그와 그의 아내는 리사에게 약속한 금액을 모두 지급할 때까지 지분의 67%만을 소유하고 있었다. 다행히 회사는 다음 2년 동안 기대 이상의 훌륭한 성과를 냈고, 에릭슨은 리사에게 지급해야 할 돈을 예상보다 빠른 시일 내에 갚을 수 있었다.

당신은 에릭슨이 회사를 매각하고, 다른 새 회사를 설립할 수도 있었을 텐데 왜 그렇게 하지 않았는지 의문을 가질 수도 있다. 에릭슨은 전 파트너의 변호사도 그에게 같은 질문을 던진 적이 있지만 본능적으로 안 된다고 대답했다고 말한다. 그는 회사의 매각은 단 한 번도 고려하지 않았다. 그는 다른 기업의 경영자들이 회사의 매각을 감행하는 과정을 지켜보았고, 대부분이 자신의 결정을 후회한다는 사실을 알고 있었다. 무엇보다 클리프바야말로 '에릭슨이 머물러야 할 곳'이라고 생각했다.

그럼에도 불구하고 당신은 여전히 회사의 유일한 소유주가 되기 위해 이 모든 어려움을 겪고, 시간을 투자하고, 비용을 들이고, 리스크를 감수할 만한 가치가 있는지 되물을 수 있다. 에릭슨은 자신의 사무실에 앉아서 이렇게 말했다.

"물론입니다. 다른 방법으로는 성공할 수 없었을 겁니다. 한 번이라도 외부 자본을 들여와서 투자자들에게 지분을 주게 되면 더 이상 되돌릴 수 없습니다. 저는 지분을 내부 소유로만 유지하고자 했던 제 결정을 후회하지 않습니다. 만약 다른 길을 택했더라면 지금쯤 무척 불행해졌을지도 모르겠군요. 저는 아직까지도 아내와 함께 우리가 얼마나 운이 좋았는지에 대해 축배를 들곤 합니다."

회사 지분에 대한 에릭슨의 의견은 이 책에 소개한 모든 경영자들이 공통적으로 동의하는 바다. 작은 거인으로 기업을 일궈내고 싶다면 가급적 외부 주주들이 없어야 한다는 에릭슨의 의견에 그들은 공감한다. 대니 메이어 역시 외부 주주들이 자신의 사업 방식과 비전에 동의하지 않는다면 투자를 받는 것의 의미가 없다고 말한다. 이유는 간단하다. 이 책에 소개한 기업들은 하나같이 일반적인 성공 기준을 넘어선 높은 무언가를 목표로 삼기 때문이다. 그들은 한마디로 정의할 수도 없고 그 가치를 헤아릴 수도 없는 무언가를 끊임없이 추구한다. 그리고 의식적으로 그것을 보호하고 지키기 위해 노력을 기울인다. 나는 그것을 서문에서 언급한 '영혼'과 '마법'이라고 부른다.

사실 책에 등장한 대부분의 CEO들은 회사 지분의 100%를 한 사람(또는 두 사람)이 소유하는 것을 불필요하거나 심지어 바람직하지 않다고 생각한다. 책에 소개된 14개 회사 중 5개 회사의 창립자들은 주요 경영진들에게 회사의 지분을 나눠주었다. 다른 2개 회사는 종업원 지주제도(ESOP, Employee stock ownership plan)를 선택해 모든 직원들이 지분을 나눠서 소유하고 있다. 또한 여러 자회사를 운영하고 있는 징거맨스의 경우, 자회사의 공동경영자들이 각각의 회사 지분을 소유한다. 14개 회사 중 가장 역사가 오래된 회사인 O.C.태너는 지분의 대부분을 트러스트(기업합동, 같은 업종의 기업이 경쟁을 피하고 보다 많은 이익을 얻을 목적으로 자본에 의하여 결합한 독점 형태)가 소유하고 있다.

회사의 지분 구조가 어떤지를 막론하고, 어쨌거나 이 책에서 소개하는 모든 회사들은 경영자와 목표를 함께하는 사람들이 지분을 소유할 수 있도록 하기 위해 부단히 노력한다. 경영자들마다 어려움을 느끼는 정도는 제각기 다르다. 예를 들어 기업을 인수한다고 가정하면, 일반적으로 자금 대출이나 현금 확보의 필요성을 최소화하기 위해 주식으로 거래를 진행하는 경우가 발생한다. 이 경우 회사의 지분은 외부인의 손에 주어지게 된다. 이 책에서 소개한 대부분의 회사들은 기업문화가 융합되는 과정이 얼마나 어려운지 알고 있었기 때문에 다른 회사를 인수하는 것에 관심을 보이지 않았다. 예외적인 사례는 아이다호 주 보이시에 위치한 차량용 후진 경고장치 및 황색 경고등 제조회사 ECCO다.

ECCO의 회장 짐 톰슨(Jim Thompson)과 사장 에드 짐머(Ed Zimmer)는 글로벌 시장에서 효과적으로 경쟁하려면 동남아시아와 유럽 시장으로의 진출이 필수라고 생각했다. 이를 위한 가장 좋은 방법은 회사와 거래 관계를 구축하고 있던 기존 업체들을 인수하는 방법이라고 판단했고, 지분의 5%를 매각해 영국의 한 기업을 인수했다. 조건은 그 회사의 소유주였던 2명의 경영자에게 ECCO의 지분을 제공하는 것이었다. 그중 한 명은 ECCO의 개방적이고 평등한 기업문화에 적응하지 못하고 떠났고, 회사는 그가 소유했던 지분을 결국 다시 사들였다.

사업의 소유권을 회사 내부에 유지하는 데 성공한다 해도, 당신을 원치 않는 방향으로 끌고 가려는 외부의 세력들과 여전히 싸워야만 한다. 어떤 경우에는 클리프바의 에릭슨과 토머스처럼 대규모 경쟁업체들로 인한 두려움으로 압박감을 느끼기도 한다. 회사의 공급업체들 역시 당신의 회사에 최대한 빠른 성장을 강요할 것이다. 특히 당신이 공급업체의 물건을 판매하는 입장이라면 압박은 더욱 증대

될 것이다. 제품의 판매량이 증가할수록 공급업체의 수익도 올라가기 때문이다. 하지만 아이러니하게도 가장 큰 압박은 사업의 성공을 결정하는 가장 중요한 주체인 직원들과 고객들로부터 발생한다.

훌륭한 회사라면 당연히 훌륭한 직원들을 고용하려고 한다. 그러나 회사의 인재들이 조직 내에서 더 이상 성장의 기회를 찾지 못한다면, 그들을 붙잡아둘 수도 없고 끌어오기도 어렵다. 바로 이런 이유로 많은 경영자들이 회사의 성장을 통제하고 싶다고 해도, 결국 공격적인 성장의 길에 놓이게 되는 것이다.

• • • —•— • •

성장은 목표가 아니라 결과다

보스턴에 위치한 디자인 기업 가운데 쇼멋 디자인 앤 컨스트럭션(Shawmut Design and Construction)이라는 회사가 있다. 연매출 4억 4100만 달러에 501명의 직원을 거느린 안정되고 존경받는 회사다. 하드락 카페부터 하버드 대학 등을 주요 고객으로 보유하고 있으며, 다양한 설계 및 시공 분야로 인정받고 있다. 이 기업의 창립자이자 회장인 짐 안사라(Jim Ansara)는 "회사의 성장을 택하는 것에는 선택의 여지가 없었다. 성장이 아니고서는 사업에 필요한 인재들을 끌어올 마땅한 방법이 없었다"고 말한 바 있다. 쇼멋은 트라이넷과 마찬가지로 예상보다 너무 빠르게 성장했고,《인크》가 선정하는 '급성장한 500개 회사 목록'에 5년 연속 이름을 올리기도 했다.

이 책에서 소개하는 작은 거인들의 CEO들 또한 그와 같은 문제에 직면한 적이 있었다. 어떤 식으로든 업계 최고의 인재들을 끌어와 도약의 기회를 제공하지 않으면, 그들을 잃을 위험을 무릅써야만 했다. 그러나 그들은 성장을 제한하는 선택으로 기업문화를 보존하면서도 동시에 직원들에게 새로운 기회를 주는 방법을 택했다. 그들 외의 다른 모든 회사들은 무한정 성장만을 추구했다는 것은 아니다. 하지만 전통적인 대부분의 기업들은 궁극적으로 회사의 성장을 목표로 두고 있으며, 그 과정에서 발생하는 일부 통제는 궁극적으로 성장을 위한 하나의 과정에 불과하다고 여긴다. 반면 우리가 책에서 만나볼 회사들은 직원들을 위해 도전의 기회를 제공하고, 사업을 위한 새로운 가능성을 찾는 것을 목표로 삼는다. 결국 그들에게 있어서 성장이란 회사의 핵심 목표를 추구하면서 발생하는 자연적인 결과물인 셈이다.

우리는 앞장에서 USHG가 하나의 식당에서 각기 다른 개성을 지닌 여러 식당을 소유한 기업으로 발돋움한 과정을 살펴보았다. 징거맨스도 마찬가지다. 단독으로 운영되던 하나의 사업체에서 같은 기업문화를 공유하는 다양한 식품 관련 업체들로 구성된 징거맨스 커뮤니티 오브 비지니스(ZCoB)로 변화하는 과정을 거쳤다. 애니 디 프랑코가 설립한 음반회사인 라이처스 베이브 레코즈는 음반 판매업, 음악전문 출판업, 부동산 개발업, 재단, 공연장 등을 사업 부문에 추가했다. 그리고 제이 골츠의 아티스트 프레임 서비스는 가정용품과 정원용품 업체, 도매 액자사업, 갤러리 사업을 추가해 골츠 그룹으로 변화했다.

물론 이들은 단순히 직원들에게 새로운 기회를 제공하기 위해 자회사를 신설한 것은 아니다. 대부분의 경우 회사의 경영자들은 자신과 직원들 모두가 새로운 기회를 맞을 준비가 되어 있고, 그 기회가 어떤 식으로든 회사를 성장하게 한다는 확신이 들 때 기꺼이 그 기회를 받아들였다. 결국 그들 모두가 새로운 비즈니스 영역을 개척할 기회를 얻게 되는 것이다. 이처럼 새로운 사업 부문을 확장하는 것은 훌륭한 인재들이 이직하지 않고도 조직 내에서 새로운 도전을 찾고 성장할 수 있다는 면에서 확실한 효과를 보인다. 대부분의 경우 이것이 회사를 확장하는 하나의 동기가 되는 것이다.

· · · · ·—·—· · · ·

새로운 기회를 감당할 준비가 되어 있는가?

기업을 경영하는 입장에서 성장을 강요하는 시장의 압박은 가장 다루기 힘든 문제일 것이다. 먼저 심리적 측면에서 살펴보면, 결국 시장이 주는 압박감은 사람들이 당신의 제품이나 서비스를 선호하고 더 구매할 기회를 원하기 때문에 발생한다. 따라서 이러한 성장의 압박은 성공의 가장 강력한 지표이자 당신의 사업 역량에 대한 칭찬이며, 당신이 사업을 처음 시작했을 때 원했던 바일 것이다. 그런 상황에서 어떻게 성장을 거부할 수 있을까?

실제로 이런 상황이라면 대부분의 경영자들은 회사의 성장을 거부하기 힘들다. 특히 그런 경향은 남성 경영자들에게서 더욱 두드러진다. 비록 마음속으로는 회사와 직원들이 성장을 감당할 준비가 되어 있지 않다는 점과 그 성장이 예측 불가능한 방식으로 또는 원치 않는 방향으로 회사를 변화시킬 수 있다는 점을 알고 있지만, 여전히 성장을 고집하는 경우가 많다. 하지만 일단 성장을 선택하면 되돌리기는 힘들다. 회사가 지나치게 커지면 당신의 역량을 벗어난 책임들이 요구되고, 일의 결과 역시 당신이 세운 기준에 부합하지 않는다는 사실을 뒤늦게 깨닫게 된다.

그때쯤이면 당신은 이미 직원들과 고객들, 그리고 공급업체들에게 지키지 못할 많은 약속들을 한 상태일 것이다. 그제야 성장을 늦추기로 마음먹는다 해도, 당신은 직원들을 해고해야 하고 모든 계약들을 재협상해야만 한다. 결국 회사 입장에서 유지하고 싶은 좋은 고객들과의 관계도 끊기게 될 것이다. 그 시점에서 당신은 업계에서 최고가 되는 것이 스스로의 진정한 목표였는지 재고해볼 기회를 갖게 된다.

스물여섯의 나이에 자신의 건설 사업을 처음 시작한 빌 버틀러는 "회사의 규모가 커지기를 원치 않았다"라고 말한다. 그는 샌프란시스코 남부 지역에서 1975년에 W. L. 버틀러 컨스트럭션 사업을 시작했다.

"처음에는 울타리를 치고 문을 달아주는 일을 했습니다. 밥벌이가 필요했으니까요. 저는 그 일이 좋았습니다. 건설하는 일도 좋았고 사람들을 만나는 것도 즐거웠어요."

많은 사람들이 그에게 일을 맡기고 싶어 했다. 1989년에 버틀러의 회사는 연간 2000만 달러의 매출을 올렸고, 129명의 직원들이 근무하고 있었다. 버틀러는 엄청난 부담감을 느꼈다. 그는 한 번에 많은 양의 일을 처리하느라 정신이 없었고, 회사도 마찬가지로 바쁘게 돌아갔다.

회사는 캘리포니아 주, 오리건 주, 워싱턴 주, 네바다 주, 애리조나 주에서 업무 허가를 받았고, 모든 주에서 동시에 프로젝트가 진행됐다. 감당할 수 있는 양보다 훨씬 더 많은 업무가 밀려들어왔지만, 업무량에 비해 이윤을 내지 못하는 실정이었다. 작업의 질 또한 버틀러의 기대치에 미치지 못했고, 회사의 인프라도 제대로 갖춰지지 않았다. 당시 회사가 돌아가는 상황은 많은 부분에서 통제가 불가능한 상태였다.

"제 잘못이었습니다. 인정하긴 힘들었지만, 제가 회사를 이 지경으로 만들었다는 걸 뒤늦게 깨달았지요. 지킬 수도 없는 무리한 업무 계약들을 맺었고, 결국에는 회사에서 처리할 수 있는 업무량의 한계치를 벗어났습니다. 저는 직원들을 모아놓고 함께 지난 일을 되돌아보는 시간을 가졌습니다. 우리가 이제까지 잘한 것은 무엇인지, 수익성이 높은 일은 어떤 것이었는지, 개선점은 무엇인지에 대해 다방면으로 논의했지요. 그 일이 있은 후에 실제로 우리는 많은 것을 바꾸었습니다."

버틀러와 나중에 사장이 된 프랭크 요크(Frank York)를 비롯한 경영진들은 '못 박는 일을 하는 회사' 대신 '종합건설사'가 되기로 결심했다. 그들이 모든 일을 직접 하는 대신 프로젝트를 총괄하는 업무를 맡기로 한 것이다. 그게 회사의 강점을 살리는 동시에 인력을 충원하지 않고도 회사가 성장하고 발전할 수 있는 유일한 방법이었다. 버틀러는 자신의 결심에 대해 이렇게 말했다.

"저에게는 직원의 수가 가장 중요했습니다. 저는 우리 회사에서 일하는 모든 사람들을 알고 싶었기 때문에 직원 수가 100명이 훨씬 넘는 것을 원치 않았습니다. 제가 예전의 방식을 그대로 따랐다면 지금쯤 훨씬 더 많은 직원들을 고용해야 했을 겁니다. 당시 직원 수가 129명이었는데, 지금은 회사에 125명의 직원들이 있습니다. 이 정도가 우리 회사에는 딱 적당한 인원입니다."

동시에 버틀러와 경영진들은 사업을 바라보는 관점을 전면적으로 쇄신했다.

"외부에서 바라보는 회사의 기준을 높이고 싶었습니다. 모든 일을 다 하려는 대신 몇 가지 측면에서 최고가 되기로 결심했지요. 우리는 다른 주에서 보유했던 작업 허가증과 일감들을 모두 포기했습니다. 새로운 프로젝트를 선택하기 전에는 먼저 우리가 그 일을 맡아야 할지 고심해보고 결정하기 시작했습니다."

이 같은 회사의 변화는 곧 오랜 시간 함께 일한 고객들과의 계약을 중단해야 함을 의미했다. 경영진들은 오랜 시간을 들여 고객층을 분석하고, 수익성이 높은 작업을 선별하고, 어떤 틈새시장에 진입하는 게 좋을지, 어떤 고객들이 그 시장의 타깃이 될지, 현재의 경제 동향이 각 산업에 미치는 영향은 무엇인지 등을 논의했다. 최종 결정은 이 모든 과정을 거친 후 이뤄졌다. 버틀러는 말했다.

"우리는 고객을 25개 사에서 10개 사로 줄였습니다. 주로 회사의 성향과는 맞지 않는 고객들부터 제외했습니다. 그중에는 전체 작업의 50%를 차지하는 대형 금융서비스 회사도 포함되어 있었지요. 그 회사의 직원들은 우리와 함께 일할 때마다 직원들을 무시하고 거짓말을 밥 먹듯이 했습니다. 그래서 우리는 그들에게 더 이상 함께 일하고 싶지 않다고 통보했지요. 저에게 좋은 고객이란, 훌륭한 기업이자 지역사회에 정직하며 긍정적인 기여를 하는 회사입니다. 기업들 가운데 일부는 자신이 사업을 하는 지역사회를 전혀 신경 쓰지 않고, 상생을 위한 노력도 하지 않습니다. 저는 우리를 공동의 파트너로 보는 고객과 함께 일하고 싶습니다. 좋은 고객을 잃는 것보다는 차라리 돈을 잃는 게 낫다고 생각합니다."

회사의 규모를 축소했음에도 해결해야 할 문제는 남아 있었다. 회사가 제공할 수 있는 서비스는 한정적인 반면, 좋은 고객들은 여전히 많았기 때문이다. 버틀러는 고객들로부터 엄청난 성장의 압박을 받았다고 털어놓았다. 2002년, 미국의 대형 유통체인점인 타깃 (Target)은 버틀러 컨스트럭션에 '올해의 공급업체상'을 수여했다. 이 상은 지금까지 타깃과 거래하고 있는 단 두 곳의 하청업체만이 수상했고, 버틀러 컨스트럭션 외에 나머지 한 곳은 타깃의 본사를 만들었던 건설업체였다. 버틀러 컨스트럭션은 가장 단기간 내 상을 받았을

뿐만 아니라 상을 받은 업체들 중 가장 소규모의 회사였다. 그렇다면 타깃과 같은 대규모 유통업체가 당신의 영업 지역에서 멀리 떨어진 곳에 위치한 매장의 공사를 맡긴다면, 이 제안을 쉽게 거절할 수 있을까? 버틀러는 말했다.

"그런 제안을 거절한다는 것은 상상 이상으로 어렵습니다. 자주 거절하는 수밖에는 없지요. 우리는 그간 수많은 제안들을 거절해왔고, 그 어떤 경우라도 거절은 힘든 일이었습니다. 그래서 때로는 경쟁업체들을 추천하기도 합니다. 아시겠지만, 기업의 경영자로서 경쟁업체를 추천한다는 건 많은 고민이 필요한 문제입니다. 게다가 제가 추천하는 회사들은 우리의 가장 큰 경쟁업체들이었지요. 하지만 고객들의 만족이 무엇보다 가장 우선이었기 때문에 추천을 감행했습니다."

한 경쟁업체의 경영자는 버틀러에게 이런 말을 했다고 한다. "당신은 저에게 최고의 영업사원이나 다름없습니다. 우리 회사 직원들보다 당신 추천으로 더 많은 일을 진행했으니까요"라고 말이다.

버틀러 컨스트럭션이 고객들의 제안을 거절할수록 회사의 명성은 더 높아져만 갔다. 회사는 각종 자선 사업과 훌륭한 기업문화로 지역사회에서 유명세를 떨쳤다. 그 어느 때보다 많은 수의 고객들이 버틀러 컨스트럭션과 함께 일하기를 원했다. 회사는 상업용 건축개발 산업의 불황에도 불구하고 꾸준한 성장세를 이어갔고 고객들은 지속적으로 작업 의뢰를 했다. 2001년, 회사의 매출은 1억 2500만 달러에 이르렀고, 이듬해에는 40% 성장한 1억 7500만 달러로 올라섰다. 버틀러는 말했다.

"회사가 너무 급성장했습니다. 운영상의 압박은 물론이고 직원들도 과도한 업무량에 시달려야 했지요. 모두가 스트레스를 받았습니다."

결국 그는 2003년에 다시 회사의 규모를 축소했고 매출은 1억 5500만 달러로 감소했다. 하지만 다음 해에 매출은 2억 500만 달러로 다시 증가세를 보였다. 버틀러로서는 감당하기 힘든 매출액이었다. 2005년 그는 또 축소를 감행했고, 그 결과 매출은 1억 9500만 달러로 줄었다. 버틀러는 말했다.

"우리는 가능한 한 회사 규모를 작게 유지하기 위해 대단히 많은 노력을 기울였습니다."

· · · · · · · · ·

사회적 고정관념과 성장 강박증

성장에 대한 압박을 강요하는 주된 요인이 한 가지 더 존재한다. 물론 이 요인이 모든 회사에 적용되는 것은 아니며, 영향을 받는 정도도 제각기 다를 수 있다. 그것은 부분적으로 우리가 살아가는 사회적, 문화적 환경에서 비롯되며 다른 한편으로는 기업가정신에서 기인한다.

오하이오 주 캔튼에 위치한 시그니처 모기지(Signature Mortgage

Corp.) 사의 창립자이자 CEO인 로버트 캐틀린(Robert Catlin)은 이 문제를 해결하기 위해 고군분투했던 인물 중 하나다. 그는 자신의 회사에서 근무하는 16명의 직원들이 그들보다 서너 배 더 많은 직원들을 보유한 다른 경쟁업체들을 뛰어넘는 성과를 낼 수 있는 시스템을 개발했다. 이로 인해 회사는 극도로 빠른 성장을 이뤘다. 그의 친구들, 동료들, 고객들, 전혀 모르는 사람들까지도 그가 왜 전국의 다른 지역으로 회사를 확장하지 않는지 이해하지 못했다. 그는 말했다.

"사람들이 저를 볼 때마다 이렇게 말하더군요. '자넨 정말 미쳤어. 절호의 기회를 놓치고 있다고.' 그럼 저는 이렇게 대답합니다. '난 지금 내 삶에 만족하고 있어. 내 삶과 일을 모두 통제할 수 있는 일종의 자유가 있지. 가족과 시간도 함께 보내고 언제든 여행도 갈 수 있어. 더 이상 바랄 게 뭐가 있겠나?'라고요."

우리 사회는 무조건 큰 것이 더 좋다는 인식이 만연하다. 대부분의 사람들은 모든 경영자들이 사업 기회를 활용해 최대한 빨리 회사를 성장시켜 제2의 구글이나 페이스북 같은 기업을 만들려고 한다고 생각한다. 사회에 널리 퍼져 있는 이러한 추측은 회사 입장에서는 성장에 대한 또 다른 압박으로 다가온다. 특히 사회적 지위와 명성이 연관되어 있다면 더욱 그렇다. 칼튼은 말한다.

"성장에 관환 결정은 결코 쉽지 않습니다. 경영자의 자존심이 걸린 문제니까요. 저는 내면을 들여다보는 시간을 자주 가집니다. 내 삶에서 가장 중요한 것은 무엇인가? 내가 사업을 하는 목적은 무엇인가? 인생에서 얻고자 하는 것은 무엇인가? 세상은 언제나 더 큰 성장을 독려합니다. 하지만 저는 그것을 따라야 할 필요성을 느끼지 못했습니다."

징거맨스의 바인츠바이크도 마찬가지다. 그 역시 공동경영자인 폴 새기노와 함께 회사의 성장에 관한 문제를 치열하게 고민하면서 압박감을 느꼈다고 털어놓았다.

"폴은 현명한 질문을 대단히 잘 던지는 편입니다. 성장에 대해 고민하면서 폴은 우리가 오랫동안 고려하지 못했던 문제들에 대해 질문을 던지기 시작했지요. 예를 들면 '어쩌면 우리는 좋은 기회를 놓치고 있는지도 몰라. 지금이 전국에 지점을 열어야 할 적기가 아닐까?'와 같은 질문입니다. 모두가 당장 성장해야 한다고 강요하고, 그러한 성장의 과정을 당연하게 여기는 데서 오는 압박감을 떨쳐내기란 결코 쉬운 일이 아닙니다. 물론 그렇게 말하는 사람들은 성장이 현실적으로 대단히 어려운 일이며 엄청난 책임과 의무가 수반되어야 한다는 점도 모를 테고요. 일단 성장을 하겠다고 마음먹으면, 그 앞에는 당신이 풀어야 할 현실적인 고민거리들이 잔뜩 기다리고 있습니다."

때로 일부 경영자들은 다른 이들보다 회사의 성장에 대한 유혹에 쉽게 넘어가기도 한다. 제이 골츠는 자신도 그중 하나였다는 사실을 인정했다. 당시 그는 자신이 '성장 중독' 증세에서 회복하는 단계에 있다고 말했다. 골츠는 중독의 원인을 자신의 어린 시절에서 찾았다. 그는 어린 나이에 사업가였던 친구의 아버지에게 깊은 영감을 받았다.

"저는 그분이 몇 번이나 반복해서 사업을 시작하고 실패하는 과정을 지켜보았습니다. 나중에 그분이 일종의 우울증을 앓고 있다는 것이 밝혀졌지만, 그때 제가 그분을 통해 느낀 감정은 사업에 대한 흥미로움이었습니다."

골츠의 할아버지와 아버지, 삼촌은 골츠가 생각하기에 그다지 미래가 없어 보이는 동네 구멍가게를 운영했다. 그는 대학교 3학년 시절 회계학을 공부하며 사업 아이템을 하나둘 고민하기 시작했고, 결국 액자사업을 시작하기로 마음먹었다. 그러나 주변의 지지를 받지는 못했다. 어머니에게 사업을 하겠다고 털어놓자 돌아오는 건 한숨뿐이었다. 친구들은 더 괜찮은 일을 찾아보라고 조언했고, 지도교수도 대학원을 가지 않으면 어디에서도 성공하기 힘들다며 그의 결정을 반대했다. 그의 매부만이 골츠의 결정을 지지하며 "지금 시작하지 않으면 다시는 기회가 없을 거다"라고 말해주었다.

주변의 부정적인 반응에도 불구하고 스물둘의 골츠는 아티스트 프레임 서비스 사업을 시작했다. 창업을 한 지 얼마 지나지 않아 그는 《포브스》의 관심을 받게 되었고, 업계의 주목을 받는 젊은 사업가들을 다룬 특집 기사에서 '성공한 청년사업가'로 소개되었다. 그 후 15년 동안 골츠는 업계의 실력자로 인정받으며 아티스트 프레임 서비스 사업을 급성장시켰고, 여섯 개의 사업을 추가로 출범하기에 이르렀다.

그는 회사 때문에 정신없이 바빴다. 마이클 델(Michael Dell)이나 프레드 스미스(Fred Smith) 같은 유명한 창업자들에 관한 기사를 읽고 나면 더 커다란 자극을 받기도 했다. 곧 골츠는 체인 사업의 가능성을 검토하기 시작했고, 기업합병이나 회사를 상장하는 가능성도 고려했다. 결국 셋 중 어느 것도 택하지는 않았지만, 자신이 다양한 선택의 한 가운데 있다는 것 자체를 즐겼다.

"저는 제가 하는 일에 관해서라면 외골수 성향이 강한 편입니다. 추진력이나 집중력, 끈기도 강한 편이고요. 사업가로서는 분명 훌륭한 자질입니다. 하지만 당신이라면 나 같은 이런 사람과 결혼하고 싶을까요?"

아마도 원치 않는 사람이 대부분일 것이다. 하지만 그와 별개로 골츠가 업계에서 이룬 성공을 부인할 수는 없다. 그는 마흔 살이 되던 해, 프레임 서비스 업계의 거물이 되었고 업계에서 최고로 인정받는 훌륭한 기준을 지닌 회사를 일궈냈다. 그의 가정용품 매장과 갤러리도 나날이 번창했다. 여기저기에서 강연과 연설을 해달라는 요청이 빗발쳤고, 사업가로서의 조언을 담은 자신의 책도 집필했다. 골츠가 사업을 시작한 시카고의 주민들은 그가 지역을 되살리는 데 크게 일조했다는 사실을 인정하며 그를 칭송했다. 무엇보다도 골츠는 16년 동안 자신의 결혼생활을 성공적으로 유지했고, 세 명의 건강한 자녀를 훌륭하게 키웠다. "이 모든 성공은 제 아내 덕분입니다. 당시에는 아내가 참고 견뎌내야 하는 것들이 무엇인지 깨닫지 못했지만, 지금은 잘 알고 있습니다"라고 그는 말했다.

골츠는 이제껏 스스로가 성취한 많은 일들을 제대로 깨닫지 못했다. 그는 당시 스스로의 정신 상태를 언급하며 이렇게 말했다.

"성공한 사업가들에게는 반드시 스스로가 통제해야만 하는 괴로운 측면들이 있기 마련입니다. 제 경우를 예로 들면 저는 가능한 한 제가 할 수 있는 일은 모두 다 해내야만 한다는 일종의 강박관념이 있었습니다. 어딘가에서 기회를 놓치고 있는 건 아닌지, 실수로 손해를 보는 건 아닌지 항상 걱정에 휩싸여 있었지요. 이런 강박증에서 어떻게 벗어날 수 있을까요? 어떻게 하면 성공에 대한 열망이 강박으로 변하는 것을 막을 수 있을까요? 이런 강박적인 마인드는 외부의 시선 때문에 더 극복하기 어려웠습니다. 저는 고작 이십 대에 성공한 사업가로 《포브스》에 이름을 올렸습니다. 저는 이제 마흔이 되었고, 더 이상 예전처럼 유명하지도 않습니다. 주변에서 400억 달러의 재산을 가진 인물에 대해 듣게 되면, '대체 나보다 얼마나 똑똑하기에 저걸 다 이룬 거지?'라는 생각이 먼저 들곤 합니다."

대부분의 성장 중독자들이 그렇듯이 골츠는 바닥까지 가고 나서야 변화의 필요성을 깨달았다. 때는 1996년 봄이었다. 그는 클라이본에 있는 건물 한 채를 매입했다. 원래는 그 건물에서 한 블록 떨어진 임대 공간에 위치한 기존의 가정용품 매장을 그곳으로 이전해 고급 가정용품과 정원용품 매장으로 새롭게 확장하는 것이 계획이었다. 문제는 새로 구입한 건물에 대규모 개보수 공사가 필요했다는 점이다. 판매량이 높은 봄 시즌을 놓칠 수 없었기 때문에 4개월 내에 건물의 보수를 끝내야만 했다. 이 모든 결정이 한창일 때 회사의 자금은 바닥을 드러냈다.

"제 신용 한도 내에서 끌어올 수 있는 돈은 모두 다 빌려 썼습니다. 남은 돈이 한 푼도 없었습니다. 밤잠을 못 이룰 정도로 엄청난 스트레스를 받았지요. 갚아야 할 돈은 늘어만 가고, 회사의 재고량만 하염없이 지켜봐야 했지요. 엎친 데 덮친 격으로 어머니는 암에 걸리셨고, 아이는 학교에서 문제를 겪고 있었습니다. 하루하루가 끔찍했습니다."

그런데 그 어려움이 어느 순간 그에게 변화의 계기가 된 것이다.

"성장 중독의 상태에서 벗어나기 위해서는 먼저 세 가지를 깨달아야 합니다. 우선 고통을 느껴봐야 합니다. 집을 잃을지도 모른다는 걱정에 밤을 지새울 만큼 힘든 고통의 시간을 스스로 겪어봐야 하는 거지요. 저는 자금이 모두 동난 상황에서 이러지도 저러지도 못하는 마흔 한 살의 사업가였습니다. 사업을 성장시키려고 고군분투하던 초기에는 스트레스가 불가피했습니다. 사업가라면 누구나 그 단계에서는 스트레스를 받는 법이죠. 하지만 이번엔 제가 자초한 일이었습니다. 건물을 사기로 한 것도, 잘 알지도 못하는 업계에 뛰어든 것도 저의 결정이었습니다. 제 섣부른 결정을 진지하게 반성하는 계기가 되었습니다."

그런 반성의 시간을 통해 제이 골츠는 두 번째 깨달음을 얻었다고 말한다.

"맨주먹으로 사업을 시작해 거대한 기업으로 성장시킨 사람들은 저와는 애초부터 다르다는 사실을 받아들였습니다. 단순한 지능 문제가 아닙니다. 그들은 평범한 사람들과는 본질적으로 다르게 태어났다는 겁니다. 그걸 깨닫고 나면 '이대로도 괜찮다'라는 세 번째 깨달음이 옵니다. 일에 과도하게 집착하지 않고도 행복할 수 있고, 충분한 돈을 벌고, 나의 일과 개인적인 삶을 모두 만족스럽게 꾸릴 수 있다는 사실입니다. 이것을 깨닫고 나면, 주변에 돈은 넘쳐날 정도로 많지만 불행한 사람들과 그 가족들이 눈에 들어오기 시작합니다. 누군가가 도널드 트럼프(Donald Trump)에게 '당신은 좋은 아버지입니까?'라고 묻자 그는 '나는 돈으로 좋은 환경은 제공해줄 수 있다'라고 답하더군요. 저는 그 말이 끔찍하게 느껴졌습니다."

그는 그렇게 성장 중독 증세에서 점차 회복될 수 있었다.

"여러 해 동안 저는 앞으로만 달려왔습니다. 그런데 갑자기 제가 멈춰도 괜찮다는 사실을 깨달은 것이지요. '이 모든 돈을 번다한들, 과연 그 돈으로 무엇을 하겠는가?'라는 생각을 하니 멈춰야겠다는 생각이 들더군요."

골츠가 변화를 겪으며 발견한 또 한 가지 중요한 사실이 있다. 회사를 계속 성장시켜야 한다고 믿는 많은 사업가들이 그렇듯, 지금껏 자신이 이룬 엄청난 성취를 제대로 인식하지 못했다는 것이다. 그는 항상 무언가 불충분하다는 감정에 시달렸다. 잘나가는 기업가들과 자신을 비교하며 자신의 부족한 점을 찾아내려고 애썼다. 결점에만 너무 집중한 나머지 자신이 지역사회에 기여한 공헌과 주변 사람의 삶에 끼친 긍정적인 영향은 제대로 보지 못했다(그 사실을 인정하려고 하지도 않았다). 회사의 규모나 개인적인 자산으로만 성공을 판단하는 사회적 기준을 중요시 했고, 그 외의 것들은 보잘것없다고 생각했던 것이다.

그에게 깨달음을 준 사람은 다름 아닌 그의 직원들 중 한 명이었다. 여직원 릴리 부커(Lily Booker)는 회사에서 8년간 근무 후 퇴직을 앞두고 있었다. 퇴직 기념식에서 릴리는 회사에 입사한 당시의 이야기를 꺼냈다. 입사 전 그녀는 동종업계에서 10년간 근무했으나 회사가 지역매장을 닫고 텍사스로 이전하는 바람에 그만두게 되었다고 말했다. 그녀는 골츠를 쳐다보며 이렇게 말했다.

"그때 저는 40대였습니다. 다시 직업을 가질 수 있다고는 상상도 못했었지요. 그때 저에게 기회를 주신 것에 대해 진심으로 감사드리고 싶습니다."

절묘한 타이밍이었다. 골츠는 그해 마흔 살이 되었고, 이제 막 죽음에 대해서도 조금씩 생각해보기 시작한 때였다. 어쨌든 그녀의 발언은 그의 마음을 움직인 계기가 되었다. 그는 말했다.

"회사를 성장시키는 동안에는 제가 관계를 맺는 데 실패한 직원들만 눈에 들어옵니다. 당시에는 실패에서 비롯된 상처들이 너무 컸습니다. 제가 해고해야만 했던 관리자들, 업무 역량이 부족하거나 말썽이 잦았던 신입 직원들, 회사의 제품을 훔치다가 걸린 경력 직원들도 있었지요. 하지만 릴리의 말을 듣고 제가 실패만 했던 것은 아니라는 사실을 뒤늦게 깨달았습니다. 회사에는 자신의 직업에 감사하고 만족하는 직원들이 훨씬 더 많다는 사실을 알게 된 것입니다."

골츠는 예전에 들었던 한 이야기가 떠올랐다며 말을 이었다.

"한 소녀가 바다에 불가사리를 던져주고 있는데 한 노인이 다가와서 소녀에게 이렇게 말했다고 합니다. '네가 불가사리 하나를 되살

려봤자 무슨 소용이 있겠니? 여기엔 수백만 개의 불가사리들이 있는데 전부 구할 수도 없는 노릇이잖아? 그 불가사리 하나를 구한다고 해서 달라지는 건 아무것도 없단다.' 소녀는 노인의 말을 듣고 손에 든 불가사리를 쳐다보며 이렇게 대답했지요. '그렇지만 제가 들고 있는 이 불가사리에게는 분명 달라지는 게 많을 거예요.' 그러면서 소녀는 불가사리를 바다에 힘껏 던졌다고 하네요. 릴리는 제가 바다에 던져서 되살린 불가사리나 다름없었지요."

그 후 골츠는 회사에 그가 구한 다른 불가사리들도 존재한다는 사실을 알아챘다. 이처럼 작은 거인들의 경영자들은 자신의 불가사리들을 알아보고 소중히 여길 줄 안다. 어쩌면 작은 거인의 마법은 결국 직원들의 삶에 긍정적인 변화를 가져다줄 수 있는 자신의 잠재력을 적극적으로 인정하는 것에서 비롯되는지도 모른다. 이는 책에 소개한 작은 거인들의 공통적인 특징이기도 하며, 그들이 직원, 고객, 공급자, 그리고 지역사회와의 친밀감을 형성하는 밑거름이 된다. 이러한 친밀감은 작은 거인의 마법이 제공하는 훌륭한 보상이며, 동시에 마법을 만들어내는 중요한 발판이 되기도 한다. 그들 사이의 친밀한 관계는 당신이 원한다면 언제든 직접 목격할 수 있다. 이 회사들이 위치한 도시나 인근 지역으로 가보기만 하면 바로 알아챌 수 있기 때문이다.

SMALL
GIANTS

3장

모나리자의 법칙

어디에 뿌리 내리느냐가 기업의 정체성을 만든다

"우리가 올바른 선택을 한 거라고 믿습니다.

저는 버펄로 지역을 기반으로 사업을 운영한 것이

회사의 성장에 커다란 도움이 됐다고 믿습니다.

어쩌면 버펄로를 통해 상황을 좀 더 균형 있게

바라볼 수 있는 관점을 얻은 것일지도 모르겠습니다."

_ 라이처스 베이브 레코즈의 공동 경영자, 스콧 피셔

뉴욕 주의 버펄로로 들어가는 델라웨어 애비뉴에는 애즈베리 델라웨어(Asbury Delaware)라는 교회가 있다. 19세기 후반에서 20세기 초반에 지어진, 버펄로의 역사 깊은 건축물 가운데 하나다. 그런데 이 교회 건물은 2006년, 음악가인 애니 디프랑코가 설립한 음반회사의 본사가 되었고, 버펄로 시의 희망을 상징하는 장소로 재탄생했다. 여기에는 긴 사연이 있다.

1900년대 초 버펄로는 상업의 중심지로 이름을 날렸던 지역이었고, 시가지의 아름다움으로 전국에서 손꼽히는 곳이었다. 하지만 1950년경부터 버펄로는 급격한 쇠퇴기를 맞았다. 여러 기업들이 본사를 다른 도시로 옮겨갔고, 상업 교역도 버펄로에서 설 자리를 잃어갔다. 지역 경제는 깊은 침체에 빠져들었고, 회복의 기미를 찾기는 어려워보였다. 그러다 1990년대 후반, 케이블TV 회사인 아델피아 커뮤니케이션즈(Adelphia Communication)를 운영하는 리가스 가문이 버펄로 주의 재기를 위해 후원을 하며 희망이 보이기 시작했다. 그들은 버펄로 지역의 하키 팀을 인수했고, 도시 중심부에 방송 센터를 건설

할 계획도 발표했다. 센터가 완공되고 나면 약 1000개의 새로운 일자리가 창출될 예정이었고, 이 모든 계획은 새로운 지역 발전의 원동력이 될 터였다. 하지만 불행하게도 2002년, 리가스 가 사람들은 투자자와 채권자들에게 막대한 손해를 끼치며 거액의 회사 자금을 빼돌린 혐의로 기소당하고 말았다.

버펄로 주민들은 절망감에 이골이 날 지경이었다. 50년 동안 도시가 쇠락해가는 모습을 지켜보며 주민들은 버펄로의 미래에 대해 체념하기에 이르렀다. 하지만 그때, 버펄로를 살릴 구세주가 나타났다. 애니 디프랑코와 그녀의 사업 파트너인 스콧 피셔(Scot Fisher)가 등장한 것이다.

● ● ● ─ ● ─ ● ● ●

버펄로 시의 희망이 된 음반회사

디프랑코와 피셔는 버펄로 출신이었고, 디프랑코는 버펄로에서 가장 유명한 스타였다. 그녀는 전 세계에 수십만 명의 팬들을 거느리고 있었고, 라이처스 베이브 레이블로 수백만 장의 음반을 판매한 기록이 있는 유명한 가수다. 라이처스 베이브는 그녀의 음반 외에 다른 아티스트들의 음반도 일부 발매하고 있는 회사다.

버펄로 주민이라면 모두가 그녀를 알고 있었다. 그녀는 버펄로 지역에서 여러 차례 콘서트를 열었고, 라이처스 베이브 레코즈를 통해 지역사회에 많은 기여를 했다. 디프랑코가 자선 공연을 열 때마다 지역 신문인《버펄로뉴스》는 그녀의 사진을 1면에 게재했다. 버펄로는 보수적인 노동자들이 대거 거주하는 지역이었지만 모든 주민들이 디프랑코의 열성 팬이었다. 그녀가 양성애자임을 밝히고 수많은 레즈비언 팬들을 거느리고 있다 한들 무슨 상관이겠는가? 레게머리를 흔들며 코에 피어싱을 하고 가슴에 문신을 새겼다 해도 그녀를 향한 주민들의 애정은 굳건했다.

버펄로의 클럽에서 기타 연주와 노래를 하며 성장한 디프랑코는 유명인이 된 이후에도 여전히 자신의 출신 도시인 버펄로를 사랑했다. 버펄로를 향한 그녀의 무한한 애정은 라이처스 베이브의 본거지를 버펄로로 결정한 데에서 드러났다. 디프랑코는 사실 어디서든 음반 사업을 시작할 수 있었다. 수많은 뮤지션들이 활동하는 뉴욕이나 로스앤젤레스는 물론 그 외의 어느 도시에서든 쉽게 자리 잡을 수 있었다. 그럼에도 그녀는 버펄로를 택했다. 그뿐만이 아니다. 그녀와 피셔는 회사의 티셔츠나 음반 관련 제품을 제작하거나, 앨범 커버와 공연 포스터를 인쇄할 때, 또는 카세트테이프와 CD를 제작할 때에도 버펄로 지역 업체들을 고집했다. 그 과정에서 디프랑코는 자신의 음반 사업 외에 적어도 세 개 이상의 지역 사업을 일으키는 데 일조했고, 북동부 지역에서 실업률이 가장 높은 버펄로에 새로운 일자리를 창출하는 데에도 크게 기여했다.

디프랑코가 했던 일 가운데 버펄로 주민들을 가장 감동하게 한 것은 애즈베리 델라웨어 교회의 개보수 공사였다. 교회 건물은 아름다움과 건축학적인 상징성을 지니고 있었지만 라이처스 베이브가 공사를 결심한 당시만 해도 무너지기 직전의 낡은 상태였다. 수십 년 간 그 누구도 교회의 보수 작업에 나서지 않은 탓이었다. 교회의 첨탑에서 돌멩이들이 거리로 하나둘씩 떨어지기 시작할 정도였다. 환경보호 운동가이기도 했던 스콧 피셔가 모금 활동으로 5만 달러를 모아 건물의 긴급 보수공사를 하지 않았더라면 교회는 1995년에 이미 붕괴되었을지도 모른다.

교회의 보수 공사를 마쳤을 때만 해도 피셔는 자신의 역할이 끝났다고 생각했다. 그런데 그로부터 얼마 지나지 않은 1999년에 한 남자가 피셔에게 전화를 걸어왔다. 남자는 자신이 교회 건물을 인수했는데 혹시 라이처스 베이브가 건물을 사용할 의향이 있는지 물어봤다. 피셔와 디프랑코는 논의 끝에 교회를 매입해 개조공사를 하고, 그 건물을 회사의 본사로 사용하기로 결정했다. 남은 공간들은 콘서트홀, 재즈바, 아트 갤러리, 버펄로의 예술가 단체들을 위한 공간으로도 활용할 생각이었다.

2003년 말, 피셔와 디프랑코는 교회를 재건하기 시작했다. 주민들은 애즈베리 델라웨어 교회 주위로 비계(높은 곳에서의 작업을 위해 임시로 설치된 구조물)가 세워지는 광경을 지켜보았다. 《버펄로뉴스》는 물론 지역의 택시 운전사, 바텐더, 그리고 버펄로 출신의 모든 주민들이 공사 현장을 보며 감격했다. 라이처스 베이브의 인쇄 외주사에 근무하는 직원인 팻 톰슨(Pat Thompson)은 이렇게 말했다.

"교회를 보수하기로 한 일은 정말 멋진 결정이었습니다. 저는 인생의 대부분을 버펄로에서만 살아왔는데, 사실 여기서는 아무도 나서서 큰일을 추진한 적이 없었습니다. 애니와 스콧이 이런 분위기에 맞서 실제로 계획을 실행하는 것을 지켜보며 지금이 기다려왔던 성장을 맞이할 때라는 사실을 깨달았습니다."

라이처스 베이브의 사례처럼, 이 책에서 소개한 작은 거인들을 살펴보면 다음의 공통점을 발견할 수 있다. 그들 모두가 지역사회와 매우 밀접한 관계를 맺고 있다는 점이다. 징거맨스는 앤아버와 떼려야 뗄 수 없는 관계이고, 앵커 브루잉은 샌프란시스코와 한 몸 같은 기업이다. 시티스토리지는 브루클린과 다방면에서 유사한 면이 있으며, 레엘 프리시전 매뉴팩처링과 쌍둥이 도시(Twin City, 미니애폴리스와 세인트폴을 뜻한다)는 마치 말과 마차 같은 관계를 맺고 있다. 마찬가지로 클리프바는 버클리, ECCO는 보이시, O.C.태너는 솔트레이크시티, 해머헤드는 스튜디오시티와 밀접한 관계를 맺고 있다. 이들 기업과 지역사회가 서로에게 미치는 영향력은 긍정적인 방향으로 작용한다. 각각의 기업들은 지역사회를 형성하는 주축이 되고, 지역사회 역시 여러 방면에서 기업에 영향을 미치는 것이다.

· · · · ─·─·─ · · · ·

그 기업만의 특색과 색깔을 만드는 '테루아'

지역사회와 기업 간의 친밀한 관계는 우연히 맺어지는 것이 아니다. 예를 들어 USHG의 대니 메이어는 오픈할 식당의 위치와 종류를 결정할 때 지역사회를 결정적인 요소로 고려한다고 말한다.

"저는 개성 없는 식당은 열고 싶지 않습니다. 제 말은 새로운 식당이 위치할 지역이 분명한 색깔을 띠고 있어야 한다는 것입니다. 모나리자를 예로 들어봅시다. 저는 사실 모나리자 그림을 어떤 액자에 넣고, 어떤 방식으로 벽에 걸고, 어떻게 조명을 배치해야 하는지에 대해서는 잘 모릅니다. 그렇지만 한 가지 확실하게 알고 있는 점이 있습니다. 만일 이 작품이 프랑스의 루브르미술관이 아니라 다른 도시의 미술관에 걸려 있다면 지금과는 다른 분위기를 풍길 것이라는 점입니다."

이것이 바로 USHG가 라스베이거스에 지점을 열자는 제안을 거절한 이유 가운데 하나다.

"우리가 운영하는 식당들은 지역사회의 일부나 다름없습니다. 마찬가지로 지역사회 또한 각각의 식당들에게 많은 영향을 미칩니다. 라스베이거스에 오는 대부분의 사람들은 단기간만 묵어가는 관광객들인 경우가 많습니다. 우리 식당들과는 색깔이 맞지 않는 도시라고 할 수 있죠."

징거맨스의 애리 바인츠바이크도 지역사회와 기업 간의 관계를 이렇게 비유했다.

"프랑스인들이 흔히 부르는 '테루아(terroi, 포도주가 만들어지는 자연환경)'를 예로 들어봅시다. 특정 지역의 토양과 기후는 그곳에서 생산되는 음식의 맛에 큰 영향을 미칩니다. 지역마다 토양의 미네랄 함량, 일조량과 강수량의 차이, 지역의 초목 환경 등 모든 조건이 다르기 때문입니다. 그렇다면 서로 다른 두 지역에서 같은 조리법으로 치즈나 와인을 만든다고 생각해봅시다. 각 지역의 동물들은 그 지역에서 나는 다른 종류의 풀들을 섭취할 테고, 포도나무도 마찬가지로 다른 토양에서 자라고 일조량과 강수량도 다를 것입니다. 즉 두 지역의 테루아가 다르기 때문에 같은 방법으로 음식을 제조한다고 하더라도 치즈와 와인의 맛은 완전히 다르다는 겁니다. 기업들도 마찬가지입니다. 지역사회마다 일종의 정신적 테루아라고 할 수 있는 그들만의 특색과 색깔이 있지요. 당신의 회사가 특정 지역사회에 확실한 뿌리를 내리고 있다면, 그 지역사회의 정신적 테루아는 회사에 커다란 영향을 미칠 수밖에 없습니다."

물론 전국 단위로 운영되는 회사의 경우 최대한 제품의 다양성이나 차이를 지양하고, 공통의 기업문화를 적용하고자 한다. 기업은 조직 전체의 구성원들이 동일한 규칙을 따르고, 같은 기준으로 일하고, 같은 목표와 가치를 추구하도록 하기 위해 애쓴다. 기업의 본질적인 측면에서 보자면 틀렸다고 볼 수는 없다. 하지만 바인츠바이크는 전국적인 유명 체인기업인 유기농 식료품점 홀푸드(Whole food) 마켓에 대해 "강력하고 역동적인 기업문화와 훌륭한 기업으로서의 의지를 지닌 대기업이지만, 특정 지역 사회에 뿌리를 내린 기업은 아니다"라고 말했다.

반면 작은 거인들은 하나 같이 그들이 속한 지역사회에 깊이 뿌리 내리고 있다. 각각의 회사는 특정 지역사회를 반영하는 그들만의 독특한 문화를 지니고 있다. 때로는 그것이 피상적이거나 다소 기이하게 보이는 경우도 있지만 실제로는 회사의 성공에 중요한 역할을 한다. 라이처스 베이브를 그 대표적인 예로 들 수 있다.

라이처스 베이브의 분위기나 그들이 지향하는 바는 버펄로와 놀라울 정도로 흡사하다. 라이처스 베이브의 본사를 아주 잠시만 둘러봐도 이 사실을 쉽게 알아챌 수 있을 것이다. 버펄로라는 도시는 어떻게 보면 약자에 속하지만 마지막엔 항상 역전승을 해내는 스포츠 팀의 분위기를 풍긴다. 버펄로의 괴팍한 날씨에 대한 온갖 우스갯소리에도 불구하고 버펄로 주민들은 결국 노력 끝에 승리를 쟁취하는 아웃사이더처럼 도시에 대한 일종의 자부심을 갖고 있다. 이 같은 신비롭지만 강력한 감정은 버펄로를 떠났던 사람들을 되돌아오게 만들고, 몇 달간이라도 버펄로에 살아본 사람들을 결코 떠나지 못하게 만든다.

브라이언 그루너트(Brian Grunert)는 중서부 지방으로 이사를 갈 계획이었지만, 결국 버펄로를 떠나지 못했다. "버펄로는 분명 사람을 사로잡는 매력이 있다"라고 말하는 그는 버펄로에 남아 라이처스 베이브의 디자이너로 근무하게 되었다. 버펄로 대학교에서 대학원까지 다녔던 토박이 론 앰케(Ron Ehmke) 역시 "버펄로의 뜨거운 뭔가가 내 피에 흐르는 것 같은 기분이다"라고 말한다. 그는 라이처스 베이브의 메인 작곡가로 근무 중이다.

"버펄로는 분명 작은 도시가 아닌데도 마치 정말 작은 마을처럼 느껴집니다. 예를 들어 버펄로에서 예술 분야에 종사하는 사람들은 모두가 서로 연결되어 있다고 해도 과언이 아닙니다. 물론 버펄로의 예술계는 다른 도시에 비해 규모가 작을 수도 있지만, 제가 여태껏 본 도시들 중에는 서로를 구분 짓지 않고 가장 열려 있는 곳입니다. 이 도시의 정말 근사한 장점인 셈이지요."

그런 버펄로와 마찬가지로 라이처스 베이브 역시 전국적인 명성과 전 세계를 아우르는 고객을 기반으로 하고 있는데도 고향 마을의 소규모 사업체 같은 느낌을 준다. 디프랑코는 메이저 음반사와 계약을 맺지 않고 자신의 회사에 충실하기로 결정을 내리면서《뉴욕타임스》에 이렇게 말했다.

"꼭 대기업이 아니더라도 선택할 수 있는 길이 있다는 사실을 알리고 싶었습니다. 저는 몸이 안 좋을 때 라이트에이드(Rite Aid, 미국의 약국 및 잡화점 체인)나 케이마트에 가지 않고, 언제든지 동네 모퉁이의 약국에 갈 수 있는 곳에서 살고 싶습니다. 그곳의 나이든 약사는 아내와 함께 30년 동안 약국을 지키고 있지요."

디프랑코의 파트너이자 라이처스 베이브의 사장인 스콧 피셔는 소규모의 도시에서 하는 사업이 오늘날의 음악 산업과 대부분의 기업 환경에서 찾아보기 힘든 일종의 '책임의식'을 갖게 한다고 말했다. 단적인 예로 그는 디프랑코와 밥 딜런의 공동 콘서트를 기획한 유명한 기획자에 대한 이야기를 꺼냈다. 그들은 북동부 주요 도시 근처의 야외 공연장에서 한창 공연을 진행하는 중이었다.

"우리는 공연이 끝나고 나서 이 기획자가 티켓당 5달러의 주차비를 추가해 티켓 비용을 받았다는 사실을 알게 되었습니다. 그 지역은 주차비가 무료였는데도 말입니다. 결국 공연자들에게는 그 수익을 나눠주지도 않고 혼자 2만 5000달러에서 5만 달러가량을 추가로 챙겼지요. 소규모 도시에서는 절대로 이런 짓을 할 수 없습니다. 결국 아무도 그들과 함께 일하지 않을 테니까요. 작은 도시에서는 평판이 전부입니다. 안 좋은 소문은 금세 퍼집니다. 우리는 가급적 그런 부류의 사람들과는 엮이지 않으려고 합니다. 사업은 전국적인 수준으로 운영하되, 사업을 하는 환경은 지역사회를 기준으로 구축하려고 노력합니다. 우리가 채용한 기획자들은 결코 우리를 속일 생각을 하지 않습니다. 애니와 저는 가끔 우리가 서로를 존중하는 정직한 사람들만 모인 환상의 나라에 살고 있는 것 같다는 우스갯소리를 하곤 합니다."

버펄로 또한 라이처스 베이브의 변화에 중대한 영향을 미쳤다. 회사의 디자이너인 그루너트는 이렇게 말했다.

"어떤 회사가 성공하지 못하는 것에는 많은 원인이 있겠지만, 위치 때문이라고 보는 경우가 있습니다. 언뜻 봐도 버펄로 같은 도시에서 전국적인 시장과 경쟁하는 것은 불리하게 보일 수 있죠. 하지만 스콧과 애니는 반대로 버펄로라는 도시의 장점을 최대한 활용해 회사를 성공시켰습니다. 회사는 버펄로의 낮은 간접비용이나 인쇄나 제조 부분의 경쟁력 있는 가격을 최대한 활용했고, 때문에 회사와 임직원 모두에게 편안한 생활을 제공할 수 있다는 이점을 얻은 겁니다. 결국 라이처스 베이브는 대도시가 아닌 버펄로에 있었기 때문에 성공의 길을 훨씬 더 빠르게 개척할 수 있었던 셈이지요."

라이처스 베이브가 버펄로를 통해 얻은 혜택은 이 뿐만이 아니다. 회사는 피셔와 디프랑코가 후원하고자 했던 예술분야의 지역 인재들을 비교적 쉽게 채용할 수 있었다. 엠케는 말했다.

"스콧은 우리가 하는 일이 겉으로만 번듯하게 보여서는 안 된다고 말했습니다. 전문성이 중요하다고 늘 강조했지요. 스콧의 생각대로라면 경력은 부족하더라도 실력이 뛰어난 신참 직원을 고용하는 것은 괜찮은 아이디어였습니다. 저는 수백만 명의 록스타들을 관리해본 경력이 없습니다. 우리 디자이너들도 음반이나 포스터 제작 경험이 많지 않고요. 라디오 방송 담당자는 지역 대학 방송국에서 경력을 쌓은 직원입니다. 우리는 모두 함께 일하면서 동시에 배우고 있습니다."

비록 그들은 자신의 분야에서는 신참이었지만, 의심의 여지없는 인재들이었다. 그들이 만든 앨범, 카탈로그, 마케팅 자료들은 신선함과 창의성이 넘쳤고 전혀 아마추어적이지 않았다. 2003년, 음악 업계는 디프랑코와 그루너트에게 베스트 패키징 부분 그래미상을 수여했고 라이처스 베이브는 업계에서 실력을 인정받았다.

버펄로가 주는 실질적인 혜택 외에도 라이처스 베이브는 도시가 지닌 정신적 측면에서도 힘을 얻었다. 버펄로는 아웃사이더이자 역경에 도전하는 약자의 정신력을 지닌 도시다. 이러한 버펄로의 분위기는 피셔를 포함한 모든 직원들에게 동기부여 역할을 했다. 피셔는 라이처스 베이브의 사장이 되기 전에 디프랑코의 남자친구였다(그들은 나중에 헤어졌다). 당시 피셔는 음반 업계 대표는 고사하고 매니저가 되기 위한 자질이나 경험도 모두 부족한 상태였다. 업계 사람들은 피셔가 과연 회사를 운영할 만한 능력이 있는지에 대해 굉장히 회의적인 시선을 보냈다.

어쩌면 피셔는 실력을 증명해야만 한다는 생각을 했을지도 모르지만, 반대로 사람들의 기대치가 너무 낮아서 그 정도는 쉽게 뛰어넘을 수 있다는 자신감을 가졌을지도 모른다. 어쨌든 그의 마음가짐과는 별개로 피셔는 일에 몰두했고, 디프랑코와 긴밀히 협력하며 업계에서 인정받는 다양한 사업을 펼치기 시작했다. 그로부터 10년 후 라이처스 베이브는 여전히 건재했고, 디프랑코에게 음반을 내자고 제의했던 일부 대형 음반사들은 업계에서 완전히 자취를 감췄다. 피셔는 버펄로가 회사 발전에 큰 보탬이 되었다고 믿는다.

"당시 IRS 레코드 사가 애니와 계약하기를 원했고, 우리는 미팅을 위해 로스앤젤레스로 갔습니다. 사무실이 정말 근사하더군요. 그런데 사실상 우리가 필요로 하는 것들은 그곳에 없었습니다. 그들은 애니의 음악을 더 많은 대중들에게 알릴 기회라고 말했지만, 우리도 홍보에는 자신이 있었습니다. 지금 IRS 레코드 사는 사라졌고, 우리는 여전히 업계에 남아 있습니다. 우리가 올바른 선택을 한 거라고 믿습니다. 저는 버펄로 지역을 기반으로 사업을 운영한 것이 회사의 성장에 커다란 도움이 됐다고 믿습니다. 화려하지는 않지만 우리만의 멋진 사무실이 있는 버펄로가 저희에겐 제격이었지요. 어쩌면 버펄로를 통해 상황을 좀 더 균형 있게 바라볼 수 있는 관점을 얻은 것일지도 모르겠습니다."

지역사회와 기업이 맺은 밀접한 공생관계

이 책에서 소개한 작은 거인들은 그들이 뿌리 내린 지역사회와 밀접한 공생 관계를 맺고 있다. 그리고 그러한 관계에서 비롯된 긍정적인 에너지는 작은 거인이 지닌 마법을 구성하는 일부가 된다. 회사의 소유주와 직원들은 자신이 누구인지, 어디에 속해 있는지, 그들이 관계를 맺고 있는 이웃이나 친구들, 그 외의 다른 모든 이들에게 자신의 역할이 어떤 영향을 미치고 변화를 주는지 명확하게 인식하고 있다. 이러한 인식은 회사의 성공과 일에 대한 구성원들의 열정에 지대한 영향을 미친다.

앵커 브루잉은 샌프란시스코의 문화나 역사와 깊은 관계를 맺고 있으며, 이 때문에 일찍부터 도시의 관광 명소로 자리 잡았다. 회사의 웹사이트에서는 앵커 브루잉의 유서 깊은 과거를 소개하고 있는데, 그 시기는 고틀리브 브레클(Gottlieb Brekle)이라는 사람이 샌프란시스코로 건너왔던 골드러쉬 시절까지 거슬러 올라간다. 또한 미서부 지역 양조업의 초창기 역사도 소개되어 있다. 당시 전통적인 서부 지역의 양조장에서 생산된 맥주들은 모두 스팀비어로 불렸고, 앵커 브루잉도 여기에서 착안해 스팀비어라는 맥주를 만들었다. 세월이 흘러감에 따라 도시가 다양한 사건 사고와 위기를 겪는 것처럼 앵커 브루잉 역시 지진, 화재, 금주법, 재정난 등 온갖 자연재해와 사회적 위기를 겪으며 살아남았다. 위기가 닥쳐올 때마다 양조장을 되살리기 위해 힘쓴 인물들 덕분에 지금껏 양조장이 유지될 수 있었던 것이다. 1965년 스탠포드 대학을 갓 졸업하고, 앵커 브루잉의 지분을 모두 사들인 프리츠 메이태그 또한 양조장을 살린 구세주들 가운데 한 사람이었다.

메이태그는 앵커 브루잉과 샌프란시스코 사이의 특별한 관계에 대해 남다른 애착을 보였다. 앵커 브루잉의 어디를 둘러보아도 그곳에는 샌프란시스코의 과거가 고스란히 녹아 있다. 전통적인 양조 기술, 옛날 미 서부 지역의 분위기가 물씬 느껴지는 내부의 바, 제품 라벨 등 여러 방면에서 과거의 분위기를 느낄 수 있다. 메이태그는 단한 번도 샌프란시스코를 떠날 생각을 하지 않았다. 앵커 브루잉이 샌프란시스코를 떠나는 것은 회사의 오랜 역사와 전통을 거스르는 것이나 다름없었기 때문이다.

한편, 제이 골츠와 아티스트 프레임 서비스는 시카고의 북쪽 지역과 밀접한 관계를 맺고 있다. 골츠가 사업을 시작할 당시, 이 지역은 뉴타운이라고 불렸다. 하지만 이름과는 달리 뉴타운은 낡아빠진 건물들과 공터들이 즐비한 황량한 동네였다. 더군다나 회사가 위치한 노스 클라이본 애비뉴는 금요일과 토요일 밤만 되면 폭주족들이 거리에서 경주를 벌일 정도로 인적이 드문 곳이었다. 그러나 오늘날 노스 클라이본 애비뉴는 고급 상점들과 식당들이 붐비는 번화가로 변모했다. 이렇게 재탄생한 거리는 현재 링컨파크(Lincoln Park)라고 알려진 인근 지역 전체를 되살아나게 만들었다. 부동산 가격은 치솟았고 홀푸드 마켓, 스미스 앤 호켄(Smith & Hawken), 크레이트 앤 배럴

(Crate & Barrel) 같은 대형 체인업체들도 속속 등장했다. 지역 상인들과 부동산 개발업자들은 이 모든 변화가 골츠 덕분이라고 말한다.

아티스트 프레임 서비스는 이 지역에 처음 들어선 신규 사업체였다. 사업을 시작할 당시 노스 클라이본의 땅값은 1제곱피트당 약 1달러였다. 그는 당시 가격으로 2000제곱피트의 부지를 매입했는데, 원래 그 장소는 연주자용 피아노를 제작하던 오래된 3층짜리 가구공장이었다. 2005년에 이 지역의 부동산 가격은 제곱 피트당 40달러로 치솟았다. 그러자 인근에 교통 체증 문제가 큰 골칫거리로 떠올랐다. 하지만 골츠는 주차 문제를 미리 예측하고 고객들을 위한 주차 공간도 마련해둔 터였다. 주차장 건너편에는 골츠의 가정용품과 정원용품 매장이 있고 한 블록 아래에는 액자 매장과 갤러리가 자리 잡고 있다. 직원들이 캠퍼스와 같은 분위기를 풍긴다고 말하는 이 회사는 인근 지역에 활기를 불어넣었다.

다음은 시티스토리지를 살펴보자. 시티스토리지는 브루클린 지역에 위치한 윌리엄스버그(Williamsburg)와 특별한 관계를 맺고 있다. 골츠가 사업을 시작했던 시카고 북부의 뉴타운처럼 1994년 놈 브로드스키가 맨해튼 중심가에서 윌리엄스버그로 본사를 옮길 당시 그곳은 침체된 분위기의 빈민가였다. 브로드스키는 이 지역에서 발생하는 각종 범죄와 회사 직원들의 신변에 가해지는 위험 등에 대해 우려가 깊었다. 위치 때문에 직원들이 회사를 떠나지는 않을까 걱정했고, 동시에 회사의 직원이 될 만한 잠재적인 인재들을 윌리엄스버그까지 끌어올 수 있을지 고민이었다. 그러나 브로드스키는 회사의 경영진들이 이스트 강 건너편의 사무실보다는 대형 매장과 창고에 기반을 둔 본사에서 근무하는 것이 무엇보다 중요하다고 확신했다. 게다가 본사 이전으로 회사는 연간 30만 달러 이상의 비용을 절약할 수 있었다. 직원들의 불만에 대한 예방책으로 그는 사내에 최첨단 보안 시스템을 설치하고, 지하철로 통근하는 직원들을 위해 셔틀버스 서비스를 개시했다.

다행히 직원들은 점차 원래의 활기를 되찾기 시작했다. 또한 윌리엄스버그 인근에는 보수가 괜찮은 일자리가 부족했기 때문에 신규 직원을 고용하는 일도 이전보다 훨씬 수월했다. 윌리엄스버그 지역에 거주하는 다수의 주민들이 회사에 근무하게 되면서 브로드스키와 그의 아내 일레인(시티스토리지의 공동경영자이자 부사장)은 지역사회와 보다 긴밀한 관계를 맺고자 더 열심히 노력했다. 그들은 회사 인근의 해안가에서 열리는 사내 파티에 인근 주민들을 초대했고, 지역 연극단체를 위한 대여 공간도 마련해주었다. 무엇보다 중요한 것은 그들이 시티스토리지의 직원들에게 사업 전반의 여러 결정권과 권한을 부여했다는 점이다. 한 예로 사내에서 매년 개최하는 휴가 파티를 계속할 것인지 혹은 그 대신 지역 자선단체에 기부를 할 것인지를 직원들이 직접 결정하게 했다. 직원들은 자선단체 후원을 선택했고, 자폐아들을 위한 크리스마스 선물을 사고, 직접 조립하고, 포장해서 아이들에게 선물을 전달했다.

시티스토리지는 브루클린을 고스란히 닮은 회사다. 브루클린은 다양한 언어를 구사하는 여러 배경의 사람들이 혼재되어 살아가는 도시다. 시티스토리지는 이러한 도시의 다양성을 바탕으로 정직하고 단단한 기업문화를 형성하고 있으며, 직원들은 따뜻함과 동료애로 똘똘 뭉쳐 그들만의 문화를 형성하고 있다. 직원들은 시티스토리지가 아니었다면 얻지 못했을 기회에 항상 감사해하고 있기 때문에 누구보다 남다른 애사심을 지니고 있다. 그들은 브로드스키를 '철저하지만 공정한 사람'이라고 평가했다. 물론 좋은 의미에서다. 브로드스키는 여러 측면에서 자신의 직원들과 비슷한 성향을 띠고 있다. 브루클린 주민들은 현실 감각이 뛰어나고 현명하며, 수많은 역경을 겪더라도 결국 정상에 오르고야 마는 생활력 강한 사람들이다.

· · · ●─●─● · · ·

지역의 문화를 반영하고 만들어가는 일

서른셋에 클리프바를 설립한 게리 에릭슨은 자유로운 분위기의 버클리를 닮은 전형적인 인물이다. 버클리 5번가에 위치한 에릭슨의 클리프바는 누가 봐도 수년간 보수공사와 확장 끝에 완성된 건물이라는 것을 알아챌 수 있다. 본사 앞 쪽에는 암벽 등반용 벽이 세워져 있는데, 거기에는 클리프바의 판매실적 달성 현황을 나타내는 쿠키몬스터, 텔레토비의 뽀, 피글렛 등 다양한 캐릭터 인형들이 매달려 있다(반대쪽 벽은 실제 암벽 등반용이다). 다른 건물에는 댄스 에어로빅 수업을 진행 중인 체육관이 있고, 트레이너에게 개인 운동 강습을 받는 공간도 마련되어 있다. 그 외에 마사지실, 헤어숍, 명상을 위한 공간, 자전거 수리 센터, 다양한 게임 CD가 구비된 게임방 등도 자리 잡고 있다.

그 모든 것들이 클리브바와 완벽한 조화를 이루고 있었다. 클리프바를 설립한 지 15년이 지난 시점에, 게리 에릭슨은 일부 개인적인 변화를 맞이했다. 결혼을 했고, 세 명의 자녀가 생겼다. 하지만 버클리는 이전보다 조금 더 번영했다는 사실을 제외하면 여전히 같은 모습을 유지하고 있었다. 클리프바도 마찬가지다. 초창기 클리프바가 지녔던 특징들은 여전히 변함없었고, 단지 회사가 조금 더 훌륭하고 체계적으로 변했을 뿐이었다.

클리프바는 지속가능한 환경을 위해 유기농 재료를 고집했으며, 티셔츠는 유기농 면으로 만들었고, 홍보물은 재활용 종이를 사용했다. 또한 생산 과정에서는 꼭 필요한 에너지만 사용하려고 노력했다. 또한 클리프바는 다수의 사회적 프로그램들을 지원했으며, 직원들을 위한 '2080 프로그램'을 실시했다. 이 프로그램은 회사가 직원 한 명의 연간 근무시간인 2080시간을 사회에 기부한다는 의미로, 직원들은 근무를 대신해 스스로 선택한 자원봉사 활동에 참여했으며 회사는 이에 대한 급여를 제공했다. 거의 모든 측면에서 클리프바는 자신이 뿌리 내리고 성장한 지역인 버클리를 고스란히 닮은 기업이었다.

레엘 프리시전 매뉴팩처링도 마찬가지다. 미네소타 주 세인트폴에 위치한 이 회사 역시 쌍둥이 도시의 비즈니스 문화를 그대로 반영한다. 쌍둥이 도시는 기업 커뮤니티의 참여와 관련해 오랜 역사를 지닌 곳이다. 타깃/데이튼-허드슨(Target/Dayton-Hudson), H.B.풀러(H. B. Fuller), 필스베리(Pillsbury), 제너럴밀스(General Mills) 등의 기업들은 사회적 책임을 다 해야 한다는 생각을 갖고 있기 때문에 지역사회에 많은 돈을 기부해왔다. 레엘의 창립자 세 명 역시 기업의 사회적 책임을 중시했다. 그들은 '사업의 수익성이 부족하거나 편리하지 않거나 기존의 방식과는 다른 상황에 직면하더라도 항상 올바른 일을 한다'는 것을 사업 방침으로 삼았다. 레엘은 '공익을 위해 가치 있는 사회적 기여를 하는 것'을 자신들의 궁극적인 목표라고 여겼다.

이러한 회사의 목표는 직원들이 업무에 임하는 태도에 명확한 기준이 되었다. 레엘의 직원들은 대체적으로 건전하고 진지한 이상주의적인 태도를 지녔는데, 뉴욕이나 시카고, 로스앤젤레스 같은 대도시에서라면 이를 순진하다고 생각했을지도 모른다. 하지만 레엘 프리시전 매뉴팩처링이 자리 잡은 쌍둥이 도시에서는 전혀 이상한 것이 아니었다. 회사는 직원들이 사업적 결정을 내릴 때 도덕적인 측면에 대한 논의를 우선시 하도록 독려했고, 그 과정에서 발생하는 갈등을 해결하고 중재했다. 경영진들은 정신적이거나 영적인 측면을 사업에 적용하는 단체들과 꾸준히 관계를 맺으며 활발하게 활동했고, 지역 대학과 사회단체들에서 관련 강연을 열기도 했다. 또한 레엘은 미네소타 주 비즈니스 윤리상과 미국 비즈니스 윤리상을 모두 수상한 이력이 있다. 이 모든 것은 결국 쌍둥이 도시의 기업문화와 깊이 얽혀 있었다. 레엘 프리시전 매뉴팩처링의 공동경영자인 밥 칼슨(Bob Carlson)은 "쌍둥이 도시는 우리에게 크고 중대한 영향을 미쳤다"라고 말한다.

한 가지 분명한 사실은 다수의 대형 상장기업들 역시 그들이 사업을 시작한 지역사회의 영향을 많이 받았다는 점이다. 월마트는 아칸소 주 벤튼빌에서 설립된 회사이고, 허시(Hershey's)는 펜실베니아 주 허시에서 사업을 시작했다. 타깃과 H.B.풀러도 레엘 프리시전 매뉴팩처링만큼 쌍둥이 도시의 영향을 많이 받은 기업들이다. 다른 점이 하나 있다면, 지역사회와 맺는 친밀성의 정도가 될 것이다.

인간적인 규모의 비교적 작은 회사들은 지역사회를 지배하려고 하지 않고 그들의 일부가 되려고 노력한다. CEO와 경영진들은 회사의 이웃들, 지역 비영리단체의 리더들, 비즈니스 공동체들이나 정부 공무원들과도 개인적인 친분 관계를 맺는다. 이러한 관계의 집중도나 깊이, 책임감과 같은 요소들은 사업을 확장하면 불가피하게 유지가 어려워진다. 이것이 징거맨스의 바인츠바이크가 기업에 대해 말할 때 '뿌리'를 강조한 이유다.

전국에 지점을 두고 있거나 글로벌한 대기업들은 여러 측면에서 사회에 기여할 수 있는 다양한 사회적 활동을 펼친다. 환경에도 보다 관심을 기울이고, 윤리적이고 가치 있는 일에 거금을 기부하고, 자선 행사를 후원하기도 한다. 그러나 그런 대기업들(그리고 직원들)은 특정 지역사회와 밀접한 관계를 맺고 그들에게 특별하고 만족스러운 경험을 선사하며 상생하는 데 어려움을 겪는다.

지역사회와의 밀접한 관계가 가장 두드러진 회사는 징거맨스다. 1990년대 초, 애리 바인츠바이크와 폴 새기노는 미국 내 다른 지역에 징거맨스의 분점을 내자는 제안을 거절했다. 앤아버 지역과의 긴밀한 관계를 강화하고 그 지역의 특색 있는 비즈니스로 자리매김하고 싶었기 때문이다.

징거맨스의 성공은 누가 봐도 명백했다. 징거맨스 역시 라이처스 베이브나 앵커 브루잉, 그리고 다른 작은 거인들처럼 본질적으로 지역사회에 뿌리를 내린 기업이다. 앤아버는 동부에서 이주해온 사람들 다수가 거주하는 지역이며, 중서부 대학 커뮤니티를 중심으로 형성된 도시다. 뉴욕 주를 제외하고《뉴욕타임스》를 가장 많이 구독하는 지역이기도 하다. 위스콘신 주의 매디슨이나 아이오와 주의 아이오와시티와는 달리 앤아버는 대도시 근교에 위치하기 때문에 다른 10대 대학 캠퍼스가 위치한 지역들보다 대도시의 느낌이 훨씬 많이 나는 곳이다(적어도 앤아버 주민들은 그렇게 믿고 있다).

징거맨스는 앤아버의 모든 지역 특색을 고스란히 반영한다. 바인츠바이크는 말한다.

"우리는 일상적으로 손님들을 대할 때는 무척 친근한데, 음식에 대해선 늘 진지합니다. 다른 지역은 그렇지 않다는 뜻이 아닙니다. 그런데 앤아버에서는 특히나 사람과 음식에 대한 태도가 분명히 다릅니다. 세계적으로 유명한 교수들이 청바지를 입고 고등학생이나 아홉 살짜리 꼬마 옆에서 같은 고트치즈를 맛보며 치즈의 역사에 대해 배우고 이야기를 나눕니다. 이 지역이 대학 캠퍼스 환경과 밀접하다 보니 이렇게 음식에 대해서도 더 학문적으로 접근하게 되는 것 같습니다. 공부하고 싶은 음식이 생기면 언제든지 대학에 전화를 걸어

전문가를 찾을 수 있거든요."

바인츠바이크는 시종 진지한 태도로 말을 이어갔다.

"우리는 음식에 대한 연구를 깊이 그리고 열정적으로 합니다. 그
건 손님들도 마찬가지지요. 특별히 배움에 관심이 없는 사람이라면
우리 회사 문화에 적응이 힘들 수도 있습니다. 또한 우리는 앤아버
지역의 젊고 이상주의적인 직원들을 많이 고용합니다. 이것 역시 우
리가 앤아버 지역에서 사업을 하는 이유 가운데 하나지요. 그들은 우
리가 지급하는 보너스보다는 우리가 지역사회에 얼마나 많은 공헌
을 하는지에 더 큰 관심을 보입니다. 물론 그들도 보너스를 원하고,
저 또한 직원들이 성과를 내서 보너스를 많이 받기를 원합니다. 하지
만 여기 있는 직원들은 개인적인 이득보다는 지역사회에 대한 기부
에 더 열광적이지요. 물론 대부분이 아직 젊어서 부양할 가족이나 주
택담보대출에 신경 쓰지 않아도 된다는 점도 그 이유가 될 수는 있겠
지만요."

그들의 이상주의에서 찾아볼 수 있는 또 다른 점은 모든 문제를
오랜 시간 동안 논의하는 경향이 있다는 점이다. 바인츠바이크과 새
기노는 새롭게 확장된 디트로이트 공항에 징거맨스의 분점을 열자
는 제안을 컴퍼스그룹(Compass Group)으로부터 받은 적이 있었다. 징
거맨스 그룹에 유익한 보탬이 됨은 물론 좋은 사업 기회가 될 수 있
는 제안이었다. 매장을 연다면 '1000가지 맛을 지닌 징거맨스 세계'
라는 타이틀을 붙이면 좋겠다는 생각도 들었다.

하지만 한 가지 걸림돌이 있었다. 바인츠바이크와 새기노가 작

성한 비전서인 '징(Zing) 2009'의 조항에서 일부 문제가 발견된 것이다. 여기에는 '회사의 신규 사업이 사업상의 엄청난 수익을 안겨준다해도 앤아버를 벗어난 지역에서는 사업을 확장하지 않는다'라는 원칙이 담겨 있었다. 실제로 그들은 앤아버 지역과의 긴밀한 관계를 약화시키고 싶지 않았기 때문에 다른 도시에서의 지점 제안을 모두 거절해왔다. 공항은 앤아버에서 30킬로미터 떨어진 곳에 위치하고 있었다. 그곳에 징거맨스의 지점을 연다면 그들이 만든 원칙을 위반하는 것이 될 터였다. 바인츠바이크는 말했다.

"우리는 오랜 시간 이 문제에 대해 논의했습니다. 폴과 저는 경영진들과 몇 시간 동안이나 얘기를 나누었고, 직원들을 불러모아 회의를 소집했지요. 과연 우리가 앤아버에서 하고 있는 사업을 공항에서도 할 수 있을지 고민했습니다. 대부분의 문제가 그렇듯 명확한 답을 내리긴 힘들었습니다. 어쨌든 '징 2009'에는 '앤아버를 벗어난 지역'에서는 사업을 확장하지 않는다고만 적혀 있지, 앤아버 지역이 어디까지인지는 쓰여 있지 않았으니까요. 고심 끝에 우리는 많은 사람들이 디트로이트 공항을 앤아버로 돌아오는 관문이라고 생각할 것이라고 결론 내렸습니다. 공항의 징거맨스 매장을 통해 앤아버로 오는 고객들을 환영하며 맞이하는 것은 분명 멋진 일이라고 생각했지요. 하지만 이 결정을 내리기까지 끝없는 토론과 논쟁을 겪어야 했습니다."

하지만 컴퍼스그룹은 마지막 순간에 마음을 바꿔 기존의 계획을 포기한다고 발표했고, 때문에 디트로이트 공항에 징거맨스의 매장을 여는 계획은 잠정 보류되었다. 외견상으로는 징거맨스 경영진들이 왜 그토록 이 문제에 대해 많은 시간을 들여 고심하는지 이해가 되지 않을 수도 있다. 비전서에 내용이 명시되어 있다 한들 그들이 앤아버 이외의 지역에 매장을 여는 것이 무슨 문제가 된다는 말인가? 충분히 감당할 수 있고 회사를 발전시킬 좋은 기회라면, 그 정도는 중요한 문제가 아니지 않은가?

이러한 질문에 답하고, 바인츠바이크와 새기노 그리고 경영진들이 우려했던 점을 이해하기 위해서는 그들과 지역사회가 맺은 관계의 또 다른 측면을 고려해야 한다. 즉 징거맨스가 앤아버 지역에 공헌한 것들과 지역 주민들이 기업을 바라보는 시각에 징거맨스가 미친 영향에 대해 먼저 살펴보아야 한다.

· · · —·— · · ·

기업의 활동은 어떻게 신뢰로 이어지는가?

만일 당신이 징거맨스의 창립 20주년 기념식이 열리던 때에 앤아버에 있었다면, 그 징후들을 발견할 수 있었을지도 모른다. 고객들부터 시작해 공무원, 다른 기업체들, 먼 지역의 징거맨스 팬들과 전 세계의 앤아버 출신 주민들까지 징거맨스에게 감사와 찬사를 전하는 편지들이 쇄도했다. 그중 눈에 띄는 것이 하나 있었다. 식사 공간과 세미나룸이 위치한 징거맨스 넥스트 도어(Zingerman's Next Door) 외

벽에 있는 긴 표지판의 글귀였다. 거기에는 이렇게 쓰여 있었다.

앤아버 주민들이 징거맨스에게 전합니다.
우리에게 맛있는 음식과 편안한 쉼터를 제공해주고,
우리에게 지식을 주고, 행복과 희망을 주고,
지역사회를 일으켜주셔서 감사합니다.
우리에게 많은 변화를 안겨준
징거맨스의 생일을 진심으로 축하합니다.

표지판의 아래쪽에는 13개 비영리단체들의 로고가 그려져 있었고, 마지막에는 이렇게 적혀 있었다.

징거맨스의 도움을 받는 수많은 사람들의 마음을 담아서
감사함을 전합니다.

이 표지판을 만들고 비용을 지불한 비영리단체는 앤아버 주민들의 마음을 결코 과장해서 표현한 것이 아니었다. 징거맨스는 실제로도 앤아버의 번영에 중대한 역할을 했다. 이는 일자리를 창출하고, 질 좋은 음식을 제공하고, 지역 경제를 활성화한다는 측면을 넘어선 것이었다. 징거맨스가 앤아버에 설립한 비영리단체인 푸드 개더러스(Food Gatherers)가 그 좋은 예다.

폴 새기노는 한 잡지에서 음식 촬영 후 버려지거나 직원들이 싸

가곤 했던 음식들을 수거하는 전문 사진작가들에 대한 기사를 읽고 아이디어를 얻었다. 사진작가들은 돌아가며 밴을 빌려서 음식 촬영 후 남은 음식들을 모았고 구세군에 모든 음식을 기부했다. 새기노는 그들의 아이디어가 정말 멋지고 기발하다고 생각했다. 징거맨스에도 매일 건강에 좋은 유기농 제품들이 남았지만, 고객들에게 판매하기에는 다소 신선도가 떨어지는 음식들이 많았다. 보통 매장 관리자들은 남은 음식을 직원들의 식사로 사용하거나 버리곤 했다. 새기노는 말했다.

"우리는 최대한 효율적으로 일하려고 노력합니다. 낭비되는 음식 문제는 우리뿐만이 아니라 다른 업체들에서도 발생할 거라고 생각했습니다. 그래서 우리도 뉴욕의 사진작가들처럼 앤아버에서 그 일을 시작하기로 했습니다."

그는 징거맨스 샌드위치 부서의 담당 매니저인 리사 드영(Lisa deYoung)에게 '음식 구제 프로젝트'에 함께 동참하자고 제안했다. 그녀는 그의 제안을 받아들였고, 첫 번째 업무로 이러한 프로그램이 과연 정말로 필요한지부터 조사했다. 인근 식당들과 식품업체들이 이 프로젝트에 어느 정도 관심이 있는지 알아보기 위해 전화를 돌리기 시작했다. 식품업체들은 특히 신선한 농산물, 고기, 유제품 등을 활용하는 데 관심을 보였다.

3개월 후, 드디어 푸드 개더러스라는 자선단체가 설립됐다. 새기노는 이 비영리단체 운영을 맡았다. 비록 이 분야에 대한 지식이 많은 것은 아니었지만 운영 방향에 대해서만큼은 확신이 있었다. 그는 말했다.

"저는 푸드 개더러스를 하나의 사업처럼 운영하고 싶었습니다. 푸드 개더러스 역시 재정적인 측면에서 그 책임을 다해야 한다는 의미입니다. 저는 조직의 관료주의나 투자를 받기 위해 특정한 기준을 충족시켜야 하는 등의 방식은 원치 않았습니다. 그래서 바인츠바이크와 저는 적어도 운영 초기에는 징거맨스가 푸드 개더러스에 자금을 지원하는 것이 좋겠다고 생각했습니다."

그 후 18년 동안 푸드 개더러스는 꾸준한 성장세를 보였다. 관리 부실로 국가 인증 운영 허가를 상실할 위기에 놓인 지역 푸드뱅크(가난한 사람들이 무료로 음식을 얻는 장소)를 인수하고, 새로운 분야로 사업을 확장하기 시작했다. 신규 사업으로는 노숙자 쉼터, 알코올 중독 치료 센터, 구세군 구호소, 저소득층 지원 단체에 음식을 제공하는 등 다양한 활동을 펼쳤다. 푸드 개더러스는 유사 단체와의 불필요한 경쟁을 피하고 그들의 신뢰를 얻기 위해 어려움에 처한 사람들에게 직접 음식을 제공하는 대신 이들 단체에 특정 식제품을 구입하는 데 드는 비용을 제공했다(푸드 개더러스에서 모은 음식은 모두 무료로 제공했다). 그래서 새기노와 직원들이 사업 확장을 위한 자금을 모금할 때에도 그들은 별다른 이견 없이 모금 활동에 적극 협조했다. 결국에는 그 성과가 자신들에게 되돌아올 것이라고 믿었기 때문이다.

푸드 개더러스는 지속적으로 사업을 확장해나갔다. 운영 첫 해에, 그들은 약 3만 9000톤의 음식을 모아 각종 지원 단체에 재분배했다. 17년 후에는 하루에 2~3톤 사이의 음식을 분배하며 12명의 직원과 연간 100만 달러의 예산으로 단체를 운영하기에 이르렀다. 예산 지원에 가장 큰 몫을 한 것은 징거맨스였으며, 회사는 이외에도 여러 가지 다른 형태로 후원을 이어갔다.

푸드 개더러스는 징거맨스가 지원하는 각종 사회활동의 시작에 불과했다. 회사는 '지역사회 내의 노숙 종식'을 목표로 하는 11개 자선단체들의 연합인 워시트노 하우징 얼라이언스(Washtenaw Housing Alliance)에도 대규모로 후원하고 있었다. 또한 다른 지역에 위치한 비영리단체의 관리 개선, 경영진 채용과 교육, 웹사이트 구축과 같은 업무를 돕는 비영리 엔터프라이즈 앳 워크(Non-profit Enterprise at Work)에도 도움을 주었다. 그리고 지역의 저소득층과 장애아들을 위한 양질의 어린이 극장을 만드는 것을 목표로 한 와일드 스완 시어터(Wild Swan Theater)를 후원했으며, 워시트노 커뮤니티 컬리지에 장학금을 기부하기도 했다. 뿐만 아니라 노숙자 쉼터를 운영하는 '워시트노 카운티 노숙자 보호 연합'에도 도움을 주었다. 그 외에도 다양한 관련 사회 활동을 지속했다.

새기노는 징거맨스의 신규 사업 기회를 창출하고 이끌어가는 일 외에도 비영리단체와 지역사회 활동을 위해 주 25시간을 투자했다. 그는 회사에서 '정신적 최고경영자(Chief Spiritual Officer)'로 불렸으며(바인츠바이크는 CEO였다), 회사와 지역사회를 잇는 중개자 역할을 맡았다. 새기노는 그런 자신의 역할에 무척 만족했다.

"때로 저는 비영리단체에서 일하기 위해 사업을 시작한 게 아닌가 하는 생각도 듭니다. 우리는 앤아버의 사회적, 문화적, 교육적 활동을 위해 엄청난 양의 돈을 후원하고 투자합니다. 우리가 이 일을 시작하지 않았더라면 앤아버는 지금과는 다른 모습일지도 모르겠군요. 우리가 지역사회에 어떤 변화를 만들어냈는지 잘 알고 있기 때문에 저는 누구보다 이 일에 자부심을 느낍니다."

한 가지 흥미로운 점은 징거맨스가 지역사회 활동을 그들의 마케팅 도구로 사용하지 않는다는 점이다. 새기노는 말한다.

"우리가 하는 여러 사회활동들이 모두 비밀리에 이루어지는 것은 아닙니다. 앤아버는 작은 도시이기 때문에 주민들은 다양한 모금 행사에서 징거맨스의 이름을 볼 수 있고, 우리가 하는 활동들도 비교적 쉽게 알아차립니다. 하지만 우리는 이런 활동을 마케팅에 사용하지는 않습니다. 저는 자선사업을 노골적으로 마케팅 전략에 활용하는 회사들을 신뢰하지 않습니다. 우리는 기본적으로 이런 활동이 옳다고 믿기 때문에 하는 겁니다. 우리가 세운 비전과 목표의 일부이기도 하고요."

물론 새기노의 의견에 반대하는 이들도 존재한다. 어떤 이들은 징거맨스 같은 회사들이 다른 기업들의 본보기가 되기 위해 그들의 활동을 널리 알려야 한다고 말한다. 한편 어떤 이들은 새기노가 자신의 바람대로 시간, 에너지, 자금을 자유롭게 쓸 수는 있지만, 영리 기업인 징거맨스만큼은 그 활동에 끌어들이지 말아야 한다고 주장한다. 그들은 밀턴 프리드먼(Milton Friedman, 미국의 경제학자)이 주장한 바와 같이 "기업의 사회적 책임은 수익을 창출하는 것이며, 기업의 자원이 다른 부수적인 목적으로 사용되어서는 안 된다"라는 의견을 적극 옹호한다.

그러나 새기노는 그런 주장은 핵심이 아니라고 말한다. 징거맨스는 어떤 정치적인 목적을 위해 사회활동에 참여하는 것이 아니며, 그 활동을 부수적인 일로 여기지도 않는다. 지역사회에 공헌하는 일은 그와 그의 동료들이 애초에 사업을 시작한 이유 가운데 하나였고, 사업을 하며 얻는 주요 보상 중 하나였다. 새기노는 말한다.

"기부와 관련해 여기저기서 많은 요청들을 받습니다. 어떤 것들은 터무니없어서 웃음이 나기도 하지만 결국엔 사람들의 따뜻한 배려에서 비롯된 요청이라는 것을 잘 알고 있습니다. 우리는 그러한 요청을 들어줄 수 있다는 것에서 커다란 기쁨을 느낍니다. 따뜻한 사람들이 함께 모여 사는 지역사회에 속해 있다는 것은 큰 행복이기 때문입니다. 이런 행복은 돈 주고도 살 수 없는 귀중한 것입니다."

. . . . —— . . .

기업의 사회적 책임과 진정성

이쯤에서 기업의 사회적 책임과 관련된 몇 가지를 언급하고 넘어가겠다. 또한 기업의 사회적 책임이 조직의 마법을 창출하는 데 어떤 역할을 하는지 짚어보는 것도 의미 있을 것이다. 책에 소개한 회사들은 자신이 속한 지역의 다양한 사회활동에 어느 정도는 적극적으로 참여했다. 그러나 1990년대에 등장한 회사들(벤앤제리스나 더 바디

숍 등)이 자신들의 사회활동을 적극적으로 홍보한 것과는 달리, 작은 거인의 경영자들은 비교적 조용하게 활동을 이어갔다. 그들은 새기노의 의견에 깊이 공감하며, 자신들의 사회적 활동을 기업 홍보의 일환으로 사용하는 것을 꺼렸다.

프리츠 메이태그는 프리드먼의 주장에 동의하는 모습을 보이기도 했다. 프리드먼은 "비즈니스의 목적은 비즈니스 자체에 있다"라고 말한 바 있다. 하지만 프리드먼이 실제로 이 주제에 대해 쓴 글(예를 들어 1970년 9월 13일 《뉴욕타임스》에 기고한 칼럼)을 보면, 그가 말한 대상은 '상장기업에 한해서'라는 것을 알 수 있다. 상장기업을 운영하는 사람들은 소유주들(즉 주주들)이 고용한 직원들이며, 따라서 주주들의 이익을 증진시키기 위해 회사의 자원을 사용해야 할 의무가 있다. 기업의 경영진들이 정치적, 사회적 이유로 사회활동에 회사 자금을 사용하는 것은 사실상 주주들의 동의 없이 자금을 무단으로 이용하는 것이나 다름없다.

그러나 이 주장은 개인 소유의 기업들에게는 적용되지 않는다. 프리드먼은 "개인 기업의 상황은 다소 다르다"라고 언급하며 "개인 기업의 소유주가 '사회적 책임'을 행사하기 위해 회사의 자금을 활용한다면, 그것은 자신의 돈을 쓰는 것이지 남의 돈을 쓰는 것이 아니다. 그가 사회적 목적으로 돈을 사용하길 원한다면, 그것은 그의 권리이며 누구도 그의 행동에 반대할 권리가 없다"라고 말했다. 이 말의 요지는 개인이 어떤 일에 자기 소유의 시간과 돈을 쓰는 것과 외부 주주들에게 수익을 안겨줄 책임을 지닌 기업이 다른 이의 시간과 돈을 쓰는 것에는 명백한 차이가 있다는 것이다. 책에 등장하는 작은 거인들이 하는 활동을 살펴보면 그 차이를 확실하게 알 수 있다. 그들은 이면에 숨은 동기가 있는 사회활동은 피하고 진정한 의미의 후원을 선호한다. 때문에 자선 행위는 가급적 개인적이고, 직접적으로, 그리고 알려지지 않은 상태로 진행해야 한다고 생각한다(하지만 반드시 비밀리에 진행하는 것은 아니다).

앵커 브루잉도 그런 경우다. 프리츠 메이태그는 말한다.

"우리는 사업을 훌륭하게 운영하는 동시에 지역사회의 좋은 이웃이 되고자 노력합니다. 하지만 우리가 하는 자선활동을 굳이 외부에 공개하지는 않습니다. 우리 회사는 근처의 작은 중학교를 여러 방면에서 후원하고 있지만 후원 내역을 공개하지는 않고 있지요. 양조장 근처에 있는 작은 도서관도 후원하고 있습니다. 저는 작은 지역 도서관에 남다른 애정을 갖고 있는데, 제가 어렸을 때부터 동네 도서관을 무척 좋아했기 때문입니다. 지역의 실내악단도 후원하고, 자전거로 미국 횡단 기록을 깨려는 청년들도 후원한 적이 있습니다. 지역의 조정팀도 후원하고 있고요. 이 모든 활동은 별다른 홍보 없이 조용하게 이루어집니다. 또한 제가 우리 회사에서 무척 좋아하고 자랑스럽게 여기는 프로그램이 하나 있습니다. 한 직원이 특정 단체에 기부를 하면, 그 금액의 두 배를 회사에서도 기부하는 제도입니다. 만일 산타크루즈에 사는 당신이 해변을 깨끗하게 유지하기 위한 단체 혹은 해변가의 공원을 확장하고자 하는 지역 단체에 100달러를 기부한다면, 회사는 그 단체에 200달러를 기부하는 것입니다. 저희는 이런 방식으로 사회에 기부를 해왔습니다."

메이태그는 자부심 가득한 목소리로 자신의 생각을 분명하게 밝혔다.

"저는 때로 기업들이 진정한 '선행'이라는 관점에서 자신의 의무를 정확히 인지하고 있는지 의문이 들곤 합니다. 솔직히 말해서 저는 자신들이 후원한 오페라 공연에서 칵테일을 들고 있는 사진을 신문 사회면에 싣는 경영자들을 호의적으로 바라보지 않습니다. 개인적인 생각으론 천박해 보이기까지 해요. 하지만 우리 직원들의 기부나 후원을 지지하는 일은 무척 즐겁고 보람됩니다. 가끔은 생각지도 못한 곳에 기부를 하는 경우도 있습니다. 직원들 중 누군가는 그 기부가 옳다고 생각하는데 제가 거부하는 것은 말이 안 되지요. 우리는 이렇게 다양한 기부 활동을 통해서 직원들과도 친밀하고 밀접한 관계를 맺고 있습니다. 작은 회사에는 진정한 팀이 존재합니다. 직원들 가운데 누군가 특정 단체를 후원하기로 결정한다면, 우리도 기꺼이 그를 지원합니다."

이러한 활동은 모두 친밀한 관계에서 비롯되며, 메이태그는 회사가 맺고 있는 지역사회와의 관계 역시 마찬가지라고 말한다.

"저는 우리 양조장을 소규모 시설 자선단체에 오픈하는 것에 대단히 긍정적입니다. 제가 늘 사랑해온 일이고, 오랫동안 해왔고, 지금도 자주 하고 있는 일들 가운데 하나가 바로 그것입니다. 단체에서 주최하는 행사가 있을 때 양조장 시설 내에서 저녁 식사 모임을 갖거나 가벼운 요리들과 맥주를 즐기는 시간을 가질 수도 있고요. 이사회나 멤버십 회의를 위해 무상으로 공간을 대여해주기도 합니다. 한 가지 조건은 행사의 참가 티켓을 팔거나 참가자들에게 기부를 해달라는 요청은 피해달라고 부탁합니다. 후원자들을 위한 감사 파티를 여는 것은 당연히 환영이고요. 우리는 40년 동안 이런 활동을 해왔습니다. 과거에 유럽이나 미국의 양조장들이 일종의 시민중심지였던 시절이 있었지요. 그때만 해도 양조장은 누구나 자유롭게 가서 회의나 모임을 열 수 있는 장소였습니다. 정말 멋진 전통이지요. 그래서 우리도 가급적 그 전통을 따르려고 노력합니다.”

책에 나오는 다른 회사들까지 '시민 중심지'라고 부르는 것은 다소 과장된 일이겠지만, 그들이 지역사회와 맺은 유대관계만큼은 앵커 브루잉 못지않게 친밀하다. 마찬가지로 직원들이 느끼는 그 관계에 대한 애착 역시 대단히 높다고 볼 수 있다. 징거맨스의 바인츠바이크도 이렇게 말한다.

“우리 같은 작은 회사들은 지역사회의 일부가 될 수 있는 기회가 열려 있습니다. 전국에 지사를 확장한 대기업이라면 아마도 불가능한 일이겠지요. 관련된 이야기를 하나 들려드리겠습니다. 식당을 연 이후로 지금까지 단골인 고객이 한 분 있습니다. 생화학 분야에서 대단한 업적을 남긴 교수님이신데, 그분이 막 75번째 생일을 맞았을 때의 일이죠. 그분의 아들이 저희에게 연락을 해왔죠. 아버지가 자신의 이름을 딴 징거맨스 샌드위치가 나오는 게 소원이라고 말했다고요. 아버지의 삶에서 징거맨스가 얼마나 큰 역할을 차지하는지에 대해서도 이야기해주었습니다. 우리는 그분만을 위한 특별한 샌드

위치를 만들기로 했습니다. 메뉴에 제품 이름을 올리고 판매를 개시하던 날 아침에 그분을 만났는데, 무척 설레는 모습이더군요. 나중에 그분이 이메일을 보내와 자신의 이름을 건 샌드위치가 얼마나 맛있었는지 극찬을 했습니다. 그분이 그저 한가해서 이런 일을 시도한 건 아닙니다. 샌드위치와는 전혀 상관없는 분야에서 세계적으로 유명한 분이니까요. 이것이 제가 말한 '테루아'의 좋은 예입니다. 이 분은 지역사회에서 중요한 역할을 하는 인물인데, 우리는 그런 분과 밀접한 관계를 맺었습니다. 왜냐하면 우리가 앤아버를 본거지로 두고 사업을 하고 있기 때문입니다. 만일 징거맨스가 이곳에서 사업을 하지 않았다면 불가능한 관계였을 테지요."

위 일화는 우리에게 한 가지 중요한 측면을 짚어준다. 대부분의 기업들이 맺은 지역사회와의 관계는 그들이 자신의 고객이나 직원들과 맺은 관계와 대단히 겹치는 부분이 많다는 점이다. 그리고 고객이나 직원들과 맺는 친밀한 관계 역시 기업 입장에서는 더할 나위 없이 중요한 역할을 한다. 이어지는 다음 장에서 바로 그 점에 대해 이야기해보려고 한다.

SMALL
GIANTS

4장

가장 강력한 비즈니스 도구

기업과 고객의 정서적 유대감은 어떻게 형성되는가?

회사와 고객의 공동체 의식을 떠받치는 세 가지 기둥이 있다.

첫 번째는 '진실성'이다. 기업은 겉으로 보이는 모습과

실제로 추구하는 모습이 일치해야 한다.

두 번째는 '프로 정신'이다. 회사는 자신이 하겠다고 한 약속은

반드시 실천해야 하며 자신의 책임을 다해야 한다.

세 번째는 '직접적이고 인간적인 관계의 형성'이다.

이는 상호 간의 신뢰와 이해를 기반으로

정서적 유대감을 만들어내는 핵심 기준이다.

일간지 《피츠버그 포스트-가제트(Pittsburgh Post-Gazette)》의 칼럼니스트인 마릴린 맥데빗 루빈(Marilyn McDevitt Rubin)이 점심 식사를 하러 친구들과 함께 대니 메이어의 네 번째 레스토랑인 타블라(Tabla)에 방문했을 때, 그녀는 이미 USHG에 대해 어느 정도 알고 있던 상황이었다.

타블라 레스토랑은 미국 음식에 인도식 허브와 향신료를 창의적으로 조합한 메뉴로 유명한 곳이다. 메이어의 다른 레스토랑인 유니언 스퀘어 카페, 그라머시 태번, 일레븐 매디슨 파크에서도 식사를 해본 경험이 있는 그녀는 맛있는 음식과 흠잡을 데 없는 레스토랑 서비스에 만족했던 터였다. 때문에 타블라 역시 비슷한 경험을 선사할 것이라고 생각했다. 그런데 메이어가 보여준 것은 단순히 흠잡을 데 없는 완벽한 서비스가 아니었다. 메이어의 표현을 빌리자면, 그는 고객에게 '깨어 있는 서비스'를 제공했다. 그리고 그날 루빈은 메이어가 강조한 바로 그 '깨어 있는 서비스'의 의미를 깨닫게 되었다.

그날 그녀는 주문을 마친 후 뒤로 돌아서다가 물이 담긴 유리잔을 들고 있던 웨이터와 부딪치는 일을 겪었다. 루빈은 자신의 칼럼에서 이 경험에 대해 다음과 같이 썼다.

"나는 순간 당황해서 몸이 얼어붙었다. 쟁반이 기울어지면서 물이 쏟아지고 유리잔이 떨어지는 장면이 슬로 모션으로 보일 정도였다. 유리잔이 깨지는 소리가 마치 대포 소리같이 들렸다. 식사를 하던 사람들은 내가 민망해할 것을 우려해 애써 태연한 척 식사를 이어 갔고, 사방에서 청소도구를 든 직원들이 달려왔다. 몇몇 직원들은 내 옷으로 쏟아진 물을 닦아주려고 냅킨을 들고 왔다. 주변이 다시 잠잠해질 때까지 몇 분이 걸렸다. 곧 소란이 정리되자 값비싼 브랜드의 샴페인을 든 직원이 우리 테이블로 왔다. 그는 길쭉한 잔에 샴페인을 가득 채워주며 우리를 안정시켰다."

이 정도의 신속한 대응이라면 어떤 식당이라도 훌륭한 서비스로 평가받을 것이고, 루빈은 충분히 만족스러웠다. 하지만 서비스는 거기서 끝이 아니었다. 잠시 후에 사장인 메이어가 직접 와서 그녀에게 불편한 점은 없는지 물었다. 루빈은 메이어에게 본인의 실수라고 재차 말했지만 메이어는 루빈 탓이 아니라고 답했다. 그녀의 식사 시간을 망치지 않고 혹시 모를 죄책감을 덜어주기 위한 메이어의 배려를 그녀는 느낄 수 있었다. 그들이 식사를 마치고 겉옷을 입으려고 할 때 쟁반을 들고 있던 웨이터가 와서 자신의 서투름에 대해 다시 한 번 사과를 했다. 그녀는 그날 자신이 느꼈던 감동을 칼럼에 있는 그대로 썼다.

"나는 최대한 정중하게 나의 실수로 일어난 일이라고 말했지만 레스토랑 대표도 직원도 자신의 실수라며 상냥하게 답했다. 직원들은 정말로 진심을 다해 친절한 서비스를 보여줬고, 나와 친구들은 너무도 멋진 그리고 충분히 행복한 시간을 그곳에서 보냈다."

그리고 루빈의 이 칼럼은 100만 명에 가까운 매체 구독자들에게 전해졌다.

● ● ● ● ━ ━ ● ● ● ●

고객을 감동시키는 '깨어 있는 서비스'

회사가 아무리 훌륭하다고 하더라도 실수는 발생하기 마련이다. 대니 메이어도 이를 잘 알고 있었다. 그는 《구오메이(Gourmet)》 매거진과의 인터뷰에서 이렇게 말한 적이 있다.

"만일 손님이 주문한 리조또에서 작은 나사가 발견된다면, 손님은 당연히 그 일을 주변 사람들에게 말할 겁니다. 이런 건 제가 어떻게 손쓸 수 있는 일이 아니지요. 그러나 사람들이 그 일을 말하고 나서 '그런데 그 식당이 어떻게 대처했는지 알아?'라며 대화를 이어가게 만들 수는 있습니다."

업계를 막론하고 훌륭한 고객 서비스가 항상 중요시 되어온 것은 바로 이런 이유에서다. 놀랄 만큼 탁월한 고객 서비스는 업계의 전설이 되고, 언론의 격찬을 받으며, 가장 효과적인 마케팅 방법인 입소문으로 이어진다. 그러나 메이어가 제공하는 서비스는 보편적인 기업들이 생각하는 서비스의 개념과는 다소 다르며, 그 개념이 생겨난 배경도 다르다. 그는 손님들이 자신의 레스토랑에서 즐거운 시간을 보내고 있는지에 대해 때로 좀 과하다 싶을 정도로 온 신경을 기울인다. 그가 말하는 '깨어 있는 서비스'는 메이어의 이러한 태도에서 비롯된 것이다.

『초우량 기업의 조건』의 저자인 톰 피터스(Tom Peters)는 "위대한 기업을 만든 사람들은 반드시 어리석다고는 볼 수는 없는, 일종의 강박관념을 지니고 있는 경향이 강하다"고 언급했다. 이것이 바로 메이어가 고객들에게 제공하는 '깨어 있는 서비스'인 셈이다.

서비스 역시 일종의 기술이다. 예를 들어 식당에서의 보편적인 서비스는 신속하게 주문을 받고, 음식이 식기 전에 서빙을 하며, 만에 하나 손님이 물잔을 엎지르는 일이 생기면 빠르게 치우는 것을 말할 것이다. 이런 서비스는 종업원들에게 비교적 쉽게 가르칠 수 있다. 하지만 메이어가 말한 '깨어 있는 서비스'는 거기서 더 나아가 손님들이 느끼는 감정적 측면의 기술을 의미한다. 메이어의 직원들에게는 좌우명과도 같은 문구가 있다. 바로 '손님들이 우리가 그들 편이라고 느낄 수 있게 만들어라'이다.

어쩌면 간단하게 들릴지도 모르지만, 실제로 이러한 서비스를 실행에 옮기는 것은 결코 쉬운 일이 아니다. 직원들을 대상으로 '깨어 있는 서비스'에 대해 직접 가르치는 것 역시 분명 한계가 있다. 물론 실제로 모범이 될 만한 행동을 교육할 수는 있다. 예를 들어 두 가지 디저트 중 어느 것을 골라야 할지 고심하는 고객이 있다면 두 번째 디저트는 무료로 제공한다던지, 고객이 식당에 가방을 놓고 갔을 때 다시 가지러 올 때까지 기다리는 대신 심부름센터나 택배사를 통해 돌려주는 경우를 들 수 있다. 혹은 매년 결혼기념일마다 27번 테이블에서 아내에게 이벤트를 하는 고객을 위해 테이블에 장미꽃을 꽂아두는 세심한 직원이 되라고 교육할 수도 있다. 모두 메이어가 직접 했던 일들이기도 하다. 그는 직원들이 고객과 관련된 세부사항들을 기억할 수 있도록 프로그램도 고안했다. 예를 들어 어떤 고객이 단골인지, 어떤 고객이 마티니의 얼음을 유리잔에 별도로 담아주길 원하는지, 어떤 고객이 전화 예약을 할 때 특히 까다롭게 챙기는지(이런 경우 손님의 이름 옆에 별도로 메모해둔다)와 같은 내용이다.

하지만 상대에 대한 공감 능력이 부족한 직원은 메이어도 가르칠 수 없다. 자신의 행동이 타인에게 어떤 영향을 미치는지 제대로 알지 못하는 이들에게 이를 강요하기란 대단히 어렵다. 고객들이 '최고의 서비스를 받았으며 멋진 식사 경험을 했다고 느낄 수 있도록 노력하라'고 말할 수는 있어도, 이를 위해 진심을 다하는 마음을 일일이 심어줄 수 없는 것이다. 또한 직원들에게 고객들이 즐거운 시간을 보내고 있는지에 대해 자신처럼 관심을 가지라고 강요하기도 힘들다. 그래서 그는 직원을 고용할 때 인간적인 측면이나 서비스 자질을 먼저 평가하고, 나머지 기술들은 교육을 통해 가르친다.

메이어는 사실 '깨어 있는 서비스'라는 개념을 만들어내기 훨씬 이전부터 이미 고객들에게 그러한 서비스를 제공하고 있었다. 그가 '깨어 있는 서비스'에 대해 깨달은 것은 재정적으로 힘든 시기였던,

두 번째 레스토랑인 그라머시 태번을 운영하던 때였다. 그는 당시 경영 상황이 악화되어 어린 시절 자신의 아버지가 그랬던 것처럼 두 번이나 파산하게 될까 봐 두려웠다. 메이어는 간절한 도움을 바라며 컨설턴트를 고용했다.

그 컨설턴트는 레스토랑의 모순점을 한 가지 지적했다. 그는 '자갓 서베이'에서 유니언 스퀘어 카페가 음식 맛으로는 10위, 서비스로는 11위, 실내 인테리어 부문은 순위 안에 들지도 못했는데도, 뉴욕에서 세 번째로 가장 인기 있는 식당으로 뽑힌 점을 이상하게 생각했다. 그리고 순위를 선정할 때 분명 명시되어 있지 않은 다른 요소들이 반영된다고 생각했다. 메이어와 동료들은 그 요인 가운데 한 가지를 '손님들을 위한 레스토랑의 환대'라고 생각했고, 이 개념을 새롭게 정의하려고 애썼다. 결국 그들은 이것을 다섯 가지 핵심 가치에서 비롯되는 것이라고 결론 내렸다. 즉 직원, 고객, 지역사회, 납품업체, 투자자와 수익성(각 가치의 순서는 중요도 순이다)에 대한 전념에서 나온다는 것이다.

이러한 신선한 관점으로 무장한 메이어와 동료들은 그라머시 태번의 경영 방침을 완전히 탈바꿈했다. 그리고 그라머시 태번을 뉴욕에서 유니언 스퀘어 카페에 버금가는 인기 있는 식당으로 만들었다. 그 후 다섯 가지 핵심 가치는 회사 운영의 밑거름이 되었다. 3주간 메이어의 유니언 스퀘어 카페에서 일해본 저술가 브루스 페일러(Bruce Feiler)는 자신의 기사에 이렇게 썼다.

"대니 메이어가 운영하는 레스토랑에서 일어나는 모든 행동이나 제스처들은 때때로 진부하고 촌스럽게 들리는 그들의 신념에서 우러나온다. 이곳에서 일하다 보면 마치 컬트 종교 단체나 세상에서 가장 쾌활한 사내 소프트볼팀에 속해 있다는 느낌이 든다. 그곳에 있는 이들 모두는 레스토랑의 일을 마치 자신의 일처럼 진지하게 생각한다."

• • • • —• • • • •

마법의 핵심, 고객과의 친밀한 관계

서비스의 핵심은 회사의 일을 자신의 일처럼 진지하게 여기는 직원들의 태도에 있다. 훌륭한 고객 서비스는 고객의 일을 누구보다 가치 있게 여기고 그들의 기대를 넘어선 노력을 기울이는 자세가 수반되어야 한다. '깨어 있는 서비스'는 직원들이 진심에서 우러나온 마음으로 고객을 응대하는 것을 의미한다. 단순히 고객의 만족에서 그치는 것이 아니라 이를 넘어서 고객의 행복과 즐거움을 진정으로 바라는 태도에서 비롯되는 것이다. 이것은 단순한 서비스 이상의 개념이며, 회사는 1대 1 혹은 인간 대 인간의 관계로 고객에게 접근하고 그들과 정서적 유대감을 맺어야 한다.

고객과의 친밀한 관계는 비단 레스토랑 사업에만 국한되는 것이 아니다. 책에 나온 다른 작은 거인들도, 자신들의 방식을 '깨어 있는 서비스'라고 부르지는 않았지만, 거의 유사한 형태의 서비스를 제공한다. 이것은 작은 거인들이 가진 마법의 핵심이자 외부에서 가장 먼저 알아챌 수 있는 중요한 요소이기도 하다.

클리프바를 살펴보자. 그들의 마케팅 전략은 근본적으로 고객들과 직접적인 관계를 맺는 것에 초점을 두고 있다. 물론 그들 역시 전통적인 방식의 광고를 진행하긴 하지만, 매년 경쟁자들이 소진하는 광고 예산이 클리프바의 10배 이상이라는 사실을 감안하면, 그 차이는 명백해 보인다. 클리프바는 광고비에서 절약한 예산의 75%를 매년 1000~2000개의 지역 및 전국 행사들을 후원하는 데 사용한다. 이러한 행사들은 대부분 클리프바의 직원들이 직접 기획해서 운영하고 있다.

또한 1000명 이상의 아마추어 선수와 프로 선수들을 후원하고 있으며, 여기에는 회사의 주요 고객인 사이클리스트, 암벽 등반가, 그 외의 운동선수들이 대거 포함된다. 뿐만 아니라 선수들이 참가하는 각종 대회와 직원들이 운영하는 행사들, 기타 다른 프로젝트들을 통해 그들의 제품을 구매하는 수천 명의 고객들과 매주 직접 대면한다. 회사는 이러한 기회를 통해 고객으로부터 정직한 피드백과 새로운 아이디어를 얻는다. 그리고 소비자들은 자신이 사용하는 제품을 제조하고 판매하는 회사를 보다 잘 알 수 있는 기회를 얻게 되고, 회사의 직원들과도 긴밀한 관계를 맺을 수 있다.

이것이 핵심이다. 서문에서 게리 에릭슨이 그의 직원들에게 '한때 작은 거인의 마법을 지니고 있었지만 시간이 지남에 따라 그 마법을 상실한 회사들을 조사하고 원인을 파악해보자'고 했던 이야기를 기억하는가? 직원들은 마법을 상실하게 된 가장 큰 원인으로 회사가 '고객들과의 정서적 유대감을 소홀히 여기고 사업을 확장하는 데만 치중했기 때문'이라고 결론 내렸다. 즉 고객이 친밀감을 느끼는 사업체로서의 역할을 중단한 경우가 여기에 해당된다.

고객이 회사에 친밀감을 느끼게 되는 이유는 다양하다. 회사가 추구하는 가치에 공감하거나, 회사의 진정성을 선망하고 신뢰하거나, 가치 있는 기업이라고 믿거나, 회사가 무언가 가치 있는 일을 실현할 거라는 믿음이 있거나, 혹은 회사에 대한 순수한 애정 때문에 그럴 수도 있다. 클리프바는 그러한 고객들의 특성에 맞춰 새롭게 마케팅 전략을 개발했다. 기존의 마케팅(광고, 프로모션, 대규모 스폰서십 등) 활동이 최대한 단기간 내 제품의 대량 판매를 목표로 하는 반면, 에릭슨은 소비자와의 정서적 유대감에 집중한다는 새로운 목표에 초점을 두었다. 그는 그런 목표를 꾸준히 추구하다 보면 마법은 자연스럽게 따라올 것이라고 믿었고, 회사의 매출 역시 마찬가지일 거라고 생각했다. 그리고 에릭슨의 강한 믿음은 실제로 모두 현실이 되었다.

물론 어느 회사에서나 USHG이나 클리프바가 사용한 전략을 적용할 수 있는 것은 아니다. 기업들은 세부적 환경, 사업의 성격, 고객 유형을 바탕으로 친밀한 고객 관계를 형성할 수 있는 자체적인 방법을 개발해야 한다. 시티스토리지를 예로 들어보자. 시티스토리지의 경우 개인 대상이 아닌 주로 로펌, 회계법인, 병원, 정부기관 등의 단체에 서비스를 제공하고 있다. 따라서 서비스를 제공받는 대부분의 사람들은 기업의 소유주나 고위 간부들이 아니라 기록물 관리 분야의 특정 책임을 맡고 있는 중간관리자급 직원들이다.

시티스토리지의 소유주이자 CEO인 놈 브로드스키는 클리프바의 게리 에릭슨이 추구한 것처럼 고객과의 친밀한 관계를 창출하려고 노력했다. 사업 운영의 중대한 역할을 담당하는 브로드스키의 아내 일레인은 신규 고객들에게 직접 자필로 쓴 환영 편지를 보냈고, 고객들이 사업상 논의가 필요할 때 언제든 자신이나 남편에게 직접 연락할 수 있도록 연락망을 마련해두었다. 브로드스키는 가급적 잠재고객이 될 만한 모든 사람들을 직접 만났다. 적어도 1년에 한 번씩은 고객들과 후속 미팅을 이어갔다. 그는 또한 매년 7월 4일에 열리는 회사 독립기념일 파티에도 고객들을 초대한다. 행사는 맨해튼 브루클린 쪽에 위치한 시티스토리지 본사에서 열리며, 메이시 백화점에서 열리는 불꽃놀이를 가장 좋은 위치에서 볼 수 있다. 기록물 보관 창고의 통로에 일부 고객사의 이름을 붙이며 화려한 이벤트를 벌이기도 한다.

그러나 시티스토리지의 가장 특별한 점은 400여 명의 직원들이 고객과의 관계에서 중요한 역할을 맡았다는 점에 있다. 직원들 중 대부분은 도심의 빈민 지역 출신이었고, 안정적인 일자리나 보너스 혹은 승진 기회를 가져본 적이 없었다. 다른 작은 거인들과 마찬가지로 시티스토리지 역시 직원들에게 친밀한 분위기의 일터를 제공하고자 노력했고(직원들과의 친밀한 관계에 대해서는 5장에서 자세히 다룰 예정이다), 경영진들의 아이디어를 비롯해 본받을 만한 다른 기업의 제도들이 있으면 망설이지 않고 도입했다.

회사는 직원들이 존중받으며 즐겁게 근무할 수 있는 환경을 조성하고자 여러 방면에서 노력을 기울였다. 한 예로 긍정적인 업무환경 조성을 위해 조직 내에서 일종의 이벤트를 진행하기도 했다. 기록물 보관 상자의 수가 목표 수준에 도달할 때마다 모든 직원들에게 보너스를 지급하는 이벤트였다. 그리고 상자 수가 목표에 어느 정도 가까워지면, 목표를 달성할 수 있는 시기를 예측한 직원에게 상을 주는 등 계속해서 새로운 이벤트를 고안했다. 회사에서 가장 큰 아마릴리스 꽃을 키워낸 부서에게 상금을 지급하거나, 체중 감량을 가장 많이 하는 직원에게 보상을 주는 색다른 이벤트들도 진행했다. 그 밖에도 시티스토리지는 직원들에게 건강보험 혜택 등의 다양한 복지를 제공한다. 회사는 퇴직연금제도인 401(k) 프로그램을 운영하는데, 직원 한 명이 연금에 1달러를 내면 회사는 거기에 1.30달러를 추가로 내주는 형태로 운영한다. 뿐만 아니라 직원이 외부에서 업무 관련 강의를 수강하고 B학점 이상을 유지하면, 회사가 수강료를 부담해주는 혜택도 제공하고 있다.

회사는 좋을 때나 힘들 때나 직원들에 대한 관심을 잃지 않는다. 9.11 테러 이후 일레인은 심리상담사를 고용해 시티스토리지 본사에서 강 건너 참사를 지켜본 직원들이 정신적 트라우마를 극복할 수 있도록 도왔다. 또한 직원들은 매달 전문 마사지사에게 관리를 받을 수 있는 혜택도 누렸다. 회사는 일부 금액을 부담해 직원들에게 할인 영화 티켓을 제공했고, 우수한 성과를 달성한 직원에게는 뉴욕 프로 농구팀과 야구팀의 시즌권을 제공하기도 했다. 그러나 지금까지 언급한 모든 혜택은 회사가 직원들에게 제공하는 다양한 혜택의 일부에 불과하다.

직원들을 위한 따뜻하고도 긍정적인 회사의 노력과 배려는 서로 밀접하게 연결된 조직문화로 이어졌다. 브로드스키는 이런 기업문화가 고객들에게 커다란 매력 요소로 작용한다는 사실을 깨달았다. 잠재고객들을 대상으로 회사 내 시설을 소개할 때면 브로드스키는 언제나 회사의 창고 건물 앞에 멈춰 서곤 한다. 이곳에는 직원들을 위한 박스 게임의 진행 상황을 알리는 안내판이 걸려 있다. 잠재고객들이 게시판에 나타난 숫자의 의미에 대해 물으면 그는 게임에 대한 설명과 함께 자연스럽게 회사의 철학과 운영 방침에 대해서 소개한다. 그들은 미소를 지으며 자신들도 시티스토리지에 입사할 수 있냐고 농담을 던지곤 했다.

· · · · — · — · · ·

고객 관계의 열쇠는 직원들에게 있다

고객과의 관계 구축에서 가장 큰 역할을 하는 것은 직원들이라고 확신한 사람은 일레인 브로드스키였다. 그녀는 고객서비스팀뿐만 아니라 시티스토리지의 모든 직원들에게 고객서비스 교육을 실시해야 한다고 주장했다. 실제로 교육에 투자되는 비용은 엄청났다. 교육 강사 채용에 1만 달러, 3일간의 강좌에 참석하는 직원들의 노동 시간도 계산해야만 했다. 브로드스키는 계획에 대한 효과에는 다소 회의적이었지만, 일레인을 믿고 교육을 실시해보기로 결정했다. 직원들은 교육 프로그램에 기대 이상의 열띤 반응을 보였고, 일레인은 고객서비스 교육을 매월 정기적으로 시행하기로 결정했다.

고객서비스 교육의 효과는 예상보다 훨씬 더 컸으며, 사업 안팎에서 그 효과가 증명되었다. 직원들은 교육을 통해 각자의 역할을 보다 명확하게 파악했고, 동료들이 직면한 어려움, 협업의 중요성 등을 이해하기 시작하면서 부서 간의 관계도 이전보다 훨씬 개선되었다. 그 과정에서 직원들은 서로에게 더 많은 피드백을 제공하기 시작했다. 고객들이 칭찬하는 전화를 걸어오면, 해당 부서의 직원은 모든 직원들에게 좋은 소식을 공유했다. 불만 사항이나 특별한 요청이 있을 때에는 각자가 해야 할 일을 보다 빠르고 정확하게 처리하기 위해 서로 협력했다.

브로드스키는 교육의 효과를 거의 즉각적으로 알아차렸다. 고객들은 그에게 전화를 걸어와 새로운 상담원을 고용했는지 물었고, 서비스에 관련된 칭찬이 급증했다. 교육을 시작한 후 6개월 동안 시티스토리지는 지난 14년 동안 받았던 피드백보다 훨씬 더 많은 칭찬과 감사 인사를 받았다. 그때 회사에서 일어난 한 가지 사건은 직원들(고객서비스팀에 근무하지 않는 직원들도)이 고객에게 미칠 수 있는 영향을 극명하게 보여주었다.

어느 날 오후, 시티스토리지의 사장인 루이스 와이너(Louis Weiner)가 잠재고객과 함께 회사 시설을 둘러보고 경영진 사무실로 들어왔다. 브로드스키는 잠재고객들에게 고려하고 있는 업체가 있냐고 물었다. 고객은 두 회사를 염두에 두고 있다고 말하며 시티스토리지의 주요 경쟁업체의 이름을 언급했다. 브로드스키가 그들에게 물었다.

"그들과 저희 사이에 어떤 차이점이 있는지 파악하셨나요?"

고객이 대답했다.

"네. 당신 회사의 직원들은 모두 웃으며 즐겁게 일하더군요. 저에게 밝게 인사도 건넸습니다. 이런 밝은 분위기의 회사는 거의 본 적이 없는 것 같습니다. 직원들이 일하는 모습이 하나같이 행복해 보였습니다."

"그렇게 봐주시니 감사합니다."

"사실은 그 점 때문에 시티스토리지와 거래하고 싶습니다."

브로드스키는 깜짝 놀랐다. 거래 성사가 즉석에서 이루어지는 일은 거의 없기 때문이다. 보통은 회사 시설을 살핀 후 결정에 대해 심사숙고하고 다른 사람들과의 논의를 거치고 난 후 며칠이 지나서야 결정이 이루어졌다. 브로드스키는 놀라움을 감추며 대답했다.

"좋습니다. 옳은 선택을 하신 겁니다."

그들은 고객이 떠날 때까지 대화를 나누었고, 고객이 회사를 떠나자 브로드스키는 즉시 아내를 찾으러 갔다. 브로드스키는 아내에게 "당신 방금 무슨 일이 일어났는지 상상도 못할 거야"라고 말하며 고객과 있었던 에피소드를 들려주었다. 일레인은 기쁨을 주체하지 못했다. 그녀는 곧바로 회사의 사내 방송시스템으로 그 소식을 회사의 전 직원들에게 공유했다.

• • • — • — • • •

기업이 고객에게 제공하는 '최고의 해결책'이란?

제조회사들이 맺는 고객과의 관계는 소매업체나 서비스 회사와는 다소 다르며, 어떤 면에서는 한층 더 복잡하다. 개별 고객의 요구에 맞는 제품을 개발하기 위해 조직의 전체적인 운영 방식을 그들의 니즈에 맞춰야 하기 때문이다. 어떤 이들은 이것을 '가치 규율(value discipline)'이라고 부른다.

'가치 규율'은 컨설턴트인 마이클 트레이시(Michael Treacy)와 프레드 위어스마(Fred Wiersema)의 베스트셀러 『초일류기업의 시장지배 전략』에서 대중화된 개념이다. 그들은 기업이 성공하기 위해서는 고객에게 세 가지 유형의 가치 가운데 하나를 제공하는 데 집중해야 한다고 주장한다. 세 가지 가치란 '최고의 가격, 최고의 제품, 최고의 해결책'을 말한다.

각 유형의 가치들은 완전히 다른 형태의 조직, 기업문화, 사고방식을 필요로 하기 때문에 세 가지 가운데 한 가지 이상을 실현하려면 불가피하게 문제에 봉착하게 된다. 예를 들어 최상의 가격을 위해서는 '운영상의 효율'에 초점을 맞추어야 한다. 오랜 기간 한 가지 분야에 몰두해 최대한 저비용을 유지하는 것이다. 반면 최고의 제품을 위해서는 효율성보다는 혁신에 초점을 두어야 한다. 즉 고객보다 몇 단계 앞서나가야 하며 고객이 필요로 하기 전에 그들이 원하는 제품을 내놓고, 현 시장의 수요보다는 앞으로의 기술 가능성에 집중하는 것이다.

최고의 해결책을 제공하고자 한다면, '고객과의 친밀성'이 보다 중요할 것이다. 즉 다양한 고객층의 요구에 부응할 수 있도록 유연성 있는 제품을 개발하고, 고객이 원하는 것을 제공하기 위해 그들과 밀접하고 협력적인 관계를 유지해야 한다. 이윤을 내는 동시에 고객과 친밀한 관계를 형성할 수 있는 방향으로 회사 전체를 새롭게 조직해야 하는 것이다. 친밀성을 중시한다고 해서 효율성과 혁신을 위한 노력을 기울이지 않는다는 것은 아니다. 개별 고객의 니즈를 충족하는 제품과 서비스를 제공하기 위해 보다 더 큰 노력을 쏟는다는 의미다.

이 책에 등장하는 작은 거인들은 모두 그들 나름대로 고객과 친밀한 관계를 형성하고 있지만, 다른 기업들과 비교해 제조회사들은 이러한 관계 형성에 비교적 어려움을 겪는 편이다. 특히 제조회사는 엔지니어부터 작업 현장의 조직 구성에 이르기까지 회사의 많은 측면들을 재고해야 하기 때문에 관계 형성에 보다 신중을 기울여야 한다. 그 대표적인 예가 보이시에 위치한 차량용 후진 경고장치 및 황색 경고등 제조회사인 ECCO다.

ECCO는 일렉트로닉 컨트롤스 컴퍼니(Electronic Controls Company)라는 이름으로 1972년 처음 설립되었다. 회사는 연방 직업안전보건국(OSHA)이 특정 유형의 차량에 후진 경고장치의 설치를 의무화하면서 만들어졌다. 당시 보이시에는 경고장치를 제조하는 회사인 피터슨 리빌딩 앤 익스체인지(Peterson Rebuilding and Exchange Co. PRECO)가 있었는데, 이 회사는 형제인 칼 피터슨(Carl Peterson)과 에드 피터슨(Ed Peterson)이 소유하고 있었다. 이후 두 형제가 각자의 길을 가기로 결정하며 칼은 사업에서 손을 떼는 대신 건물을 소유하고, 에드는 전적으로 사업 운영의 권한을 갖기로 결정했다. 당시만 해도 칼은 후진 경고장치 사업을 시작할 계획이 전혀 없었지만, 직업안전보건국의 갑작스런 결정으로 인해 마음을 바꾸고 ECCO를 창립하게 되었다. 이후 두 회사 간에는 수년간의 소송이 이어졌고, 치열한 경쟁 관계를 이어갔다.

짐작하다시피 회사를 발전시킬 수 있는 이상적인 환경은 전혀 아니었다. 짐 톰슨이 ECCO에 왔을 당시, 회사는 오랫동안 휴렛패커드 사와 디스크 드라이브 부품 납품 계약을 맺고 있었고, 여러 다른 업체들에 후진 경고장치를 납품하고 있었음에도 여전히 경영난에 허덕이고 있었다. 기업의 재무 방면에 지식이 해박했던 짐 톰슨은 인수할 기업을 찾던 중에 ECCO를 알게 되었는데, 그는 이 회사를 '재정은 엉망이지만 가능성이 많은 회사'로 판단했다. 물론 당시 ECCO의 기업문화는 말할 것도 없이 문제가 많았다. 톰슨은 ECCO의 지분 50%를 사들였고, 이듬해에 톰슨과 그의 두 친구가 나머지 지분인 50%를 추가로 매입했다. 그리고 이들은 3년 후 ECCO를 종업원 지주제 운영 회사로 전환했다.

산더미 같은 빚을 지고 있던 회사는 새로운 경영진을 영입한 이후에도 계속해서 고군분투해야만 했다. 톰슨은 처음 몇 년간 고객들에게 어떻게 대금을 받아낼지, 제품은 어떻게 납품할지에 대해 생각하느라 정신이 하나도 없었다. 거의 매일이 전쟁이었다. 짐 톰슨의 파트너이자 부품 분야 세일즈 매니저였던 그의 매부 에드 짐머는 회로판을 집으로 가져가 가족들과 함께 납땜을 하기도 했다. 톰슨도 마찬가지였다.

열정적이고 거친 성격에 보스 기질이 강한 리더인 톰슨은 특히 스트레스를 받는 날이 많았다. 또한 그는 자신이 선택한 종업원 지주 제도에 각별한 신념을 갖고 있었기 때문에 더욱 고민이 많았다. 결국 회사는 톰슨과 짐머가 구축한 고객들, ECCO의 납품업체나 자동차 회사들과 밀접한 관계를 맺어감으로써 점차 변화를 보이기 시작했다. 톰슨은 말한다.

"우리는 각자 다른 회사에 근무할 때에도 고객들과 친밀한 관계를 맺어왔고, 이를 대단히 중요시 여겼습니다. ECCO에서도 같은 방식을 적용해 좋은 결과를 얻을 수 있다고 믿었습니다."

1990년대 초부터 ECCO는 점차 번창하기 시작했다. 미국에서 ECCO의 후진 경고장치 시장점유율은 1984년 5% 미만에서 1993년 약 33%로 치솟았다. 4만 달러를 기록하던 매출도 950만 달러로 성장했다. 그러나 그즈음 톰슨이 갑작스런 심장마비를 일으켰다. 상태는 생각보다 심각했고, 그는 심장마비를 겪은 후 자신의 삶에 변화가 필요하다는 사실을 절감하게 되었다. 그는 짐머에게 회사의 사장직을 맡아달라고 부탁했고, 짐머는 고민 끝에 사장 자리를 맡았다.

리더가 바뀜에 따라 회사에도 대대적인 변화가 찾아왔다. ECCO
는 고객 친화적인 방침을 지닌 기업에서 더 나아가 고객과 직접적으
로 친밀한 관계를 맺는 회사로 변화하고자 했다. 이를 위해 짐머는
보이스 주립대학의 행동 과학자인 로이 글렌(Roy Glen)을 영입했는데,
이후 그는 톰슨과 짐머를 비롯한 고위 간부들과 함께 회사의 전략을
수립하고 매년 3일간 외부 회의를 개최하며 경영진과의 협업을 이어
갔다. 그 과정에서 글렌은 그들에게 '가치 규율' 개념을 소개했고, 경
영진들은 세 가지 가치 중 그들이 추구하고자 하는 한 가지를 결정했
다. 바로 '최고의 해결책', 고객 친밀성의 가치를 가장 중요시한다는
것이었다. 물론 그 가치를 중심으로 회사를 변화시키는 과정은 예상
보다 훨씬 어렵고 장기적인 도전과제였다.

이는 운영 중인 기존의 사업 체계를 완전히 새롭게 바꿔야 함을
의미했다. 회사는 수익 측면에서 비교적 안정적인 상태였다. 1994년
회사의 매출액은 1240만 달러(전년도 대비 31% 증가)였으며, 세전 수익
은 55만 달러(전년도 대비 1000% 증가)였다. 한편 기존에 생산하던 후진
경고장치를 보완하면서 차량 경고등 시장에도 진입한 ECCO는 월등
한 품질로 시장에서 빠르게 명성을 얻고 있는 상황이었다. 그해 회사
는 100명 이하의 직원을 거느린 회사로서는 최초로, 또한 비상 경고
등 제조업체로서는 처음으로 ISO-9001 인증을 받았다.

고객과 친밀한 관계를 맺는 것은 단순히 고객과 가까워지고 좋
은 제품을 판매하는 것을 넘어선 엄청난 노력을 수반하는 일이었다.
회사의 목표는 고객들의 다양한 요구에 부응하는 제품을 개발하는

동시에 경쟁업체보다도 낮은 가격에 그 제품을 판매하는 것이었다. 이를 위해 경영관리 측면에서도 몇 가지 변화가 필요했다. 제품 개발 시스템을 혁신적으로 개조하고, 기술 부서를 재편해야 했으며, 새로운 엔지니어를 채용하고, 하드웨어와 소프트웨어에 대한 투자를 확대해야만 했다. 뿐만 아니라 영업직 경력사원을 추가적으로 고용하고, 내부 직원의 재교육, 부서 간의 의사소통과 협업을 위한 새로운 방식 역시 도입해야 했다. 즉 회사의 거의 모든 측면을 완전히 쇄신했다. ECCO는 외부 투자자를 원치 않았고 그에 따른 추가적인 부채 역시 떠안고 싶지 않았기 때문에 모든 혁신은 내부의 현금 흐름을 활용해야만 했다.

조직의 전면적인 변화를 위해 ECCO는 수년간의 노력과 시행착오를 겪었다. 시간이 지남에 따라 ECCO는 고객 친화적인 제조업체의 모범 기업으로 업계의 인정을 받기 시작했다. 보통 다른 회사들은 30~40여 종의 후진 경고장치를 보유하고 있는 반면, ECCO는 고객의 니즈에 맞춰 600여 종의 다양한 후진 경고장치를 개발하고 보유했다. 각각의 경고장치는 각기 다른 차량의 여러 가지 요구 사항에 맞게 변형해서 사용할 수 있었다. 비상 경고등도 마찬가지다. 예를 들어 특정 유형의 경고등은 30가지의 종류가 있는데, 단 두 개의 렌즈로 모든 경고등에 사용할 수 있었다. 또한 교체 가능한 하나의 램프는 50개의 경고등에 사용이 가능했다. 멀티 전압회로판은 처리 가능한 전압량을 스스로 인식했고, 경고등은 전선의 부착 방식에 따라 다양한 종류의 빛을 만들어냈다.

이러한 제품을 제조하기 위해 ECCO는 최고의 실력을 지닌 엔지니어들이 필요했다. 1994년에 회사는 두 명의 엔지니어를 보유하고 있었지만, 10년 후 ECCO에는 전문 자격증을 지닌 18명의 엔지니어들이 근무하고 있었다. 제품을 개발하고 그 과정에서 고객들의 의견을 적극적으로 반영하기 위한 최첨단 도구를 갖춘 전문 엔지니어들이었다.

엔지니어들이 '볼트(The Vault)'라고 부르는 회사의 소프트웨어 프로그램은 고객들이 컴퓨터로 제품의 디자인을 직접 볼 수 있도록 고안되었다. 엔지니어들이 제품의 변경 작업을 수행한 뒤 볼트 프로그램에 저장하면 고객들은 프로그램에 접속해 디자인을 살펴보고 개선점을 제안할 수 있었다. 고객들은 이 시스템을 도입해 적극적으로 활용했다. ECCO의 주요 고객이자 세계에서 후진 경고장치 사용률이 가장 높은 회사인 캐터필러(Caterpilla)의 엔지니어들은 볼트에 지속적으로 접속했고, 새로운 제품 디자인이 올라오면 5분이 채 지나지 않아 피드백을 줄 만큼 사용도가 높았다.

1994년에 회사는 직원 한 명당 7만 달러의 매출을 올렸는데, 2004년에는 인당 15만 6000달러의 매출을 올렸다. 수익이 두 배 이상 증가한 것이다. 동시에 기술적 진보를 통해 고객의 요구에 보다 신속하게 대응했으며, 비용도 대폭 절감할 수 있었다. 예를 들어 공작기계 하나를 제작하는 데 소요되는 리드 타임(Lead time, 제품 생산 시작부터 완성까지 걸리는 시간)은 26주에서 8주로 줄었고, 기계 한 대를 생산하는 데 드는 비용은 7만 달러에서 1만 2000달러로 감소했다.

ECCO는 신기술을 최대한 활용했다. 그 결과 고객과의 친밀한 관계를 중시하는 경쟁업체들(광범위한 용도에 사용 가능한 안전등과 경고장치를 만드는 회사들) 사이에서 가장 낮은 생산비용을 달성할 수 있었다. 또한 ECCO는 업계에서 가장 혁신적인 회사로 인정받았다. 2004년도에 거둔 총 매출의 80%는 8년 전에는 존재하지 않던 신제품들에서 나왔다.

· · · ·—·—· · ·

고객과 공급업체를 연결하는 진실한 중개자

작은 거인들과 친밀한 관계를 맺고 있는 것은 비단 고객들뿐만이 아니다. 공급업체들은 ECCO가 업계 최고의 품질과 우수성을 달성하는 데 크게 기여했다. 징거맨스 역시 공급업체들을 고객들에게 알릴 수 있는 다양한 기회를 제공하며 공급업체와 밀접한 관계를 맺고 있다.

인도네시아 발리에서 농장을 운영하고 있는 밴 앤 블레어 리플(Ben and Blair Ripple)이라는 공급업체는 징거맨스에 발리산 소금과 기다란 모양의 고추를 공급하고 있는데, 이는 400~500년 동안 유럽과 미국에서 구할 수 없었던 귀한 재료들이다. 또한 신디 앤 데이비드 메이저(Cindy and David Major)는 징거맨스에 버몬트 셰퍼드 치즈(Vermont Shepherd cheese)를 공급하는 업체다. 그들이 공급하는 치즈는 프랑스 남서부의 오쏘 양 치즈(Ossau sheep Cheese) 제조법을 이용해 직접 기른 양에서 짠 우유로 만든 치즈다. 징거맨스를 방문하는 고객들은 여러 치즈를 맛보며 비교해볼 수 있다. 징거맨스에서 사용하는 쌀은 미네소타 주의 원주민 부족인 오지브와족이 공급하고 있으며, 이 지역의 쌀은 실제로 호수 인근의 야생지역에서 직접 수확한 것이다. 직원들은 이 쌀이 시중에서 판매하는 인공적으로 재배된 쌀과는 완전히 다르다고 말한다. 이들 외에도 다양한 공급업체들이 징거맨스와 긴밀한 관계를 맺고 있다. 징거맨스는 뉴스레터를 통해 고객들에게 이들 업체들을 소개도 하고, 시식회를 열어 알리기도 한다.

물론 다른 회사들 역시 생산제품에 대한 정보를 제공함으로써 고객들과 긴밀한 관계를 구축하고 있다. 그러나 징거맨스의 바인츠바이크가 이를 바라보는 관점은 특히 남다르다. 그는 자신들이 고객과 공급업체를 연결하는 중개자 역할을 수행한다고 본다. 그리고 소비자들과 음식을 생산하는 공급업체를 연결하는 일을 대단히 진실되고 의미 있는 일이라고 생각한다. 또한 고객과 공급업체들이 맺는 친밀한 관계는 징거맨스와 연관된 모든 이들의 관심과 열정이 반영된 결과라고 여겼다.

그렇기 때문에 징거맨스는 공급업체들과의 거래방식이나 정보를 보다 투명하게 공개한다. 물론 고객들에게 정보를 오픈하지 않는다고 해서 그것이 잘못된 방식이라는 것은 아니다. 하지만 고객과 공급업체를 연결하는 활동은 회사의 마법에도 크게 기여한다. 단순히 물질적 측면이 아닌 정서적 측면과도 연관성이 있기 때문이다.

더 나은 표현이 있을지 모르겠지만, 나는 이 과정을 회사, 직원, 고객, 공급업체 간의 공동체 의식을 구축하는 하나의 과정으로 바라본다. 다음의 세 가지 기둥이 이러한 공동체 의식을 떠받치는 기준이 되는데, 그 첫 번째는 '진실성'이다. 기업은 겉으로 보이는 모습과 실제로 추구하는 모습이 일치해야 한다. 이런 기업은 세상에 거짓된 이미지를 보여주지 않는다. 두 번째는 '프로 정신'이다. 회사는 자신이 하겠다고 한 약속은 반드시 실천해야 하며, 자신의 책임을 다해야 한다. 세 번째는 '직접적이고 인간적인 관계의 형성'이다. 이는 상호 간의 신뢰와 이해를 기반으로 한 정서적 유대감을 만들어내는 핵심 기준이다.

· · · · —· · · · ·

공동체 의식을 만드는 세 가지 기둥

고객이나 공급업체와 이러한 공동체 의식을 구축하는 데 성공한 기업은 세상에서 가장 강력한 비즈니스 도구를 갖춘 것이나 다름없다고 볼 수 있다. 라이처스 베이브가 그 대표적인 예다. 실제로 이 회사는 공동체 의식에 있어서는 어느 업계에서도 보기 힘든 수준의 헌신을 보여준다.

라이처스 베이브의 고객이자 애니 디프랑코의 팬들이 회사에 보인 충성심은 여전히 업계의 전설로 남아 있다. 그들 가운데 일부는 디프랑코의 콘서트를 위한 홍보를 자처하며 지역 대표로 활동하기도 했다(그들은 노력에 대한 보상으로 돈 대신 콘서트 티켓을 받았다). 팬들이 자원해서 홍보를 하겠다고 연락이 오면 회사는 그들에게 콘서트 홍보 포스터를 보내주고, 팬들은 대학 캠퍼스나 동네 주변에 포스터를 붙였다. 인터넷 음원 파일 공유가 한창 문제가 되었을 때에는 디프랑코의 팬들이 회사를 보호하기 위해 자발적으로 인터넷을 감시하며 그녀의 음반을 불법으로 판매하는 곳들을 적발하기도 했다.

또한 각국의 팬들은 호주와 스위스 등에서 버펄로까지 찾아왔다. 그들이 버펄로까지 온 목적은 디프랑코의 공연을 보기 위해서가 아니라 버펄로 시내의 본사를 구경하기 위해서였다. 로스앤젤레스에서 온 한 방문객은 방명록에 "본사를 직접 방문하니 경외심이 들 정도다"라고 썼고, 또 다른 방문객은 "본사를 보려고 휴스턴에서 버펄로까지 왔다. 내가 이곳에 와 있다는 것이 놀랍고 감동스럽다"라고 적었다.

라이처스 베이브는 고객들과의 특별한 관계를 매우 중요시했다. 그들이 편지를 보내오면(실제로 수천 명의 팬들이 편지를 보낸다), 직원들은 직접 답장을 써서 서명을 한 후 보냈다. 또한 모든 이메일에 답할 수 있도록 회신 전담 직원을 고용해 빠르게 답장을 보냈다. 고객들이 수신자 부담으로 전화를 걸어오면 라이처스 베이브의 직원들과 직접 대화를 할 수도 있었다. 다른 음반 회사와는 달리 라이처스 베이브는 별도로 고객상담 부문을 아웃소싱하지 않기 때문에 가능한 일이었다. 사장인 스콧 피셔는 이렇게 말한다.

"단순히 고객에게 좋은 서비스를 제공하는 것만으로는 충분하지 않습니다. 우리는 고객과의 관계가 친밀하고 진실되길 원하며, 인위적인 관계는 맺고 싶지 않습니다. 우리가 직접 편지에 답하고 전화를 받는 이유는 고객들이 우리가 그들과의 관계를 소중히 여긴다는 사실을 알아줬으면 하기 때문입니다."

라이처스 베이브가 고객과의 관계에서 보이는 깊은 존중은 회사의 마케팅에도 고스란히 반영되었다. 피셔와 디프랑코는 팬들이 CD와 테이프 외에도 라이처스 베이브의 티셔츠, 냉장고 자석, 포스터 같은 제품을 주문할 수 있는 카탈로그를 발행하기로 결정하고, 론 엠케에게 카탈로그에 들어갈 카피를 작성하는 일을 맡겼다. 엠케는 당시를 회상하며 이렇게 말한다.

"스콧은 카탈로그의 제작 방향에서 원치 않는 부분이 있으면 언제나 명확한 의견을 제시했습니다. 그는 이렇게 말했지요. '팬들의 입장에서 먼저 생각해봅시다. 이제까지 파격적이고 멋진 엽서를 받아오다가 갑자기 제품 목록으로만 가득 찬 형형색색의 카탈로그를 받는다면 기분이 어떨까요? 뭔가 기발한 아이디어가 필요해요. 단순히 사람들에게 상품을 사라고 강요하는 느낌을 줘서는 안 됩니다'라고요."

결국 피셔는 '헤이, 친구들'이라는 편지를 카탈로그에 포함시켜 발송하자는 아이디어를 제시했다. 편지에는 라이처스 베이브에서 일어나는 새로운 소식도 들어 있었다. 엠케는 편지와 어울리는 문체의 글을 쓰기 위해 오랜 시간 고심했다. 그는 말한다.

"우리는 이 편지가 무척 실제적이길 바랐습니다. 편지에 디프랑코의 이름이 적힌 건 아니었지만, 그래도 애니가 직접 팬들에게 편지를 보내는 것과 같은 느낌을 주고 싶었어요. 편지 말고도 우리는 모든 측면에서 라이처스 베이브만의 느낌과 개성을 최대한 살리려고 노력합니다. 과장되거나 지나친 광고는 절대 하지 않습니다. 마케팅이나 판촉 활동도 가급적 하지 않고요. 만일 어쩔 수 없이 해야만 하는 상황이라면 여러 차례 논의를 거쳐 신중하게 접근합니다."

버펄로 광고업계의 베테랑인 브라이언 그루너트는 마케팅에 대해 별다른 거부감이 없었기 때문에 처음에는 회사의 이런 방침에 다소 충격을 받았다고 말한다.

"회사는 애니의 음반이나 라이처스 베이브의 제품을 판매하는 것에는 굳이 의식적으로 노력을 기울이지 않습니다. 단순히 이런 것들이 있다고 보여주는 방식이죠. 라이처스 베이브는 사람들을 속여 음반을 사게 만들려고 하지 않습니다. 사람들이 좋아하고 가치 있다고 여길 만한 제품을 만들어서 시장에 내놓는 것이 역할이라고 보는 거죠. 판단은 고객들의 몫으로 남겨둡니다."

라이처스 베이브의 마케팅 방식은 고객들뿐만 아니라 공급업체들 사이에서도 회자되었고, 이는 회사가 지닌 진정성과 신뢰성에 대한 평판에 크게 기여했다. 공급업체가 그들에게 주는 충성심은 회사가 고객이나 공급업체에 보이는 충성심과 다를 바가 없었다. 일례로 1995년에 피셔는 음반 배급업계의 선두 격인 코흐 엔터테인먼트(Koch Entertainment)의 마이클 코흐(Michael Koch)를 만난 적이 있다. 어떤 음반사든 마찬가지겠지만, 안정적인 전국 유통망을 확보하는 것은 라이처스 베이브에게도 중요한 일이었다.

당시 라이처스 베이브는 이미 다른 여러 배급사들과 긴밀한 관계를 맺고 있었는데, 코흐 엔터테인먼트는 그 사실을 이미 알고 있었음에도 독점 배급만을 주장했다. 피셔는 실망스러운 성과를 보여준 지역 업체들과 관계를 끊는 것은 그렇다 처도, 여성 음악 부문 전문 배급사인 골든로드(Golden rod)나 레이디슬리퍼(Lady slipper)와의 관계는 포기하고 싶지 않았다.

"저는 코흐에게 두 배급사와의 거래는 유지하겠다고 말했습니다. 코흐는 동의할 수 없다고 답하더군요. 저는 그렇다면 코흐와의 거래는 어렵다고 말했고, 거래는 포기할 수밖에 없다고 생각했습니다. 하지만 결국 코흐는 다시 돌아와 저희와 계약을 맺었습니다."

그 밖에 다른 일화도 있다. 디프랑코는 1988년 첫 데모 테이프를 만든 시점부터 줄곧 같은 회사인 ESP 사에게 CD와 카세트테이프의 제작을 맡겨왔다. ESP는 건물의 지하에서 조그맣게 사업을 시작한 소규모 업체였다. 현재는 직원 40여 명이 근무하는 사업체로 성장했고, 다양한 고객층을 대상으로 매주 14만 장의 CD를 제작하고 있다. 라이처스 베이브가 수년간 변함없이 지원해온 덕분에 회사는 그만큼 성장할 수 있었다. 인쇄업체인 토너 프레스(Thorner Press) 역시 라이처스 베이브의 변함없는 지원과 버펄로에 대한 충성심 덕분에 혜택을 본 경우다.

라이처스 베이브는 초창기부터 디프랑코의 콘서트를 운영했던 기획자들에게도 같은 종류의 충성심을 보여주었다. 다아시 그레더 (Darcy Greder)는 1992년 일리노이 웨슬리언 대학에서 애니 디프랑코의 콘서트를 처음으로 도맡아 진행했다. 당시 약 150명의 관객들이 콘서트에 참석했다. 6년 후, 그녀는 5000명에 달하는 관객이 참석하는 콘서트를 성황리에 진행하는 기획자로 성장했다. 그레더는 "회사의 성장에 보탬이 된 사람들이 함께 발전해갈 수 있게 하는 것, 그것이 라이처스 베이브의 경영 철학이라고 생각한다"고 말했다.

혹자는 그러한 충성심이 회사의 발전을 저지하고 디프랑코가 더 많은 관객에게 알려지는 것을 방해한다고 주장할 수도 있다. 하지만 한 가지 확실한 것은 그들은 그만큼의 희생을 치르며 그러한 신념을 유지해왔다는 점이다. 12년 동안 그녀를 대표해 디프랑코의 출연 계약을 담당해온 짐 플레밍(Jim Fleming)은 이렇게 말한다.

"저희는 기존의 계약을 중단하고 자신들과 계약을 맺으면 더 많은 돈을 주겠다는 제안도 많이 받았지만 결국 모두 거절했습니다. 돈이 전부는 아니었으니까요. 애니와 스콧과 저는 처음부터 우리와 함께 일해왔고 우리를 대표해 멋진 일을 해온 사람들을 존경합니다. 저는 궁극적으로 이것이 올바른 선택이라고 믿습니다."

공급업체들 사이에서 얻은 좋은 평판은 단지 라이처스 베이브가 그들에게 베푼 충성심이나 의리 때문에 생긴 것은 아니었다. 회사는 업계에서 전문성으로도 위상이 높았으며, 그 시작은 디프랑코의 프로 근성에서 비롯되었다. 피셔는 순회공연 도중에 그녀가 급하게 요청받았던 작업에 대해 이야기해주었다. 디프랑코는 줄리아 로버츠와 카메론 디아즈가 출연한 영화인 〈내 남자친구의 결혼식〉의 삽입곡을 작곡해달라는 요청을 받았다. 그날은 화요일이었고, 제작사가 원했던 마감 기한은 주말까지였다. 디프랑코는 고심 끝에 작곡을 해주겠다고 동의했고, 빠듯한 공연 일정에도 불구하고 금요일에 완성곡을 영화 스튜디오에 전달했다. 그녀가 작곡한 노래는 영화의 삽입곡으로 사용되었고, 제작진들은 고마워하며 큰 감동을 받았다. 피셔는 말한다.

"이것이 바로 애니의 방식입니다. 누군가는 그녀의 음악을 좋아하지 않을 수도 있지만, 누구도 그녀가 프로답지 않다고 말하지는 못할 겁니다. 저는 우리 회사도 그녀처럼 전문적이길 원합니다. 대개 독립 뮤지션들은 마감기한을 잘 지키지 않는다는 고정관념이 있습니다. 그러나 우리는 반드시 약속된 기한을 지킵니다. 청구서는 제때 지불하고, CD도 제 시간에 배송합니다. 우리 회사는 이월주문을 하지 못하게 되어 있습니다. 오후 2시 이전에 주문을 하면 다음 날에는 반드시 배송이 됩니다."

라이처스 베이브와 거래하는 고객들은 그들의 전문성에 늘 만족을 표한다. 1990년대 중반부터 디프랑코의 뉴욕 시 공연 기획을 맡았던 버지니아 지오다노(Virginia Giordano)는 이렇게 말한다.

"라이처스 베이브는 기회만 된다면 늘 함께 일하고 싶은 회사입니다. 그들은 적극적으로 맡은 일에 임하고, 자신들의 제품에 애착을 지니며, 정직하고, 전문적이고, 신중하고, 항상 능동적으로 문제를 해결하려 노력합니다. 또한 돈 몇 푼 때문에 말을 바꾸는 법이 없이 늘

공평합니다. 많은 회사들과 함께 일해봤지만 이런 회사는 굉장히 드문 편입니다."

　독립 레코드 회사를 운영하는 업체들 역시 라이처스 베이브에 대단히 우호적이다. 매니페스트 디스크 앤 테이프(Manifest Discs & Tapes)의 창립자 칼 싱마스터(Carl Singmaster)도 "라이처스 베이브는 독립 음반사로서 완벽한 모범을 보여주는 대표적인 기업이다. 앨범 제작과 홍보에 적극적이고, 적시적소에 마케팅 비용을 사용할 줄 안다. 언제나 현명한 선택을 하는 기업이다"라고 말했다.

　무엇보다 라이처스 베이브가 맺은 고객과 공급업체와의 관계에서 가장 주목할 만한 점은 그 관계의 본질적인 측면에 있다. 사실 회사가 그들과 맺은 관계를 엄격히 규정된 사업적 관계라고 보기는 힘들다. 라이처스 베이브는 그들과 공동의 목적을 추구하는 개인이나 친구 같은 관계를 맺으려고 노력한다. 론 엠케는 말한다.

　"라이처스 베이브는 단순히 대형 음반사들의 대안으로 존재하는 것이 아닙니다. 그것보다는 점차 기업화되어가는 거대한 미국 문화의 한 가지 대안으로 존재하고 있다고 생각합니다. 그것이 라이처스 베이브가 추구하는 방향이기도 하고요."

　라이처스 베이브의 직원들은 누구보다 디프랑코와 피셔를 깊이 신뢰하고 있었기 때문에 그들의 신념을 철저하게 믿고 따랐다. 콘서트 기획자인 다아시 그레더는 "애니가 하는 말, 그녀의 음악, 예술에 대한 가치, 그리고 실제 삶에서의 가치관 사이에는 언제나 일관성이 존재합니다. 그녀의 사업이나 개인적인 삶 모두에서 이런 측면을 발견할 수 있습니다"라고 말한다.

이 모든 것은 라이처스 베이브의 직원들이 느끼는 공동체 의식에 기여한다. 그들 가운데 특히 보수적인 비즈니스 마인드를 지닌 직원들조차 회사의 이러한 공동체 의식에는 깊이 공감한다. 코흐 엔터테인먼트 디스트리뷰션(Koch Entertainment Distribution)의 사장인 마이클 로젠버그(Michael Rosenberg)는 말한다.

"만일 라이처스 베이브와의 거래를 중단한다면, 저희 회사는 큰 타격을 받을 겁니다. 재정적인 측면보다는 정서적인 측면에서 더 충격이 클 테지요. 저희 회사 직원들은 라이처스 베이브나 애니 디프랑코와 함께 일한다는 사실 자체를 굉장히 자랑스럽게 생각합니다. 그들과 거래를 끊는다면 영업팀과 마케팅팀의 직원들이 특히 많이 실망할 것 같습니다."

보다 중요한 것은 이 모든 것에서 디프랑코가 맡은 역할은 일부 제한된 영역뿐이었다는 점이다. 코흐의 영업팀이나 마케팅 직원들은 실제로 디프랑코나 피셔와 직접 연락할 일이 거의 없었다. 그들이 라이처스 베이브와 맺은 친밀한 관계는 주로 레이블 담당자와 판매 담당자, 그리고 그 외의 업무를 함께한 다른 부서 직원들을 통해서 형성되었다. 로젠버그는 "라이처스 베이브 직원들과 함께 일하는 것은 언제나 즐겁다"라고 말한다.

코흐 직원들의 말에서 우리는 공급업체나 고객과의 관계에 대한 작은 거인들의 중요한 비밀 한 가지를 발견할 수 있다. 바로 친밀한 유대감을 만드는 것은 조직 윗선의 경영진이 아니라 실제로는 매일 맡은 업무를 수행하는 회사의 중간관리자들과 직원들이라는 점이다.

그들이 바로 회사가 추구하는 신념을 외부에 전달하는 사람들이다. 그렇기 때문에 직원들은 회사가 가장 우선시해야 할 첫 번째 요소가 되는 것이다. 어떤 측면에서는 아이러니하기도 하다. 작은 거인들은 훌륭한 서비스와 배려로 고객들을 응대하지만, 다른 기업과 그들을 차별화하는 핵심 요소는 바로 '고객은 두 번째'라는 그들의 신념에서 비롯된다. 그럼 그들에게 첫 번째는 누구인가? 그건 바로 회사의 '직원들'이다. 다음 장에서 그 이야기를 이어가보자.

5장

특별한 우선순위

차별화를 만들어내는 작은 거인들의 중요한 비밀

직원 없이는 기업의 마법도 존재할 수 없다.

회사를 가치 있게 만드는 훌륭한 브랜드,

최고의 품질과 서비스,

고객과의 친밀한 관계와 같은 요소들은

결국 회사를 구성하는 개개인의 직원들에게 달려 있기 때문이다.

ECCO의 고객서비스팀에서 일하는 9년 경력의 베테랑 직원 미셸 하워드(Michelle Howard)는 자신의 일을 누구보다 사랑하는 직원이다. 그녀는 말한다.

"저는 일을 하면서 배우는 것이 많다고 생각하고 있습니다. 제일은 고객의 만족을 위해 필요한 모든 업무를 책임지는 것입니다. 업무를 하면서 제약도 없는 편이지요. 예를 들면 고객에게 제품 수량을 잘못 책정해 발송한 경우, 다음 날 아침 8시 전까지 고객에게 제품을 다시 배송하거나 제 권한으로 크레딧을 주기도 합니다. 또는 회사 입장에서 최선이라고 생각하는 다른 서비스를 제공하기도 하고요."

미셸은 약 140명의 다른 동료 직원들과 마찬가지로 ECCO의 지분을 소유하고 있다. 그녀는 회사 전체 지분의 58%를 차지하는 종업원 지주제도의 일원이다. 내가 미셸을 처음 만났을 때, 그녀의 지분 가치는 약 1만 2000달러에 불과했지만 그보다 중요한 것은 그녀가 자신을 '회사의 소유주'라고 느꼈다는 점이다. 또한 회사에서도 그에 합당한 대우를 받고 있다고 생각했다.

직원들은 CEO인 에드 짐머와 직접적으로 소통할 기회도 많았다. 짐머는 월에 한 번씩 생일을 맞은 모든 직원들과 점심식사를 했고, 회사일이나 그 밖에 토론하고 싶은 다양한 주제에 관해 그들과 이야기를 나눴다. 또한 전 직원과 함께 매달 회사의 재무 흐름과 관련된 정보를 공유하는 회의를 가졌다. 미셸은 말한다.

"저희 회사는 직원들에게 회사의 재정적인 상황을 투명하게 공개합니다. 직원 입장에서는 훨씬 안심이 되지요. 저는 회사가 매각되거나 직장을 잃게 되는 일은 없을 거라고 믿고 있습니다. 회사가 다른 기업에 매각되는 상황은 상상도 하기 싫거든요. 저는 대기업에서 근무하고 싶지 않습니다. 지금의 ECCO가 정말 좋습니다. 만에 하나 회사에 어려운 상황이 발생한다고 해도, 회사가 직원들을 지켜줄 거라고 믿습니다."

어떤 상황에서도 회사를 신뢰하는 직원들

회사에 대한 미셸의 강한 신뢰는 그녀의 개인적인 상황과도 관련되어 있다. 미셸이 ECCO에 처음 입사했을 당시, 그녀는 갓 스물세 살을 넘긴 나이에 세 명의 어린 자녀를 둔 싱글맘이었다. 그녀는 두 살과 네 살 된 딸 둘, 7개월 된 아들과 함께 살고 있었고, 고등학교를 졸업한 직후에 결혼했던 남편은 그녀와 아이들을 두고 떠난 상황이었다. 이전까지 직장을 가져본 적도 없을뿐더러 낮은 학력과 그렇다 할 기술도 없던 미셸은 어떻게 생계를 꾸려나가야 할지 막막했다. 그녀의 가족은 저소득층에게 제공되는 정부 생활비로 간신히 생계를 이어갔고, 그나마 기댈 곳은 가난한 어머니뿐이었다.

그러던 중 그녀에게 기회가 찾아왔다. ECCO에서 일하던 어머니의 친구 분이 회사에 대규모의 주문이 생겨서 임시 직원을 모집한다고 알려준 것이다. 미셸은 회사에 지원했고 일을 시작하게 됐다. 어머니가 아이들을 돌보는 동안 미셸은 회사에서 전등에 라벨을 붙이는 일을 했는데, 주문량이 점차 늘어나면서 ECCO는 그녀를 정규직으로 채용했다.

비록 그녀가 맡은 일은 단순 작업이었지만, 미셸은 직업을 가졌다는 사실 자체에 기뻐했다. 그녀는 이후 몇 달 동안 전등에 라벨을 부착해서 상자에 옮겨 담는 업무를 계속했다. 그러다 이듬해에 ECCO의 영업 담당 부사장인 댄 맥캔(Dan McCann)이 그녀에게 고객서비스팀으로의 부서 이동을 제안했다. 고객서비스팀은 고객들의 전화를 받고, 문의에 답변하고, 고객과 발생하는 모든 문제들을 처리하는 부서였다. 그녀는 당시에는 그 제안이 내키지 않았다고 말한다. 업무 경험이 전무할뿐더러 새로운 일이 부담스럽고 두려웠던 것이다. 하지만 댄은 그녀에게 할 수 있다고 용기를 주었고, 그녀는 결국 그 제안을 수락했다.

고객서비스팀의 일은 결코 녹록치 않았다. 그녀는 회사가 생산하는 모든 후진 경고장치와 경고등에 대해 숙지해야 했다. 제품을 설치하고 분해하는 방법도 익혀야 했고, 고객 추적 절차를 파악하고, 필요한 정보를 찾도록 컴퓨터 사용법도 배워야 했다. 또한 까다로운 고객들의 민원 전화도 직접 응대해야 했다. 새로운 업무에 적응하며 그녀는 성장했고 2년 반을 열심히 일했다. 문제는 전남편으로부터 양육비를 전혀 받지 못했기 때문에 경제적 고민은 늘 따라다녔다는 점이다. 그러나 회사는 그녀의 상황을 알고 나서 그녀를 돕기 위해 노력했다. 필요한 경우 월급을 가불해주기도 했다.

그녀는 동료들로부터도 셀 수 없이 많은 도움을 받았다고 말한다. 특히 그녀의 직속 상사는 큰 힘이 돼주었다. 한번은 미셸의 아들이 백일해에 걸렸을지도 모른다는 의사의 말에(나중에 나온 진단 결과는 천식이었지만) 가족 전체가 5일 동안 격리돼야 했던 적이 있었다. 당시 ECCO의 인사부서 책임자가 음식과 꽃을 사들고 집으로 방문해 그녀를 안심시켰다. "당시 너무 감동해서 눈물이 터져 나왔을 정도였다"는 그녀는 자신이 모든 어려움을 극복할 수 있었던 건 ECCO 덕분이었다고 이야기한다.

"대학 졸업장이 없었기 때문에 지금의 회사가 아니었다면 어느곳에도 취직하기 힘들었을 겁니다. 사내 크리스마스 파티 도중에 대형 경고등 생산 라인에서 근무하는 소녀가 저한테 사무직이 부럽다는 말을 하더군요. 저는 대답했지요. '저도 처음엔 라벨 붙이는 일로 시작했어요. 우리 회사는 언제나 부서 이동과 승진의 기회가 열려 있습니다.' 그녀는 제 말에 자극을 받아 열심히 일했고, 지금은 생산라인을 총괄하는 업무를 맡고 있습니다."

내가 미셸을 만났을 당시 그녀와 아이들은 사내에서 제공하는 프로그램을 통해 매입한 집에서 살고 있었다. 자격을 갖춘 지원자는 부동산 매매 수수료만 본인이 지불하면 모기지 대출을 받아 집을 구입할 수 있었다. 그녀는 ECCO 인사부서의 도움을 받아 회사의 퇴직 연금제도인 401(k) 프로그램을 통해 필요한 자금인 2800달러를 빌릴 수 있었다.

"이전에는 임대아파트에서 세 명의 아이들과 한 방을 써야 했습니다. 이제 아이들 모두가 각자 방을 갖게 되었지요. 이런 일이 저에게 일어날 거라고는 상상도 못했습니다."

이런 상황이라면 그녀가 회사에 지나칠 정도로 감사의 마음을 표현하는 것이 이해가 될지도 모르겠다.

"ECCO는 누구보다 직원들을 소중히 여기고, 동료들 간에는 서로에 대한 존중이 깔려 있습니다. 다른 회사에서 일하는 것은 상상도 할 수 없습니다. 저는 ECCO에서 가능한 한 오랫동안 근무하고 싶습니다. 회사가 성공하는 데 조금이나마 보탬이 되는 직원이 되고 싶습니다."

시중에는 직원들에게 동기부여하고 의욕적인 업무 환경을 만드는 방법에 관한 수많은 책, 기사, 영상 자료 등이 나와 있다. 하지만 이를 실천한 사례가 궁금하다면 이 책에 등장하는 작은 거인들을 살펴보면 된다. 고객과의 관계와 더불어 작은 거인이 지닌 마법의 또 다른 핵심은 '직원들과 회사 사이의 친밀한 관계'에 있기 때문이다.

직원과의 친밀한 관계 없이는 기업의 마법도 존재할 수 없다. 직원들이 하루 동안 가장 많은 시간을 할애하는 자신의 회사를 사랑하지 않는다면, 그리고 회사가 그들을 소중히 여기고 능력을 인정해주고 지지해주고 권한을 부여하지 않는다면 과연 마법이 생겨날 수 있을까? 회사에서 배우고 성장할 수 있는 기회를 찾지 못하고, 그들이 하는 일을 비롯해 회사의 미래에 대한 자부심을 느끼지 못한다면, 작은 거인이 지닌 마법은 결코 만들어질 수 없을 것이다. 회사를 가치 있게 만드는 훌륭한 브랜드, 최고의 품질과 서비스, 고객과 공급업체와의 친밀한 관계, 지역사회에서의 중요한 역할과 같은 요소들은 결국 회사를 구성하는 개개인의 직원들에게 달려 있기 때문이다.

이는 단순히 직원들의 업무 의욕이나 사기와 관련된 문제가 아니다. 마법이 없는 기업에도 행복한 직원들은 존재하며, 설령 마법을 지녔다 해도 그 속에 불행한 직원들은 분명 존재한다. 또한 이는 회사에서 제시하는 보상이나 특전이나 혜택만의 문제도 아니다. 물론 이러한 요소들은 대단히 중요한 역할을 하지만, 그것이 전부는 아니라는 것이다. 작은 거인들에게는 그들 조직의 업무 환경을 형성하는 또 다른 핵심 요소가 존재한다.

그것은 직원들의 소속감과 주인의식을 불러일으키며 기업이 궁극적으로 추구하는 바를 성취하기 위한 필수적인 요건이다. 바로 '친밀감'이다. 내가 말하는 친밀감이란, 직원들과 회사 간에 쌓인 신뢰가 너무나도 두텁고 단단해서 어떤 힘든 상황이 와도 회사와 동료들이 자신을 돕고 지지할 것이라는 강한 믿음을 지닌 관계를 의미한다.

친밀한 조직문화와 회사의 규모의 관련성

조직의 친밀감을 만들어내는 능력은 회사의 규모와도 관련이 높다. 일부 이례적인 상황을 제외하면, 보편적으로 회사의 직원 수와 정서적 유대감은 반비례 관계에 있다. 그러나 단순히 직원 수를 줄인다고 해서 그들 사이에 친밀한 유대감이 조성되는 것은 아니다. 반대로 인력을 늘린다고 해서 반드시 그 관계가 무너지는 것도 아니다. 그러나 분명한 점은 친밀한 관계를 유지하기 위해 기업이 고용하는 직원 수에는 어느 정도 한계점이 존재한다는 것이다. 많은 이들이 이 사실을 알고 있지만, 한계에 달하는 인원이 어느 정도인지는 정확히 가늠하기 어렵다. 또한 그 한계 인원은 회사마다 차이를 보이며 사업의 성격, 경영자의 개인 성향, 관리자들의 재량에 따라 달라질 수 있다.

내가 조사한 회사들 가운데 앵커 브루잉은 최대한 적은 수의 직원을 선호하는 편에 속한다. 프리츠 메이태그는 직원 수를 가능한 한 적게 유지하기 위해 의식적으로 노력을 기울인다. 지난 20년 동안 앵커 브루잉에는 약 50명의 정규 직원이 근무했으며, 회사의 필요에 따라 5명에서 10명의 시간제 근무 직원이 추가로 일하기도 한다. 그는 현재 상태 이상의 직원을 더 고용하는 것은 단 한 번도 고려하지 않았다. 메이태그는 《하버드비즈니스리뷰》와의 인터뷰에서 다음과 같이 말했다.

"저는 회사에 리더들만 있고 그 아래 부하직원들은 없는 조직이 훨씬 더 흥미롭고 만족스럽다고 생각합니다. 직원 수를 최저로 운영하는 것은 제 아이디어였습니다. 저는 회사에서 근무하는 모든 직원들이 서로 친밀한 관계를 맺고, 각자 맡은 업무에 책임을 다하며, 서로 감시하지 않는 근무 환경을 원합니다."

이러한 그의 경영 철학은 메이태그가 아이오와 주 뉴턴에서 자라며 배운 것이다. 그는 말한다.

"제 경영 원칙은 어릴 적부터 아버지가 저희를 가르친 방식과 일치하는 부분이 많습니다. 아버지는 늘 저를 믿고 있다는 확신을 보여주셨습니다. 책임감의 중요성도 일깨워주셨지요. '나는 널 믿는다. 설령 네가 잘못을 저지른다고 해도 언제나 솔직하게 말하려무나. 실수를 하라고 부추기는 것은 아니지만, 만일 실수를 한다고 해도 너무 걱정하지 말거라. 누구나 삶에서 무엇을 해야 할지 잘 모를 때가 있단다. 그러니 용기를 내라'라는 말도 해주셨습니다. 또한 저는 어릴 적부터 항상 작은 그룹의 사람들과 어울리기를 좋아했고, 큰 그룹에서 일어나는 일에는 별다른 관심이 없었습니다."

메이태그도 대규모 회사에서 일해본 경험이 있었다. 젊었을 때 그는 뉴턴에 위치한 메이태그 집안 소유의 공장에서 여러 가지 일을 하며 여름을 보냈는데, 공장에는 노조에 가입한 3000명의 직원들이 근무하고 있었다. 그때까지만 해도 그는 큰 가문의 일원이 된다는 것에 대한 불안감과 막연한 당혹감, 자긍심이 뒤따르는 몇 가지 감정의 단계를 거치는 중이었다. 그는 말한다.

"이름이 알려진 집안에서 태어난다면, 그에 걸맞게 행동해야 한다고 생각했습니다. 메이태그 일렉트릭 사가 최초로 생산한 세탁기의 발명은 고된 집안일에서 여성들을 해방시키는 데 일조했고, 제 증조할아버지는 그 제품을 상당 부분 개선했습니다. 아버지가 가전회사를 이어받아 운영하셨을 때, 회사는 제품의 품질과 신뢰성으로 널리 인정받았고 저는 그것이 무척 자랑스러웠습니다."

그러나 메이태그는 공장에서 일하며 대기업의 문제점도 많이 보았다.

"규모가 큰 회사에서 근무하는 것은 일장일단이 있습니다. 당시 저는 어른들도 일하기를 싫어할 수 있다는 사실에 충격을 받았습니다. 그래서 제가 앵커 브루잉을 시작했을 때에는, 사람들이 즐겁게 일하고 싶어 하는 회사를 만들고 싶었습니다. 서로 적대적인 곳이 아닌 협력적이고 친밀한 업무 환경을 만들려고 노력했습니다."

메이태그는 회사의 직원 수가 적을수록 자신이 추구하는 업무 환경을 만들 수 있는 가능성이 더 높다고 믿었다. 사업 초기에 앵커 브루잉에는 총 네 명의 정규 직원이 근무했다. 맥주 병입 작업을 할 때면 모든 직원들이 총동원되었고, 때로는 임시 인력까지 투입돼야만 했다. 병입 날이 오면 메이태그는 가게 문에 '영업 종료'라는 안내문을 붙이고, 직원들과 함께 작업에 몰두했다. 이후 앵커 브루잉에서 생산하는 맥주의 수요가 증가하자 그는 추가 인력의 필요성을 최소화하고 더 많은 맥주를 생산할 수 있도록 장비에 자금을 투자하기 시작했다. 메이태그는 무엇보다 직원 수가 너무 많아지면 맥주의 품질이 떨어질 것이라고 생각했다. 같은 이유로 그는 주 1회만 교대 근무제를 실시하고, 주 5일 근무를 유지하는 제도를 실시하고자 했으며 이러한 방침에 맞게 조직을 재정비했다.

"저는 직원들의 근무 방식이 제품의 품질과도 직접적으로 연결된다고 확신합니다. 우리 직원들은 '내가 직접 맥주를 만든다'는 사실에 큰 자부심을 느낍니다. 어떤 식당에 가더라도 앵커 브루잉의 맥주병을 보면 곧바로 자신들이 생산했다는 사실을 알 수 있지요. 저는 이런 자부심이 제품의 품질을 향상시킨다고 생각합니다. 진정한 품질 관리는 매순간 이루어지는 것이나 다름없지요. 절대 미뤄서는 안 됩니다. 소규모로 조직된 그룹에서는 제품의 품질에 더 집중할 수 있습니다. 우리는 맥주의 품질과 양조 기술에 있어서 업계의 선두를 이끈다는 열정을 갖고 있습니다. 자연스럽게 창의적이고 자유로운 분위기도 조성되지요. 이것은 우리가 그만큼 작은 조직이고, 어떤 부분에서 무슨 일이 일어나고 있는지 모두가 잘 알고 있기 때문에 가능한 일입니다."

규모가 작은 조직을 유지함으로써 메이태그는 경영상의 여러 문젯거리들을 덜 수 있었다. 회사에 잘 적응하지 못하는 신규 직원들을 굳이 해고할 필요가 없었다. 소규모 조직은 동료들 간에 서로 돕고 지지하지 않으면 유지가 어렵기 때문에 이런 분위기에 적응하지 못하는 직원들은 스스로 회사를 그만두었기 때문이다. 반면 회사의 문화에 빠르게 적응한 직원들은 메이태그가 시키지 않아도 조직에 자연스럽게 융화되어 더 강한 책임감으로 업무에 임했다.

또한 작은 조직은 다양한 일을 함께 즐길 수 있다. 사내에서는 여러 종류의 파티와 야유회가 열리고, 배우자나 자녀를 동반하거나 그렇지 않은 행사 등 각종 이벤트들이 열린다. 매년 가을이면 메이태그는 직원들을 데리고 북부 캘리포니아에 위치한 가족 농장을 방문한다. 그 농장은 그해의 크리스마스 에일을 위한 보리를 수확하는 곳이다. 거기서 그들은 직접 콤바인을 타고 보리를 맥아로 만드는 과정을 지켜본다. 그는 말한다.

"고무 타이어를 만들려면 직접 말레이시아에 가서 고무나무를 봐야 하는 법이지요."

같은 이유로 그는 매년 직원들과 함께 몇 주간 유럽의 소규모 양조장들을 견학하고, 수준 높은 양조 과정에 대한 강의를 듣는다. 이 모든 교육은 직원들의 전문성을 높이고, 동료애를 돈독하게 하며, 그들이 최고 품질과 일반 품질, 저품질 맥주 간의 차이를 확실히 이해할 수 있도록 돕는다.

"병입을 하는 중에 맥주 거품이 제대로 만들어지지 않으면, 그들은 '이봐, 나는 유럽에서 우리가 보고 비웃었던 그 저질 양조장의 산화된 맥주처럼은 절대 안 만들 거야'라고 말할 수 있겠지요."

서로를 아끼고 함께 많은 시간을 보내는 작고 친밀한 조직의 구성원들은 자연스럽게 가족 같은 분위기를 형성한다. 앵커 브루잉의 직원들도 예외는 아니다. 메이태그는 직원들 사이의 돈독한 관계를 지켜보며 큰 기쁨을 느꼈다고 말한다.

"직원들 중 일부는 소규모의 사업 계약을 함께 추진하기도 하고,

함께 투자를 하거나 여러 프로젝트를 공동으로 진행하기도 합니다. 저는 저희 회사의 이런 친밀한 문화가 만족스럽고 좋습니다."

그렇다면 회사의 규모가 더 커진다고 해도 이런 분위기를 똑같이 느낄 수 있을까? 그는 말한다.

"많은 사람들이 일하는 조직이라면 분위기는 당연히 바뀔 겁니다. 제가 말한 '많은'이라는 게 사실 어느 정도부터인지는 저도 잘 모르겠습니다. 제가 알고 있는 어떤 회사는 200명의 직원들이 근무하는데 대표가 모든 직원의 이름을 다 알고 있다고 하더군요. 1000명이 근무하는 회사에서도 그런 일이 있다는 걸 들어봤지요. 하지만 저는 이름 외우는 것에 도무지 능숙하지 않습니다. 50명 정도가 저한테는 딱 적당한 것 같습니다."

이 책에 등장하는 작은 거인들이 친밀감을 얻는 능력은 상당 부분 경영자와 직원들 사이의 관계에서 비롯된다. 직원들을 책임지고 있는 회사의 리더가 그들과 직접적인 관계를 맺지 못하고, 그들이 어떤 사람인지, 무슨 일을 하고 있는지조차 파악하지 못한다면 과연 직원들이 회사에 대한 열의와 애착을 가질 수 있을까? 서로 직접적인 관계를 맺으며 조직에서 일어나는 많은 일들을 함께 경험하는 과정을 거쳐야만 비로소 친밀감이 생겨나는 법이다.

물론 조직의 리더와 직원들 간에 상당한 거리감이 존재하는데도 회사에 대한 충성심을 보이는 직원들이 있을 것이다. 하지만 그러한 충성심은 미셸 하워드가 ECCO에 가졌던 감정이나 프리츠 메이태그가 앵커 브루잉의 직원들을 향해 느낀 감정과는 질적으로 다르다. 미셸과 메이태그가 느낀 감정은 직접적이고 지속적인 조직 내의 소통에서 생겨난 결과이기 때문이다.

그렇다면 회사가 얼마나 커져야만 조직의 모든 구성원들이 서로를 알지 못할까? 책에 등장한 기업들 중 약 1700명의 직원이 근무하는 O.C.태너에서 그 한계점을 살펴볼 수 있다. 사실 O.C.태너의 직원들조차 회사가 서로 가족 같은 분위기를 느낄 수 있는 한계를 넘어섰는지에 대해 엇갈린 의견을 보인다. 일부 고참 직원들은 1993년에 회사의 설립자인 오버트 태너(Obert Tanner)가 세상을 떠난 이후부터 그런 분위기를 느낄 수 없었다고 말한다. 그러나 이와는 반대로 몇몇 직원들은 설립자의 후계자들이 태너가 남긴 모범을 따르며 조직의 결속력을 더 강하게 만드는 데 성공했다고 주장한다. 어쨌거나 그들 모두가 동의한 사실 한 가지는, 오버트 태너가 1000명 이상이 근무하는 회사에서 우리가 언급한 '가족 같은 분위기'의 일터를 만드는 훌륭한 일을 해냈다는 점이다.

· · · · —— · · ·

리더와 직원들의 이상적인 관계

O.C.태너는 오버트의 어머니가 살았던 솔트레이크시티에 위치한 집의 지하에서 작은 규모로 처음 사업을 시작했다. 스물셋의 나이에 유타 대학의 학생이었던 그는 학비를 벌기 위해 매일 새벽같이 일

어나 부유한 집의 보일러를 수리하는 일을 했다. 그의 성실함은 마을의 보석상을 운영하던 한 고객의 이목을 끌었고, 그는 태너에게 가게의 점원 일자리를 제안했다. 그는 보석상에서 일을 시작했고 가게에서 일하는 동안 자신의 사업을 위한 아이디어를 얻었다. 그 아이디어는 졸업을 앞둔 고등학생들을 대상으로 자신의 학교생활을 추억하는 반지와 핀을 판매하는 사업이었다.

태너가 했던 대부분의 일들이 그랬듯이 그의 사업에는 언제나 이상주의적인 측면이 존재했다. 그는 학생들이 자신의 삶에서 중요한 단계를 지나는 의미 있는 시점에 단순한 졸업장 이상의 무언가가 필요하다고 느꼈다. 태너는 유타 주 북부 지역의 학생들을 대상으로 제품을 판매하기 시작하면서 자신의 이상적인 아이디어를 널리 홍보했고 반응은 긍정적이었다. 그는 자신의 아이디어를 실행 가능한 사업으로 바꿀 수 있다는 확신을 얻었다.

하지만 그는 판매상들로부터 공급받은 핀과 반지의 품질에 만족하지 못했다. 고민 끝에 태너는 직접 핀과 반지를 만들기로 결심했다. 사업을 하는 동시에 그는 유타 대학에서 문학 학사 학위와 법학 학사 학위를 받았다. 이후 스탠퍼드 대학에서 석사 학위를 취득했고, 그다음 해부터 5년간 스탠퍼드 대학에서 종교학 강의를 했다. 또 그 다음 해에는 유타 대학의 철학 교수로 임용되었다. 그동안 그는 결혼을 했으며 여섯 명의 자녀를 키웠다. 또한 그가 쓴 열한 권의 저서들 가운데 다섯 권을 이 시기에 완성하기도 했다.

사업을 하면서 태너는 판매 대상을 기업고객들까지 확대하기로 결정했다. 그는 기업들이 장기 근속한 직원들을 표창하기 위한 반지와 핀을 구매하는 데 관심이 있을 거라고 판단했고, 그러한 태너의 결정은 결국 그의 주력 사업을 직원 표창 분야로 만드는 계기가 되었다. 하지만 특이하게도 O.C.태너는 고객사들에게 보편적인 '서비스 회사'로 간주되지 않았고, 그들 역시 스스로를 서비스 회사로 생각하지 않았다. 회사는 업계에서 서비스 회사가 아닌 '고급 귀금속 제조 회사'로 이름을 알렸다. 회사는 값비싼 보석과 귀금속을 활용해 개별 고객사들을 위해 맞춤화된 아름다운 반지와 핀을 제조하고 판매하며 수익을 냈다. 귀금속들은 대부분 직원들의 표창을 위해 사용되었지만, 실제 회사를 떠받친 핵심은 서비스가 아닌 그들이 직접 제조한 제품들이었다.

O.C.태너는 그 후 60년이 넘는 시간 동안 제조업체로서의 탄탄한 가치관을 유지하며 사업을 성공으로 이끌었다. 1960년 270만 달러를 기록했던 매출은 1980년에 8640만 달러로 급증했고, 직원 수는 200~300명에서 1000명 이상으로 늘어났다. 다음 10년 동안 태너는 손목시계, 벽시계, 펜, 팔찌 등의 고급 액세서리를 포함한 제품군까지 제조를 확대했으며, 대규모 고객사의 직원 데이터베이스에 접근할 수 있는 프로그램을 개발해 서비스를 개선했다. 이 프로그램은 고객사에 따라 어떤 표창이 언제 필요한지 미리 파악할 수 있게 해주었다. 그뿐만이 아니다. 태너는 상패와 함께 제공되는 수상 내역이 써진 문서를 인쇄하는 자체 브로슈어 사업을 시작했고, 결국 이 사업에서도 연간 2000만 달러의 매출을 달성했다. 1980년대 중반에 사업은

잠시 침체기를 겪었지만 회사 전체 매출은 연간 8~10%씩 꾸준히 증가했고, 1993년 O.C.태너의 연매출은 2억 1410만 달러에 이르렀다.

오버트 태너는 1974년에 경영 일선에서 물러나 오랜 기간 세일즈 부서의 부사장으로 일해온 돈 오슬러(Don Ostler)에게 CEO자리를 넘겨주었고, 자신은 이사회 회장으로 취임했다. 그는 당시 70세였지만 여전히 활력이 넘쳤고, 자신의 에너지를 공익사업, 자선사업, 장학 사업, 직원들의 미래를 위한 일에 투자하고 싶어 했다.

그는 실제로 여러 분야에서 많은 성과를 거두었다. 태너는 세계적으로 여러 단체들을 후원하는 활동으로 '미스터 유엔'으로 알려져 있었다. 또한 어린이와 청소년을 위한 백악관 회의, 미국 헌법 200주년 기념 국가위원회, 유타 주 심포니 오케스트라 위원회 등 다수의 위원회와 이사회에서 주도적인 역할을 도맡았다. 자선 사업 분야에서도 명성을 떨쳤다. 매년 미국의 명문 대학에서 열리는 '인간의 가치에 관한 태너의 강연'을 열었고 극장, 박물관, 콘서트홀의 건설 자금을 지원하기도 했다. 지역사회와 일부 기관을 위해 수십 개의 분수를 설치했고, 전국의 대학에 철학 전용 자료실을 설립하기도 했다.

태너는 학문적인 면에서도 종교와 철학에 관한 연구를 꾸준히 이어갔다. 그는 공식적인 퇴임을 하기 이전까지 대학에서 철학을 가르쳤다. 퇴임 이후에는 명예교수로 임명되었고, 그 공로를 인정받아 1990년 조지 H. W. 부시 대통령으로부터 국가예술훈장을 수여받았다. 또한 유타 대학 최초의 인문학 상뿐만 아니라 전국의 여러 대학으로부터 명예 학위를 받았다.

하지만 태너는 외부에서보다 사내에서 보여준 모습들 때문에 직원들에게 더 많은 존경과 사랑을 받았다. 회사의 고참 직원들은 태너가 회사 복도를 걸어 다니며 직원들과 함께 그들의 가족, 취미, 포부, 또는 근황에 대해 이야기를 나누던 모습을 기억한다. 솔트레이크시티에 위치한 회사 건물의 벽에는 그가 생전에 했던 말들이 걸려 있다. 한 쪽에는 '여러분 모두가 삶과 일에서 커다란 행복과 만족을 찾기를 진심으로 기원합니다'라고 적혀 있고, 다른 쪽에는 'O.C.태너가 하는 일의 본질은 자유기업제도라는 거대한 기계에 기름칠을 하는 것입니다'라고 쓰여 있었다.

1990년대 초 솔트레이크시티에 있는 본사에는 약 1700명의 직원들이 근무하고 있었는데(캐나다의 공장과 북미 지역에도 여러 지점을 운영하고 있었다), 태너는 모든 직원들의 이름을 알고 있었다고 한다. 그의 목표는 O.C.태너의 지점이 위치한 지역 모두에서 사람들이 근무하고 싶어 하는 회사를 만드는 것이었고, 실제로 작업 환경 분야의 선두를 달리는 기업이 되었다. 또한 '변동 급여'라는 개념이 기업에서 인기를 끌기 훨씬 전부터 O.C.태너는 직원들에게 품질 보너스, 효율성 보너스, 납품 보너스 등을 지급했다. 추수감사절에는 모든 직원들에게 100달러 지폐를 나누어주었는데, 태너도 직접 이를 도왔다. 또한 생일을 맞은 직원들은 누구나 100달러를 추가로 지급받았고, 1년에 두 번 이익 배분제에 따라 보너스를 지급받았다. 크리스마스 때는 직원들의 보너스로 100만 달러 이상을 책정했다. 결국 직원들은 매년 연간 급여보다 2000달러나 더 많은 수당을 받았다.

무엇보다 오버트 태너가 직원들에게 남긴 가장 큰 선물은 자신의 사망 이후를 대비해 만들어놓은 회사의 규정에 담겨 있다. 그는 지분의 65%에 해당하는 자신의 몫(나머지 35%의 지분은 그의 조카와 그 가족들이 소유했다)을 소위 '백년신탁'에 맡기도록 만들어두었는데, 이 신탁의 조건은 회사가 매각되거나 합병되거나 상장될 수 없다는 것이었다. 태너가 자신의 신탁 운영이 지속되는 한, 외부 주주들에 의해 직원들이 피해받는 일이 없도록 미리 조치를 취해둔 것이었다(법적으로 신탁은 태너 사망 시점에 살아 있던 후손들이 죽을 때까지 지속되며, 거기에 21년을 더 추가해 운영될 수 있었다).

태너가 직원들을 신경 쓰고 아낀 것처럼 직원들 역시 태너를 존경했으며 항상 감사함을 가졌다. O.C.태너의 모든 직원들은 회사와도, 경영자인 태너와도 직접적이고 친밀한 관계를 맺었으며, 이는 작은 거인들의 공통된 특징이기도 하다. 1993년 10월, 태너의 사망 소식이 알려지자 본사 직원들은 충격에 휩싸였다. 회사에서 15년간 근무했던 일러스트레이터 슈어나 라소(Shauna Raso)는 당시를 회상하며 이렇게 말했다.

"충격적인 소식이었습니다. 여기저기서 울음이 터져 나오는 소리가 들렸습니다. 태너는 그런 존경을 받을 만한 분이었습니다. 직원들에게 언제나 열정적이었고, 우리는 회사의 벽에 걸린 태너의 말들을 진심으로 좋아했습니다. 그는 회사 주차장에 세워진 차들을 보며 '나는 이 모든 사람들에게 책임을 느낀다'라고 말하곤 했습니다. 누군가가 작업대에 앉아서 반지에 다이아를 세공하는 일을 하고 있으면, 직원 옆으로 다가가 다정하게 그녀 가족의 안부를 물으셨습니다. 저는 이런 사소한 행동 하나하나가 단순히 온정주의에서 나온 것이라고는 생각하지 않습니다. 태너는 항상 직원들과 친밀하고 직접적인 관계를 맺으려고 애썼고, 그런 노력을 통해 그분의 가치관이나 인생 철학을 엿볼 수 있었다고 생각합니다."

그러나 아이러니하게도 태너가 직원들과 맺은 친밀한 관계는 이후 그의 후계자들에게는 중대한 도전과제가 되었다(이 내용에 대해서는 8장에서 자세히 살펴볼 예정이다). 어쨌든 오버트 태너는 1000명이 넘는 직원들과도 직접적이고 밀접한 관계를 맺을 수 있다는 사실을(물론 쉽지는 않았지만) 입증한 장본인이었다.

· · · · —·—· · · ·

올바른 가치를 지닌 회사를 만들고 싶다면

직원들과 친밀하고 직접적인 관계를 맺는다고 해서 반드시 그들의 헌신과 신뢰를 이끌어낼 수 있는 것은 물론 아니다. 만일 그게 사실이라면, 많은 중소 규모의 회사들에서 구성원들의 헌신과 충성심을 발견할 수 있어야 하지만 실제 현실은 그렇지 않기 때문이다. 그렇다면 직원들이 개인적인 삶과 회사가 밀접하게 연결되어 있다고 느끼고, 회사 일을 자신의 자부심과 결합하고, 조직의 목표를 위해 최선의 노력을 기울일 수 있게 만드는 근무 환경은 어떻게 창출할 수 있을까?

먼저 이를 위한 기본적인 토대가 되는 것부터 살펴보자. 짐 콜린스가 그의 저서 『좋은 기업을 넘어 위대한 기업으로』에서 올바른 고용 결정의 중요성을 언급한 바와 같이 가장 기본적인 것은 훌륭한 인재를 채용하는 일이다. 그의 책은 대규모 상장기업을 대상으로 쓴 글이지만, 책 속의 논리는 비상장 중소기업에도 동일하게 적용된다. 올바른 가치를 지닌 회사를 만들고 싶다면, 그에 걸맞은 직원이 필요하고, 단순히 돈이 직원들의 동기부여가 되어서는 안 된다. 물론 돈이 중요하지 않다는 말은 아니다. 누구나 훌륭한 보수를 받고 싶어 하는 것은 당연하지만, 일을 하는 유일한 목적이 오로지 '돈'이라는 말은 아니다.

이런 이유로 클리프바의 게리 에릭슨은 1억 2000만 달러의 매각 제안을 거절한 뒤 조직의 핵심 직원들을 찾아갔다. 에릭슨은 이렇게 말한다.

"저는 그들에게 이렇게 말했습니다. '클리프바를 독립회사로 운영할 수 있는 기간은 길어야 5년 정도 남은 것 같습니다. 저는 회사를 당분간은 비상장회사로 유지하면서 그 안에서 우리의 역할을 찾아보려고 합니다. 지금 회사를 포기하기에는 너무 아쉬운 점이 많습니다. 저와 함께 계속 가보는 게 어떻겠습니까?' 그 후 저는 『좋은 기업을 넘어 위대한 기업으로』를 읽게 되었고, 제가 회사의 가치관에 맞는 훌륭한 인재들을 선택했다는 확신이 들었습니다. 클리프바는 그들과 저의 가치관을 고스란히 담고 있는 회사이고, 우리가 추구하는 가치관은 모두 같은 방향을 향하고 있습니다."

조직에 올바른 인재를 채용하는 것과 더불어 회사가 안정적이고 건실하게 운영되는 것 역시 대단히 중요하다. 당연하게 들릴지 모르겠지만, 실제로 많은 회사들이 훌륭한 목표를 가지고 있더라도 형편없는 내부의 커뮤니케이션, 부서 간의 부실한 협업, 의사 결정에 대한 불충분한 이행, 또는 회사의 모든 긍정적 요소를 사라지게 할만한 기본적인 관리 부실의 문제로 조직을 망치는 경우가 허다하다. 이들은 사회적 책임을 다한다는 명목하에 정작 내부 직원들을 관리하고 보호하는 일은 소홀히 한다. 이런 조직의 구성원들은 적대적이고 냉소적인 태도를 보일 수밖에 없게 된다. 그들 중 일부는 초기에는 자신만의 마법으로 유명했으나, 본질적인 조직 관리의 실패로 점차 그것을 상실하고 마는 것이다.

물론 작은 거인들도 어느 정도는 경영상의 문제를 안고 있다. 하지만 그들이 다른 기업들과 다른 점은, 문제를 방치하지 않고 표면으로 끌어내 해결하는 자신만의 메커니즘을 보유하고 있다는 것이다. 애리 바인츠바이크는 징거맨스에 대해 이렇게 말한다.

"저희도 다른 회사들처럼 경영상의 여러 관리 문제들을 떠안고 있습니다. 하지만 우리는 좀 더 건설적인 시각으로 문제에 접근하려고 노력하며, 그 과정에서 함께 협력하고 긍정적으로 문제를 해결해 나갑니다. 대다수의 사람들은 우리 같은 회사를 보고 '이건 그들의 기업문화 때문이야'라고 말할 테지요. 하지만 엄밀히 말하자면 그건 정확한 대답이 아닙니다. 올바른 기업문화를 만들고 그것을 지탱하려면 먼저 체계적으로 설계되고, 조직에 적합하며, 가치 지향적인 시스템과 프로세스가 그 토대가 되어야 합니다."

징거맨스는 사업을 하며 발생하는 문제에 대처하는 자신들만의 메커니즘을 구축하기 위해 많은 시간과 노력을 기울였다. 이는 보편적인 기업들과 비교해봐도(심지어 다른 작은 거인들과 비교해도) 확연한 차이를 보인다. 1994년 자체 교육 자회사인 징트레인(Zing Train)을 출범시킨 덕분이다. 사실 징트레인은 외부의 수요에서 자극을 받아 설립되었다. 주로 징거맨스의 기업문화를 존경하고 자사의 관리 문제를 다루는 데 도움이 필요한 전국의 소매점들의 요청에서 비롯되었다. 징트레인의 공동 설립자이자 경영 파트너인 매기 베일리스(Maggie Bayless)는 말한다.

"저희는 교육을 요청한 회사들의 잘못된 점을 지적하고 고치려고 하기보다는 우리에게 효과가 있었던 방식을 알려주는 편이 더 좋다고 생각했습니다."

징거맨스 입장에서도 교육은 그 자체로 회사의 강력한 규율이 되었다. 징트레인이 타 회사를 교육하기 위해서는 먼저 회사가 이미 실행 중인 방식을 그들에게 설명하는 방법과 언어를 개발해야만 했다. 징트레인에서 다양한 교육을 진행하고 있는 바인츠바이크와 새기노와 주요 경영진들은 교육회사로서 모범을 보이기 위해 자사의 경영 관리 역시 신중하고 체계적인 방식을 취해야 한다는 책임감을 느꼈다. 그들에게는 사업을 운영하며 올바른 기업문화를 정착시키고 사람들에게 그 방식을 보여주기 위해 '체계적으로 설계되고, 조직에 적합하며, 가치 지향적인 시스템과 프로세스'가 필요했다.

징트레인은 다양한 경영 관리 사례들을 보다 쉽게 이해하고 교육할 수 있는 개념과 원칙을 정리했다. 바인츠바이크는 말한다.

"우리 회사에는 훌륭한 서비스를 규정하는 3단계가 있습니다. 이를 기본으로 부문마다 규정을 추가했습니다. 고객 불만을 처리하는 5단계, 주문 정확도를 위한 4단계, 훌륭한 재무 관리를 위한 3단계, 생산적인 문제해결을 위한 4단계, 핵심 변화를 위한 5단계 등을 개발했습니다."

얼핏 보면 단계들만 너무 많이 나열되어 있다고 느낄지 모르지만, 자세히 살펴보면 모든 과정이 사고의 기회를 제공하는 동시에 경영 관리의 핵심지식을 담고 있다는 점을 알 수 있다. 훌륭한 서비스를 제공하려면 우선 세 가지 단계가 필요하다. ① 고객이 원하는 것을 파악하고 ② 정확하고, 공손하고, 열정적인 태도로 이를 제공하며 ③ 거기에서 한 발 더 나아간 서비스를 제공해야 한다. 직원들 모두가 이 원칙을 인지하는 것이 특히 중요하다. 바인츠바이크는 대니 메이어의 '깨어 있는 서비스'를 언급하며 자신들의 방향은 그것과 다소 다르다고 말한다.

"물론 이미 고객서비스에 능한 회사라면, '서비스라는 것이 그렇게 간단한 문제만은 아니다'라고 말할지도 모르겠습니다. 하지만 우리는 사람들이 훌륭한 서비스에 대한 세부적이고 미묘한 사항들까지 스스로 습득할 때까지 마냥 기다릴 수는 없습니다. 교육을 통해 바로 익혀서 적용할 수 있는 방안이 필요했습니다."

시간이 지남에 따라 바인츠바이크와 그의 동료들은 이러한 단계들을 직원 교육, 리더십, 조직 개발을 비롯한 경영의 다른 측면에도 적용하기 시작했다. 다방면의 경영서적 애독자이자 저자인 바인츠바이크는 징거맨스가 '청지기정신(Stewardship)'과 '기업가적 경영'등의 개념을 적용한 실제 사례에 대해 긴 문서를 작성했다. 또한 징트레인의 직원들과 협력해 이러한 개념들을 일련의 단계, 요점, 정의 등으로 정리한 후 그것을 경영 관리 도구로 사용했다.

그의 노력 덕분에 징트레인은 세미나에 필요한 개발 도구와 자료를 꾸준히 공급받을 수 있었다. 징거맨스의 직원들 역시 징트레인의 교육을 수강했기 때문에 결과적으로 이 모든 것은 회사에도 커다란 영향을 미쳤다. 징트레인의 교육은 직원들이 비즈니스의 세계에 눈을 뜨고 이해하는 계기를 만들어주었다. 직원들은 빵을 굽고, 젤라토를 팔고, 커피를 볶으며 동시에 비즈니스와 경영 관리, 음식의 역사와 사회학을 공부했다. 이 모든 것이 징트레인 교육 과정의 일부다. 사내에서 징트레인은 '징거맨스 대학'으로 불리며 직원들에게는 학교 같은 존재나 다름없다. 결과적으로 징트레인의 교육은 직원들에게 지적인 자극제가 되었을 뿐만 아니라 통합적인 기업문화를 창조하는 계기가 되었다. 징거맨스 베이크하우스의 경영 파트너인 에이미 엠버링(Amy Eberling)은 말한다.

"징트레인 3단계는 실제로도 효과가 좋았습니다. 직원들끼리 대화할 때 사용할 수 있는 용어들을 만들어내기도 했고요. 징트레인의 교육을 받은 타 업계 회사들도 동일한 단계와 도구들을 사용했고, 이는 지역사회의 문화를 새롭게 형성하는 데도 기여했습니다."

가장 중요한 점은 '이 모든 단계와 도구들' 덕분에 조직 전체에 걸쳐 모든 직원들이 회사의 경영 관리 프로세스와 방향, 사업 수행 방식 등에 대해 끊임없이 생각하고 고민하게 됐다는 점이다. 이런 환경에서는 문제를 회피하거나 숨길 위험이 사라진다. 문제가 발생하면 빠르게 표면으로 드러났으며, 때문에 자연스럽게 문제를 해결할 수 있었다. 징거맨스는 그 과정을 통해 기본적인 회사의 관리 문제 때문에 발생하는 위험 요소를 최소화할 수 있었다.

・・・・・━・・・・

탁월한 기업문화를 만드는 세 가지 원칙

친밀한 기업문화를 만드는 것은 단순히 관리상의 실수나 위험을 피하는 것보다 훨씬 더 큰 의미를 담고 있다. 또한 그러한 문화를 형성하기 위한 방법이 한 가지만 존재하는 것도 아니다. 작은 거인들은 제각기 다른 경영 철학과 접근 방식을 갖고 있으며, 자신의 방식대로 회사에 적합한 기업문화를 창출해냈다. 예를 들면 W. L. 버틀러 컨스트럭션의 빌 버틀러는 직원들의 대부분이 서로 친척 관계로 구성되었다는 사실에 자부심을 지니고 있다. 그는 말한다.

"우리 회사는 가족경영 회사이고, 가족 같은 분위기에서 운영되고 있습니다. 회사에는 모두 125명의 직원들이 근무하고 있는데, 그

중 서로가 친척인 직원들을 해고한다면 아마 50명 정도만 남게 될 것입니다. 우리는 친인척을 채용하는 문화를 적극 장려합니다. 회사에는 자매, 삼촌, 이모 등 다양한 친족 관계가 존재합니다. 말 그대로 '가족회사'로 운영되고 있는 셈이지요."

반면 기록물 보관 서비스 회사인 시티스토리지는 이와는 정반대의 견해를 갖고 있다. 놈 브로드스키는 같은 집안 출신의 사람들을 고용하는 것을 엄격하게 금지한다.

"저는 대체적으로 규칙을 만드는 일을 좋아하지는 않지만, 적어도 세 가지는 지키도록 규정하고 있습니다. 첫째로 마약은 허용하지 않습니다. 둘째로 회사 건물 3미터 이내에서는 누구도 담배를 피워서는 안 됩니다. 마지막으로 회사에 직원의 친척이나 친구를 고용할 수 없습니다. 어떤 사람들은 이 규칙에 동의하지 않지만, 서너 건의 안 좋은 사건들을 겪은 후에 이런 규칙이 꼭 필요하다는 생각을 하게 되었습니다. 때때로 특정 직원 한 명과 트러블이 발생했을 때 그 직원과 연관된 다른 사람들에게까지 피해가 가는 일이 발생하기도 합니다. 최악의 상황에는 그들 모두가 회사를 나가게 될 수도 있고요. 저는 우리 직원들을 모두 아낍니다. 괜히 친구나 친척들을 고용했다가 아끼는 직원들까지 잃고 싶지 않습니다."

각자의 방식에 어느 정도의 차이는 있겠지만, 작은 거인들에게는 공통적으로 추구하고자 하는 세 가지 원칙이 존재한다. 내가 본 바로는, 친밀하고 탁월한 조직문화와 마법을 만들고 싶다면 이 세 가지 원칙을 최우선적으로 따라야 한다.

첫째, 직원들에게 회사의 높은 목표를 정확하게 인식하게 하고 목표 의식을 심어준다. 그 목표는 회사가 하는 일이나 사업을 수행하는 방식, 그것을 실행함으로써 얻는 이익과 관련되거나 또는 세 가지가 모두 결합된 형태일 수도 있다. 회사가 지닌 목표의 틀이 무엇이든 간에 그것은 동일한 기능을 한다. 즉 회사의 목표는 직원들이 하는 일을 의미 있게 만든다. 직원들의 노력과 기여도가 회사의 성장에 미치는 중대한 영향력을 알려주고, 그들이 최선의 노력을 기울여야 하는 이유를 지속적으로 상기시켜주는 역할을 한다.

단순히 기업이 지닌 비전선언문의 유무에 대해 말하는 것이 아니다. 작은 거인들 가운데 몇몇은 회사의 목표를 명확하게 제시한 비전선언문을 갖고 있지만, 일부는 그렇지 않다. 이들이 다른 기업들과 다른 점은, 그들이 지닌 목표가 조직 내부에 대단히 잘 융화되어 있다는 것이다. 회사가 추구하는 목표는 직원들의 일상적인 업무에 고스란히 반영되어 있으며, 직원들은 절대 목표에서 눈을 떼거나 잊어버려서는 안 된다.

이런 관점에서 본다면, 대니 메이어의 '깨어 있는 서비스'는 단순히 훌륭한 고객서비스를 제공한다는 것을 넘어선 의미를 지닌다. 그들은 고객들에게 다른 어떤 곳에서도 얻을 수 없는 특별한 경험과 행복을 지속적으로 제공하려고 노력한다. 이것이 바로 USHG가 추구하는 높은 목표에 해당한다.

ECCO와 레엘도 마찬가지다. 그들이 직원들에게 지분을 분배하고 회사의 재무 정보를 공유하는 이유는 단순히 생산성을 향상시키기 위함이 아니다. 회사 입장에서는 일종의 선언을 한 것이나 다름없다. 즉 그들이 지닌 가장 본질적인 목표는 내부 직원들의 삶을 향상시키는 것에 있다는 점이다. 이것 역시 작은 거인들에게는 높고 귀중한 목표인 것이다.

징거맨스는 어떨까? 징트레인의 각종 교육과 훈련은 단순히 업무에 활용 가능한 정보와 도구를 직원들에게 제공하기 위한 것만은 아니다. 이것 역시 직원들이 회사의 더 높은 목표를 인식하게 만드는 하나의 과정에 속한다. 그 목표란, 고객들에게 훌륭한 음식을 제공하고, 그들을 공급업체나 생산업자들과 직접적으로 연결함으로써 고객의 삶을 더욱 풍요롭게 만드는 것이다. 앵커 브루잉도 마찬가지다. 직원들은 각 지역의 양조장들을 견학하면서 최고의 양조 기술을 습득하고 세계적인 양조장이 되고자 하는 회사의 목표를 인식하게 된다. 이 회사들이 지역사회와 협업하고, 자선 행사를 후원하고, 이웃을 돕고, 환경보호 활동에 앞장서는 등의 사회활동을 할 때, 여기에 담긴 회사의 높은 목표는 굳이 말로 설명할 필요가 없다. 훌륭한 비즈니스는 더 나은 세상을 만드는 한 가지 방법이라는 사실을 이미 모두가 인식하고 있기 때문이다.

친밀한 기업문화를 만들기 위한 두 번째 원칙은, 회사가 직원들을 얼마나 아끼고 신경 쓰고 있는지를 예상치 못한 방법으로 알려주는 것이다. 여기서 중요한 점은 '예상하지 못한 방법으로' 이루어져야 한다는 점이다. 오늘날 대부분의 기업들은 신규 직원을 채용하는 일에 얼마나 많은 비용과 에너지가 소모되는지 잘 알고 있으며, 훌륭한 인재 확보의 중요성 역시 절감하고 있다. 직원들 스스로가 조직에 꼭 필요한 인재라는 점을 인식하게 만들기 위해 회사는 성과에 따른 보너스, 특전, 유연 근무제, 우수직원 표창, 사내 파티, 행사 등과 같은 다양한 복지혜택을 제공한다. 작은 거인들 역시 그러한 도구를 사용하지만, 한 가지 측면에서 다른 기업들과 뚜렷한 차이를 보인다. 이들은 주로 대부분의 회사들이 상상하기 어려운 기발한 방법을 활용하거나, 그러한 도구를 보다 특별한 방식으로 직원들에게 전달한다. 이 모든 노력은 회사가 그만큼 직원들을 아끼고 배려한다는 메시지를 명확히 전달하기 위해서다.

특히 놈 브로드스키는 '완전히 놀라 나자빠질 만한' 방법을 사용한다. 그는 직원들에게 상을 주려면, 너무 놀라서 숨이 멎을 정도로 기쁘게 만들어야 한다고 생각한다. 즉 전혀 예상하지 못한 시점에, 예상하지 못한 무언가를 제공하려고 한다. 한 예로 브로드스키는 시티스토리지에 갓 입사한 비서가 학비를 벌기 위해 퇴근 후에 다른 곳에서 사무실 청소를 하며 일주일에 75달러를 추가로 더 벌고 있다는 사실을 알게 되었다. 그녀는 회사에 들어온 지 겨우 3개월밖에 되지 않았지만 특유의 총명함으로 직원들에게 깊은 인상을 주던 직원이었다. 보통 입사 후 6개월간은 월급 인상이 불가했지만, 브로드스키는 회사가 그녀를 아끼고 있다는 사실을 알려줄 좋은 기회라고 생각했다. 그는 말한다.

"팀장들과 이야기를 나누며 이렇게 말했습니다. '우리가 3개월 후에 그녀의 월급을 인상해주면, 그녀는 당연한 절차로 여기며 고마

위할 겁니다. 하지만 지금 월급을 올려준다면 절대 잊지 못할 겁니다'라고요."

그들 역시 브로드스키의 말에 동의했다. 다음 날, 그는 비서를 사무실로 불렀다.

"퇴근 후에 아르바이트를 하고 있다고 들었는데, 사실인가요?"

그녀는 머뭇거리며 답했다.

"네, 맞습니다."

"부업을 하는 건 회사에서 허용하지 않습니다. 전날에는 충분히 쉬고 출근해야 더 맑은 정신으로 일을 시작하지 않을까요?"

그녀는 불안감에 고개를 푹 숙였다.

"아르바이트로 일주일에 75달러를 번다고 들었는데 우리가 월급을 그 금액만큼 올려주겠습니다."

"네……? 아, 정말 감사합니다!"

"한 가지 더 있어요. 회사에서 운영하고 있는 제도가 있습니다. 1년 이상 근무한 직원들은 회사를 다니면서 학업을 병행할 수 있고, B학점 이상을 받으면 학비도 지원해주고 있습니다."

브로드스키는 그녀가 사무실을 나가며 만면에 웃음을 띠고 있었다고 말한다. 직원 입장에서는 회사가 자신을 아낀다는 사실을 모를 리가 없었다.

한편 앵커 브루잉의 프리츠 메이태그는 이와는 다소 다른 경영 철학을 갖고 있었지만, 그 의도는 다른 회사들과 비슷했다. 그는 직원들에게 몇 년간 꾸준히 보너스를 지급하다 보니 보너스의 의미가 점차 퇴색되고 있다는 사실을 깨달았다고 말한다. 그들이 새롭게 보너스를 받을 때쯤이면 이미 이전에 받았던 보너스는 다 써버린 상태였다. 직원들에게 보너스는 더 이상 특별한 보상의 개념이 아닌 급여의 일부로 간주되었던 것이다. 메이태그는 정기적으로 지급하던 보너스를 중단하기로 결정했다. 그리고 회의에서 그 이유를 설명했다. 이후 그는 직원들이 그의 의도를 완전히 이해했다는 사실을 확신한 뒤에 보너스를 다시 지급하기 시작했다. 그리고 시간 차를 두며 다음 보너스를 지급했다. 그는 《하버드비즈니스리뷰》와의 인터뷰에서 다음과 같이 말했다.

"제일 좋은 방법은 직원들에게 합리적인 방식으로 후한 보상을 주는 것이라고 생각했습니다. 그 외에도 보리 수확, 유럽 양조장 투어, 양조법 교육, 저녁 행사 등과 같은 추가적인 혜택들을 보너스의 일환으로 제공하는 겁니다. 이 모든 혜택은 일괄적인 패키지 형태로 제공되며, 언제든 누릴 수 있는 것들이지요. 만약 집에 시부모님이 갑자기 방문해 출근이 어려운 상황이라면, 회사에 그렇게 말하면 됩니다. 병가를 쓸 때에도 특별한 제한이 없습니다. 규칙은 적을수록 좋은 거니까요."

W. L. 버틀러 컨스트럭션의 빌 버틀러는 직원들과의 친밀한 관계를 바탕으로 또 다른 접근 방식을 보여준다. 직원들과 직접적이고 밀접한 관계를 형성하는 것은 그가 사업을 하는 주된 이유 가운데 하나다. 그는 자신이 고용한 사람들에 대한 책임을 완전히 깨닫기 전까지는 자신의 회사가 진정한 회사로 생각되지도 않았다고 말한다. 또

한 책임을 지고 있다면 조직에 속한 직원들에 대해서 누구보다 잘 알고 있어야 한다고 생각했다. 직원이 너무 많이 늘어나서 그가 애초에 원했던 친밀한 관계가 유지되지 못할 것 같으면, 그는 언제나 브레이크를 걸었다. 1989년에 회사에는 129명의 직원이 있었고, 그로부터 16년 후에는 125명의 직원이 근무했다. 그는 말한다.

"저는 회사의 모든 직원들에 대해 잘 알고 싶기 때문에 언제나 최소의 규모를 유지하려고 노력합니다. 만일 제가 모든 직원을 알지 못한다면, 회사의 덩치가 과하게 커진 것이라고 생각합니다."

버틀러와 함께 그의 회사를 돌아보다 보면 그는 사내에서 마주치는 모든 직원들에 대한 이야기를 다음처럼 들려주곤 한다.

"18년 동안 회사에서 근무한 멕시코 이민자 미겔은 회사의 건식벽체 부문의 총책임자입니다. 저는 미겔의 자녀들 세례식에 모두 참석했습니다. 그의 딸은 산타클라라 대학을 우수한 등급으로 졸업하고 의대에 지원했습니다. 창구 직원인 제이미는 회사에서 근무하는 미혼모들 가운데 한 명입니다. 2년 전만 해도 그녀는 주거지 문제로 골치 아팠다고 하더군요. 회사에서 근무하는 싱글맘들은 두 아이와 함께 좁은 방에 사는 경우가 많았고, 통근거리가 너무 멀어서 회사를 그만둘 생각을 하는 경우도 있었습니다. 그래서 저는 회사 인근에 아파트를 매입했습니다. 월세는 회사에서 지원해주고 있습니다. 회사의 CFO인 지나는 경영진들 중 유일하게 대학 교육을 받은 직원입니다. 처음에는 회사에서 서류를 정리하고 전화 받는 일을 맡았는데, 현재는 회사의 재무담당 부사장입니다. 회사에서 그녀의 교육비

222

를 모두 지원했습니다. 저는 주변에 저보다 현명한 직원들이 많아야 한다고 생각합니다. 그녀도 그들 중 한 명이고요. 올가는 우리가 지원하는 직업훈련단체에서 일하던 직원이었습니다. 저희 회사에 들어온 뒤 처음에는 리셉션에서 안내하는 일로 업무를 시작했지요. 지금 그녀는 회사에서 실력을 인정받는 프로젝트 보조직원 중 한 명이 되었습니다."

직원들을 아끼고 배려하는 버틀러의 태도는 굳이 말하지 않아도 모두가 알 수밖에 없었다.

친밀한 조직문화를 만드는 세 번째 원칙은, 직원들 간의 협력관계다. 언뜻 보기에 이 원칙은 회사가 통제할 수 없는 영역이라고 생각할 수도 있다. 내가 말하는 협력관계란, 직원들이 서로에 대해 느끼는 신뢰와 존중, 함께 시간을 보내며 얻는 즐거움, 조직 내에서 발생하는 갈등을 해결해나가려는 의지, 업무에 대한 공동의 자부심이 결합된 것이다. 더 나아가 같은 목표를 위해 훌륭한 결과를 만들어내겠다는 책임을 의미한다. 작은 거인들에 소속된 직원들에게서는 이러한 자질을 비교적 쉽게 발견할 수 있다. 아마도 그들을 처음 본 사람들의 흔한 반응은 "정말 좋은 직원들이군" 정도일 것이며, 어쩌면 그것이 전부라고 믿는 데서 그칠지도 모른다. 하지만 조금만 더 자세히 살펴보면, 직원들 간의 유대감 형성에 가장 중요한 역할을 한 것은 다름 아닌 그들이 속한 '회사'라는 사실을 알아챌 수 있다.

라이처스 베이브의 자회사인 LFS 투어링(LFS Touring)은 애니 디 프랑코의 순회공연과 매년 열리는 80~120개의 콘서트의 기획을 담당하는 회사다(LFS는 작은 포크싱어[little folk singer]라는 뜻이다). 애니는 보통 열 명 정도의 직원들이 함께 움직인다. 공연 매니저, 조명감독, 음향 엔지니어, 프로덕션 매니저, 모니터 엔지니어, 무대 매니저, 홍보 담당자, 기타 기술자, 레코딩 엔지니어 등이 여기에 포함된다. 그들은 일 년 중 거의 6개월을 함께 일하며, 한 번에 2~4주 동안 도시에서 도시로 이동하며 근무한다. 그들 중 대부분은 디프랑코와 7년 이상 순회공연을 함께 해왔으며 일부는 10년 이상 함께 일해온 경우도 있다. 보통 1~2년 정도의 근무기간을 넘기지 못하는 공연 업계 특성을 감안하면, 라이처스 베이브는 대단히 특이한 경우였다.

LFS 투어링의 직원들은 자신들을 가족이라고 표현한다. 공연 매니저인 수잔 알즈너(Susan Alzner)는 "저희는 가족 '같은' 게 아니라 가족이나 마찬가지"라고 말한다. 물론 그들이 실제 가족이라는 뜻이 아니며 그만큼 가까운 관계라는 의미다. 골츠 그룹의 제이 골츠가 말했듯이, 어떤 회사도 구성원들이 실제 가족이 될 수는 없으며 그것은 불가능하다. 골츠는 "가족은 무조건적인 사랑을 바탕으로 형성되지만, 회사는 조건적인 사랑을 바탕으로 만들어진다"고 말했다. 자신의 분야에서 맡은 일을 제대로 해내지 못한다면 동료의 신뢰도, 가족 같은 분위기도 형성될 수 없기 때문이다.

그러나 LFS 투어링의 알즈너가 강조한 직원들 간의 강한 믿음과 끈끈함을 부정할 수는 없다. 실제로 LFS 투어링의 직원들은 실제 가족들보다 훨씬 더 가까운 존재다. 예를 들면 회사에서는 가족 간에 흔히 발견되는 형제 간의 다툼이나 경쟁이 거의 없다.

"모든 직원들이 자신의 분야에서 업계 최고라는 평판을 갖고 있지만 자존심 싸움 같은 건 전혀 없습니다. 그렇기 때문에 일하기에 훨씬 편안한 분위기가 형성되지요. 이쪽 업계는 개개인이 지닌 일에 대한 일종의 자부심을 바탕으로 굴러갑니다. 우리는 언제나 서로를 지지하고, 아이디어나 의견은 자유롭게 공유합니다. 제가 도움이 필요할 때면 조명감독은 기꺼이 저를 도와주러 옵니다. 이 업계에서는 대단히 독특한 경우라고 볼 수 있지요."

회사의 다른 직원들 역시 LFS 투어링의 *끈끈한* 협력관계가 공연 업계에서는 결코 흔하지 않다는 사실을 잘 알고 있다. 그들 가운데 대부분은 다른 가수들의 공연 현장에서 일해본 경험이 있다. 블루스 트래블러(Blues Traveler), 슈가 레이(Sugar Ray), 조안 오스본(Joan Osborne)과 같은 유명 밴드의 순회공연 경험이 있는 무대 매니저 겸 모니터 엔지니어인 션 깁린(Sean Giblin)은 이렇게 말한다.

"이전에 다른 회사에서 순회공연을 했을 때는 스태프들 간에 의견 충돌이 일어나서 서로 일을 방해하고 피해를 주는 경우도 많았습니다. 일부러 분열을 조장하는 경우도 있고요. 설령 그런 대형 사고가 없다 해도 협력적인 팀 분위기를 형성하는 것은 결코 쉬운 일이 아닙니다. 한 번 순회공연을 나가면 하루 24시간을 동고동락해야 하니, 하루라도 휴가가 주어지면 직원들은 기다렸다는 듯이 뿔뿔이 흩어집니다. 그런데 저희 회사에서는 쉬는 날에도 서로 모여 미술관도 가고 저녁도 함께 먹습니다. 대부분의 순회공연에서는 결코 일어나지 않는 일이지요."

그렇다면 그들은 어떻게 이런 친밀한 관계를 형성할 수 있었을까? 8년 동안 회사에 근무했던 프로덕션 담당자인 스티브 슈렘스(Steve Schrems)는 이렇게 말했다.

"그 차이는 애니에게 어떤 숨겨진 의도나 목적이 없었다는 것에 있습니다. 어떤 스태프들은 애니의 공연에 참여할 때마다 마치 파티에 온 것처럼 즐겁게 일하기도 합니다. 우리는 모두 좋아하는 일을 하기 위해 모였기 때문에 함께 즐기며 일할 수 있습니다. 훌륭한 음악을 만드는 것이 우리의 공통된 목적이거든요. 애니가 이곳에 있는 이유이기도 하고요. 애니는 자신을 지지하는 사람들에게 반드시 의리를 지키는 사람입니다."

· · · · · · · · ·

회사도 하나의 '작은 사회'이자 '작은 세계'다

직원들의 충성심과 공동의 목표는 분명 중요하다. 그러나 그뿐이 아니라, LFS 투어링이 일반적인 공연 회사들과는 다른 방식으로 운영된다는 점도 주목할 필요가 있다. 이곳의 직원들은 모두 정기적인 급여를 받는데, 사실상 이것은 공연 업계에서는 거의 사용하지 않는 방식이다. 회사에서 제공하는 연금제도나 건강보험 역시 업계에서는 흔치 않다. 밥 딜런의 공연 스태프로 3년 반 동안 근무한 후 LFS 투어링에서 일하게 된 조명 디자이너 필 카라츠(Phil Karatz)는 이렇게 말한다.

"같은 업계에 근무하는 친구들이 저를 많이 부러워하죠. 애니의 순회공연이 없을 때에도 정기적으로 급여를 받게 되면서 여러 개인적인 문제들이 해결되었습니다. 가장 좋은 건 아파트 월세를 밀리지 않고 지불할 수 있게 된 겁니다. 이전에는 일정한 수입을 얻기 위해 여러 공연을 옮겨 다녀야 했습니다."

처음 급여 관련 문제를 제기한 것은 프로덕션 매니저로 오래 근무해온 슈렘스였다. 1999년에 그는 결혼 5년 차에 어린 딸을 키우고 있었다. 안정된 소득을 원했던 슈렘스는 다른 업계처럼 투어당 급여를 받는 방식 대신 주급으로 받는 방식을 사장인 스콧 피셔에게 제안했다. 피셔는 그의 말을 들은 후 새로운 급여 체계를 고안했고, 다른 직원들에게도 같은 선택권을 제시했다. 일부 직원들은 초반에는 낯선 방식에 거부감을 보였지만, 곧 마음을 바꾸고 봉급제를 선택했다. 효과는 금세 가시적으로 드러났다. LFS 투어링에 근무하는 직원들은 이전보다 훨씬 여유가 생겼고, 협력적인 업무 환경으로 업계에 정평이 나기 시작했다. 결과적으로 LFS 투어링은 유능한 인재들이 들어오고 싶어 하는 업계의 대표적인 회사로 자리매김하게 되었다.

회사의 이러한 태도나 정책은 비단 직원들이 회사에 느끼는 감정에만 긍정적인 영향을 미친 것이 아니다. 직원들 간의 관계나 조직의 전반적인 분위기에도 커다란 영향을 미쳤다. 여기서 우리는 작은 거인들이 지닌 또 다른 특징을 알아챌 수 있다. 그것은 경영자들이 조직 내부적으로 형성된 그들만의 작은 세계를 정확하게 인식하고 있다는 점이다.

물론 모든 회사들은 그들만의 규칙, 계급, 옳고 그름의 자체적인 기준을 가진 하나의 작은 사회라고 볼 수 있다. 하지만 대개는 그러한 사회를 비즈니스의 중심축이라고 생각하기보다는 다른 활동들의 부산물로 여긴다. 기업의 존재 이유는 무엇인가? 조직의 내부 생태계와 그들만의 작은 사회를 구축하기 위함이 아니라 고객에게 제품과 서비스를 제공하거나, 주주들을 위한 수익을 발생시키거나, 일자리를 창출하기 위해 존재한다. 그 과정에서 생겨난 작은 사회는 계획하에 생성된 것이 아니라 우연적으로 생겨난 결과물이라고 보는 것이다. 우리는 그것을 단순히 기업문화의 일부라고 생각한다.

그러나 작은 거인들에게 기업문화는 그리 단순한 것이 아니다. 프리츠 메이태그는 이렇게 말한다.

"저는 조직의 문화를 일종의 불문법이라고 생각합니다. 로마에도 불문법이 존재했고, 사람들은 마땅히 그에 맞게 행동했습니다. 그런데 사회의 중심을 이루던 불문법이 무너지자 로마 제국도 함께 무너졌지요."

작은 거인의 리더들은 조직의 문화를 창조하고 공동체를 형성하는 시스템과 프로세스를 만드는 데 엄청난 양의 시간과 에너지를 쏟았다. 그들이 원하는 모습의 작은 사회를 마음속에 그리며 그것을 현실로 만들어내기 위해 지속적으로 노력을 기울였다. 또한 자신이 속한 세상의 일부를 더 나은 곳으로 만들기 위해 끊임없이 도전한다. 그들은 자신의 회사가 직원들에게 만족스러운 삶과 행복을 가져다줄 수 있는 곳이 되기를 원하며, 그러한 회사를 만드는 것을 자신의 목표나 비전이라고 여긴다.

그들이 이러한 목표와 비전을 추구할 수 있는 이유는 그들이 내린 '선택' 때문이다. 그 선택으로 조직 내에서 여러 가지 방식을 실험하고, 시행착오를 겪기도 하며, 사업을 조직하고 운영하는 과정에서 새로운 것을 시도해볼 수 있는 자유를 얻은 것이다. 다음 장에서 살펴보겠지만, 그들 가운데 일부는 그러한 자유를 무척 창의적인 방식으로 활용했다.

6장

그들이 보여주는 세계

남다른 목표와 비전으로 창의적인 경영 방식을 꽃피우다

기업이 생존 단계를 넘어 안정 단계에 이르게 되면,

보편적으로 다음의 두 상황 중 하나에 직면하게 된다.

많은 문제와 기회들에 압도돼 미래의 청사진을 고려하지 못하거나

전략과 전술에 과도하게 집중한 나머지

근본적인 질문들에 소홀하게 되는 것이다.

그러나 작은 거인들은 그런 문제에 대해 깊이 고민하고 탐구했다.

그들은 비즈니스 세계의 테두리 안에서 비상장 개인기업이 형성할 수 있는

그들만의 다채로운 세상을 분명하게 보여준다.

레엘 프리시전 매뉴팩처링의
첫 번째 사내 소식지인《레엘 스토리즈(Reell Stories)》에 사보에서는 좀
처럼 찾기 힘든 성격의 기사 하나가 실렸다. '양심의 문제'라는 제목
의 기사는 조 아놀드(Joe Arnold)라는 직원이 자신이 맡은 프로젝트를
진행하며 겪은 내면의 혼란을 상세히 묘사한 글이었다.

　　한 디자인 회사가 레엘 프리시전 매뉴팩처링에 편의점과 무역
박람회에 사용될 홍보용 박스의 경첩을 제작하는 일을 의뢰했다. 경
첩은 상자 안쪽의 제품이 잘 보이도록 박스의 뚜껑을 일부 열려 있
게 하고, 경첩을 살짝 건드리면 뚜껑이 천천히 닫히도록 하는 기능을
했다. 엔지니어인 아놀드는 이 작업이 결코 쉽지 않다는 것을 깨닫고
의뢰를 받은 즉시 아이디어를 구상하기 시작했다. 그런데 작업을 하
는 중에 한 가지 알게 된 사실은 디자인 회사에 경첩의 제작을 맡긴
고객이 담배 회사라는 점이었다.

　　홍보 박스는 분명 담배의 판매를 위해 사용될 것이었다. 아놀드
는 사람들에게 부정적인 영향을 미치는 제품의 홍보에 관여한다는

사실이 마음에 걸렸다. 하지만 한편으로는 자신이 고안한 아이디어를 고품질의 저렴한 경첩을 만드는 데 접목시킬 수 있다는 것에 대한 기대감도 있었다. 그는 한동안 어떤 선택을 해야 할지 몰라 고민에 빠졌다. 그러던 중 이 프로젝트에 대해 그와 마찬가지로 찜찜한 기분을 느낀 동료가 아놀드의 의견을 물어왔다. 그는 갈팡질팡하는 자신의 마음을 털어놓았다. 그날 밤 아놀드는 아내에게도 프로젝트 진행에 대한 의견을 물었는데 그녀는 "사업에 대해서는 잘 모르지만 나라면 하지 않겠어"라고 말했다. 아놀드는 마음속으로 그녀의 말에 동의했다. 그들에게는 여섯 명의 자녀들이 있었다. 만약 전시관의 홍보박스가 아이들에게 담배를 팔기 위해 사용된다면 어떻겠는가? 그는 영업부서 직원인 존 스트롬(Jon Strom)과 함께 이 문제를 논의해봐야겠다고 생각했다.

스트롬과 그의 부서 동료들은 지난 1년여의 시간 동안 실적에 대한 압박을 많이 받아온 상태였다. 불경기로 레엘 프리시전 매뉴팩처링의 고객 기반인 컴퓨터 제조업체들이 심각한 타격을 입었고, 따라서 레엘의 매출도 큰 폭으로 떨어졌기 때문이다. 직원들을 해고하는 상황만은 피하고자 경영진들은 자신의 임금 삭감률을 12%에서 16%로 늘렸고, 최저 임금을 받는 직원들을 제외한 나머지 직원들도 임금의 7%를 삭감해야 했다. 회사 전체가 감봉 안을 철회할 만한 영업 부서의 새로운 성과와 활약을 기대하고 있던 상황이었기 때문에 그 디자인 회사와의 계약은 일종의 기회와도 같았다.

레엘의 경첩 제작 기술은 다른 회사들에도 판매할 수 있는 다양한 응용 방식을 지녔기 때문에 회사 입장에서는 새로운 수익원이 될 수 있었다. 이런 측면에서 볼 때, 경첩 제작은 레엘이 추구하는 방식을 정확히 따르는 제품이었다. 그들은 이제껏 제품을 제작할 때마다 다양한 적용 방식을 접목시켜왔고, 그런 자사의 제품을 활용해 불만 고객들의 문제를 해결한 다음, 같은 제품을 또 다른 방식에 적용하는 기술로 성장해왔기 때문이다.

의사를 결정하고 문제를 해결해나가는 그들의 방법

아놀드의 말을 들은 스트롬은 그가 과민한 반응을 보인다고 생각했다. 레엘의 고객은 엄연히 담배 회사가 아닌 디자인 회사였다. 물론 담배 회사의 필요로 경첩이 개발되는 것이긴 하지만, 이후에는 감자칩 회사나 캔디 회사가 그 경첩을 사용할 수도 있는 것이었다. 스트롬은 만일 홍보 박스가 초콜릿바를 판매하려고 만들어졌다면 누가 이 문제에 대해 신경이나 썼겠냐고 되물었다.

하지만 아놀드는 여전히 프로젝트를 진행하는 것에 대해 찜찜한 기분이 들었다. 결국 그가 만든 제품은 중독성 있는 제품을 판매하는 데 사용될 것이기 때문이다. 타협점에 이르지 못한 그들은 다른 사업 개발팀의 직원들과도 논의를 시도했지만 마땅한 결론을 내리지 못했다. 아놀드는 회사의 공동 CEO 중 한 명인 밥 칼슨에게 조언을 구했다. 칼슨은 아놀드의 말을 듣고, "여러분들이 이 문제를 어떻게 해결해나갈지 흥미롭군요"이라고 말했다.

결국 아놀드와 스트롬은 사업 개발부서를 이끌고 있는 세 명의 리더들에게 결정을 맡기기로 했다. 리더들은 아놀드에게 회사가 이 계약을 포기하지 않는다면 회사를 그만둘 만큼 양심에 가책을 느끼는지 물었다. 아놀드는 이렇게 답했다.

"그건 아닙니다. 회사가 이 일을 정말로 중요하게 여긴다면, 경첩을 제작해야겠죠. 하지만 한 가지 걸리는 게 있다면, 최근 몇 년 동안 저는 중고등학교에 가서 제 직업을 아이들에게 소개하고 이야기를 나누는 시간을 자주 가졌습니다. 제가 만든 제품의 샘플을 가져가서 아이들에게 보여주기도 했고요. 그런데 만일 제가 이 제품을 제작한다면, 분명 자랑스럽지는 않을 것입니다. 당연히 아이들에게 제품을 보여주지도 않겠지요."

리더들은 결국 홍보 박스를 제작하지 않기로 결정했다. 스트롬은 그 결정에 완벽히 동의한 것은 아니지만, 그 과정은 공정했다고 생각했다. 리더들이 최종적인 결정을 할 때 자신과 아놀드의 의견을 충분히 들었다고 느꼈기 때문이다. 혹자는 양심의 가책을 느낀 아놀드 대신 다른 엔지니어를 프로젝트 담당자로 배정하면 되지 않겠느냐고 생각할 수도 있을 것이다. 하지만 회사는 이제껏 그런 방식의 결정은 단 한 번도 고려해본 적이 없었다. 칼슨은 말한다.

"어느 누구도 그렇게 하자고 제안한 적이 없습니다. 그건 우리가 일을 처리하는 방식이 아니기 때문이지요. 만일 누군가 그 일을 진심으로 맡고 싶어 했다면 고려는 해봤을 테지만요."

어쨌든 스트롬과 아놀드와 경영진 모두는 그 사건이 단순히 경첩 제작이나 계약상의 문제, 혹은 담배 판매에 관한 윤리성에 관한 문제만은 아니라고 이야기한다. 그 사건의 핵심은 '신뢰'였다. 스트롬과 아놀드는 함께 해결책을 찾기 위해 협력하면서 서로를 충분히 신뢰했을까? 자신의 행동이 회사의 이익을 위한 최선의 방법이라고 확신했을까? 경영진들은 두 사람과 나머지 동료들이 문제를 스스로 해결할 수 있다고 믿었을까?

물론 어떤 이들은 그들의 문제해결 과정과 결과에 대해 의문을 제기할 수도 있다. 스트롬이 디자인 회사와의 계약을 고집한 이유가 무엇이던가? 회사의 매출 부진으로 직원들과 그들의 가족들이 곤경에 처해 있었기 때문이다. 과연 한 사람의 양심 때문에 회사의 이익을 위한 일을 무시해야 했을까? 공동 경영자인 밥 칼슨과 스티브 윅스트롬은 어떤가? 그들은 최종 결정을 내리지 않음으로써 책임을 회피하려던 건 아니었을까? 이런 어려운 결정을 처리하는 것이 CEO의 중대한 역할 아니던가? 그들이 문제해결을 꺼린다면 대체 누가 결정을 내린단 말인가?

레엘의 CEO인 칼슨과 윅스트롬은 자신들의 책임에 대해 동의했으며, 조직 내의 어려운 결정을 다루는 일이 자신들의 역할이라는 사실도 잘 알고 있었다. 하지만 그들에게 있어서 이번 사건의 가장 힘든 결정은 직원들을 전적으로 믿어주는 것에 있었다. 결국에는 직원들이 회사를 위해 옳은 결정을 내릴 것이라는 신뢰를 갖는 것, 그것이 무엇보다 중요했다고 말한다.

경영진들은 그 사건의 결론이 어떻게 나더라도 회사의 정상적인 운영에는 무리가 없다고 판단했다. 레엘은 이번 디자인 회사와의 경쟁 계약 없이도 충분히 자생할 수 있다고 생각했다. 그들이 무엇보다 가장 중요하게 생각한 것은 직원들의 주인의식과 회사에 대한 책임감이었다. 이런 관점에서 본다면, 그 일은 회사의 핵심 가치에 대한 경영진들의 헌신과 약속을 그 어떤 연설이나 선언문보다도 효과적으로 보여준 계기가 된 셈이다. 그리고 그들은 그 일화에 대해 듣지 못했거나, 전달하고자 하는 메시지를 놓쳤을 직원들을 위해 회사 사보를 통해 다시 공유한 것이다.

· · · · ━ · · · ·

독자적인 사업을 위해 숙고해야 할 경영의 근본

흔히 새로운 사업은 어떤 식으로든 세상을 바꾸고 혁신하려는 시도로 만들어진다고 생각한다. 그러나 대다수의 사람들은 치열한 고민 없이 사업을 시작하며 실제로 극히 소수의 창립자들만이 어떻게 그리고 얼마만큼 자신이 세상을 바꾸는 데 기여할 수 있는지 깊게 고민한다.

놈 브로드스키는 모든 기업가들이 가장 우선시해야 할 도전과제는 '자신들의 아이디어를 어떻게 독자적으로 생존 가능한 사업으

로 실행하는가'에 달렸다고 말한다. 즉 조직 내부의 현금 흐름만으로
도 사업이 안정적으로 유지될 수 있는지 먼저 판단해야 한다는 것이
다. 회사의 자본이 조기에 고갈되지 않는다는 가정하에 그러한 고민
은 오랜 시간(때로는 수년간) 지속된다. 자본이 없다면 기업의 생존력은
논할 가치가 없다. 만약 10년 후 사업의 모습이나 운영 방식, 회사의
분위기 등을 미리 생각해두지 않는다면(당연히 선행되어야만 하지만), 당
장 회사의 생존을 위해 고군분투하느라 미래에 대한 고민에 쏟을 시
간은 없을 것이다.

　그들이 기업의 생존 단계를 넘어 사업을 안정적으로 운영하는
시기에 이르게 되면, 보편적으로 다음 두 가지 가운데 한 가지 상황
에 직면하게 될 것이다. 너무 많은 문제와 기회들에 압도되어 미래의
청사진을 고려하지 못하거나, 전략과 전술에 과도하게 집중한 나머
지 조직이나 기업문화에 대해 가져야만 하는 근본적인 질문들에 소
홀하게 되는 것이다.

　그러나 작은 거인의 창립자와 리더들은 그러한 문제에 대해 깊
이 고민하고 탐구했기 때문에 남들과는 다른 모습을 보인다. 물론 그
들 모두가 같은 답을 생각해낸 것은 아니다. 그들은 제각기 다른 경
영 철학과 기업문화와 운영 방식을 갖고 있기 때문이다. 하지만 작은
거인들은 비즈니스 세계의 테두리 안에서 비상장 개인기업이 형성
할 수 있는 그들만의 다채로운 세상을 분명하게 보여준다. 그런 측면
에서 볼 때, 각각의 작은 거인들은 소설『아틀라스』에 등장하는 '골
트의 협곡(Galt's Gulch)'과 같은 모습을 보인다. '골트의 협곡'이란 공

동의 비전을 지닌 사람들이 함께 어우러져 살고 싶어 하는 이상적인 모습의 안식처를 뜻한다.

레엘 프리시전 매뉴팩처링은 창립자들의 비전에 따라 세상을 올바른 방향으로 바꾸려는 다양한 시도를 해왔다. 다른 작은 거인들보다 이런 측면에서 특히 더 많은 노력을 기울였다. 그 과정에서 회사는 기존의 경영 관례들은 모두 거부했다. 레엘이 운영되는 전반적인 방식을 이해하기 위해서는 조직의 내부적인 가이드라인과 용어사전이 필요할 정도로 창의적이고 새로운 방식을 적용했다.

회사의 조직도는 보편적인 피라미드형이 아닌 직사각형 구조로 이루어져 있다. 직원들은 이를 간단히 매트릭스형이라고 부른다. 매트릭스의 중심에는 동료들(직원들)이 위치하고, 상위에는 다양한 부서의 책임자들이 자리 잡고 있다. 여기에는 품질서비스팀(품질관리팀), 재무서비스팀(회계팀), IT서비스팀(IT팀), 동료서비스팀(HR팀) 등의 부서들이 포함된다. 매트릭스의 왼쪽에는 두 개의 SBU(Strategic Business Units, 전략 사업 단위)와 레엘의 유럽지사가 위치하며, 상단과 측면을 따라 만들어진 칸에는 자회사나 부서, SBU의 총 책임을 맡고 있는 CEO가 누구인지를 표시하고 있다.

각 부서 외에도 회사에는 동료들끼리 만든 사내의 '업무그룹'이 존재한다. 레엘의 경영 방침이 기록된 문서에는 '직원들이 함께 성장하며 잠재력을 발휘할 수 있는 업무 환경을 조성하고 키워나가는 것이 회사의 1차 목표다'라고 명시되어 있으며, 레엘은 이 목표를 철저하게 따른다. 또한 대부분의 회사에서는 '관리자나 감독자'라고 불리는 직책을 레엘에서는 '자문가'라고 부른다. 그들의 주된 역할은 '조언을 구하는 직원들이 자신의 지위 내에서 최대한 성장할 수 있도록 돕는 것'이다. 고위 경영진들은 '내각'이라고 불린다. 내각의 구성원은 공동 CEO들, SBU의 책임자 및 각 부서의 관리자들이다. 그들은 매주 회의를 통해 사업 전략과 전술들을 논의한다. 마지막으로 '포럼'이라고 불리는 그룹이 있는데, 이 그룹은 동료서비스팀의 부사장과 자원한 직원들 중 무작위로 선발된 일곱 명의 직원들로 구성된다. 소속된 직원들은 각기 다른 지역을 대표하며 3년간 이 직책을 맡는다. 포럼 구성원들은 매월 두 차례의 회의를 통해 직원들의 관심사와 염려 사항들을 논의하고, 회사의 운영 방식이 기업의 '방향선언문(Direction Statement)'과 일치하는지 주의 깊게 관찰한다.

다른 기업들도 마찬가지겠지만, 레엘 역시 회사의 최고 경영권은 두 CEO에게 있으며 이들은 이사회에 경영 전반에 대해 보고할 책임을 갖고 있다. 이사회는 매년 주주들에 의해 선출되며, 종업원지주제도에 속한 직원들, 대부분의 내각 구성원, 세 명의 창립자와 그 가족들이 주주에 해당한다. 결국 최종적인 사업의 운영 권한은 주주들이 행사한다. 이런 측면에서 보자면, 레엘의 전반적인 조직 구조는 보편적인 기업들과 크게 다르지 않다. 그러나 주주들이 권한을 행사하는 방법은 매우 이례적이며, 이 회사가 설립된 가치와 신념을 잘 드러낸다.

레엘 프리시전 매뉴팩처링은 전직 3M 직원 세 명인 데일 메릭(Dale Merrick), 밥 발슈테트(Bob Wahlstedt), 리 존슨(Lee Johnson)이 나와서 1970년에 설립한 회사다. 회사명은 고객들이 기억하기 쉬운 이니셜로 구성된 RPM(Reell Precision Manufacturing)으로 정했다. P(Precision, 정확, 정밀)와 M(Manufacturing, 제조업)이 의미하는 단어를 결정하는 것은 어렵지 않았지만, R로 시작하는 단어를 찾기는 쉽지 않았다. 그러던 중 존슨이 독일어 사전에서 '정직한, 신뢰가 가는, 진실성 있는'이라는 의미를 가진 'Reell'이라는 단어를 찾았다. 그들 모두가 'Reell'을 자신이 추구하는 회사의 모습을 정확히 묘사한 단어라고 생각했다. 그렇게 레엘 프리시전 매뉴팩처링이 탄생했다.

이후 몇 년간 그들은 생산 라인을 성공적으로 발전시켰고, 동시에 파트너들 간의 남다른 협업 방식도 개발해냈다. 세 사람은 회사 내부에서 일어나는 중대한 결정을 내리거나 회사의 방침을 바꿀 때마다 모두가 만장일치로 동의해야 한다고 합의했다. 이것은 결정이 필요할 때마다 전원 합의를 위해 며칠 이상이 소요됐음을 의미했다. 문제를 철저히 논의하고 의견을 조율하는 데 그만큼의 시간이 필요했기 때문이다. 논의가 끝난 후에도 여전히 반대의사가 나오는 경우, 그들은 질문의 형태를 달리 해서 합의점을 찾을 때까지 토론을 이어갔다. 세 사람 중 누구든 의견에 대한 거부권을 행사할 수 있었기 때문에 이후 다른 직책(각각 회장, 사장, 운영책임자)을 맡더라도 모두가 CEO나 다름없었다. 그들은 회사에서 '3인조'라고 불렸다.

3인조가 공동으로 회사를 경영한다고 하면 언뜻 보기에 실패할 확률이 높아 보이지만, 실제로 그들은 대단한 성공을 거두었다. 이들 3인조의 사업적 결정은 당시에는 몰라도 돌이켜보면 결국 올바른 판단으로 판명되는 경우가 많았다. 또한 창립자 세 명이 보여준 협력 정신은 직원들에게 강한 인상을 남겼다. 1981년 레엘에 합류한 엔지니어 존 코세트(John Kossett)는 말한다.

"저는 이전에 다른 회사에 근무하면서 여러 경영자들이 어떤 방식으로 일하는지 많이 겪어봤습니다. 대부분은 각자가 추구하는 문제해결 방식을 갖고 있고, 그 방식을 강력히 주장합니다. 하지만 밥, 리, 데일은 달랐습니다. 그들은 자신의 의견만을 주장하지 않고, 서로에 대한 존중을 바탕으로 협력하는 것을 중시했습니다. 그들의 경영마인드는 우리가 고객과 공급업체, 동료들과 일하는 방식에도 상당한 영향을 미쳤습니다."

앞서 담배 회사의 홍보용 박스 경첩 제작을 고민했던 조 아놀드도 3명의 CEO에 대해 이렇게 말했다.

"3인조의 언행에는 언제나 일관성이 있었습니다. 늘 직원들의 말에 귀를 기울이고, 보살피고, 지키지 못할 약속은 하지 않았죠. 우리는 그들의 행동을 모범으로 삼고, 동료들이나 고객과의 관계에서도 같은 방식을 취하려고 노력합니다."

3인조가 성공을 거둔 이유 중 한 가지는 서로 간의 협업을 통해 강화된 그들의 신념과도 관련이 있었다. 그들은 레엘의 첫 번째 목표는 최고 품질의 제품을 만드는 것이라는 데 동의했다. 그러나 동시에 "수익성이 없거나 편리하지 않거나 전통적이지 않은 방식이라도 '올바른' 방향으로 나아간다"는 경영 방침을 문서상으로 남기고, 이를 따르기로 약속했다.

그들의 공통된 신념은 레엘이 처음으로 재정적 위기를 맞았을 때 특히 중요한 역할을 했다. 1975년 경제 불황으로 레엘의 유일한 고객이었던 3M이 한 해 동안 레엘의 제품인 랩 스프링 클러치를 주문하지 않겠다는 갑작스런 발표를 했다. 다행히 세 명의 CEO들은 제록스를 고객사로 영입하는 데 성공했고, 3M에서 받은 타격을 일부 완화할 수 있었다. 하지만 전년 대비 매출이 40%나 감소했기 때문에 회사의 인원 삭감이 불가피한 상황이었다. 오랜 심사숙고 끝에 세 사람은 결국 아무도 해고하지 않기로 결정했다. 대신 그들은 직원들의 임금을 10% 삭감하고, 자신들의 연봉을 50%로 줄였다. 줄어든 연봉으로 회사 전체가 힘든 시기였지만, 모두가 함께 고생한 덕에 다행히 직원을 해고하는 일 없이 어려운 시기를 이겨낼 수 있었다. 이 사건은 이후 회사의 기업문화에 중대한 영향을 미치는 선례가 되었다.

한편 사업은 새로운 국면에 접어들고 있었다. 제록스의 요청에 따라 회사는 기계로 작동하지 않고 전력으로 작동하는 랩 스프링 클러치의 개발을 시작했다. 작업 샘플은 제록스에게 곧바로 전달됐지만, 실제로 파트너들이 시장에 출시하기에 충분하다고 느낄 만한 샘플을 만들기까지는 무려 5년의 기간이 소요되었다. 오랜 시간을 투자한 만큼 새로운 전동 클러치는 대단히 성공적이었다. 출시 후 1년이 채 지나지 않아 제품은 다양한 응용 가능성을 인정받았고, 레엘의 급속한 성장은 더없이 명백해졌다.

한 가지 문제는 CEO들이 회사의 빠른 성장에 대한 확신이 없었다는 점이다. 이 문제에 대한 결론을 내리기 위해 3인조는 조력자와 함께 성장에 대한 사안을 오랜 시간 논의했고, 결국 합의점에 이르렀다. 그들은 사업을 좀더 큰 규모로 성장시켜야만 우수한 인재들이 레엘을 떠나지 않고도 조직 내에서 개인적인 성장의 기회를 찾을 수 있다고 생각했다. 3인조는 성장에 초점을 맞추기 위해 생산 시설을 대폭 확장하여 짓기 시작했다.

회사의 중대한 다음 변화는 몇 년 후에 찾아왔다. 제품의 품질 우수성을 무엇보다 중요하게 여기는 레엘은 생산되는 모든 제품을 검사관들이 일일이 점검하는 방식을 따랐다. 하지만 이는 매우 전통적인 형태의 품질 관리 기법이었다. 또한 이러한 검사 과정은 불가피하게 배송에 커다란 지연을 초래했다. 그러던 중 누군가가 장비를 운용하는 사람들이 직접 품질 관리를 시행하자는 참신한 방안을 제안했다. 3인조는 즉각 아이디어를 도입하기로 결정했고 곧바로 실행에 들어갔다. 결국 새로운 품질 관리 기법을 통해 효율성과 제품의 질적인 측면 모두를 향상시킬 수 있었다.

이 사건은 레엘의 기업문화를 근본적으로 변화시키는 계기가 되었다. 그들이 인식하지도 못한 사이에 회사가 명령과 통제 방식을 중심으로 돌아가고 있었다는 것을 깨달은 것이다. 그 품질 관리 시스템의 변화는 새로운 사업 운영 방침의 첫 단계가 되었다. 레엘은 '권한 부여'라고 부르는 제도를 도입했다. 레엘의 직원들은 이를 TET(Teach-Equip-Trust, 가르치고, 준비시키고, 신뢰하는 과정)라고 불렀다. 발슈테트는 수년 후 이 제도가 일종의 혁명이었다고 회상한다.

"경영 방식의 변화를 추진하며 미국 제조업체들이 생각하는 가장 큰 오해 한 가지를 깨닫게 되었습니다. 그것은 생산직 근로자들이 대개는 신뢰하기 어렵고, 특별한 동기부여를 하거나 업무를 강요하지 않으면 효율적으로 일하지 않는다고 생각하는 것입니다. 그러나 우리가 그들에게 잠재력을 발휘하고 역량을 개발할 수 있는 환경을 만들어주자 생산직 근로자들은 자발적으로 제품의 품질과 생산성에 헌신적으로 임하는 태도를 보여주었습니다."

당시 새롭게 개정된 회사의 방침은 20년 후에 경영자들이 담배 회사와 관련된 홍보용 박스 개발에 대한 결정을 직원들에게 전적으로 맡긴 사례와 연결된다. 그때까지도 'TET 접근법'은 레엘의 경영 전반에 중요하게 작용했고, 경영 철학을 담은 여러 문서들에도 명시되어 있었다.

기록된 문서 가운데 가장 중요한 의미를 담고 있는 것은 1989년에 새로운 경영진으로 영입된 스티브 윅스트롬의 주도로 만들어진 '방향선언문'이다. 그는 1982년 제조 총괄 담당자로 레엘에 합류했고, 당시 은퇴를 준비하고 있던 데일 메릭의 후임자로 부상했다. 윅스트롬은 창립자들의 경영 철학을 보존하는 것이 중요하다고 생각했고, 그들이 만든 회사 지침서를 새롭게 개정하자고 제안했다.

방향선언문은 이후 10년 동안 수정을 거듭한 이후에야 최종적으로 완성됐다. 3인조의 가치관, 경영 방침, 이상은 고스란히 보존되었으며, 그 외 여러 내용들이 보완됐다. 새로운 선언서에는 '동료와 그들의 가족, 고객, 주주, 공급업체, 지역 공동체의 상호 이익을 목표로 한다', '직장, 도덕적·윤리적 가치관, 가족에 대한 책임 사이에서 조화를 이루며 모든 사람이 공평하게 대우받는 업무 환경을 제공한다'는 내용 등이 담겨 있었다.

1998년에 회사는 발슈테트의 주도로 두 번째 핵심 문서를 만들었다. 그는 레엘의 가치관과 경영 원칙, 사업 목표의 우선순위를 담은 방향선언문에 대해 긍정적인 견해를 갖고 있었지만, 회사의 전반적인 비즈니스 접근 방식을 뒷받침하는 근본적 신념을 담은 문서도 필요하다고 생각했다. 그 결과 만들어진 것이 '신념선언문'이다. 방향선언문과 신념선언문은 조직 내에서 일종의 헌법과도 같은 역할을 했으며, 회사가 스스로를 지탱하는 기준을 모든 직원들에게 공유하는 계기가 되었다.

선언문에 따라서 회사는 항상 올바른 일을 하고, 조직의 지속적인 개선을 위해 노력하며, 직원들이 역량을 펼칠 수 있도록 돕고, 황금률에 따르겠다고 공식적으로 약속했다. 또한 조직에 지대한 영향을 미치거나 예측 불가능한 결과를 가져올 만한 결정들에 대해서는 신념과 지혜에서 해답을 찾고, 만장일치로 뜻을 함께할 때에만 행동을 취하며, 동료, 고객, 주주, 공급업체 및 지역사회에 대한 다양한 책임을 이행하는 것을 목표로 삼았다. 이것은 결코 쉽지 않은 약속들이었지만, 레엘은 진지한 자세로 선언문에 명시된 목표들을 지키려고 노력했다. 뿐만 아니라 앞서 언급한 포럼 그룹을 통해 회사가 선언문에서 약속한 바를 제대로 이행하는지 지속적으로 점검했으며, 충분하지 않다고 여긴 경우 수정된 행동을 요구했다.

이 모든 일이 진행되는 동안, 레엘은 세 명의 창립자들의 은퇴를 목전에 두고 있었기 때문에 회사의 소유권과 경영권 문제를 처리해야만 했다(이는 회사를 승계하는 과정에서 발생하는 필수적인 단계이며, 이에 대한 자세한 내용은 8장에서 살펴볼 예정이다). 경영진의 교체는 불가피하게 기업의 경영 방식과 지배 구조와 관련된 문제를 야기했다. 앞으로 이사회의 역할은 어떻게 달라질 것인가? 이사회의 구성원들은 어떤 방식으로 선정해야 하는가? 그들은 누구를 대표하는가? 이사회의 구체적인 책임은 무엇인가?

이 질문에 대한 해답을 찾고자 경영진들은 광범위한 시각으로 문제에 접근했고, 그 과정에서 조직 운영에 대한 기존의 통념을 타파하는 사상가인 로버트 K. 그린리프(Robert K. Greenleaf)의 글을 접하게 되었다. 그린리프는 서번트 리더십(Servant leadership, 섬김의 리더십)을 주제로 각종 논문과 글을 기고했고, 그가 남긴 글은 1990년 그의 사망 이후에도 비즈니스 세계에 커다란 영향을 미쳤다.

레엘은 그린리프의 경영 이념 가운데 상당 부분을 이미 시행하고 있었다. 레엘이 자체적으로 만든 개념이 서번트 리더십과 대단히 유사한 점이 많았기 때문이다. 그들은 직원들에게 '서번트 리더십'이란 표현조차 사용한 적이 없었다. 그런데도 그린리프의 저서 『서번트 조직(The Institution as Servant)』은 레엘의 이사회에 커다란 영향을 미쳤다. 이사회는 그린리프의 접근 방식을 이사회 멤버 선출 방식과 그들의 책임을 규정하는 기준으로 삼았다. 그린리프는 이사회가 다양한 주주 집단을 대표해야 한다는 개념을 전면 부정했으며 그러한 생각이 조직의 분열을 조장한다고 믿었다. 이사회는 회사의 목표를 지지하는 원동력이 되어야 하므로 그 역할에 적합한 능력을 갖춘 사람이 이사회의 멤버로 선발되어야 하며, 이사회가 특정 개개인의 이익을 대변해서는 안 된다고 주장했다.

이 같은 방침을 염두에 두고 레엘은 2000년 3월 새로운 이사회를 선출했다. 이사회의 주요 임무는 레엘이 '세상을 올바른 방향으로 변화시키며 발전해가는 과정'을 지속적으로 관찰하는 것이었으며, 여기에는 선언문에 명시된 책임을 다 한다는 약속도 포함되었다. 레엘은 자신만의 독특한 지배 구조와 경영 원칙 덕분에 그 후 30년 이상 번창할 수 있었다. 그들의 경영 원칙은 클리브바, ECCO, O.C.태너, 리듬 앤 휴스, 라이처스 베이브, USHG, 징거맨스가 기초로 하는 원칙과 매우 흡사하다. 대부분의 작은 거인들은 각기 다른 기업문화와 지배 구조를 갖고 있지만, 경영과 비즈니스에 대한 접근 방식은 로버트 K. 그린리프의 생각과 상당 부분 비슷하다고 볼 수 있다.

● ● ●—●—●—● ● ●

"우리가 만든 제품이 우리가 누구인지를 보여준다!"

하지만 작은 거인을 만들기 위해 반드시 서번트 리더십을 따라야 하는 것은 아니다. 작은 거인의 경영자들에게 이 개념을 언급한다면 그들 가운데 일부는 의아해할지도 모른다. 골츠 그룹의 제이 골츠는 이렇게 말한다.

"우리는 비즈니스맨이지 사회사업가가 아닙니다. 자녀에게 친구 같은 부모가 되고 싶다고 해서 진짜 부모의 역할을 거부해서는 안 되는 법이지요. 사업 초기부터 저와 함께 일해온 직원 한 명이 있습니다. 저는 그가 회사에서 하는 일마다 엉망으로 처리하는 걸 쭉 지켜봤습니다. 제가 어떻게 해야 할까요? 그 직원에게 얼마나 많은 아량을 베풀어야 할까요? 비즈니스맨이라면, 아량을 갖더라도 필요할 때에는 냉정해져야 합니다."

골츠는 비즈니스에 대한 자신의 생각을 계속해서 피력했다.

"인생은 자비롭지만 불공평합니다. 옳은 일만 하며 착하게 살아도 뇌종양에 걸릴 수 있어요. 반면, 비즈니스는 자비롭지는 않지만 대개는 공평합니다. 파산하는 사람들은 거의 스스로가 자초한 경우가 많습니다. 회사가 성공하려면 모두가 자신이 맡은 역할을 충실히 해내야 하고, 경영자의 입장에서 이를 요구하는 것은 당연합니다. 제시간에 출근하는 것을 예로 들어보죠. 우리는 지각에 대한 회사 방침이 분명합니다. 분기별로 4회까지는 지각을 허용합니다. 하지만 다섯 번 지각은 정직이고, 여섯 번 지각은 해고입니다. 변명도 없고 예외도 없습니다. 조직의 리더가 되면 직원들에게 요구를 해야 할 일들이 많아집니다. 요구의 정도나 한계점 역시 결정해야 하지요. 리더가 직원들에게 요구하는 정도를 1에서 10까지 수치로 표현한다면, 잭 웰치는 아마 10일겁니다. 하지만 저는 10까지는 원치 않습니다. 8쯤이면 좋을 것 같군요. 차이점이 뭐냐고요? 실적이 하나도 없는 직원이 있다고 가정해봅시다. 기준이 10인 리더는 퇴직금도 안 주고 내보낼 겁니다. 8 정도면 퇴직금을 지급합니다. 기준이 6인 리더는 어떤 행동도 취하지 않을 겁니다. 리더로서 해서는 안 될 행동이지요. 조직을 이끄는 리더라면 당연히 필요한 일에 대해서는 요구해야 할 책임이 있습니다.”

그렇다면 ‘올바른’ 일을 위해 회사의 이익을 포기하는 것은 어떨까? 골츠는 여기에도 동의하지 않는다.

“사업을 하면서 수익을 내지 못하면 진지하게 걱정해야 합니다. 당신이 회사를 설립했는데 수익이 없다면 확실히 뭔가 잘못된 겁니다. 어딘가에 구멍이 있다는 뜻이지요. 비즈니스에서 수익은 선택이 아니라 필수이고, 안정된 수익 없이는 얼마 못 가 파산을 초래할 수도 있습니다. 다시 말하면, 직원들에게 무책임하다는 의미이기도 합니다. 그들이 직업을 잃을 수도 있으니까요. 회사의 책임자로서 이윤을 내는 것은 의무나 다름없습니다. 내부적으로 회계사의 마인드가 되어 ‘이봐, 지금 뭐하고 있는 거야?’라고 자문할 필요가 있습니다.”

골츠의 말이 냉정하게 들릴지도 모르지만, 사실 아티스트 프레임 서비스의 기업문화 역시 다른 작은 거인들과 마찬가지로 친밀하고 활기차다. 직원들로부터 애사심을 이끌어내는 것 또한 다를 바 없다. 데일 제이맨(Dale Zeimen)은 액자 제조공장의 책임자로 근무하고 있다. 골츠는 그 직책을 8년간 맡아오다가 적임자를 찾아 업무를 넘겨줘야겠다고 생각했다. 처음에 그는 경력이 있고 나이가 어느 정도 있으며 자신보다 공장을 잘 관리할 수 있는 사람을 찾았다. 적임자를 채용하기 위해 컨설턴트에게 조언도 구했지만 별다른 도움을 얻지 못했다. 이제껏 그가 고용한 생산 책임자들은 거의 최악이었기 때문이다. 결국 골츠는 경력이 다소 부족하더라도 직접 교육할 수 있는 사람을 찾아야 한다는 사실을 깨달았다. 그는 고민 끝에 제이맨을 고용했고, 골츠의 교육으로 그는 성장하는 인재로 거듭났다.

2년 후 다른 회사에서 제이맨을 영입하려고 시도했고, 그들은 아티스트 프레임 서비스보다 1만 달러나 더 높은 연봉을 제시하며 솔깃한 제안을 했다. 골츠는 그 회사만큼의 연봉을 높여주기에는 현실적으로 무리가 있었지만, 제이맨과 계속 근무하고 싶었기 때문에 같은 조건을 제시했다. 제이맨은 이렇게 말했다.

"이직을 제안받은 회사의 분위기를 살펴볼 기회가 있었는데, 그 회사는 체계가 하나도 잡혀 있지 않았고 직원들에 대한 대우도 엉망이었습니다. 저는 골츠에게 '연봉을 인상해주지 않으셔도 됩니다. 저는 이 회사에 남을 거예요'라고 말했습니다. 저는 새로운 일자리와 연봉 인상을 모두 거절했지만, 제 선택을 후회한 적이 없습니다. 저는 누구보다 우리 회사가 좋고 오랫동안 근무하고 싶습니다. 아티스트 프레임 서비스가 업계 최고의 액자회사가 되기를 바랍니다."

그렇다면 그와 다른 직원들이 골츠와 함께 일하는 것을 좋아하는 이유는 무엇일까? 제이맨은 말한다.

"골츠는 선생님 같습니다. 예를 들면 그는 우리에게 부족한 면을 직접 보여주기 위해 우리를 무역박람회에 데리고 갑니다. 골츠는 품질에 있어서는 최고를 추구합니다. 이곳에 근무하기 전에 저는 타깃이나 월마트 같은 대형회사에 액자를 대량 납품하는 곳에서 근무했습니다. 품질 불합격률이 1% 정도면 괜찮은 수준이라고 생각했지요. 하지만 아티스트 프레임 서비스는 품질이 전부인 회사입니다. 그렇다고 해서 골츠가 불필요한 세부적 사항들까지 일일이 관여한 것은 아닙니다. 우리에게 일정한 범위 내에서 자유롭게 일할 수 있는 권한을 부여합니다. 그리고 그에게는 아이디어들이 무궁무진합니다. 자회사의 관리자들과 회의를 할 때면 골츠는 가만히 앉아서 우리가 하는 말을 듣고 난 후 갑자기 아이디어를 쏟아내기 시작합니다. 가끔은 그 속도가 너무 빨라서 다른 직원들은 말 한마디도 못할 때도 있지요. 그럴 때면 누군가 '사장님, 잠깐만요. 의견 좀 나누고 넘어가요'라고 말하곤 하죠."

실제로 골츠의 머릿속에는 늘 무한한 아이디어가 꿈틀거렸고 이는 회사의 제조 공장 곳곳에서 발견할 수 있다. 공장 내부를 돌아다니다 보면 자연스럽게 벽에 걸린 여러 게시물들과 마주칠 수 있다. 게시물의 글귀는 마치 포춘 쿠키를 열어보는 것 같은 느낌을 준다. '평계의 배를 탄 사람은 평범함의 바다에서 익사할 것이다.' '고객을 돌보는 것은 곧 스스로를 돌보는 것이다.' '우리가 만든 제품이 우리가 누구인지를 보여준다.' '행복한 고객을 만드는 것은 안정된 직업을 보장하는 최고의 길이다.' 이 글귀들은 모두 골츠가 직접 했던 말이다.

"저는 우리가 하는 사업에 대한 이야기를 직원들과 자주 나누곤 합니다. 직원들이 회사에서 자신이 맡은 역할을 분명하게 파악하지 못하는 것은 곧 리더가 제대로 된 역할을 하지 못했기 때문이라고 봅니다. 저는 두 달에 한 번씩 신입 직원들을 모아놓고 회사의 역사, 우리가 여기에서 일하는 이유, 문제가 생기면 어떻게 처리해야 하는지 등을 직접 교육합니다. 그리고 교육이 끝나면 직원들에게 이렇게 말합니다. '제가 말한 것들 중 실제와 다르거나 잘못된 내용이 있으면 언제든지 얘기해주세요'라고요."

공장 곳곳에는 더 많은 글귀들이 걸려 있다. '우유를 엎질러도 젖소를 죽인 게 아니면 괜찮다.' '가치관은 깨지는 것이 아니라 무너지는 것이다.' '우리의 가장 큰 경쟁자이자 적은 평범함이다.' 그는 완성된 프레임의 뒷면을 보여주며 파란색 나사를 가리켰다.

"생산 직원들마다 정해진 나사 색깔이 있습니다. 이것이 바로 제품에 대한 주인의식을 만들어내지요. 액자의 와이어가 떨어져 반송되면 우리는 누가 그 제품을 만들었는지 알 수 있습니다. 이 제도를 시행하고 난 뒤부터 품질이 눈에 띄게 좋아졌지요."

바로 아래층에는 웹스터 카페(Webster Cafe)라고 불리는 구내식당이 있는데, 이곳에서 그와 제이맨은 직원들과 매주 회의를 연다. 골츠는 말한다.

"소규모 기업체들은 회의를 자주 하지 않는 경향이 있습니다. 저는 전 직원이 적어도 일주일에 한 번은 만나서 직접적인 접촉을 해야 한다고 생각합니다."

버저가 울리고 생산 기술자들의 작업 구역에 빨간 등이 켜졌다. 관리자 한 사람이 타이머를 리셋하고 각 구역의 직원들이 외치는 숫자를 화이트보드에 적어 내려가기 시작했다.

"이것이 우리가 매일 생산량을 추적하는 방식입니다. 직원들은 매시 정각 30분마다 그들의 작업량과 날짜를 관리자에게 알려줍니다. 여기서 날짜란 고객이 제품을 받기를 원하는 날을 말합니다. 우리의 목표는 하루에 완제품 100개를 생산하는 것입니다. 이 제도를 시행하고 나서는 한 번도 목표 개수를 달성하지 못한 적이 없습니다. 고참 관리자들이 말하기를 예전에는 목표 생산량을 넘어서지 못한 날이 많았다고 하더군요. 일을 제때 끝내지 못했기 때문이죠. 이 제도는 업무를 처리하는 방식과 작업량을 실시간으로 파악할 수 있게 합니다. 또한 직원들에게 성취감을 주고 발생할 만한 문제들을 미연에 방지하는 효과를 가져옵니다. 만일 고객이 1시까지 액자가 필요한 상황에서 회의가 길어지거나 누군가가 주문을 잊어버려도 곧바로 확인하고 문제를 해결할 수 있습니다. 이런 시스템은 우리 회사에 꼭 필요합니다. X이론과 Y이론(미국의 경영학자 D. 맥그레거가 제창한 직원에 대한 경영자·관리자층의 인간관에 관한 이론. X이론은 '인간은 선천적으로 일을 싫어하며, 기업의 목표달성을 위해 통제·명령·상벌이 필요하다'고 여긴다. 반면 Y이론은 '오락이나 휴식과 마찬가지로 일에 심신을 바치는 것은 인간의 본성이라고 여기며, 조건에 따라서 인간은 스스로 목표를 향해 전력을 기울인다'고 본다)에 대해 알고 계시죠? X 이론에 적합한 직원과 Y 이론에 적합한 직원이 있다면 저는 Y 쪽에 속하는 직원을 선호합니다. 즉 자신에게 주어진 것뿐만 아니라 그 이상으로 노력하고 일에 대한 책임과 만족을 느끼는 사람들 말입니다."

경영자가 해야 할 일은 훌륭한 조직을 만드는 것

물론 골츠 그룹이 항상 그런 방식을 따르며 철저하게 운영된 것은 아니었다. 제이 골츠는 회사를 경영하는 동안 스스로 어떤 배움을 얻었는지 그리고 그것을 위해 얼마나 혹독한 시간을 견뎠는지 털어놓았다.

"저는 사람들에게 모든 비즈니스에는 세 가지 단계가 있다고 말합니다. 시작 단계, 노력 단계, 성장 단계죠. 저는 회사 운영을 안정화하기까지 10년을 홀로 고군분투해왔습니다. 그 과정에서 회사를 경영한다는 것이 단순히 조직의 구성원들에게 동기를 부여하는 법을 배우는 게 전부가 아니라는 것을 깨달았습니다. 그들의 동기를 꺾지 않는 법도 배워야 한다는 것을 느꼈지요."

주변의 잘못된 조언들 역시 극복해야 했다. 그는 말한다.

"누군가가 제게 '회사의 오른팔 역할을 할 만한 인재를 찾아 고액 연봉을 제시하는 게 어떻겠나?'라고 조언했습니다. 회사의 대표라면 흔하게 듣는 말이죠. 하지만 저는 이것이 잘못된 방식이라고 생각합니다. 회사의 경영자가 해야 할 일은 훌륭한 조직을 만드는 것입니다. 하지만 저는 이 사실을 뒤늦게서야 깨달았습니다. 당시 저를 대신해 회사를 경영할 부사장을 고용했는데, 그때의 경험으로 회사를 경영한다는 것에 대해 더 진지하게 반성해볼 수 있었습니다."

시간이 흐를수록 조직의 상황이 악화되어간다는 조짐이 보이는데도 부사장은 회사에서 7년 동안이나 근무를 계속했다. 그 시기에 골츠가 신뢰하고 아끼는 직원 중 한 명이 회사를 떠날 생각을 하고 있다고 그에게 털어놓았다. 그 직원은 회사가 돌아가는 상황을 도저히 견딜 수 없다고 말하며, 특히 회사 일에 무신경한 부사장에 대해 불만을 토로했다. 직원들은 스스로의 역할을 제대로 파악하지 못했고, 업무에 대한 책임감도 점차 잃어가는 상태였다. 골츠는 간신히 그를 설득해 회사에 머물게 할 수 있었다.

그러던 어느 날, 골츠는 액자 매장의 전시실에서 한 직원이 두고 간 커피 컵을 발견했다. 골츠는 이를 보고 매우 화가 났다. 회사에 신규 직원이 들어오면 입사 첫날에 '전시장 내 커피 컵 반입 금지'라는 규칙을 철저하게 교육했기 때문이다. 이미 두 달 전에도 전시실에서 발견된 커피 컵 때문에 전시실 관리자와 이야기를 나눈 적이 있었다. 전시실 여기저기에서 커피 컵이 발견된다는 것은 곧 직원들의 나태함, 부주의, 그리고 그가 견딜 수 없이 싫어하는 평범함의 확실한 징표였다. 그는 전시실 관리자를 불러 불같이 화를 냈다.

그는 곧 마음을 가라앉히고 사건에 대해 차분히 생각하기 시작했다. 도대체 왜 이런 일이 일어났을까? 왜 커피 컵 때문에 젊은 관리자를 불러서 소리까지 지르는 상황이 온 것일까? 골츠는 그 이유를 알아내는 데 몇 주나 걸렸다고 말한다.

"결국 제가 고용한 부사장이 '나태함'을 직원들에게 퍼뜨린 주범인 것으로 밝혀졌습니다. 그는 제가 원칙으로 삼고 있던 형태의 조직 경영과는 거리가 먼 사람이었고, 직원들이 회사의 규칙과 기준을 방관하는 분위기를 조성했습니다. 직원들은 제대로 된 교육을 받지 못했고, 위에서 신경 써주거나 올바른 방향으로 끌어줄 상급직원들도 없었습니다. 부사장의 접근 방식은 가령 '문제가 생기지 않도록 주의하세요. 그래도 문제가 발생하면 내가 책임지고 해결하지요'와 같은 방식이었습니다. 마치 어린아이를 양육하는 것처럼 말입니다. 예를 들어 어린자녀가 입에 레고 블록을 넣으면, 부모는 장난감을 바로 입에서 빼냅니다. 난로에 불이 붙으면 바로 불을 끄고요. 왜 이런 일이 일어났을까? 누가 그랬지? 여기서 무엇을 배워야 할까? 이런 질문은 던지지 않습니다. 그의 경영 방식이 이런 식이었습니다. 제가 원하는 조직의 분위기와는 한참 거리가 멀었고, 자신에게 편한 방식으로만 회사를 경영했던 것이지요. 하지만 어쨌든 모든 것은 제 불찰이었습니다. 부사장 한 사람이 조직을 운영하게 내버려두는 것이 아니라 경영진을 조직해서 전반적인 관리를 병행하는 것이 옳은 방식이었습니다. 저는 화를 냈던 전시실 관리자를 불러 미안하다고 사과했습니다. 그 직원은 저에게 '사장님과 부사장님이 내리신 지침이 서로 엇갈려서 무척 혼란스럽다'고 말하더군요."

골츠는 결국 부사장을 해고했고, 자회사의 관리자들에게 앞으로는 자신에게 직접 보고하라고 전달했다. 그는 말한다.

"저는 좀 더 많은 시간적 여유와 업무의 유연성을 갖고 싶어서 부사장을 고용했습니다. 부사장을 해고한 뒤 여덟 명의 관리자들이 모두 저에게 보고하는 것을 감당할 수 있을지 당시에는 꽤 걱정스러웠습니다. 그러나 우려와는 달리 이전보다 훨씬 효율적인 방식으로 업무를 처리할 수 있었습니다. 삶 또한 더 편안해졌고요. 제가 다시 직접 경영권을 잡은 뒤로 관리자들의 실적이 놀라울 만큼 향상되었습니다. 그들 모두는 이전에 저와 함께 일했던 경험이 있기 때문에 적응이 비교적 빨랐던 것 같습니다. 저는 이 일을 계기로 흔히들 말하는 '오른팔 역할을 할 사람'은 전혀 필요 없다는 사실을 깨달았습니다."

그에게 오른팔 역할을 해줄 공동 파트너가 불필요했던 이유는 안정적으로 제도화된 조직의 시스템 덕분이었다. 그는 직원들이 잘 따르기만 하면 대부분의 문제들을 미연에 방지할 수 있는 시스템을 회사 전체에 마련해두었다. 골츠는 시스템을 개발하는 데 타고난 재능이 있었다.

"저는 문제를 이해하고 해결책을 찾는 과정을 무척 즐깁니다. 제 친구에게 제가 강박증이 있는 것 같다고 말하자 그는 웃으며 저에게 이렇게 말하더군요. '그걸 이제야 알았어? 난 자네가 열 살 때 잔디 깎는 일도 시간 재며 하는 걸 보고 바로 알아차렸는데'라고요. 저는 '그건 그때뿐만이 아니라 지금도 여전하지'라고 대답했지요."

생산량을 화이트보드에 기록하는 것 역시 골츠가 개발한 시스템 중 하나였다. 또한 그는 액자를 제작하는 과정에서 실수를 방지하기 위해 새로운 시스템을 고안해냈다.

"우리에게는 네 가지 중요한 규칙이 있습니다. 첫째, 액자 제작 전에 고객에게 반드시 주문 송장을 확인하게 한다. 둘째, 고객이 액자를 더 다듬기를 원한다면, 고객이 보는 앞에서 수정할 라인을 그린다. 셋째, 수정할 라인이 그려져 있지 않으면 액자를 다듬지 않는다. 넷째, 액자에 들어갈 사진이나 그림에 손상된 부분이 있다면 고객이 떠나기 전에 기록해놓는다. 이 내용들은 모두 문서로 기록되어 있습니다. 제 역할은 직원들이 이 시스템을 잘 지키는지 점검하고 관리하는 일이고요. 이 원칙만 잘 지켜진다면 99.7%는 문제가 발생하지 않고 원활한 생산 관리가 가능합니다. 액자 1000개를 생산하면 그중 3개 정도에만 문제가 발생한다는 이야기지요."

골츠가 오른팔 역할을 하는 사람 없이도 조직을 성공적으로 운영할 수 있었던 것에는 또 다른 이유가 있다. 그가 그동안 회사를 경영해오며 관리자로서 충분한 자질을 지닌 인물로 한층 성장했기 때문이다. 그는 말한다.

"본사를 이곳으로 이전하느라 회사에 많이 신경 쓰지 못했는데도 별다른 문제없이 조직이 잘 돌아갔던 점이 무척 자랑스럽습니다. 도매 부서와 구매 업무를 맡고 있던 직원들의 공로가 특히 컸습니다. 동시에 회사 세 곳을 이전해야 했기 때문에 저는 이곳에는 거의 오지 못했습니다. 회사를 옮길 때 쓰려고 트럭을 한 대 사둔 게 있었습니다. 마침 제가 회사에 들른 날 한 직원이 물품 창고 쪽에서 트럭을 후진시키고 있더군요. 그런데 그 직원이 트럭을 후진시키다 그만 창고 기둥을 박고 말았습니다. 기둥은 한순간에 와장창 무너져버렸고, 결국 트럭 지붕이 주저앉았지요. 그 직원은 제 옆에서 '죄송합니다. 제가 다 물어내겠습니다'라고 말하며 당황스러워했습니다. 지금 생각하면 제가 어느 정도 나이를 먹고 경험이 쌓여서 참 다행이라는 생각이 듭니다. 저는 곧바로 괜찮다며 그를 다독였습니다. 이전의 저였다면 얼굴에 불쾌한 감정이 드러났을지도 몰라요. 하지만 회사를 운영하면서 제가 맡은 가장 큰 책임 가운데 하나는 이런 상황에서 직원들에게 너그러워져야 한다는 것이었습니다. 저는 '걱정하지 말게. 그정도 실수는 나라도 할 수 있는 거네'라고 말했습니다."

그는 그때의 행동이 직원들에게 큰 영향을 미쳤다고 말한다. 그곳에 있던 많은 사람들이 그 상황을 지켜보고 있었고, 그가 어떻게 행동할지 주시하고 있었으니 말이다. 아무리 보너스를 많이 주고 직원들의 사기 진작을 위해 사내 행사나 파티를 연다고 해도, 그가 직원에게 화를 낸다면 그간의 노력은 허사가 되는 것이나 다름없다.

"젊은 시절에 제가 화를 내며 소리를 많이 질렀냐고요? 네. 맞습니다. 그때만 해도 저는 경영자의 역할을 제대로 파악하지 못했던 것같습니다. 지금은 제가 충분히 이해할 만한 단순한 실수와 그렇지 않은 것들은 확실하게 구분할 수 있습니다. 기둥을 박은 건 명백한 실수지만, 액자의 라벨을 삐뚤어지게 붙인 건 업무에 대한 부주의에서 비롯된 것이지요."

골츠의 이러한 변화는 경영자로서 그의 역할에도 적지 않은 영향을 미쳤다.

"이전의 저는 75%의 사업가 마인드와 25%의 경영자 마인드를 가진 사람이었습니다. 지금은 경영자로서 75%, 사업가로서 25% 마인드를 가진 것 같습니다. 저는 사업을 성공적으로 운영하는 비결을 '지렛대 효과'와 '통제력' 두 단어로 요약할 수 있다고 봅니다. 저는 특히 '지렛대 효과'에 능숙한 편입니다. 제가 말하는 지렛대 효과란, 회사가 보유한 자산을 활용해 새로운 사업을 성장시키는 일을 말합니다. 흔히 정육업자들은 돼지 울음소리만 빼고 전부 다 팔 수 있다고 말합니다. 제 경우에는 그 돼지 울음소리까지도 판매하는 능력이 있다고 자부합니다. 그에 반해 통제력은 또 다른 이야기입니다. 통제력이란 조직에서 일어나는 문제들을 충분히 이해하고, 제가 원하는 목표대로 일이 진행될 수 있도록 방향을 올바르게 잡는 능력을 말합니다. 제가 최근에 굉장히 집중하고 있는 것들이지요. 회사의 오랜 고객 중 한 명이 회사가 커질수록 관리가 힘들어진다는 말을 한 적이 있습니다. 하지만 저한테는 해당되지 않습니다. 저는 조직에 알맞은 경영 관리 시스템을 보유하고 있고, 적합한 인력들을 채용했습니다. 또한 제가 개발한 시스템을 전적으로 지지하는 여덟 명의 핵심 관리자들이 제 옆에 든든하게 있고요. 그들과 많은 시간을 함께 보냅니다. 요즘처럼 회사 일이 잘 풀리면 저절로 웃음이 나옵니다. 정말 행복하고 뿌듯한 일이지요."

· · · · — · · · ·

다채로운 조직 경영과 사업 방식, 정답은 없다

골츠와 레엘의 세계가 다소 달라 보일 수도 있지만, 다음으로 살펴볼 셸리마 주식회사나 해머헤드 프로덕션 같은 회사들과 비교해

보면 그래도 골츠와 레엘 간에는 공통점이 있는 편이다. 우선 골츠 그룹과 레엘은 다수의 장기 근무 직원들과 그들의 낮은 이직률에 대해 남다른 자부심을 갖고 있다. 대부분의 작은 거인들도 이런 측면에서는 공통점을 보인다.

그러나 해머헤드와 셀리마는 예외다. 두 기업은 창립자들이 회사를 운영하며 자신의 개인적인 열정과 원하는 목표를 추구할 수 있는 '자유'를 가장 중시한다는 점에서 그들과 분명한 차이를 보인다. 이를 위해 두 회사는 정규직 직원들의 수를 최소한도로 유지하기를 원했다.

셀리마 스타볼라(Selima Stavola)에게 이상적인 직원 수는 한 명이었다. 사실 그녀는 사업과는 거리가 먼 사람이었다. 그녀는 바그다드에서 어린 시절을 보냈으며, 정치계에서도 이름을 날렸던 유대인이자 이라크 출신 사업가의 딸이었다. 제2차 세계대전 중 셀리마는 이라크에 주둔하던 미국 군인과 사랑에 빠졌고 결혼까지 하게 되었다. 전쟁이 끝날 무렵 그녀는 남편인 토니와 함께 바그다드로 돌아가려고 했지만, 이런저런 사건들로 결국 브루클린에 머물게 되었다.

셀리마는 브루클린에서 패션 디자인 일을 시작하며 경력을 쌓아갔다. 비록 정식으로 패션 관련 공부를 한 적은 없었지만, 그녀는 뛰어난 재능을 갖고 있었다. 맨해튼의 유명 디자이너 플로렌스 러스티그(Florence Lustig)가 셀리마의 재능을 눈여본 덕에 그녀는 러스티그의 회사에서 근무할 수 있게 되었다. 그러던 중 자신의 패션 브랜드를 런칭하려고 준비 중이던 부유한 고객 가운데 한 명이 셀리마에게 같이 일하자는 제안을 해왔다. 그녀는 자신의 어린 딸이 잠들기 전에 목욕을 시킬 수 있도록 정시 퇴근을 조건으로 그 제안을 수락했다. 그러나 몇 달이 지나지 않아 그녀의 상사는 셀리마에게 점차 더 많은 근무 시간을 요구했다. 그럴 때마다 둘 사이에는 가벼운 언쟁이 발생했고, 결국 1년 반 후에 그녀는 회사를 그만두기로 결심했다. 셀리마는 회사를 떠나면서 자신의 사업체를 차리기로 마음먹고 실행에 옮겼다.

그리고 그 후 59년 간, 그녀는 한 명 이상의 직원은 단 한 번도 고용하지 않으며 그녀의 매장을 훌륭하게 성장시켰고, 사업을 통해 많은 부를 얻었다. 자신이 선호하는 성향의 사람들만 고객들로 받은 것 역시 셀리마의 경영 방식 중 하나다. 그녀는 말한다.

"저는 제 성향과 맞지 않는 사람들을 위해 억지로 노력하며 일하는 성격이 아닙니다. 상대에게 인간적인 호감도 없는데 그 고객을 아름답게 만들고 싶은 생각이 들진 않을 테니까요."

실제로 셀리마는 고객의 행동이나 질문이 마음에 들지 않으면 결코 고객으로 받지 않았다. 그러나 아이러니하게도 그녀의 까다로운 성향은 그녀의 명성을 더 높게 만들었다. 때때로 사람들은 그녀에게 사업을 제안하면서, 아까운 재능을 썩히고 있다며 사업을 확장하고 '다음 단계'로 나아가야 한다고 설득했다. 그러나 셀리마는 그들의 제안을 모두 거절했다.

"사람들이 내게 사업을 제안하면서 '우리가 함께하면 반드시 성공할겁니다'와 같은 말을 하면 저는 그 즉시 자리를 떠납니다. 그건 말도 안 되는 거짓말이거든요. 제가 만든 제품들이 브랜드를 단 덩치 큰 기업의 일부가 되는 순간, 제 제품의 인간적인 매력은 완전히 사라질 겁니다. 저는 제 브랜드에 커다란 자부심이 있습니다. 돈 때문에 그들과 타협하는 일은 결코 없을 거고요. 저는 돈보다 제 브랜드를 입은 고객들이 얼마나 아름다워질지, 얼마나 특별해질지에 대해 훨씬 더 자부심을 느낍니다. 일종의 성취감이죠. 만일 제가 캘빈 클라인(Calvin Klein) 같은 대기업에서 일한다면 그런 기분을 느낄 수 있을까요?"

그녀가 다른 누구보다 중요시한 것은 자신이 원하는 고객들과, 원하는 시기에, 원하는 일을 할 수 있는 자유였다. 지금보다 사업의 규모를 키운다면 지금 누리는 자유는 불가능한 일이 될 것이기 때문이다.

"제가 사업의 성장과 규모를 제한한 이유는 다음의 세 가지 때문입니다. 첫째, 사업 때문에 개인적인 삶까지 속박당하고 싶지는 않았습니다. 사업이 너무 커지면 대개는 거기에 완전히 얽매이고 맙니다. 제가 회사를 소유한다기보다는 반대로 소유당한다고 느끼게 될 수 있고요. 일단 직원들이 많이 생기게 되면 결국 타협점을 찾아야 하는 상황이 옵니다. 저는 개인적으로 옳다고 생각하지 않으면 타협하고 싶지 않거든요. 둘째, 제 삶에서 사업이 가족보다 중요하게 되는 것은 원치 않습니다. 셋째, 저는 누군가가 저에게 지시하는 것을 좋아하지 않습니다. 상대방이 예의 없게 행동한다고 생각되면 저는 그들을 내보냅니다. 저에게 돈은 결코 중요하지 않습니다."

창의적인 열정을 자유롭게 추구하는 곳

캘리포니아 주 스튜디오시티에 위치한 특수효과 회사, 해머헤드 프로덕션의 창립자 네 명도 이런 측면에 있어서는 셀리마와 같은 가치관을 지닌다. 그들 역시 자신들의 창의적인 열정을 자유롭게 추구할 수 있는 회사를 원했다. 네 명의 창립자들은 수많은 회사에서 스카우트 제안을 받는 업계 전문가들이었지만, 대규모 특수효과 회사에서는 왠지 모르게 부자연스럽고 구속받는 것 같은 기분을 느꼈다. 당연히 대기업에 근무하면 더 많은 돈을 벌 수 있고, 그에 준하는 특전을 누리고, 상당한 영향력을 행사할 수 있었다. 하지만 그곳에서 근무한다면 그들이 가치 있게 여기는 일을 하는 데 필요한 업무의 유연성을 얻을 수 없었다.

1994년에 그들에게도 기회가 찾아왔다. 그들이 근무하고 있던 캘리포니아 주 서니베일에 위치한 퍼시픽 데이터 이미지스(PDI, Pacific Data Images)가 매각을 준비하던 중(그들은 결국 드림웍스에 의해 인수됐다), 회사의 LA지사를 폐쇄하기로 결정했다. LA지사를 담당하고 있던 제이미 딕슨(Jamie Dixon)과 댄 츄바(Dan Chuba)는 프로듀서들에게 PDI가 계약을 끝까지 이행할 수는 없지만 일을 대신해줄 다른 회사를 찾아주겠다고 전했다. 그러나 프로듀서들은 그 제안을 거절하며 "저는 당신 회사를 고용한 게 아니라 당신들을 고용한 것입니다. 당신들에게 돈을 지급할 테니 일을 계속 해주십시오"라고 답했다.

마침 당시 딕슨과 츄바는 독립적인 사업체 설립을 고심하던 터였다. 그들은 프로듀서의 제안을 받아들이고 그 프로젝트를 계기로 사업을 새롭게 시작하기로 결심했다. 그들의 기술을 보완해줄 다른 멤버들도 PDI에서 영입했다. 크리에이티브 디렉터인 레베카 마리(Rebecca Marie)와 소프트웨어 책임자인 타드 바이어(Thad Beier)였다. 그들 모두의 공통점은 회사가 성공한다면 직장 때문에 미뤄왔던 자신의 꿈을 이루고 싶어 한다는 점이였다. 딕슨은 영화감독이 되고 싶어 했고, 바이어는 소프트웨어를 개발하고 싶어 했다. 마리는 그림을 그릴 수 있는 심적 · 물리적 여유를 원했고, 츄바는 영화 시나리오 집필과 애니메이션 작업을 하고 싶어 했다.

그 후 11년 동안 네 명의 창립자들은 그들이 원했던 업무의 유연성을 가질 수 있었고, 동시에 해머헤드 프로덕션을 업계의 선두를 달리는 할리우드의 소규모 특수효과 회사로 성장시켰다. 자신들의 신념을 지키기 위해 회사의 직원 수는 최대한 적게 유지했으며, 네 명의 창립자들을 포함한 14명의 정규 직원만을 유지하고자 했다. 마찬가지로 프로젝트의 수와 규모도 제한했다. 그들이 감당하기 힘든 대형 프로젝트를 맡을 때에는 임시 인력을 고용했다. 프로젝트가 끝나면 임시 인력들은 회사를 떠났고, 해머헤드는 다시 원래의 크기로 되돌아갔다.

물론 운이 따랐던 것도 회사의 성공에 한 몫을 했다. 창립자들이 해머헤드를 설립할 무렵, 업계에는 커다란 변화의 바람이 불고 있었다. 먼저 장비의 가격이 급격히 떨어지는 추세였다. 또한 많은 기업들이 비전매 특허 소프트웨어를 사용하기 시작했는데, 이는 독립 업체들의 시장 진입을 훨씬 용이하게 만들었다. 아마도 가장 중요한 것은 프리랜서로 활동하는 애니메이션 제작자들이 대거 등장했다는 점이다. 이들은 자신들이 원하는 프로젝트를 도맡아 진행하는 유능한 전문가들로, 해머헤드가 원하는 유연성을 갖춘 인재들이었다. 업계에 다양한 재능을 갖춘 프리랜서들이 많았기 때문에 회사는 훨씬 더 넓은 범위의 프로젝트들을 맡아서 진행할 수 있었다.

업계의 이러한 변화는 급속도로 기술이 변화하는 산업에서 특히 중요했다. 광범위한 역량을 요구하는 프로젝트를 진행하지 못한다면 업계에서 경쟁력을 유지하기가 쉽지 않았기 때문이다. 해머헤드는 그들이 필요로 하는 프리랜서의 재능을 비교적 자유롭게 활용할 수 있었기 때문에 회사를 확장하지 않고도 수주 받은 프로젝트들을 훌륭하게 끝마칠 수 있었다.

해머헤드의 창립자들은 유연성 외에도, 다른 대규모 특수효과 회사들보다 자유롭고 개방적이며 감시 없이 자발적으로 일하는 기업문화와 계급주의가 덜한 분위기의 회사를 원했다. 자신들을 위해서도 자유로운 업무 환경을 원했지만 한편으로 그들이 원하는 인재들을 끌어오는 데 이런 문화가 무척 도움이 될 거라고 믿었다. 사업 초기에 그들은 한 아파트에서 사업을 시작했지만, 점차 회사가 자리를 잡아가면서 스튜디오시티에 위치한 건물로 회사를 옮겼다. 로스앤젤레스 중앙부의 언덕 위에 위치한 이곳은 1만 6200제곱미터의 삼림지에 둘러싸여 있다. 수영장까지 갖춘, 계곡이 보이는 멋진 뷰를 가진 본사는 신입 직원을 채용할 때 커다란 장점이 되었다. 회사 내부는 컨트리클럽이나 상류층의 사교 장소 같은 분위기가 우러났지만, 실제로는 격식 없는 편안한 장소로 활용되었다. 점심시간에는 상어로 장식해놓은 벽난로 주위에 직원들이 동그랗게 둘러 앉아 식사를 했고, 직원들 모두가 서로 자유롭게 소통했다.

회사에서는 감시나 업무 시간을 기록하는 일은 일어나지 않는다. 일부 신입 직원들은 이런 분위기에 당황스러워하기도 한다. 츄바는 말했다.

"우리 회사에서 근무하는 대부분의 직원들은 야근을 당연시하거나 직원들을 존중하지 않는 회사에서 일한 경험이 있습니다. 일부 신입 직원들 중에도 기존의 회사 분위기를 그대로 따르려는 사람들이 있고요. 우리는 직원들의 야근은 원치 않는다고 그들에게 확실히 알렸습니다. 직원들이 정해진 급여를 받으며 스스로가 적합하다고 느끼는 스케줄대로 근무하는 것이 합리적이라고 봅니다. 스케줄은 개인마다 당연히 다를 수 있겠지요. 어떤 사람들은 7시 반에 출근하고, 어떤 사람들은 오후가 다 되어서야 나오기도 합니다. 창립자들은 가족이 있기 때문에 보통은 정규 근무시간을 따르는 편이지요. 누군가 초과 근무를 하겠다고 고집하면, 우리는 '그렇게 하세요. 대신 우리 회사에서는 누구도 시간을 체크하지 않아요. 다만 생산성은 체크합니다'라고 말하지요. 우리에게 미리 알려주기만 한다면 초과근무에 대해서는 직원들의 자율에 맡깁니다."

회사의 이러한 시스템은 해머헤드가 초기에 맡았던 소규모 프로젝트들에는 잘 적용되었는데, 인력들이 대거 투입돼야 하는 큰 프로젝트들을 맡기 시작하면서 다소 어려움을 겪기 시작했다. 2003년에 유니버셜 픽처스는 영화 〈리딕-헬리온 최후의 빛〉의 특수효과 제작을 해머헤드에게 의뢰했다. 이 프로젝트는 회사가 이제껏 수행한 작업 가운데 가장 대규모였으며, 과거에 프로젝트를 위해 투입된 인력의 최대치인 30명 이상의 인원을 추가로 채용해야만 했다.

언덕 위에 위치한 해머헤드 본사는 그렇게 많은 인원을 수용하지 못했기 때문에 프로젝트 기간 동안 회사는 유니버셜시티 근처의 유니버셜 스튜디오로 잠시 거처를 옮겼다. 직원들의 희생이 불가피했지만 공동 경영자들은 이 프로젝트가 해머헤드에게 중요한 기회가 될 것이라고 판단했다. 〈반지의 제왕〉이나 〈해리포터〉를 유명하게 만든 영화 속 최첨단 특수효과 작업을 해머헤드도 드디어 해볼 수 있는 기회가 생긴 것이기 때문이다. 대형 프로젝트를 수행한다는 기대감뿐만 아니라 해머헤드의 기술력과 장비들을 한층 더 업그레이드 할 수 있는 기회였고, 이후 다른 프로젝트 작업을 위해 필수적인 경험과 업계의 신뢰를 쌓을 수 있었다.

프로젝트가 계획한대로만 원활하게 진행된 것은 아니었지만, 결국 그들은 목표를 달성했다. 하지만 처음에 그들이 예상했던 충원 인력인 30명보다 두 배 이상이 늘어난 65명이 프로젝트에 투입됐다. 많은 인력들을 최대한 빠른 시간 내에 고용해야만 했고, 해머헤드는 예상치 못한 어려움에 직면했다.

"이전 프로젝트들에서는 필요한 인력이 매우 적었기 때문에 채용 과정에서 비교적 까다롭게 사람들을 선발할 수 있었습니다. 그렇게 채용된 신입 직원들은 회사에서 제공하는 교육이나 연수를 받고 실무에 투입되었지요. 하지만 이번 프로젝트 때에는 정해진 기간 내에 다수의 인력들을 한 번에 채용해야 했습니다. 이전처럼 꼼꼼하고 까다롭게 사람을 고르긴 힘들었습니다. 때문에 가끔은 직원들의 부진한 작업 결과에 실망할 수밖에 없었지요. 이력서에 쓰인 화려한 경력에 훨씬 못 미치는 실력들인 경우가 꽤 많았거든요. 또한 우리의 업무 방식에 익숙하지 않은 사람들을 뽑아야 할 때도 있었습니다. 그들은 대기업에서 일하는 방식에 더 익숙했기 때문에 정확하게 업무를 지정해주고 일을 실행하는 방법까지 지시받기를 원했습니다. 결과적으로 그들 때문에 업무에 더 많은 관리 기준을 추가해야만 했습니다."

이런 시행착오를 겪었지만, 그들은 약속한 프로젝트 결과뿐만 아니라 다른 하청업체들이 끝내지 못한 몇몇 추가 작업까지 도맡아서 완수하는 성과를 이뤘다. 츄바는 말한다.

"비행기가 한동안은 상당히 낮게 날고 있었습니다. 불필요한 것들은 없애고 새로운 것들로 보완하는 일종의 점검 과정이 필요했던 거지요. 그동안 우리의 능력을 한 번도 의심해본 적은 없지만, 생각했던 것보다 훨씬 더 힘들고 노력이 필요한 일이었죠. 그러나 본격적으로 일에 착수하고부터는 진행에 무리가 없었습니다."

프로젝트는 예상했던 것보다 몇 주 더 지속됐다. 프로젝트가 끝나자 해머헤드는 다시 예전의 규모인 14명으로 돌아갔고, 사무실도 언덕 위의 원래 본사로 옮겼다. 공동 경영자들은 이 프로젝트를 통해 몇 가지 중대한 성과를 얻었다고 말한다. 첫째, 특수효과 분야의 전문성을 높일 수 있었고, 빠른 속도로 변화하는 업계의 기술력에 뒤처지지 않는 계기가 되었다. 둘째, 프로젝트에서 나온 예산으로 추가적인 비용 부담 없이 장비의 품질을 크게 개선할 수 있었다. 해머헤드는 적어도 1년 동안 개선된 장비를 활용해 작업을 이어갈 수 있었다. 셋째, 대규모 프로젝트를 처음으로 수행하며 값진 경험을 쌓았고, 그 과정에서 자신감을 얻었다. 전에는 한 번도 겪어보지 못했던 사업상의 난관에 부딪치기도 했지만 그들은 결국 창의적인 해결책을 생각해냈다. 이후 창립자들은 외주사에 아웃소싱할 일들과 내부적으로 맡아서 진행할 일들을 명료하게 구분하는 판단력이 생겼다. 또한 단기간 내 인력을 확장할 일이 생길 것을 대비해 회사의 관리 능력을 미리 정비해두었다.

가장 중요한 것은 프로젝트를 진행하며 저질렀던 몇몇 큰 실수를 통해 얻은 중요한 교훈들이다. 그들은 그 경험을 통해 나중에 큰 프로젝트를 맡을 때 훨씬 더 효율적으로 업무에 접근할 수 있을 거라는 확신이 생겼다.

"우리는 여전히 직원들에게 긍정적인 기운을 주고, 그들이 창의적으로 일할 수 있도록 효율적인 업무 환경을 구축하고 싶습니다. 프로젝트를 통해 우리가 깨달은 것은 좀 더 일찍 핵심 인재들을 고용해서 우리 방식에 적응시켜야 한다는 점입니다. 또한 대형 프로젝트를 진행하면서 현재 사무실로 쓰고 있는 공간의 물리적 제약 요소를 해결해야 한다고 생각했습니다. 부동산 시장에 눈을 돌려 더 나은 공간이 있는지 열심히 찾아보고 있지요. 이런 방식으로 하나둘씩 단점을 찾아 해결해나가다 보면 앞으로 더 효율적으로 일할 수 있고, 더 많은 수익을 얻고, 해머헤드만의 스타일로 모든 일을 잘 해낼 수 있다고 생각합니다."

어쨌든 해머헤드는 리딕 프로젝트를 통해 괜찮은 수익을 얻었다. 업계에서 특수효과 회사들은 경기가 호황인 시기에 대개 10% 정도의 순이익을 올리면 성공적이라고 여겼다. 이익도 손해도 없는 본전이라고 해도 대부분 수용하는 분위기다. 이런 업계에서 해머헤드 정도의 성과를 거두는 것은 대단히 수익성이 높은 편에 속한다. 츄바는 해머헤드가 대부분의 프로젝트에서 '10% 이상'의 수익을 올린다고 말했다. 또한 대규모 업체들과는 달리 프로젝트 사이의 공백 기간 동안 손해 보는 비용이 현저히 낮았다. 제이미 딕슨은 말한다.

"대규모 회사에서는 일반적으로 프로젝트를 의뢰받는 즉시 인력을 추가 채용합니다. 어떤 프로젝트에서는 직원을 200명 이상 더 채용해야 할 때도 있습니다. 그렇게 되면 회사에는 총 400~500명 정도가 한 번에 일하게 되는 셈이지요. 프로젝트가 끝나면 어떨까요? 이어지는 수익은 없는데 여전히 급여를 지급해야 할 직원들은 수백 명이 되는 겁니다. 어쩌면 다음 프로젝트를 시작할 때까지 두 달 넘게 공백이 생길지도 모르는데 말이죠."

그러나 해머헤드는 대부분의 대형회사들이 겪는 동일한 패턴에 빠지지 않았다. 회사를 설립한 초기에는 소규모 프로젝트들만 의뢰

받았는데, 당시에는 몰랐지만 이는 나중에 회사 입장에서 큰 축복이었음이 드러났다. 작은 규모의 일들은 대개 높은 수익률을 갖고 있기 때문이다. 또한 해머헤드는 경영진들까지 프로젝트에 직접 참여했기 때문에 다른 회사들보다 특히 수익률이 더 높았다. 이렇게 거둔 추가적인 수익은 자신들의 꿈을 위해 사용했다.

경영진들의 직접적인 참여는 프로젝트 결과물의 품질을 한층 향상시켰고, 회사의 명성을 높이는 동시에 더 수익성 높은 프로젝트의 수주 기회를 가져왔다. 정규 직원의 수를 최소화하고, 각 프로젝트 이후에 원래의 규모로 되돌아감으로써 공백기의 손실을 최소화한 것도 해머헤드만의 장점이었다. 결과적으로 회사는 상당한 규모의 현금 흐름을 창출했고, 탁월한 경영 방식으로 업계에서 주목받기 시작했다. 머지않아 해머헤드의 모범 사례를 모방하기 위해 소규모 특수효과 회사들이 잇따라 생겨나기 시작했다.

· · · · —— · · · ·

"가장 중요한 것은 우리가 하는 일의 가치를 믿는 것"

특수효과 회사들 가운데 해머헤드만큼이나 눈길을 끄는 회사가 있다. 영화 〈꼬마 돼지 베이브〉로 아카데미상을 수상했던 로스앤젤레스의 리듬 앤 휴스다. 이 회사는 〈터미네이터 2〉 〈너티 프로페서〉, 〈나니아 연대기〉, 〈슈퍼맨 리턴즈〉 등 다양한 영화에서 특수효과를 도맡아 진행했다. 리듬 앤 휴스는 화려한 경력만큼이나 뛰어난 실력을 보유한 회사였다. 또한 여러 방면에서 다른 작은 거인들과 유사한 특징들을 갖고 있었지만, 한 가지 큰 차이점이 존재했다. 그것은 회사의 수익이 현저히 적다는 것이었다. 회사의 창립자이자 사장인 존 휴스(John Hughes)는 이렇게 말한다.

"이 업계에서는 적자를 내는 게 흔한 일이죠. 본전치기만 해도 괜찮은 편이라고 볼 수 있습니다. 회사를 계속 안정적으로 유지하기도 어렵고, 실패도 허다한 업계입니다. 우리가 처음 사업을 시작할 때 함께 경쟁했던 업체들 중 단 한 곳만이 여전히 건재하고 있습니다. 인더스트리얼 라이트 앤 매직(Industrial Light & Magic)이 그렇지요."

리듬 앤 휴스는 1995년에 휴스와 공동경영자들의 결정으로 현대적이고 개방적인 공간으로 본사를 옮겼다. 본사의 옆 건물은 한때 하워드 휴스(Howard Hughes, 미국의 투자가이자 영화제작자로 아이언맨의 토니 스타크의 모티브가 된 억만장자)의 수상기 격납고가 위치했던 장소였고, 나중에는 영화무대로도 사용된 곳이다. 리듬 앤 휴스 건물의 복도 벽에는 애니메이션의 오랜 역사가 담긴 각종 그림들이 걸려 있다. 초창기의 미키마우스부터 이후에 나온 피터팬, 그 외 워너브라더스의 애니메이션 스케치들이 자리를 차지하고 있다. 건물의 모퉁이를 돌면 애니메이션 〈판타지아〉의 캐릭터들도 눈에 들어온다. 다른 쪽 벽면에는 〈꼬마 돼지 베이브〉 캐릭터들의 점토 모형, 미니어처 경주마들도 보인다. 또한 리듬 앤 휴스가 지역사회와 맺은 친밀한 관계를 보여주는 공간도 있다. 건물을 돌다 보면 장난감, 음식, 옷들이 쌓여 있는 장소를 발견할 수 있는데, LA의 한 유치원에 기부하는 물품이라고 휴스는 말했다.

내가 회사를 방문했던 때는 리듬 앤 휴스가 대규모 프로젝트들로 한창 바쁜 시기였다. 650명 이상의 직원들이 한 건물에서 일하고 있었는데, 보통 때보다 거의 두 배 이상의 인력이었다. 회사는 〈가필드〉와 〈스쿠비두 2〉를 포함한 수많은 대형 프로젝트들을 동시에 진행하고 있었기 때문에 직원 수를 대폭 늘린 상태였다. 건물은 넘쳐나는 직원들로 터질 지경이었다. 어딜 가도 애니메이터, 컴포지터, 프로그래머, 시스템 관리자 등의 직원들이 컴퓨터 앞에 모여 있거나, 회의를 하거나, 스케치를 하거나, 점토 모형을 만들거나, 일간지를 보거나, 화이트보드에 무언가를 쓰는 등 여러 업무를 진행하고 있었다. 건물의 모든 공간이 빠짐없이 사용되고 있었다.

회사가 프로젝트를 위한 생산적인 업무들로 바삐 돌아가고 있음에도 불구하고 휴스에게는 커다란 걱정거리가 하나 있었다.

"내년 5월까지는 여러 프로젝트들이 동시에 진행되고 있겠지만, 그 이후에는 아직 계획된 프로젝트가 없습니다. 대형 프로젝트가 중단되면 회사는 수백만 달러의 손실을 입게 될지도 모릅니다. 16년이나 사업을 해왔지만 우리는 여전히 생존을 위한 방도를 끊임없이 찾아야 합니다."

휴스는 이런 기이한 상황이 업계의 경쟁에서 기인한다고 말한다. 그의 말에 따르면, 업계의 경쟁적인 환경 탓에 수익에 대한 끊임없는 압박이 발생한다는 것이다. 그러나 리듬 앤 휴스는 회사의 이윤으로 남는 수익의 일부를 오롯이 직원들을 위해 사용했다는 사실도 수익률에 일부 영향을 미쳤다. 예를 들면, 그는 직원들의 건강보험 문제에 대해 대단히 열성적이었다. 휴스는 미국에 전 국민을 대상으로 한 의료보험 제도가 없다는 사실을 이해할 수 없다고 말한다. 실제로 그는 자신의 직원들에게 다른 어떤 기업에서도 찾아볼 수 없는 최고의 의료보험 제도를 제공했다.

회사는 이 제도를 위해 직원 1인당 연평균 8000달러에서 1만 1000달러의 비용을 투자하며, 6개월 이상 근무하는 모든 직원들에게 의료보험 혜택을 제공했다. 프로젝트별로 고용되어 근무하는 프리랜서들은 최장 3개월까지 의료보험 혜택을 누릴 수 있었다. 리듬 앤 휴스는 1인당 최대 8만 5000달러까지 의료비를 부담해주었고, 그 이상의 비용에 대해서는 외부 보험사가 처리하도록 조치했다.

휴스는 1990년대 초에 직원들의 의료보험을 전적으로 회사가 책임지기로 결정했다. 직원들의 보험료 청구에 대해 의문을 제기하는 보험 회사들에 신물을 느꼈기 때문이다. 그는 회사의 고위 간부들이 원칙적으로 이 제도에 반대하지는 않았지만, 의료보험에 지출되는 비용에는 약간의 불만을 갖고 있다는 사실을 알고 있었다. 의료보험에 들어가는 비용은 실로 엄청났고, 간부들은 회사가 이 모든 비용을 감당할 수 없다고 생각했다. 비교적 회사 사정이 어려웠던 시기인 2002년에 휴스는 회사에 '건강세'를 도입했다. 의료보험 제도에 가입된 모든 직원들의 급여에서 1.3%의 건강세를 공제하고, 가족들까지 가입되어 있는 경우 3.9%까지 세금을 부과하는 제도였다. 회사가 힘들더라도 의료보험 혜택을 줄이거나 보험가입 자격을 엄격하게 제한하는 방식은 가급적 피했다. 그의 말에 따르면, 의료보험 제도는 사업의 필수적인 요소였다.

"회사의 수익을 극대화하는 것만이 전부가 아닙니다. 저한테 있어서 가장 중요한 것은 직원들을 책임지고 돌보는 일입니다. 몇몇 직원들은 제 방식을 '다소 감성적'이라며 비난하지만 저와 경영진들은 이 제도를 긍정적으로 생각합니다. 때때로 좋은 일을 하는 것은 다소 감상적이게 보일 수도 있습니다. 훌륭한 일도 마찬가지고요. 사람은 스스로가 하는 일에 자부심을 가져야 한다고 생각합니다. 자신이 하는 일을 가치 있다고 믿는 게 무엇보다 중요하지요."

의료보험 혜택은 회사가 직원들을 돌보는 다양한 방법 가운데 하나일 뿐이다. 리듬 앤 휴스는 직원들의 연금제도인 401(k) 프로그램을 운영했는데, 회사 순익의 10%를 연금에 투입하는 것이다. 물론 이 제도는 회사가 수익을 거둔다는 전제하에 운영된다. 하지만 꼭 그렇지 않더라도 조금씩이라도 돈을 넣으려고 노력한다. 또한 직원 1인당 연간 최고 750달러까지 외부에서 받는 교육 수강비를 회사가 부담하는 제도도 있다. 휴가 정책 역시 넉넉하게 운영된다. 모든 직원이 최소 3주의 휴가를 받으며 2년 근무 후에는 4주, 5년 근무 후에는 5주, 10년 근무 후에는 6주의 휴가를 받는다. 뿐만 아니라 모든 직원들이 5년마다 받을 수 있는 8주의 안식 휴가도 존재한다. 따라서 고참 직원의 경우 연간 13~14주의 유급 휴가를 보유하게 된다.

회사는 아침식사와 점심식사도 제공한다. 다른 회사의 직원들은 대개 식사를 위해 외부로 나가지만, 리듬 앤 휴스 직원들은 대부분 구내식당에서 식사하는 것을 선호한다. 음식의 질이 좋고 회사가 식대를 지원하기 때문이다. 점심시간이 되면 직원들은 구내식당으로 가서 식사를 위해 줄을 선다. 휴스 역시 직원들과 함께 줄을 서서 기다린다. 경영진이나 VIP라도 별다른 특혜가 제공되는 것은 아니다. 모든 직원들이 식당의 긴 테이블이나(날이 좋다면 후문의 바깥에서) 함께 식사를 한다.

리듬 앤 휴스의 지배 구조는 거의 평등하다. 회사에는 15~20명으로 구성된 집행위원회와 10명으로 구성된 정책수정위원회가 운영되고 있으며, 정책수정위원회는 회사에 필요한 신규 정책이나 수정해야 할 기존의 정책들을 관리하는 역할을 맡는다. 휴스는 말한다.

"만일 그들이 회사의 의료보험 제도를 바꾸기를 원한다면, 저는 거부권을 행사할 수 있습니다. 그 외의 다른 안들에 대해서도 마찬가지고요. 하지만 제가 거부권을 사용한 일은 거의 없습니다."

대부분의 작은 거인들처럼 리듬 앤 휴스 역시 회사의 재정적인 상황을 직원들에게 오픈하고 있다. 휴스와 부서별 관리자들은 매주 금요일마다 직원들을 강당에 모아놓고 영화나 TV광고의 입찰 현황, 영화사와의 계약사항, 회사의 현금 흐름 등에 관한 소식 등을 공유한다. 분기별로는 직원들에게 회사의 재무제표를 보여주고 예산안을 함께 검토한다. 무엇보다도 휴스는 직원들에게 회사 내부의 긍정적인 현금 흐름과 수익 간의 차이점을 이해시키려고 노력했다. 매년 본전치기만 해도 한 해를 잘 운영했다고 생각하는 회사 입장에서 볼 때, 두 개념은 중대한 차이를 보이기 때문이다. 그는 직원들이 회사의 미래가 어떻게 펼쳐질지 아는 것은 무척 중요하다고 믿었다.

"저는 투명하게 공개된 경영 방식이 가장 정직하다고 생각합니다. 만일 회사의 상황이 위태로워지면 직원들이 월급도 못 받고 해고되어야 한다는 사실에 충격받는 걸 원치 않습니다."

하지만 적지 않은 노력에도 불구하고 휴스는 단지 소수의 직원들만이 리듬 앤 휴스의 재정적 모델을 이해할 것이라고 말했다. 리듬 앤 휴스가 보유한 재정적 모델의 핵심은 내부의 현금 흐름이었고, 휴스는 항상 이를 면밀히 주시했다. 리듬 앤 휴스가 19년 동안 업계에서 건재할 수 있었던 것은 현금 흐름을 관리하는 휴스의 능력 때문이었다. 그는 말한다.

"필요한 현금을 예측하는 것이 핵심입니다. 저는 손익계산서에만 의존하지 않습니다. 회사는 분기별로 마감을 하며, 매주 현금 흐름 예측을 통해 필요한 자금을 산출합니다. 또한 예전부터 저는 중요하다고 생각되는 특정한 수치를 지속적으로 추적했습니다. 예를 들면 기술 책임자, 즉 디지털 아티스트의 1인당 창출 수익을 예측하는 겁니다. 이제 우리 회사는 이전보다 규모가 커졌기 때문에 현금 흐름에 대한 예측이 한층 더 복잡해졌지만, 여전히 기술 책임자 1인이 내는 매출은 현금 흐름의 중요한 기준이 됩니다. 우리의 비용 중 85%가 인건비로 들어가기 때문에 의료보험 제도를 대폭 줄이거나 그저 절약하는 것만으로는 회사 운영이 어렵거든요."

리듬 앤 휴스의 사례를 살펴보면, 한 가지 흥미로운 의문점이 생길 것이다. 안정적인 수익 없이 간신히 살아남는 회사라도 작은 거인의 마법을 가질 수 있을까? 내가 본 바로는 리듬 앤 휴스 역시 분명 자신만의 독특한 마법을 갖고 있었다. 회사는 업계에서도 널리 존경받고 있으며, 수익성이 높으면서 마법을 지닌 다른 회사들과 마찬가지로 카리스마적인 경영 방식으로 훌륭하게 회사를 운영하고 있었다. 또한 직원과 고객과의 밀접한 관계, 지역사회와의 친밀함, 발전에 대한 열정, 혁신에 대한 열린 자세, 더 나은 방향을 위한 지속적인 노력 등을 발견할 수 있었다. 작은 거인들은 그들이 지닌 탁월한 자질과 마법의 결합으로 훌륭한 재정적인 수익을 창출해냈다. 비록 리듬 앤 휴스는 그만큼의 높은 수익은 거두지 못했을지라도, 마법을 지닌 회사임은 분명했다.

물론 수익이 전혀 없다면 마법 역시 의미가 없다. 제이 골츠가 말한 바와 같이 수익이 없는 회사는 존재 의미가 없다고 봐도 무방하기 때문이다. 회사에 충분한 현금 흐름이 없다면, 아무리 회사의 기업문화가 탁월하다고 해도 독자적으로 살아남기는 어렵다. 이것은 리듬 앤 휴스를 비롯한 일부 작은 거인들이 혹독한 경험을 통해 어렵게 깨우친 교훈이기도 하다.

SMALL
GIANTS

7장

실패의 원인과 교훈

작은 거인으로 성공하기 위해 지켜야 할 세 가지 원칙

기업이 오랫동안 탄탄한 경영 상태를 유지하기 위해서는

다음의 세 가지 요소들을 반드시 보유하고 지속해야 한다.

안정된 매출 이익과 이윤, 건전한 재무 상태,

그리고 독자적으로 생존 가능한

건전한 비즈니스 모델이다.

이 책의 초판이 출간되고 몇 년 후, 나는 굉장히 중요한 내용을 빠뜨렸다는 사실을 뒤늦게 깨달았다. 레엘 프리시전 매뉴팩처링이 처한 상황을 알게 되었을 때, 나는 적잖은 충격을 받았다. 내가 레엘을 방문한 이후 겨우 몇 년이 지난 시점이었다. 그곳에서 나는 다양한 직책의 사람들을 인터뷰했고, 회사 곳곳을 돌아보며 직원들을 만났다. 레엘의 재무제표 역시 면밀히 검토했고, 이전까지 레엘이 겪었던 여러 사업상의 난관들에 대해 이야기를 나누며 한 가지를 확신했다. 레엘의 35년 역사상 다른 어떤 시점보다도 그 순간이 가장 전성기라고 볼 수 있다는 사실을 말이다. 회사의 창립자들도 모두 동의했다. 그런데 어째서 그렇게 짧은 시간 내에 회사의 붕괴를 초래한 사건이 일어난 것일까?

그 답을 얻기 위해 레엘의 본사가 있는 세인트폴로 다시 방문하려고 했지만, 공동 경영자인 밥 칼슨에게 연락을 취하니 당분간은 기다리는 게 좋겠다고 말했다. 회사의 또 다른 경영자인 스티브 윅스트롬은 회사를 고소한 상태였고, 소송 문제가 해결되기 전까지 누구와도 대화를 원치 않는다고 했다. 그 기간은 2년여 동안 이어졌고, 그 이후에야 나는 다시 세인트폴로 향할 수 있었다. 그리고 그 며칠 동안 나는 소규모 회사가 수익을 보전하는 일이 얼마나 중요한 일인지 절실히 깨닫게 되었다.

레엘은 가장 큰 고객사인 도시바가 거래를 중단하던 약 3년 전부터 위기를 맞고 있었다. 노트북 경첩 부문의 매출이 한 해 만에 40% 이상 감소했고, 그해 회사는 직원 월급과 복리후생 삭감을 통해 겨우 손해를 면할 수 있었다. 처음에는 단순한 우려만 표명했던 이사회도 과감한 조치가 필요하다고 생각했다.

세 명의 창립자였던 밥 발슈테트, 리 존슨, 데일 메릭은 이미 일선에서 물러난 뒤였고, 사외이사 세 명과 칼슨이 최종 경영권을 갖고 있었다. 칼슨은 2005년에 공동 CEO직을 사임하고 명예이사로 위촉되었고, 같은 해에 세 명의 사외이사들은 지난 35년간 레엘의 성장과 발전에 기여한 공동 경영 구조에 대한 전면 개편을 요구했다. 칼슨은 이사회의 의견에 반대했지만 3대 1의 투표 결과로 그들의 의견을 따를 수밖에 없었다. 그 결과 불과 4개월 전에 CEO로 취임한 전(前) 코닥(Kodak) 사의 임원 출신 에릭 도널드슨(Eric Donaldson)이 단독 경영자로 결정되었다.

스티브 윅스트롬에게는 두 가지 선택이 주어졌다. 새로운 CEO로부터 업무를 지시받는 사장으로 남거나 20만 달러의 퇴직금과 추가 특전을 받고 회사를 떠나는 것이었다. 그는 선택을 받아들이는 대신 회사의 약속 위반과 차별 등 여러 이유로 회사를 고소했다.

경영진이 교체된 뒤 레엘은 살아남기 위한 노력을 거듭해야만 했다. 직원들의 사기는 처참할 정도로 떨어졌다. 일부 직원들은 이사회가 명확한 설명 없이 경영진 교체와 같은 중대한 일을 무리하게 추진함으로써 잘못된 결과를 초래했다고 불만을 토로했다. 또 어떤 이들은 사업의 부진을 새로운 CEO인 도널드슨의 경영 방식 탓으로 돌렸다. 앞서 담배회사의 홍보용 박스 제작을 꺼렸던 조 아놀드는 "에릭 도널드슨은 탑다운 경영 방식을 도입했다"라고 말했다. 그는 2006년 결국 23년간 일한 회사를 떠났다.

"2년 전만 해도 저는 회사 일을 제 일처럼 여겼습니다. 회사를 떠날 때쯤에는 회사일은 그저 회사 일에 불과했지요. 에릭 도널드슨은 분명 똑똑한 사람이지만, 그가 경영권을 쥐면서 잃어버린 소중한 것이 무엇인지 전혀 모를 겁니다."

그러나 도널드슨은 레엘을 되살리기 위해 일부 제도들은 분명 변화가 필요했다고 말한다.

"저는 특정 문제가 발생하면, 누가 어떤 책임을 지고 있는지 명확하게 밝혀야 한다고 생각했습니다. 레엘은 더 이상 작은 기업이 아닙니다. 지금 우리에게 가장 필요한 것은 책임의식인데, 그런 의식이 부족했다는 생각이 들더군요."

한편, 공동 창립자인 밥 발슈테트는 회사의 경영난을 스스로의 탓으로 돌렸다. 1998년에 경영 일선에서 물러났지만, 그는 이후 7년간 고위 간부들과 이사회 사이에서 중요한 중간자 역할을 담당했다. 레엘은 변동성이 큰 업계에서 살아남아야 했고, 극심한 가격 경쟁 역시 극복해야 할 대상이었다. 발슈테트는 말했다.

"회사가 직면한 문제에 대해 총체적인 관점에서 논의가 필요했습니다. 그리고 누구보다 제가 먼저 그것을 추진해야 했고요. 당시 저는 회사의 현실을 제대로 직시하지 못했습니다. 이제와 돌이켜보니 제 행동이 무척 후회스럽습니다."

그러나 발슈테트는 회사의 실패를 초래한 근본적인 원인이 또한 가지 있다고 말한다. 그는 실제로 레엘이 무너진 계기는 회사가 몇 년 전에 섣불리 판단한 '결정' 때문이라는 사실을 깨달았다. 시간이 흐르고 나서야 과거에 자신과 공동창립자들이 외면했던 문제와 그것이 의도치 않게 가져온 부정적인 결과들을 제대로 볼 수 있었던 것이다.

처참한 결과는 한참 뒤에야 모습을 드러낸다. 발슈테트는 레엘이 2007년에 비해 절반도 되지 않는 규모였던 10년 전, 그들이 직면했던 결정적인 선택의 순간을 기억한다. 그때 내렸던 결정은 시간이 흘러 그와 그의 동료들이 35년 동안 일궈온 기업문화를 파괴하는 일련의 사건들을 초래했고, 결국 레엘을 파산 직전에 놓이게 만들었다.

• • • • • • • • •

간과할 수 없는 기업의 재무 구조

나는 초판에서 기업의 재무 구조라는 대단히 중대한 문제를 다루지 않았다. 오랜 기간 동안 안정된 수익을 올려온 회사들만 선택했기 때문에 굳이 재무 구조를 다룰 필요가 없다는 판단을 했던 것이다. 숱한 위기를 겪으면서도 여전히 업계에서 살아남은 회사들이라면 미래에도 당연히 건재할 것이라고 믿었다. 또한 업계 간의 특성 차이를 감안할 때, 재무적인 측면에서 모든 회사들에게 공통된 기준을 적용하기는 어렵다고 판단했다.

그러나 레엘의 중대한 위기를 알고 나자 갑작스럽게 머리를 한 대 얻어맞은 기분이 들었다. 먼저 어떤 산업군에 속해 있는지와는 상관없이, 모든 회사에 적용할 수 있는 재무 구조에 관한 공통된 기준이나 규칙을 찾아야 했다. 조사 끝에 나는 세 가지 핵심 원칙을 발견했다. 비록 그 패턴이 뚜렷하게 드러날 때까지 작은 거인들 가운데 한 곳의 파산을 비롯한 다른 두 곳의 심각한 재정난을 지켜봐야 했지만 말이다.

기업들은 오랜 기간 동안 탄탄한 경영 상태를 유지하기 위해 다음 세 가지 요소들을 반드시 보유하고 지속해야 한다. ① 안정된 매출 이익 ② 건전한 재무 상태(대차대조표, 현금 흐름 대 부채 비율, 부채 대 자본비율 반영) ③ 건전한 비즈니스 모델(회사가 고객에게 가치를 제공하는 방식과 그 과정에서 이익을 얻는 수단에 관한 장기적인 계획)이다. 이 세 가지 원칙을 통해 회사는 내부적으로 충분한 현금 유동성을 확보하고, 재정상의 의무를 지속적으로 이행할 수 있다. 그러나 세 가지 원칙이 제대로 지켜지지 않는다면 결국 조직 내부의 현금은 바닥나고, 파산에 이르는 위기에 처하게 된다.

회사의 내부적인 현금 흐름이 고갈되면 어떤 경우에도 작은 거인으로 남을 수 없다. 놈 브로드스키는 "회사의 매출도 중요하지만, 기업의 생존 여부는 내부의 현금 흐름에 달렸다"라고 말한 바 있다. 그렇다면 회사의 문화에서 중요시되던 핵심 요소들이 조직의 장기적인 생존을 위협하는 장애물이 된다면 어떻게 해야 할까? 이것이 레엘의 리더들이 직면했던 극심한 딜레마였다. 바로 직원들을 해고하는 문제였다.

레엘은 사업 초기부터 직원들의 고용 안정성을 보장하기 위해 부단한 노력을 기울였다. 그들은 3M 복사기 부서에서 함께 근무하던 시절에도 대기업에서 근무하는 것을 선호하지 않았다. 그들은 인생에서 더 의미 있는 무언가를 찾고 싶어 했다. 그건 회사와 직원들 간의 끈끈한 관계를 포함하는 것이었다. 그들은 회사의 지침서에서 염두에 두고 있던 신념을 다음과 같이 제시한 바 있다. 'RPM에서 일하는 모든 직원들에게 다음을 제공한다. 첫째, 생계를 유지할 안전한 직장을 제공한다. 둘째, 개인의 성장을 위한 기회를 제공한다. 셋째, 각자의 가치관과 직업적 경력을 통합할 기회를 제공한다.'

회사의 지침서는 이후 수정되고 보완되었지만, 직원들을 향한 창립자들의 책임감과 헌신은 더욱 강화되었다. 직원들에게 적극적으로 권한을 부여하는 것 외에도(담배 홍보박스의 경첩 제작 사례), 경영진들은 내부의 현금 흐름이 충분히 확보되는 한 자신들의 몫을 줄여서라도 조직의 구성원들에게 보너스와 각종 혜택을 제공하려고 애썼다. 최저 임금을 받는 직원을 기준으로 봤을 때, 급여 이외의 혜택은 월급의 무려 7배에 달하는 액수였다. 또한 제때 사용하지 못한 병가를 적립해두었다가 필요할 때 쓸 수 있는 '병가 적립제도'를 운영했다. 병가는 본인 외에도 위급 상황에 처한 동료를 위해 사용할 수 있었다. 회사의 수익을 분배할 시점이 오자 공동 경영자들은 전체 레엘 소유 지분의 43%를 차지하는 종업원 지주제도를 설립했다.

회사가 제공하는 후한 복지와 혜택에 직원들은 흔들리지 않는 충성심을 보여주었다. 레엘의 이직률은 매년 1% 정도로 어느 업계에서도 보기 드문 낮은 수치를 자랑했다. 비슷한 규모의 다른 제조업체들의 연간 이직률은 평균 20~30% 정도다. 이러한 레엘의 전통과 기업문화를 감안하면, 1990년대 말에 회사가 직면한 전략적 결정에 대한 경영진들의 행동을 예측하기는 그다지 어렵지 않다.

레엘이 제작한 노트북 경첩이 회사의 대표적인 주력 상품으로 부상하기 시작하던 때였다. 레엘의 노트북 경첩은 애플과 컴팩(Compaq) 등 대규모 PC회사들을 대상으로 순조로운 판매를 이어갔지만, 동시에 시장 상황은 급변하고 있었다. 아시아의 PC제조사들이 시장을 장악할 조짐을 보였기 때문이다. 경첩 제작 분야에서 계속 성장하거나 적어도 현 상태를 유지하기 위해서는 일본, 한국, 대만, 중국의 제조사들을 대상으로 직접 판매를 개시해야 했다. 한편 레엘의 또 다른 주력 제품인 중간 가격대의 복사기에 사용되는 클러치의 판매량도 점차 감소하고 있었다. 당장 아시아로 진출하지 않으면, 회사는 결국 120명의 직원 가운데 일부를 해고해야 할지도 몰랐다.

그러나 아시아 진출은 그 자체로도 충분히 위험 요소가 많았다.

먼저 레엘은 아시아 시장의 저비용 공급자들과 극심한 경쟁을 해야 했다. 품질로는 레엘이 더 우수하다 해도, 그것의 차이가 값싼 가격을 극복할 만한 요소가 될지는 불확실했다. 결국 레엘은 제품의 이윤을 줄여야 한다는 압박에 직면할 수밖에 없었다.

회사 내부에서도 이 문제에 대한 논의는 계속됐다. 한쪽에서는 레엘의 품질이 아시아 시장에서 분명 성공을 거둘 것이며 시간과 자본의 투자를 정당화할 만한 수익이 발생할 것이라고 주장했다. 반면 어떤 이들은 아시아 지역 공급업체들과의 불가피한 가격 경쟁에서 결코 살아남을 수 없다고 판단했다. 그러나 결국 가장 큰 문제점은 당장 아시아에 진출하지 않으면 직원들을 해고해야 한다는 것이었다. 당시 이사진을 맡고 있던 3인조 발슈테트, 존슨, 윅스트롬은 어떻게든 해고는 피해야 한다고 생각했다. 고민 끝에 레엘은 창립 역사상 처음으로 시장점유율을 확보하기 위한 치열한 경쟁에 뛰어들기로 결정했다. 레엘의 영업사원들은 1997년에 아시아를 무대로 영업활동을 개시했다.

· · · — · — · · ·

걷잡을 수 없이 불어닥친 경영난과 뼈아픈 해결책

아시아 시장 진출은 회사의 또 다른 중대한 사건인 창립자 두 명의 은퇴와 동시에 일어났다. 당시 윅스트롬은 17년간 레엘에 근무해온 상태였고, 발슈테트와 존슨이 은퇴한다면 그를 단독 CEO로 임명하는 것이 타당한 선택이었을 것이다. 그러나 윅스트롬은 파트너들과 함께 회사를 경영해오며 공동경영에 대한 열렬한 믿음이 생긴 터였다. 결국 그는 다른 누군가와 공동 경영을 한다는 조건으로 CEO직을 받아들이기로 결정했다. 공동 경영자로 선출된 인물은 와튼 대학에서 MBA를 받은 웨스트포인트사관학교 출신의 베트남 전문가이자 전직 IBM 영업부서 대표를 맡았던 밥 칼슨이었다.

새로운 경영진이 회사를 이끌었던 초기 몇 년 동안 레엘의 상황은 나쁘지 않았다. 레엘은 특허 받은 신기술을 개발해 경쟁업체보다 30%나 작은 크기의 경첩을 생산했다. 새롭게 개발된 경첩은 세련되고 가볍고 얇은 노트북에 대한 수요가 급증함에 따라 제조업체들에게는 큰 이점이 되었다. 이 새로운 경첩 제작 덕분에 회사의 매출은 1998년 1690만 달러에서 2000년에 2960만 달러로 두 배 가까이 치솟았고, 경첩의 매출은 1998년에 520만 달러에서 2000년에 1900만 달러를 달성했다. 결국 새롭게 개발된 경첩은 회사에 280만 달러의 영업이익을 안겨주었다. 당시 노트북 경첩 업계에서 레엘이 차지하던 점유율은 무려 25%였다.

그러나 성장이 계속된 것은 아니었다. 2001년, 회사의 매출은 30% 이상 급감했다. 회사의 웹사이트에는 다음과 같은 내용이 실려 있다. '레엘은 다른 대안이 존재하는 한 직원들을 해고하지 않겠다고 약속했다. 회사의 수익이 없어도 마찬가지다. 최저임금을 받는 직원들을 제외한 모든 이들에게 임금 삭감 조치가 시행됐으며, 고위 경영진들은 가장 큰 폭의 삭감 조치를 감당해야만 했다. 배당금 역시 감소했다. 이러한 조치들이 결합되어 회사는 정리해고 없이 손익분기점을 약간 상회하며 위기를 넘길 수 있었다. 2002년과 2003년에 이르러 다시 사업의 회복기가 도래했고, 레엘은 이를 기회로 삼아 단한 명의 해고 없이 힘든 시기를 극복했다. 레엘은 '이례적인' 대응으로 2003년 미네소타 기업윤리상, 2004년 국가경영 윤리상을 수상해그 공로를 인정받았다.'

이러한 회사의 대처에 누구보다 만족감을 느낀 발슈테트는 레엘의 역사를 기록하며 다음과 같은 글을 남기기도 했다.

"회사가 어느 때보다도 제 기능을 잘하고 있다고 말할 수 있어 기쁘다. 스티브 웍스트롬과 밥 칼슨의 파트너십은 성공적으로 균형을 이룬 것으로 증명되었다. 3인조 창립자들이 세운 공동 경영의 성공 사례는 결코 우연이 아니었다."

그러나 2007년 가을, 내가 다시 발슈테트를 만났을 때 레엘의 역사를 희망적으로 써내려가던 그의 기억은 이미 희미해진 것처럼 보였다. 1997년에 그들이 내렸던 선택이 초래한 장기적이고 부정적인 결과를 정확히 인지하고 있었기 때문이다. 삶의 대부분을 바쳐 만들어낸 레엘의 문화도 그 결정을 계기로 무너지고 말았다. 그는 과거를 되돌아보며 말을 이어나갔다.

"아시아에 진출하면서 시장점유율을 높여야 했기 때문에 제품 가격을 대폭 낮췄습니다. 과연 그 방법이 옳았을까요? 사실 그 방식은 우리가 과거에 취했던 것과는 전혀 달랐습니다. 그전까지 우리는 안정적인 이윤을 남기기 위해 비교적 높은 가격 정책을 활용해왔습니다. 그때 우리가 이전과 동일한 선택을 했더라면 어땠을까요? 어쩌면 일부 사업부에서 비용은 좀 더 발생했을지 몰라도 상황은 지금보다 낫지 않았을까요? 할인된 가격 때문에 생산량이 대폭 증대되었기 때문에 생산시설 역시 절반 이상 증축해야 했습니다. 또 수요를 충족하기 위해 100만 달러를 생산 자동화에 쏟아부어야 했고요."

결국 그 시기에 투입된 대규모의 자금은 회사의 경영난을 불러온 주범이 되었다. 자연스러운 수요에 의해 생산량을 조절했던 기존의 방식에서 무조건 일정 생산량 이상을 달성해야 하는 상황이 된 것이었다. 그것은 결국 가격을 더 낮춰야 한다는 압박을 증대시킬 수밖에 없었다. 판매량의 변동성은 불가피했다. 레엘의 디자인을 모방해 거의 똑같은 경첩을 훨씬 낮은 가격에 판매하기 시작한 경쟁업체들이 대거 등장했기 때문이다. 이러한 변동성은 발슈테트를 비롯한 경영진들이 아시아 시장을 공략하기로 결정했을 때 염두에 둔 계획을 단번에 물거품으로 만들었다. 그는 말한다.

"우리는 당시의 상태에서 목표한 방향으로 가기 위한 일종의 중간다리를 건설하려고 했습니다. 직원들을 해고하지 않기로 결정했기 때문에 다음 단계로 가기 위해 시간도 좀 더 벌어둬야 했고요."

발슈테트가 한 말의 의미는 레엘이 미래에도 사업을 성공적으로 운영하기 위해 새로운 시장개척은 물론 이윤이 높은 신제품 역시 추가적으로 개발해야 한다는 것이었다.

"하지만 시장은 우리가 계획한 바를 실행하도록 놔두지 않더군요. 2000년에 생산량이 대폭 증가했는데, 2001년에는 또 급격하게 줄었습니다. 다시 괜찮아졌다 싶으면 또다시 생산량이 급감하는 현상이 반복됐습니다. 그 외에 생산 규모, 가격 압박, 판매 변동성, 대규모 투자 등의 요소들도 복합적으로 맞물려 있었습니다. 때문에 회사는 의도한 방향과는 다르게 흘러갔지요. 결국 조직의 모든 에너지가 새로운 기회를 창출하는 대신 아시아 사업 개발을 위해 투입되었습니다."

그렇다면 레엘이 안정적인 이윤을 얻기 위해 이전과는 다른 결정을 내린 이유는 무엇일까? 회사의 문화를 유지하기 위해서였을까? 결국 회사의 문화가 그들로 하여금 비즈니스의 현실을 제대로 보지 못하게 만든 것은 아닐까?

발슈테트는 경영진이 교체되기 이전에 이사회가 '직원들의 특권 의식과 그것이 생산성에 미치는 부정적인 영향'을 줄곧 우려해왔다고 말했다.

"레엘은 조직 구성원들의 삶의 질에 지나치게 많은 중점을 뒀습니다. 제품 개발, 신규 시장 개척, 그 외의 여러 재정적인 문제들에 대해서는 비교적 주의를 덜 기울였다고 볼 수 있습니다. 이전에는 청지기 정신(창립자나 소유주만이 경영의 주체가 되는 것이 아니라 구성원 모두가 경영의 주체라는 의미)에 대해 모두가 자유방임적인 관점을 가졌습니다. 그러나 경영진이 교체되면서 레엘은 의도적으로 청지기 정신을 갖고자 했습니다."

레엘은 새로운 CEO인 도널드슨의 관리하에 청지기 정신을 철저하게 강조했다. 공장의 곳곳에는 그전과는 다르게 각종 그래프, 차트, 로그, 도표들이 걸려 있었다. 특히 생산 구역의 벽면에는 점수판과 카이젠(업무 효율 향상과 작업 안전의 확보, 품질 불량의 방지 등 생산과 관련된 개선을 위한 활동) 등이 있었는데, 이를 통해 레엘이 린-제조방식(일본 도요타의 생산 방식으로 제조에 불필요한 낭비 요소를 제거하자는 개념)을 도입했다는 점을 알 수 있었다. 레엘은 수년간 작업 효율성을 향상시키기 위해 노력해왔지만 윅스트롬과 칼슨이 공동 CEO를 맡고 있던 2005년 1월까지도 린-제조방식은 조직 전체에 걸쳐 폭넓게 구현되지 못했던 것이 사실이다.

새로운 제조방식 덕분에 생산팀은 인건비를 40% 절감할 수 있었고, 동시에 생산량은 두 배로 늘어났다. 도널드슨은 이른 새벽에도 직원들과 똑같이 작업장으로 출근하며 직원들의 노고에 아낌없는 지지와 응원을 보냈다. 내가 도널드슨을 인터뷰했을 당시 그는 이제 막 경첩 생산 라인에서의 새벽 근무를 끝낸 참이었다. 그는 말했다.

"지금의 레엘은 예전처럼 3인조가 아니라 레엘 리더십팀이 이끌고 있습니다."

그는 직원들을 가리키며 말을 이었다.

"우리가 작업을 보조하는 간호사라면, 실무를 하는 저 직원들은 외과의사라고 볼 수 있지요."

그의 말은 마치 광고의 카피문구처럼 느껴졌고, 도널드슨이 홍보하고 있는 것은 자기 자신인 것처럼 보였다. 충분히 이해할 만한 상황이었다. 그가 레엘의 CEO로 취임한 지 2년이 지났지만 도널드슨은 여전히 직원들의 신임을 얻기 위해 애쓰고 있었기 때문이다. 그러나 직원들은 그때까지도 부족한 점을 많이 느꼈다. 부분적인 이유는 그가 갑작스럽게 레엘의 CEO로 취임한 것 때문이기도 했다. 직원들이 신뢰하던 윅스트롬과 칼슨의 공동 경영 방식 대신 도널드슨은 단독 CEO로 레엘에 합류하게 되었고, 겨우 두 달 남짓의 기간 동안 직원들이 그를 제대로 파악하기는 힘들었던 것이다. 특히 직원들을 충격에 휩싸이게 한 것은 24년간 레엘에 근무하며 수많은 동료들과 친밀한 관계를 맺어온 윅스트롬이 돌연 은퇴한 일이었다. 윅스트롬은 누구보다 레엘의 기업문화와 가장 밀접하게 연결된 인물이었기 때문에 직원들의 반응은 어쩌면 당연한 결과였다.

그렇다면 이사회가 '공동 경영'을 포기한 이유는 무엇일까? 사실 이사회조차 그 질문에 대한 정확한 대답을 찾기 힘들었다. 경영 형태의 변화는 갈피를 잡을 수 없을 만큼 혼란스러웠다. 게다가 도널드슨은 레엘이 여전히 공동 경영 방식을 유지하고 있다고 주장하기도 했다. 그의 말에 따르면, '3인조' 리더십 대신 자신과 고위간부들로 구성된 '레엘 리더십팀(RLT, Reell Leadership Team)'이 존재하기 때문에 공동 경영 방식은 여전히 유지되고 있다는 말이었다. 리더십팀을 구성하는 고위간부 중에는 그가 코닥에서 근무했던 시절의 동료인 카일 스미스(Kyle Smith)도 포함됐다. 2006년에 도널드슨은 그를 레엘의 사장으로 영입했다.

3인조가 이끌던 시절의 레엘을 경험한 직원들에게는 도널드슨의 주장이 터무니없게 들렸다. 누가 봐도 도널드슨은 회사의 단독 보스처럼 행동했다. 조직의 모든 일에 개입했고, 모든 주요 인사들의 교체를 단독으로 결정했으며, 경영진과 상의 없이 회사의 중대한 일들을 즉석에서 결정했다. 기존에 운영되던 레엘의 경영 방식과는 완전히 달랐다.

사실, 3인조가 이끌던 시절의 조직문화가 훨씬 더 훌륭했는지 아닌지를 함부로 판단하기는 어렵다. 그러나 내가 책의 초판을 준비하며 마지막으로 레엘을 방문한 이후, 회사는 분명 커다란 변화를 겪었다. 여러 차례의 재정적 위기와 경영진 교체로 회사는 직원들의 신뢰를 잃은 상태였다. 회사는 그만큼의 대가를 치러야만 했다. 과거에 레엘의 문화를 구성했던 핵심 요소는 '신뢰'였다. 신뢰의 중요성에 대해서는 작은 거인들 모두가 공통적으로 동의한다. 신뢰 없이는 작은 거인으로 성장할 수 없기 때문이다. 또한 한 번 신뢰를 잃게 되면 되돌리기는 대단히 어렵다. 특히 문제의 근본적인 원인과 해결 방법에 대한 조직 내의 합의가 이루어지지 않으면 잃어버린 신뢰를 되찾기는 더욱 힘들어진다.

레엘의 경영진들과 이사회, 창립자들 사이의 이견은 좀처럼 좁혀지지 않았다. 도널드슨은 레엘이 노트북 경첩 사업을 좀 더 적극적으로 추진해 작업의 효율을 달성함으로써 위기를 극복할 수 있다고 믿었다. 반면 이사회는 도널드슨을 CEO로 임용한 이후 조직 내의 여러 변화를 겪었기 때문에 그의 전략을 놓고 반반으로 의견이 갈렸다. 일부 멤버들은 도널드슨에게 그의 전략을 실행할 기회를 제공해야 한다고 주장했고, 다른 이들은 도널드슨 역시 문제의 일부라고 여겼던 것이다.

창립자들의 입장은 또 달랐다. 그들은 무엇보다 애초에 레엘을 설립한 주 목적인 문화의 손상을 우려했다. 그러나 정확히 어떤 방법으로 문제를 해결해야 할지에 대해서는 확신하지 못했다. 3인조는 일정 기간 동안 이사회에 복귀하는 데 동의했고, 그들 역시 새로운 경영진이 직면한 난관에 대해 잘 알고 있었다. 데일 메릭은 "회사가 돌아가는 사태에 비해 해결 전략은 대단히 불충분하다는 느낌을 받았다"고 말했다. 리 존슨은 이렇게 말했다.

"우리가 레엘을 경영하던 시절에는 당연히 우리의 방식을 따라야만 했지요. 하지만 지금의 레엘에는 새로운 경영 전략이 절실히 필요합니다. 많은 직원들이 우리 3인조에게 고마움을 표하는 이메일을 보내왔더군요. 그들 역시 회사가 변했다는 사실을 인정했습니다. 제가 바라는 게 한 가지 있다면, 직원들 간의 존중과 존경은 변치 않았으면 한다는 겁니다."

예측불허의 인물은 레엘의 사장이자 2인자였던 카일 스미스였다. 만일 도널드슨이 어떤 이유로든 회사를 떠나게 된다면, 임시 대표일지라도 경영권을 이어받을 사람은 스미스였다. 그러나 이사회는 그에게 어떤 기대를 걸어야 할지 정확히 알지 못했다. 그와 도널드슨은 비슷한 배경을 갖고 있었고, 동료이자 좋은 친구였지만 서로 전혀 다른 경영 방식을 선호했다. 리더로서 위엄 있고 지시적인 면모를 보인 도널드슨과는 달리, 스미스는 비교적 느긋하고 동료애가 많은 인물이었다. 도널드슨이 경영권을 쥐고 있는 동안 스미스는 그에 대한 강한 충성심을 보였기 때문에 사실상 스미스의 경영 스타일은 거의 공개적으로 드러나지 않았다. 스미스가 도널드슨 없이도 창립자들이 세운 원칙을 고수하며 레엘을 재정적으로 안정된 방향으로 이끌어 갈 수 있을까? 이사회는 도무지 갈피를 잡지 못했다.

이 모든 혼란에도 불구하고 결정은 내려져야만 했다. 당시 도널드슨은 연간 계약 형태로 근무하고 있었다. 이사진들은 내년에는 개선의 조짐이 보이기를 희망했지만 현실은 녹록치 않았다. 도널드슨이 경영하던 레엘은 어느 때보다도 노트북 경첩 제작 부문에 대한 의존도가 높은 상태였다. 2005년에 전체 매출의 39%에 달했던 경첩 제작 부문은 2008년 말에 51%를 차지했다. 반면 경첩 제작 부문의 평균 마진율은 급감했고 결국 회사는 경첩을 제작할 때마다 손해를 보는 구조가 되었다.

경첩 사업부의 부진한 성과 외에도, 레엘은 창립 이래 가장 최악의 외부적 환경에 노출된 상태였다. 2007년 12월에 시작된 경기 대침체는 2008년 9월 리먼 브라더스 사태 이후 세계 경제를 불황에 휩싸이게 만들었다. 같은 해 11월과 12월에는 급격한 소비 침체로 노트북의 판매량 역시 곤두박질쳤다. 레엘의 고객사들은 경첩의 주문량을 대폭 줄였다. 2009년 1월, 결국 도널드슨과 경영진은 레엘의 창립 역사상 최초로 정리해고를 감행해야 한다는 사실을 인정했다. 한 번의 정리해고로 자금난을 극복하기에는 역부족이었다. 3월과 5월두 차례에 걸쳐 정리해고가 이어졌고, 총 172명의 직원들 중 74명이 해고됐다. 도널드슨도 회사를 떠났다. 2009년 3월에 이사회는 그를

CEO로 재선임하지 않기로 결정했기 때문이다.

이쯤에서 레엘의 상황을 단순히 끔찍하다고 말하는 것은 대단히 절제된 표현일 것이다. 회사의 대차대조표는 말할 것도 없이 엉망이었다. 이미 끌어올 수 있는 자금이나 자산은 모두 바닥 난 상태였다. 생산 장비들은 모두 레엘의 제품에 특화되었기 때문에 시중에서는 가치가 없었다. 도널드슨에 이어 대표직을 넘겨받은 스미스는 회사가 보유한 현금이 너무 부족했기 때문에 전표를 확인하는 일에만 업무 시간의 절반 이상을 쏟아부어야 했다. 그리고 지불해야 할 청구서를 결정하고 채권자들에게 대금을 제때 상환할 수 없음을 알려야 했다. 그들에게는 토큰으로 첫 할부금 지급을 약속한 뒤 이후의 납기 일정표를 제공했다.

그러나 회사의 가장 중대한 위기는 경영권이 교체된 후 몇 주가 지나서야 완전한 모습을 드러냈다. 은행 담당자가 채무 변제 건으로 회사를 찾아왔을 때였다. 스미스는 최악의 상황에 대비했기 때문에 은행의 갖은 독촉과 경고에도 당황하지 않았다. 현실을 인정하고 회사가 처한 상황을 해결하기 위해 그가 취한 조치들에 대해 설명하는 것 외에는 할 수 있는 일이 없었다. 그 방안에는 정리해고도 포함되어 있었고, 추가적인 정리해고 역시 계획하고 있다는 사실을 밝혔다. 그는 말했다.

"저는 충분히 많은 비용을 절감했지만, 은행에서는 회사의 다음 행보를 알고 싶어 하더군요. 우리가 경비 절감을 위해 실행하고 있는 수많은 계획들을 상세히 알려줬지만, 그들은 여전히 우리를 신뢰하지 못했습니다. 그렇지만 적어도 우리가 현실을 회피하며 무작정 손놓고 있는 상태는 아니라는 건 알았을 겁니다."

스미스의 간절함 탓이었는지는 몰라도 은행은 이후 몇 주간 극단적인 조치는 취하지 않았다. 또한 그가 계획했던 장기적인 조치들을 실행할 수 있도록 충분한 시간을 제공했다. 노트북 경첩 사업에서 서서히 발을 빼는 것 역시 계획의 일부였다. 그는 말한다.

"노트북 경첩 사업은 치열한 공산품 시장에서 경쟁하는 일입니다. 타 회사와 비교해 레엘이 이례적으로 뛰어난 분야가 몇 가지 있지만 대량 생산되는 공산품 시장에서 경쟁하는 일은 거기에 해당되지 않더군요."

레엘에게는 자사의 트레이드마크이자 비즈니스 모델의 필수 요소인 기술혁신 개발비용을 감당할 수 있을 만큼 충분한 수익이 필요했다. 제품 개발 사업은 상대적으로 이윤이 낮은 편에 속했기 때문이다. 한 가지 분명한 사실은 노트북 경첩 부문에서 벌어들이는 이익만으로 레엘은 생존할 수 없었다는 것이다. 그러나 노트북 경첩사업에서 빠져나오는 것은 말처럼 쉽지 않았다. 결국 이 사업이 회사가 보유한 현금 유동성의 주요 원천이었기 때문이다.

노트북 경첩 사업으로는 주문을 받은 이후 6개월 내에 현금을 확보할 수 있었다. 반면 고객 주문형 경첩 제작을 예로 들면, 자동차 고객사를 대상으로 하는 경첩은 주문에서 현금 확보까지 2년이라는 기간이 소요되었다. 물론 그 대신 노트북 경첩과 비교해 훨씬 더 많은 이윤을 얻고, 제품 수명주기 역시 7년이라는 기간을 갖는다. 노트북 경첩이 12~18개월의 수명주기를 갖는다는 점을 감안하면 그 차이는 상당하다. 스미스는 레엘의 사업이 부가가치를 창출하는 고수익 제품군에 속하기를 원했다. 그러나 변동성이 큰 시장에서 회사의 매출이 급감하게 되면 재빨리 손해를 메워야 했고, 그 구멍을 막을 수 있는 것은 노트북 경첩 판매뿐이었다. 또한 기존에 이미 계약된 주문들은 제작을 완료해야만 했다.

따라서 마진율이 낮은 노트북 경첩 사업에서 마진율이 높은 다른 유형의 동작 제어 제품으로 주력 사업을 전환하는 데는 몇 년이 소요될 것이었다. 스미스는 레엘의 노트북 경첩 부문 고객들에게 변경될 회사의 정책을 고지해야 한다는 의무를 느꼈다. 예를 들면 상하이로 가서 델(Dell Inc.) 사의 공급 부문 책임자에게 이전과 같은 수준의 서비스는 제공하겠지만, 지금과 같은 낮은 가격 정책은 유지될 수 없다고 알리는 것이었다. 우려와는 달리 고객들은 레엘의 변화를 받아들였다. 지난 수년 동안 레엘이 공급한 수백만 개의 노트북 경첩에서 단 한 번도 결함이 보고된 적이 없었기 때문이다. 그러나 그들은 지금보다 더 높은 금액을 지불할 수는 없다고 말했다. 그는 이사회에 이렇게 전했다.

"적어도 2년간은 회사의 매출이 뒷걸음질 치겠지만 회복기를 되찾을 겁니다. 먼저 회사의 대차대조표를 바로잡고, 충분한 현금을 확보해 은행에 넣어두고, 성장을 위한 자금을 조달할 것입니다. 어디까지나 장기적인 계획을 말하는 겁니다. 단기간 내에 회사의 변화를 원한다면 다른 사람을 찾아보시는 게 좋겠습니다."

하지만 그 시점에서 어느 누구도 스미스의 의견에 반론을 제기하지 못했다. 이사회는 스미스가 최선의 선택이라는 것을 잘 알고 있었다. 이후 레엘이 가격 정책에 대한 기준을 고수하며, 주력 사업의 전반적인 전환 계획을 실행하자 매출은 곧바로 떨어지기 시작했다. 스미스는 이사진들이 자신에 대한 신뢰를 잃었다고 생각한 순간이 여러 차례 있었다고 털어놓았다. 그들은 스미스에게 몇 번이나 "우리가 해낼 수 있을까요?"라고 묻곤 했다. 스미스는 말했다.

"저도 아직은 잘 모르겠습니다. 현재까지는 대단히 어려운 상황에 처해 있으니까요. 회사의 현금을 관리하느라 대부분의 시간을 쏟아부어야 할 때나 3분기 이상 100만 달러에 달하는 대금을 납부하지 않은 거래처들이 있으면 혼자서는 감당하기 정말 힘들거든요. 저라고 이사진들에게 희망적인 말을 하고 싶지 않겠습니까? 저는 제가 할 수 있는 한 최선을 다하고 있습니다. 제가 점쟁이가 아닌 이상 미래는 알 수 없는 거고요."

· · · — · · ·

위험 요소에 대한 무지와 잘못된 판단

회사의 이윤을 안전하게 보전하지 못했을 때 나타나는 위험성은 레엘의 사례에서 살펴본 바와 같이 대단히 치명적이다. 한편, 대차대조표를 제대로 이해하지 못했을 때에도 위기는 찾아온다. 여기에 해당되는 회사는 닉스 피자앤펍(Nick's Pizza & Pub)으로, 시카고 북서부의 크리스탈 레이크와 엘진 두 지역에 위치한 레스토랑이다. 이곳은 14개 작은 거인에 속하지는 않지만, 작은 거인이라 부를 수 있는 기준에 부합하는 회사다.

닉스 피자앤펍은 전직 공사장 인부였던 닉 사릴로(Nick Sarillo)가 만든 회사로 2009년에 이미 어느 정도 명성을 떨치던 곳이었다. 사릴로의 독특한 경영 방식과 직원들에게 미친 긍정적인 영향을 배우기 위해 전국에서 많은 사람들이 모여들었다. 회사의 각종 수치들이 이를 증명한다. 이쪽 업계에서는 직원들의 연간 이직률이 150% 정도면 정상으로 간주하는데, 닉스 피자앤펍은 매년 25% 미만의 이직률을 보였다. 업계의 평균 영업이익은 전체 매출의 6.6%인 데 반해, 닉스의 영업이익은 약 14%에서 최고 18%에 달했다. 당시 창립 15주년을 맞은 회사는 다른 어떤 독립 피자 사업체들보다 매장당 특정제품의 판매량(이전 3년 동안 평균 350만 달러)이 독보적으로 높았다.

사릴로는 회사의 성공이 자사의 기업문화에서 비롯되었다고 말한다. 닉스 피자앤펍의 문화는 사릴로의 아버지가 운영했던 피자 레스토랑을 비롯한 그의 성장과정에서 많은 영향을 받았다.

"사업체를 운영하던 주변의 모든 사람들이 저에게 '소유주만큼 회사에 신경 쓰거나 열심히 일하는 직원은 아무도 없어. 사람들이 무슨 짓을 할지 모르니 조심하는 게 좋아'라고 조언하더군요. 저는 그 말을 귀에 못이 박히도록 들었지만, 결국 그들이 틀렸다는 사실을 증명했습니다. 저는 모든 직원들이 열심히 일하고 서로 친밀한 관계를 맺는 조직을 원했습니다. 직원들이 일하는 것에 즐거움을 느끼고, 어떤 불순한 의도도 없기를 원했지요. 그런 회사를 만들지 못한다면 사업을 시작하고 싶지도 않았습니다."

그는 또한 지역 내에 일종의 커뮤니티센터 역할을 하는 장소가 있으면 좋겠다고 생각했다. 사릴로에게는 세 명의 어린 자녀들이 있는데, 그 지역에는 가족들이 함께 모일 만한 마땅한 장소가 부족했다. 그는 아이들이 자유롭게 노는 동안 부모들은 휴식을 취하며 즐거운 시간을 보낼 수 있는 장소를 만들고 싶었다. 또한 사릴로는 자신의 레스토랑이 단순한 커뮤니티센터 이상의 역할을 해주기를 바랐다. 그가 운영하는 레스토랑들은 거의 매주 모금 행사를 주최했고, 행사 당일에 창출된 매장 수익의 15%를 자선단체에 기부했다. 또 매년 두세 개의 큰 자선행사를 후원했고, 행사 당일에 올린 수익 전체를 기부했다. 크리스탈 레이크의 시장인 애론 셰플리(Aaron Shepley)는 "그들은 합법적으로 자선 목적을 가진 단체를 결코 외면하지 않는다"라고 말하기도 했다.

직원들은 사회적 책임을 다하는 회사의 분위기를 반겼으며 누구보다 즐겁게 근무했다. 무려 12대 1의 경쟁률을 뚫어야만 닉스 피자 앤펍에 입사할 기회를 얻을 수 있었다. 신참 직원들은 사릴로의 경영 원칙인 '신뢰와 실천(Trust-And-Track)'을 체득할 기회를 가진다. 회사는 성공적인 사업을 위해 직원들에게 요구되는 자질을 교육하고, 직원들은 그러한 훈련을 신뢰하며 교육받는다. 사릴로는 이것을 명령과 통제 방식과는 완전히 반대되는 개념이라고 설명한다. 즉 회사의 성공은 오로지 경영자의 책임이고 직원들은 상사의 지시와 명령에 복종해야 한다는 것과는 정반대인 것이다.

직원들을 대상으로 한 훈련과 교육은 '신뢰와 실천'을 구성하는 중요한 요소였고, 사릴로의 교육 프로그램은 정교하고, 엄격하고, 지속적이었다. 첫 번째 단계는 '101'이라고 불렸고, 이틀간의 오리엔테이션으로 시작된다. 그다음에는 4시간 동안 모든 직원들이 주방에서 피자 제조의 기본 과정에 참여한다. 그 뒤 신참 직원들은 제각기 다른 업무 그룹으로 분리되어 '201' 단계로 이동한다. 이 단계에서 직원들은 특정 업무에 대한 교육을 받고 자격에 대한 인증을 받는다.

예를 들어 피자를 만드는 직원은 자격 인증에 요구되는 수준에 도달하기까지 2~5주 정도가 소요되며, 교육이 끝난 후에는 단독으로 피자를 만들 수 있게 된다. 샐러드나 샌드위치 파트에서 자격 인증을 더 획득하면 임금은 시간당 8달러에서 8.25달러로 오른다. 여섯 개 파트에서 인증을 받으면 임금은 시간당 9.50달러가 되는 셈이다. 그리고 빨간 모자를 받는다(그전까지는 갈색 모자를 쓴다). 아홉 개 파트에서 인증을 받으면 검은 모자가 주어지며, 시간당 약 11달러까지 임금이 인상된다(인상 비율은 내가 닉스를 방문했을 당시의 기준이며, 회사는 이후 임금을 올렸다).

하지만 '201' 단계 이후의 추가적인 자격 인증은 직원들의 선택에 달렸다. 자격 인증이 하나만 있다고 해도 근무와는 상관없었다. 그들이 원한다면, '301' 단계까지 올라가서 트레이너가 될 수도 있다. 트레이너에게는 이익배분제의 자격을 제공하거나 근무시간 선택의 우선권을 부여하는 등의 혜택을 제공한다. 트레이너 자격을 받으려면 적어도 하나의 자격증에서는 마스터 등급을 받아야 한다(1에서 5까지의 척도 중 최고 등급을 획득해야 한다). 그다음 조지 레너드(George Leonard)의 저서인 『달인』이라는 책을 읽는다.

이런 형태의 세심한 직원 교육은 700만 달러 미만의 매출을 올리는 회사에서는 흔한 방식이 아니다. 닉스 피자앤펍은 교육뿐만 아니라 전반적인 경영 시스템에서도 소규모 회사로서는 보기 드문 체계적인 형태를 보여준다. 직원 고용에서부터 재고 관리, 업무 현장에서 발생하는 갈등의 해결 방식 등 닉의 경영 방침은 회사 곳곳에 적용된다. 사업에서 정기적으로 이루어지는 거의 모든 일들은(매장의 고객 응대방식까지) 충분한 심사숙고의 과정을 거쳐 결정되며, 그 결과는 직원들의 교육과 직결된다.

식당의 주방을 관리하는 일을 예로 들어보자. 명령과 통제 방식으로 운영되는 전형적인 식당에서는 한 명의 관리자가 주방관리를 비롯한 전반적인 일에 모든 책임을 지며, 처리해야 하는 업무 역시 그에게 몰려 있다. 또한 직원들에게 해야 할 일을 지시하는 것도 그의 몫이다. 반면 닉스에서는 모든 주방 직원들이 제각기 맡은 업무에 책임을 지며, 전체적인 업무가 원활하게 돌아갈 수 있도록 철저한 운영 시스템을 보유하고 있다. 거의 최저임금에 가까운 급여를 받는 젊은 직원들에게 이러한 책임 부여는 다소 부담스러울 수도 있다. 직원들 가운데 절반은 10대 후반이고, 70%는 25세 이하이기 때문이다. 하지만 그들은 불평은커녕 닉스의 문화를 열렬히 아끼고 사랑했다.

25세의 서빙 직원은 이렇게 말했다.

"닉스에 일하러 오는 것은 회사에 출근한다는 부담감이 전혀 없습니다. 제 친구들은 저를 이해할 수 없다고 말하지만, 저는 이곳에서 근무하는 것이 정말 만족스럽고 행복합니다."

사릴로의 경영 방식에 고마움을 느끼는 것은 비단 직원들뿐만이 아니었다. 사릴로는 말한다.

"저희 직원의 부모님들이 저에게 이렇게 말하곤 합니다. '아이가 이렇게 꾸준히 즐겁게 일하는 건 처음 봤어요. 회사의 교육방식을 꼭 유지해주세요'라고요."

사릴로는 회사의 문화, 지역 주민을 위한 공간, 고객의 경험에 누구보다 열성적이었다. 그는 자신이 만들어낸 이러한 문화를 세상에 널리 알리고 공유하고 싶었다. 닉은 당시 레스토랑 두 곳의 경영에 집중하고 있었다. 너무 빨리 사업을 성장시키면, 닉스에 특별함을 불러온 모든 문화가 사라질 수도 있다는 사실을 큰 위기를 겪으며 깨달았기 때문이다. 그는 여러 개의 식당을 운영하더라도 공통된 기업 문화를 유지할 수 있는 체계적인 방식과 시스템을 정착시킬 때까지 사업의 확장을 연기하기로 했다.

성급한 사업 확장에는 또 다른 위험요소가 존재한다. 자본이 고갈되거나 더 심한 경우 자본을 확보하는 과정에서 회사에 악영향을 미칠 만한 잘못된 판단을 내릴 수도 있다는 점이다. 만일 부채를 조달해 사업을 확장하는 경우에도 회사의 재무 상태나 대차대조표에 대한 이해가 부족하다면 회사는 중대한 위험에 빠지게 된다. 인식하지도 못한 사이에 상환할 수 없는 규모의 엄청난 부채를 지게 될 수도 있다. 또한 예상하지 못한 상황에 대한 대처 능력이 현저히 떨어지게 된다(사릴로의 경우 갑작스런 도로 공사 때문에 6개월 동안 엘진 지점의 매장 출입로가 차단된 적이 있었다). 결국 회사의 현금 보유량만으로는 누적된 부채의 이자율을 감당할 수 없다는 것을 뒤늦게 깨닫게 된다. 그때쯤이면 회사는 이미 파산 직전의 상황에 놓여 있을 가능성이 크다.

처음 사업을 시작하는 많은 이들이 그렇듯이 사릴로 역시 금융 관련 배경지식이 다소 부족했다. 정기적으로 검토해야 하는 입출금 내역서나 재무제표를 제대로 파악하지 못했고, 어떤 내용에 주목해야 하는지도 전혀 몰랐다. 결국 그는 주택 담보대출과 같은 방식으로 첫 번째 식당을 위한 자금을 조달했다. 2000년에 대출을 상환한 뒤 크리스탈 레이크 지점을 두 배로 확장하기 위해 200만 달러를 추가로 담보대출 받았다.

크리스탈 레이크 지점의 확장은 사릴로가 지닌 원대한 목표의 시작에 불과했다. 그의 목표는 2010년까지 5개의 레스토랑을 여는 것이었다. 2003년에 그는 두 번째 식당을 오픈하기로 결심했고, 엘진 지역 근처에서 폭발적인 성장이 예견되는 이상적인 장소를 발견했다. 그는 부지를 매입하기 위해 다른 지역 은행으로부터 80만 달러를 대출했고, 10명의 투자자로부터 100만 달러의 자금을 확보했다. 또한 중소기업청으로부터 120만 달러의 대출을 받고, 추가로 은행에서 건설 자금을 조달했다. 총 투자금은 470만 달러였으며, 그중 20만 달러를 제외한 모든 자금은 부채였다. 닉스 피자앤펍의 두 번째 매장은

2004년 4월에 오픈했다.

다음으로 그는 시카고를 목표로 잡았다. 2006년에 시카고 북서쪽에서 적합한 장소를 물색했고, 라살 뱅크(LaSalle Bank)에서 200만 달러의 건설 자금을 대출하면 될 것이라고 생각했다. 그러나 예상과는 달리 사릴로가 임대 공간을 개조하려는 시점에도 대출은 승인되지 않았다. 그는 대출을 기다리는 대신 엘진 은행의 신용 한도액에서 50만 달러를 먼저 인출한 뒤 건설자금의 일부로 사용했다. 닉스는 라살 뱅크에서 대출이 승인되고 나면 곧바로 돈을 갚으리라 생각했다.

그러나 대출은 거절되고 말았다. 예상했던 자금 조달이 불가능해지자 그는 시카고 매장의 확장을 2008년 9월로 연기했다. 하지만 같은 해 9월 리먼 브라더스 사태가 터지자 경제는 심각한 불황을 맞았다. 그 후 2년여의 기간 동안 그는 매장 확장을 전면 연기한 뒤 이미 운영하던 두 개의 식당에만 집중했다. 그러나 결과는 썩 좋지 않았다. 물론 좋은 때와 나쁜 때가 있었지만, 전반적인 회사의 매출은 현저히 감소했다. 그러던 2011년 봄, 사릴로는 회사의 현금 흐름표에서 8만 7000 달러의 금액 실수를 발견했다. 설상가상으로 회사의 매출은 지난 두 달 동안 판매 예측치에 훨씬 못 미치는 부진한 수치를 보인 상태였다. 결국 회사가 보유한 현금은 예상치보다 20만 달러가 부족한 상황이 되었다.

사릴로의 상황은 점점 절망적인 상태로 치달았다. 어렵게 자금을 조달하는 과정에서 그는 놈 브로드스키가 과거에 자신과 유사한 위기를 겪은 적이 있다는 사실을 알게 되었다. 브로드스키는 자신의 회사가 너무 급성장한 것에서 파생된 위기를 겪은 바 있었다. 그가 얻은 많은 교훈 가운데 하나는 대차대조표의 중요성이었다. 브로드스키는 그전까지 대차대조표에 전혀 주의를 기울이지 않았고, 가능한 한 빨리 성장하려는 자신의 목표에만 전념했다. 결과적으로 자신이 내걸었던 위험을 전혀 파악하지 못했던 것이다. 브로드스키는 그때의 교훈을 마음속 깊이 새기고 있었다.

2011년 3월, 사릴로가 브로드스키에게 조언을 구하는 연락을 했고, 그는 사릴로에게 회사의 재무 관련 정보들을 보내달라고 했다. 사릴로는 각 식당들의 손익계산서와 그 밖의 여러 수치들을 포함한 자료를 전달했다. 브로드스키는 그에게 회사의 손익분기점에 대해 물었지만 사릴로는 제대로 답하지 못했다. 대차대조표를 보여달라고 말했을 때에도 마찬가지였다. 브로드스키는 "회사의 자산과 부채 정보를 정확히 알아야 한다"고 말하며 부채가 얼마나 되는지 물었다. 사릴로가 회사의 부채액을 알려주자 브로드스키는 닉스 피자앤펍의 문제점을 곧바로 파악했다.

불황 이전의 몇 년은 회사의 수익이 비교적 높았기 때문에 누적된 부채의 일부를 상환할 수 있었지만 회사는 여전히 300만 달러의 빚을 지고 있는 상태였다. 이자만 해도 연간 15만 달러가 넘었고, 회사는 월 3만 달러가량의 손해를 보고 있었다. 브로드스키는 사릴로에게 냉정하게 현실을 알려줬다. 현 시점에서 닉스 피자앤펍에 30만 달러를 투자할 사람은 아무도 없을 것이며, 설령 월마트가 개장해서 엘진 지점의 매출이 두세 배 오른다고 해도 회사의 생존은 어렵다는 것이었다. 그는 "회사의 회생을 위해서는 기적이 필요할 겁니다"라고 말한 뒤 사릴로에게 파산 전문 변호사와 상의하라고 조언했다.

사릴로는 브로드스키의 말에 적잖은 충격을 받았지만, 투자 자문가들이 알려주지 못한(혹은 말하기를 꺼린) 현실적인 조언을 듣게 된 것에 고마움을 느꼈다. 여름 내내 사릴로는 대출금 상환을 중단한 은행에 상환 조정을 시도하기 위해 다양한 전략을 제시했지만, 어떤 방법도 통하지 않았다. 한편 닉스 피자앤펍은 계속해서 예상 매출액을 달성하는 데 실패했다. 현금 흐름 예측상 결국 회사의 파산이 임박한 것이다. 스트레스로 사릴로의 건강은 급격히 나빠지기 시작했다. 그는 극심한 요통을 앓았고, 디스크 진단을 받았다. 병원에 입원하고 열흘 후 퇴원했을 때 회사의 미래는 어느 때보다도 암울해 보였다. 그는 회사의 현금 흐름 추정안을 검토하는 도중에 회사가 2주 안에 12만 8000달러의 현금 부족을 겪게 될 거라는 처참한 사실을 알게 되었다. 즉 당장 2주 후부터는 직원들에게 급여를 지급할 수 없었던 것이다.

사실상 회사의 파산을 공표하는 것 외에는 달리 방법이 없어 보였다. 그때 사릴로는 대단히 이례적이고 위험한 방안을 한 가지 생각해냈다. 그것은 고객들에게 회사의 자금난을 호소하는 방법이었다. 의구심과 불안을 안고 그는 고객들에게 회사의 위기를 설명하는 긴 이메일을 써내려가기 시작했다. 자신이 초래한 실수에 대한 전적인 책임을 인정한다는 것, 그리고 향후 3~4주간 회사의 매출을 증대시키는 데 도움을 부탁드린다는 점을 간절히 요청하는 내용이었다.

사릴로가 자신이 쓴 이메일을 홍보부서 직원들에게 보여주자 그들은 끔찍한 생각이라며 반대했다. 그건 회사의 재정적 위기를 세상에 공표하는 것과 다름없으며, 직원들과 공급업체에게 미치는 부정적인 영향은 치명적일 것이라는 의견이었다. 그러나 사릴로는 이 문제에 대해 깊은 고민을 이어갔고, 결국 자신의 방법을 밀고 나가기로 결심했다. 그 시점에서는 더 이상 잃을 게 없었기 때문이다.

· · · ·—·—· · · ·

지속 가능한 비즈니스 모델을 구축하라

앞서 언급한 바와 같이 작은 거인들에게는 회사의 이윤을 보전하고 건전한 대차대조표를 유지하는 것 외에도 재정적인 측면에서 지켜야 할 세 번째 원칙이 존재한다. 그것은 건전한 비즈니스 모델을 보유하는 것이다. 대부분의 작은 거인들은 사업을 시작할 때부터 건전한 비즈니스 모델을 정립하고 있었기 때문에 이를 '원칙'이라고 표현하는 것은 다소 무리가 있을지도 모른다. 만일 그들이 자체적인 비즈니스 모델을 갖고 있지 않았더라면, 오랜 기간 회사를 성공적으로 일궈낸 작은 거인을 만들어내지는 못했을 것이다.

그러나 환경은 계속 변한다. 산업도 변하고, 기술도 변한다. 한때는 건전한 비즈니스 모델이었던 것도 한순간에 불안정한 모델로 변모할 수 있는 것이다. 게다가 회사가 과도기에 놓였을 때에는 불편한 선택에 직면할 가능성도 한층 커진다. 회사를 지탱하는 조직문화가 더 이상 지속 불가능한 비즈니스 모델을 토대로 구축되었을 경우 더욱 그렇다.

리듬 앤 휴스는 2012년과 2013년 초에 그러한 선택에 직면했다. 회사는 이미 낮은 수익률로 어느 정도 위태로운 상황이었는데, 훌륭한 의료보험 제도를 제공하겠다는 존 휴스의 신념 때문에 심각한 재정적 위기를 겪었다. 그러나 지난 20년 동안 수많은 경쟁업체들이 파산하고 사라지는 동안에도 존 휴스는 여전히 회사를 생존시켰다(또한 수많은 수상작들을 남겼다). 2003년부터 2013년까지 총 12개 이상의 특수효과 회사들이 문을 닫거나 파산 보호 신청을 했다. 업계의 높은 파산율은 산업의 급속한 변화를 고스란히 반영했다. 또한 그 변화는 특수효과 회사들이 보유한 비즈니스 모델의 중대한 문제점을 드러나게 만들었고, 그 외의 여러 부수적인 문제들을 야기했다.

리듬 앤 휴스 같은(생존을 위해 큰 프로젝트가 필요한) 대규모 특수효과 회사들에게는 여섯 곳의 잠재고객이 존재한다. 20세기폭스, 워너 브라더스, 파라마운트, 유니버설, 소니·컬럼비아, 디즈니가 여기에 속한다. 사실상 이들과의 거래가 없다면 특수효과 회사들은 결국 파산하고 말 것이다. 예상하다시피, 외부적 환경에 특히 취약한 산업의 특성 때문에 대규모 특수효과 회사들은 계약을 입찰하고 협상하는 데 영향력이 거의 없다. 유명한 영화배우들은 그들이 출연하는 영화가 낸 수익만큼 이익 배분을 주장할 수 있었지만, 특수효과 회사들은 그런 의견을 제시하는 것이 불가능하다. 영화에서 그들의 기여가 훨씬 더 크고 중요한 경우라도 마찬가지다.

대규모 프로젝트의 지속적인 수주는 회사의 생존에 필수이기 때문에 괜히 비현실적인 요구로 위험을 무릅쓰려고 하지 않았다. 스튜디오들은 그들이 원하는 형태의 거래를 원했고, 대부분 '고정 입찰' 방식으로 계약이 이루어졌다. '고정'이라는 단어에서 알 수 있듯이 일단 입찰이 통과되고 계약이 체결되면 초기의 계약사항을 끝까지 고수해야만 한다. 만일 영화 제작 과정에서 프로젝트 규모가 확대되면 당연히 '추가비용'을 요구해야 했지만, 현실적으로 그 비용을 받는 것은 결코 쉽지 않았다. 또한 영화 제작 분야가 점차 진화함에 따라 영화에서 특수효과 작업이 정확히 어느 정도로 필요할지 예측하는 것이 점점 더 어려워지고 있었다. 휴스는 이러한 업계의 문제점을 지적하며 이렇게 말한 바 있다.

"예전에는 대본이 미리 나왔기 때문에 스토리보드를 구성한 뒤 촬영을 진행하면 그만이었습니다. 하지만 요즘은 결말이 나오지도 않았는데 촬영을 시작하는 경우가 허다합니다. 스튜디오와 감독이 영화의 결말에 대해 합의도 하지 않은 상태에서 고정 입찰을 진행하고 마감일을 정하기는 정말 어렵습니다."

그 밖에 다른 문제들도 많았다. 그중 한 가지는 여러 대도시나 지방에서 스튜디오에 특별 보조금을 지급하며 영화제작자들을 끌어오는 시도를 시작한 것이었다. 점차 더 많은 제작업체들이 할리우드를 벗어나 보조금을 지급하는 지역으로 이동함에 따라 특수효과 회사들 역시 불가피하게 가격을 낮춰야 한다는 압박을 받았다. 또한 멀리 떨어진 지역에서 작업을 해야 할 수도 있기 때문에 증가하는 비용 문제도 만만치 않았다.

한 예로 캐나다의 한 도시는 그 지역에서 특수효과 작업을 하는 경우 작업에 들어가는 비용의 20%를 제작사에 지불하겠다고 제안했다. 그렇게 되면 캐나다의 특수효과 회사는 작업 비용의 전액(예를 들어 1000만 달러)을 받게 되지만, 제작사는 800만 달러만 쓰게 되는 셈이다. 그러나 만일 캘리포니아에 위치한 특수효과 회사가 그 계약을 하고 싶다면, 그들은 800만 달러만 받고 1000만 달러 가치의 작업을 수행하는 것에 동의해야 한다. 이러한 불합리함 때문에 리듬 앤 휴스는 캘리포니아에 본사를 두고 인도, 말레이시아, 캐나다, 대만에도 오피스를 설립함으로써 비용 문제를 해결하고자 했다.

결국 남는 수익은 제로나 다름없었다. 만일 제작사에서 갑작스럽게 영화 제작을 취소하거나 프로젝트가 예기치 않게 지연된다면, 회사에는 불가피하게 현금 흐름의 위기가 올 수밖에 없었다. 모든 생산적인 업무가 중단된다 해도 회사는 프로젝트를 위해 고용한 수백 명의 사람들에게 급여를 지급해야만 했기 때문이다. 결국 2012년에 리듬 앤 휴스는 재정적인 위기에 처하게 되었다.

"한번은 프로젝트가 20개월 동안 지연되는 바람에 한 달에 120~160만 달러의 손해를 감수해야만 했던 적이 있습니다. 결국 20개월 동안 2400~3000만 달러의 추가 비용이 나간 겁니다. 저는 자금을 확보하기 위해 투자 은행가를 고용했고, 홍콩과 대만으로 네 차례 출장을 다녀오기도 했습니다. 당시 필요했던 자금인 1500~2000만 달러를 우리에게 투자해줄 회사가 있다면, 저희 주식을 한 주당 1달러에라도 매각할 각오가 되어 있었습니다."

투자를 받기는 결코 쉽지 않았다. 투자를 결정한 이들이 마지막 순간에 결정을 철회하는 경우도 많았다. 한 투자자는 월요일에 투자금 송금을 약속하며 은행 계좌정보를 요청하기도 했지만 결국 실현되지 못했다. 한편 휴스는 선택의 폭이 좁아지는 것 때문에 애를 먹고 있었다.

"우리가 선택할 수 있었던 대안은 직원들의 급여를 삭감하거나 해고하거나, 시간 외 근무 비용을 지급하지 않는 방향으로 근로 계약을 조정하는 일이었습니다. 사실 이런 변화는 실행하기 대단히 힘든 것들입니다. 한 가지라도 실제로 실행된다면, 회사가 지닌 고유의 문화를 완전히 바꿔버릴 테고 결국 회사가 무너지는 결과를 초래할 수도 있다는 생각이 들었습니다."

하지만 가만히 앉아서 회사가 무너지는 모습을 지켜볼 수만은 없었다. 2013년 2월 8일, 침울한 모습의 휴스는 전체 회의에 700명 이상의 직원들을 소집했고 급여 입금이 지연된다는 소식을 발표했다. 정확히 얼마나 늦어질지는 알 수 없었다. 휴스는 직원들의 강한 신뢰를 얻고 있었기 때문에 그들은 분노보다는 불안과 슬픔으로 반응했다. 애니메이션 감독인 매트 셤웨이(Matt Shumway)는 말했다.

"저는 휴스가 결코 원치 않는 결정을 내릴 수밖에 없다는 사실을 알고 있었습니다. 오랫동안 이 곳에 근무하며 휴스가 어떤 사람인지는 잘 알고 있었으니까요. 그가 그런 결정을 내렸을 정도면, 상황이 얼마나 심각한지 짐작이 가더군요."

디지털 부문 책임자였던 마이클 코넬리(Michael Conelly)는 이렇게 말했다.

"우리는 과거에도 여러 힘든 상황을 겪은 적이 많았지만 그때마다 괜찮아질 거라는 생각이 들었습니다. 그런데 이번에는 분위기가 달랐습니다. 진짜 위기가 왔다는 생각이 들었거든요."

실제로 회사의 상황은 휴스가 생각했던 것보다 훨씬 더 심각했다. 회의가 소집된 지 이틀 뒤에 그와 경영진들은 끝까지 피하고 싶었던 정리해고를 감행해야만 했다. 관리자들을 비롯한 수십 명의 직원들에게 연락해 해고 사실을 알렸다. 결국 3시간 만에 254명의 직원들이 해고됐다. 휴스는 첫 번째 인원 감축에서 살아남은 모든 직원들을 모아놓고 회의를 진행했다. 그와 경영진들은 직원들에게 회사의 절망적인 재정 상태를 가감 없이 공유했고, 채권자들로부터 보호를 받기 위해 파산 신청을 했음을 밝혔다. 공식문서에 따르면, 회사는 자산 2750만 달러를 보유하고 있었고, 부채는 약 3380만 달러였다. 당시에 회사는 3개의 제작사에서 수주 받은 약 2000만 달러 규모의 프로젝트를 진행하고 있었기 때문에 간신히 정상적으로 운영되고 있던 상황이었다.

리듬 앤 휴스의 파산은 특수효과 업계를 쓰나미처럼 강타했다. 최초의 인원 감축을 시행했던 날 저녁에 리듬 앤 휴스 런던제작팀은 영화 〈라이프 오브 파이〉로 2013년 영국 아카데미 특수효과 부문에서 수상하는 쾌거를 이뤘다. 또한 회사가 제작에 참여한 영화 〈라이프 오브 파이〉와 〈스노우 화이트 앤 더 헌츠맨〉은 모두 아카데미상 후보에 올랐다. 이런 훌륭한 성과를 보인 리듬 앤 휴스가 살아남을 수 없다면, 다른 특수효과 회사들의 상황은 어땠을까? 결국 업계 관계자들은 특수효과 산업이 처한 위기(특히 리듬 앤 휴스)를 세상에 알리고자 아카데미 시상식장 밖에서 시위를 벌이기로 결정했다. 시위는 약 2주간 계속되었다.

2월 24일, 〈라이프 오브 파이〉는 탁월한 특수효과 연출을 인정받아 오스카상을 수상하게 되었고, 작품상과 감독상까지 거머쥐었다. 리듬 앤 휴스 특수효과 팀의 리더는 수상소감에서 회사가 처한 재정적 상황과 업계의 위기를 밝히려고 했다. 그러나 그가 말을 꺼내기 무섭게 오스카 측에서는 영화 〈죠스〉의 삽입곡을 틀어 그의 수상소감을 잘라버리고 말았다. 다른 두 명의 수상자들은 수상소감에서 실제 영화 장면의 75%를 책임지고 제작한 리듬 앤 휴스에 대한 언급은 꺼내지도 않았다.

약 한 달 후, 결국 리듬 앤 휴스는 인도계 특수효과 회사인 프라나 스튜디오(Prana Studios)에 매각되었다. 새로운 소유주는 리듬 앤 휴스의 회사 이름을 그대로 유지하고 해고되었던 상당수의 직원들을 다시 고용했지만, 그럼에도 불구하고 내가 이전에 알고 있던 작은 거인은 결국 사라지고 말았다.

그렇다면 과연 리듬 앤 휴스는 매각 이전에 파산을 피할 수 있었을까? 존 휴스는 그 문제를 곰곰이 생각해봤다. 레엘의 리더들과 마찬가지로, 그 역시 자신이 애착을 갖고 만들어낸 회사의 문화를 파괴

할 수도 있다는 두려움 때문에 해고를 감행하기 직전까지 고민을 거듭했다. 그는 이렇게 말했다.

"아시다시피 제가 회사를 경영하면서 가장 중요시한 것은 직원들이었습니다."

그는 잠시 말을 멈추고 안경을 고쳐 쓰며 눈물을 내비쳤다.

"그러나 저는 그들에게 크나큰 상처를 안겨줬습니다. 그건 제가 원했던 것과는 정반대의 결과였습니다."

● ● ●━●━● ● ●

절체절명의 위기를 겪고 되찾은 소중한 깨달음

사실 리듬 앤 휴스가 파산한 원인을 한 가지로만 규정하기는 어렵다. 근본적인 원인 가운데 하나는 불안정한 비즈니스 모델에서 기인했고, 이것이 궁극적으로 회사의 이윤을 보전하고 건전한 대차대조표를 유지하는 것을 불가능하게 만들었다. 같은 이유로 레엘 프리시전 매뉴팩처링은 자신의 이윤을 보전하지 못함으로써 결국 기존의 건전한 비즈니스 모델을 서서히 무너뜨렸고 무리한 빚까지 지게 되었다. 결국 회사의 재무 상태를 최악의 상태로 끌고 간 것이다.

레엘은 상황을 호전시키기 위해 2009년 초까지 여러 고통스러운 결정들을 감행했다. 회사가 생존을 위해 계속 고군분투하는 가운데 스미스는 은행과 이사회에 자신이 계획한 전략의 효과를 증명해야 했다. 그는 레엘의 공동 창립자였던 밥 발슈테트와 나중에 회사의 회장이 된 세인트 토마스 대학 교수인 마이클 J. 노튼(Michael J. Naughton)을 정기적으로 만나 도움을 받았다. 사실 회사 입장에서는 스미스의 계획을 제외한 다른 대안이 없었다. 또한 그를 대체할 만한 잠재적인 CEO도 전혀 없던 상황이었다.

그로부터 1년이 지나자 스미스의 계획은 서서히 효과를 발휘했다. 회사의 현금 흐름과 이윤이 점차 변화를 보이기 시작한 것이다. 그 성과는 2008년에서 2010년 사이의 판매 매출에서 29%의 손해를 감수하며 이루어진 결과였다. 스미스는 말한다.

"우리가 하나를 포기해야 한다면, 그것은 매출이었습니다. 가장 중요한 것은 이윤이었으니까요. 수익이 나지 않는 사업은 절대 진행하지 않았습니다. 저는 경영진들에게 이렇게 말했습니다. '지금 당장은 현금을 창출하는 것에만 집중해야 합니다. 그렇지 않으면 나중에 다른 시도를 해볼 기회조차 생기지 않을 겁니다'라고요."

2013년 봄, 레엘은 드디어 재기에 성공했다. 회사는 안정적인 이윤을 내기 시작했고, 연매출은 2009년에 비해 거의 두 배 급증한 2500만 달러를 달성했다. 스미스는 확보된 내부의 현금 흐름을 활용해 직원들이 감내해야만 했던 급여 삭감을 원래 수준으로 회복시켰고, 그 외의 복지혜택도 다시 제공하기 시작했다. 그런 다음, 점차 회사의 부채를 줄이고, 현금 보유액을 증대시킴으로써 건전한 대차대조표를 만드는 데 주력했다.

회사의 문화도 조금씩 되살아났다. 사실 정리해고는 회사의 최우선 목표에 명백히 위배되는 것이었다. 레엘의 지침서에는 '직원들이 성장하며 잠재력을 발휘할 수 있는 효율적인 업무 환경을 조성 한다'라고 명시되어 있지만, 이 조항을 지키지 못한 셈이었기 때문이다. 직원들을 대상으로 한 설문조사에서는 현저히 떨어진 의욕과 사기가 여실히 드러났으며, 2008년에 직원들이 느낀 경영 방식에 대한 만족도는 역대 최저를 기록했다. 스미스는 레엘이 창립될 당시의 경영 원칙을 재정립하기 위해 노력했다. 그 결과 2014년에는 직원들의 사기가 회복되었고, 그해 시행한 만족도 설문조사에서는 역대 최고 점수를 기록했다.

닉스 피자앤펍 역시 지역사회 주민들 덕분에 파산에서 간신히 살아남을 수 있었다. 2011년 9월에 사릴로가 주민들을 대상으로 사업의 회생을 도와달라고 간청한 이메일을 보낸 지 5분도 채 되지 않아 매장에는 전화가 빗발치기 시작했다. 식당에 손님들이 몰려오기 시작했고, 그들 중 일부는 청구된 계산서보다 더 많은 돈을 지불하겠다고 제안했다. 식당의 대기시간은 두 시간으로 늘었고, 기업의 공식 연회 예약이 급증했다. 사릴로의 은행 측 담당자는 이사진들과 직원들로부터 닉스가 위기를 극복하도록 도움을 주자는 연락을 받았다. 닉스 피자앤펍을 좋아하는 사람들은 '닉스 피자앤펍을 되살리자'라는 주제로 페이스북 페이지를 개설했고 다양한 온라인 이벤트를 개시했다. 두 곳의 전국 텔레비전 방송국은 사릴로의 이메일과 사람들의 반응에 대한 소식들을 보도하기도 했다.

첫 주에 식당의 매출은 두 배로 증가했고, 다음 5주 동안 엘진 지점은 평소 매출의 100%, 크리스탈 레이크 지점의 매출은 105%로 급증했다. 이러한 변화는 사릴로에게 또 다른 기회를 안겨줬다. 회사가 처한 곤경을 알게 된 지역의 회계사가 무상으로 그를 돕기로 한 것이다. 이 기회를 통해 사릴로는 새로운 사업 계획을 구상할 수 있는 충분한 시간을 얻을 수 있었다. 사릴로는 회계사의 도움을 받아 2015년까지의 현금 흐름 예측 안을 비롯한 여러 전략들을 은행에 제시했다. 같은 해 12월, 은행은 사릴로의 월 담보 대출금을 반으로 줄이고, 앞으로 약 1년 동안 그 이자를 지불하도록 하는 데 동의했다. 또한 중소기업청에 사릴로가 같은 기간 동안 갚아야 하는 부채 상환을 일시 정지하도록 요청했다.

부채 부담에 대한 완화로 회사는 가까스로 위기를 모면했다. 사업이 다시 안정을 되찾자 사릴로는 다시 자신의 목표에 집중하기 시작했다. 그것은 구성원들이 만족하는 회사를 만들고, 고객에게 질 좋은 음식과 훌륭한 서비스를 제공하고, 지역사회의 보호막 역할을 하는 회사를 만드는 것이었다. 사릴로는 회사가 위기를 겪기 이전보다 훨씬 더 현명한 CEO가 되었다. 그가 얻은 가장 큰 교훈은 작은 거인으로 성공하기 위해 지켜야 할 세 가지 원칙이었다. 즉 기업의 재무 상태를 세심하게 점검하고, 이윤을 보전하며, 독자적으로 생존 가능한 비즈니스 모델을 갖고 있어야 한다는 점이다.

SMALL
GIANTS

8장

넥스트 제너레이션

어떻게 기업의 '영혼'을 지키고 이어갈 것인가?

"비즈니스는 수많은 지류들이 흐르는

강을 항해하는 것과 같습니다.

때로 어느 방향으로 가야 할지, 그 길이 맞는지

멈춰서 고민해야 할 시기가 오게 됩니다.

하지만 여행 끝의 종착점이 어디인지 알고 있기 때문에

우리는 길을 잃지 않고 계속 항해할 수 있습니다."

_ UNBT의 창립자, 칼 슈미트

캘리포니아 주 팔로알토에 유
니버시티 내셔널 뱅크 앤 트러스트(UNBT, University National Bank &
Trust Co.)라는 기업이 있다.《인크》는 UNBT를 지면에 소개하며 "제한
된 성장이 빠른 성장보다 더 많은 기회를 제공한다는 단순한 개념을
시험하는 실험실"이라고 표현했다. 그만큼 여러 측면에서 작은 거인
의 모범 사례로 적합한 곳이기도 했다. 만일 상장기업을 책에서 제외
하기로 한 결정만 아니었다면, 분명 UNBT도 이 책 속 14개 작은 거
인 리스트에 포함시켰을 것이다.

UNBT는 '신중하고 제한된 성장'이라는 자신의 경영 철학을 확
고히 따랐고, 이에 매료된 주주들의 많은 이목을 끌었다. 투자자들
은 회사가 그런 전략에 따르며 실현한 수익률에 상당한 만족감을 표
했다(혹은 그때까지만 해도 그렇게 보였다). 당시 UNBT는 12년 동안 성공
적으로 회사를 운영해온 상태였다. 그 기간 동안 창립자인 칼 슈미트
(Carl Schmitt)는 유명한 경영컨설턴트인 톰 피터스와 『그로잉 비즈니
스』의 저자 폴 호켄(Paul Hawken) 덕분에 혁신적인 경영 방식에 관심

을 가진 수많은 사람들 사이에서 명성을 얻고 있었다. 그들은 자신의 저서나 매체와의 인터뷰에서 UNBT의 독특한 기업문화, 기존의 인습을 타파하는 혁신적인 마케팅 기법, 남다른 고객 서비스 등을 적극적으로 소개했다. UNBT는 한마디로 은행에 대해 사람들이 느끼는 보편적인 고정관념을 거부한 회사였다.

UNBT의 트레이드마크는 비행접시를 탄 외계인이 벽에 부딪히는 모습을 묘사한 이미지였다. 이 이미지는 은행 건물 외벽의 벽화로 그려졌는데, 이후에 UNBT가 발행한 신용카드에도 상징적으로 표현됐다. 이러한 자사의 트레이드마크를 통해 UNBT는 지극히 평범하고 흔해 빠진 다른 금융기관들과는 다르다는 메시지를 명확하게 전달했다.

슈미트는 이러한 자신의 방식을 '언-콜라 뱅킹(Un-cola banking)'이라고 불렀으며, 회사용 트럭 차량의 번호판에도 '언뱅크(UNBANK)'라고 표기했다. 트럭의 옆면에는 회사의 이미지를 표현한 그림도 그려져 있다. 예를 들어 죄수복을 입고 감옥에 앉아 포커를 치고 있는 슈미트의 캐리커처가 그려져 있거나 은행의 고위간부가 화폐를 인쇄하고 있고, 다른 두 명의 간부들이 위조지폐의 품질을 검사하기 위해 돋보기로 지폐를 보고 있는 장면이 그려져 있었다.

UNBT는 고객들에게 제공하기 위해 매년 워싱턴 주 월라월라에서 10톤가량의 품질 좋은 양파를 대량으로 구매했다. 월라월라는 슈미트와 그의 아내가 대학생활을 보냈던 지역이다. 그는 캘리포니아에 있는 친구들에게서 이 아이디어를 얻었는데, 슈미트가 월라월라에 방문할 때마다 친구들이 그 지역의 특산물인 여러 농산물들을 대신 구매해달라고 부탁했던 것이다. 슈미트는 고객들도 월라월라의 특산물인 양파를 좋아할 것이라고 생각했고, 매년 7월이 되면 고객 서비스의 일환으로 4.5킬로그램의 양파와 조리법을 가방에 담아 고객들에게 나누어주었다.

양파뿐만이 아니었다. UNBT는 그 외에도 고객들에게 여러 특별한 서비스를 제공했다. UNBT의 남다른 서비스는 당시 팔로알토에 있던 톰 피터스의 이목을 끌었다. 피터스는 고객을 단순한 수익원으로 바라보는 게 아니라 친구처럼 대하는 은행의 독특한 태도에 특히 깊은 인상을 받았다며 자신의 칼럼에 이렇게 썼다.

"UNBT의 고객서비스를 보려면, 당신의 수표를 한번 부도내보면 된다. UNBT 직원들이라면 '휴가가 길어지셨나 봐요' 혹은 '계좌 잔고 확인을 미처 못 하셨군요'라고 말하며 당신이 부도 수표에 대한 수수료를 물지 않게 하려고 부단히 노력할 것이다. UNBT는 자사의 고객이 언제나 선의의 의도와 정직함을 지니고 있다는 가정하에 서비스를 제공한다."

그러나 대부분의 사람들이 간과한 것은 이 모든 훌륭한 서비스와 다소 괴짜스러운 마케팅 이면에 숨겨진 UNBT의 전략이다. 그것은 단순히 현명한 계획에서 비롯된 것도 아니고, 슈미트의 독특한 성격이나 스타일을 반영한 것만도 아니었다. 사실 UNBT의 그러한 전략은 슈미트가 처음 사업을 시작한 이유를 토대로 만들어졌다.

. . . .

고정관념을 거부한 은행의 '언뱅크' 전략과 성과

《인크》에 따르면, UNBT는 "회사의 성장에는 거의 예정되어 있는 한계가 존재한다는 이단적인 생각"을 바탕으로 설립되었다. 만일 회사가 성장의 한계를 넘어서 너무 빠르게 성장한다면, 그들이 지닌 남다른 고객서비스와 직원들을 위한 훌륭한 업무 환경 창출, 주주 이익을 극대화하는 능력 등은 불가피하게 약화될 수 있다고 생각했다. 슈미트는 이렇게 말했다.

"당시 우리는 충분히 더 빠른 성장을 할 수도 있었습니다. 하지만 성장을 선택하면 그만큼 잃게 되는 것이 많다는 사실 역시 잘 알고 있었습니다. 무조건 성장이 우선이라는 강박관념 때문에 우리만의 개성과 독특함을 잃고 싶지는 않았습니다."

가급적 회사의 성장을 제한하고 작은 규모를 유지하는 것이 옳다고 생각하는 슈미트의 신념은 그가 캘리포니아 은행감독원으로 근무하던 1970년대로 거슬러 올라간다. 그곳에서 슈미트는 규모가 작은 은행들이 대형 은행들보다 지속적으로 더 높은 수익을 창출한다는 사실을 알게 되었다. 그는 이런 현상이 아주 두드러지게 드러났다고 설명했다. 슈미트가 생각하기에 소규모 은행들은 낮은 간접비를 유지하며 특정 시장을 공략함으로써 높은 효율성을 지속할 수 있었다. 만일 그들이 과도하게 성장을 추구한다면, 결국 회사는 구심점을 잃게 되고 효율성과 수익성도 감소하게 될 것이었다. 자신이 목표한 바에 집중할 수 있는 정책을 갖춘 은행이라면 분명 훌륭한 수익을 낼 것이라고 그는 생각했다.

슈미트는 이를 대단히 흥미로운 이론이라고 여겼고, 이론과 실제가 일치하는지 직접 실험해보기로 결심했다. 그는 팔로알토와 인근 4개 지역만을 확실한 영업 목표로 삼고 은행을 설립했다. 시장점유율은 최대 15%로 잡았다. 또한 무리하게 시장점유율을 확대하는 전략은 시도하지 않았다. 대신 자신의 목표에 도달하는 시기를 시장이 자연스럽게 결정하도록 내버려두었다.

그가 가장 먼저 해야 할 일은 우수한 인재들을 끌어오기 위해 탁월한 기업문화를 형성하고, 훌륭한 업무 환경과 그들을 위한 적합한 도전과제를 창출하는 것이었다. 그다음에 고객들이 UNBT와 거래하기 위해 기꺼이 높은 수수료를 지불할 만큼 훌륭한 고객서비스를 만들어야 한다고 생각했다. 마지막으로, 투자자들을 만족시키는 동시에 그들의 투자를 유지하기 위한 훌륭한 재정적 수익을 끌어내는 것이었다.

슈미트의 전략은 대성공이었다. 그의 뛰어난 사업 감각, 노련함, 재치 있는 유머감각, 결단력 등은 UNBT의 성공에 큰 보탬이 되었다. 그의 자질들은 소규모 은행에서는 좀처럼 보기 힘든 우수한 인재들을 끌어오는 데 커다란 역할을 했다. 그는 높은 연봉은 물론 동종 업계에서 찾아볼 수 없는 즐겁고 유쾌한 업무 환경을 제공하고자 노력했다. UNBT의 자유로운 근무 환경은 업계에서 거의 최초나 다름없었다. 고위 간부들뿐만 아니라 UNBT에 근무하는 모든 직원들은 스스로의 판단에 따라 업무를 처리했으며, 주도적으로 일하는 분위기를 형성했다. 심지어 창구 직원들에게도 일종의 업무 권한이 주어졌다. 단순히 회사의 정해진 규칙을 따르는 대신 자신의 판단에 따라 일을 결정하도록 교육했기 때문이다. 예를 들면 고객에게 수표를 받아야 할지의 여부를 결정할 때와 같은 경우다. 슈미트는 "직원들이 회사의 규칙과 매뉴얼에만 의존하는 것은 UNBT의 성장에 큰 걸림돌이 될 것이다"라고 말한 바 있다.

슈미트는 즐거운 근무 환경을 만드는 것을 자신의 책임이라고 생각했다. 이는 직원들과 한 약속의 일부이기도 했다. 그들에게 화려한 직책이나 지점 운영 권한 등을 부여할 수는 없었지만, 대신 훌륭한 환경에서 근무하는 것은 보장할 수 있었다. 또한 슈미트는 고액 연봉, 회사의 지분 제공, 다양한 복리후생 제도를 실시했고, 그 외에도 질 높은 구내식당이나 '언뱅크 상'과 같은 여러 특전들을 제공했다. UNBT의 직원이라면 누구나 즐겁게 일하고 역량을 발휘할 수 있는 기회를 얻을 수 있었다. 그 결과, 회사의 이직률은 거의 제로에 가까웠다. 창구직원들도 마찬가지다. 일반적으로 창구직원의 이직률이 약 50%를 웃도는 업계의 현실을 감안하면, UNBT 직원들의 근속률은 놀라운 수치였다.

슈미트는 자신이 원하는 수준의 이윤을 창출해 투자자들을 만족시켜야 했기 때문에 여러 전략을 고안했다. 물론 거기에는 업계 최고의 고객서비스를 제공하는 것도 포함됐다. UNBT는 은행 로비에 고객들이 들어오면 무료로 구두를 닦아주었고 창구에서 원가에 우표를 판매하는 서비스 등을 시행했다. 그러나 업계 최고의 서비스라고 해서 은행을 찾는 모든 이들을 고객으로 받아들이는 것은 아니었다. 예를 들면 슈미트는 고수익 양도성예금증서(certificate of deposit, CD)만을 원하는 고객들은 거부했으며, 모든 금융 거래업무를 UNBT와 맺는 장기 고객들에게 집중했다. 또한 UNBT는 잠재 고객들의 신용기록을 철저히 검토했고, 정해진 기준에 부합하지 않는 사람들은 고객으로 받아들이지 않았다. 이것이 바로 UNBT만의 남다른 고객 관리 방식이었다.

하지만 비교적 까다로운 절차를 거친 후에 UNBT의 고객이 되고 나면, 그들은 다른 어떤 은행에서도 받을 수 없는 수준의 서비스를 제공받았다. 고객이 수표를 부도내거나 대금 지불기간을 놓치거나 혹은 다른 어떤 방법으로든 실수를 저질러도 UNBT는 그들을 대신해 기꺼이 귀찮은 일을 처리해주었다. 또한 맛 좋은 월라월라산 양파와 슈미트가 보내는 월간 뉴스레터도 받아볼 수 있었다. 슈미트의 유머 감각은 고객서비스 방면에서도 빛을 발했다. 그는 은행 금고마다 스크루 드라이버와 유리 케이스 안에 양초를 넣은 '안전 탈출용 세트'를 마련해 고객들에게 소소한 웃음을 주기도 했다. 고객들은 그런 슈미트의 유머 감각을 좋아했다. UNBT의 고객이 주거래 은행을 옮기는 비율은 그 지역의 다른 은행들과 비교하면 3분의 1 수준에 불과했다.

UNBT가 달성한 성과는 실로 대단했다. 12년간 UNBT의 주식

가치는 무려 500% 상승했다. 은행을 설립한 지 5년이 지나자 회사의 자기자본수익률은 14%를 넘어섰고, 주주들은 세후 수익금의 30%를 배당금으로 받았다. 다른 은행의 평균 지급액보다 5% 더 많은 수준이었다. 게다가 은행이 시장점유율 15%의 목표를 달성한 이후에는, 더 이상 확장에 대한 투자가 중단될 것이기 때문에 주주들이 받는 배당금은 40%까지 증가할 예정이었다. 높은 수익률은 충성스러운 주주들을 만들어냈다. 1980년 은행이 처음 기업공개를 했을 당시 UNBT에 투자한 사람들은 11년이 지난 후에도 여전히 UNBT 주식의 63%를 보유하고 있었다. 또한 주주의 65%는 UNBT의 고객으로 구성되어 있다.

슈미트는 늘 정직하지만 유머러스한 태도로 고객을 응대했다. 예를 들어 어느 해의 UNBT 연례보고서는 접었다가 펴면 직원들이 건물의 꼭대기에서 손을 흔들고 있는 모양으로 만들어졌다. 주주들은 슈미트의 위트를 대단히 좋아했다. 이사회의 멤버이자 스탠퍼드 경영대학원 교수인 조지 G. 파커(George G. Parker)는 이렇게 말한다.

"슈미트는 괴짜지만 함께 일하기에 더없이 유쾌한 사람입니다. 자유분방하고 에너지가 넘치지요. 이쪽 업계에서는 좀처럼 보기 드문 인물입니다."

하지만 슈미트는 현실적인 이윤 창출이 다른 무엇보다 중요하다는 사실 역시 잘 알고 있었다. 만일 그가 주주들에게 15% 이상의 자기자본수익률을 일관되게 보장하지 못하면, 주주들은 회사를 매각하는 것을 진지하게 고려할 것이었다. 그렇게 되면 다수의 대형 은행들을 포함한 잠재적인 인수자들이 대거 등장할 것이라는 점도 인지하고 있었다.

슈미트는 갑작스런 사태에 대비해 소위 브로커 예금증서(brokered deposits, 양도성 예금증서와 비슷한 것으로, 은행이 자산운용사 등에 대단위 액면가의 예금증서를 팔고 이를 다시 투자자들에게 쪼개 파는 형태)를 발행함으로써 충격에 대응할 수도 있었다. 이 방식은 현금을 대량 보유한 머니매니저들에게 약간 높은 이자율을 제시하는 대신 10만 달러 이상 단위의 양도성예금증서를 구매하도록 유도하는 것이다(그래야만 연방예금보험공사의 예금자 보호를 받는다). 은행들은 이 방식을 통해 확보된 자금으로 자사의 대부 기반을 마련하는 데 사용할 수 있다. 하지만 여기서 발생된 금액은 일명 '핫머니'다. 즉 한 곳에 오래 머물지 않는 단기성 자금이라는 의미다. 머니매니저들은 더 좋은 기회가 나타나면 그 즉시 CD를 팔고 다른 곳에 돈을 투자한다. 그러나 슈미트는 이렇게 불안정한 방식으로 자금을 확보하고 싶지 않았다. 장기적으로 봤을 때, 자사의 포트폴리오 가치를 떨어뜨릴 가능성이 높았기 때문이다.

슈미트가 고려하던 대안은 회사의 지속적인 혁신을 통해 생산성과 효율성을 높이는 것이었다. 물론 더 멀고 힘든 길이었지만 장기적인 관점에서는 훨씬 더 의미 있는 선택이었고, 슈미트는 그 길을 따르기로 마음먹었다. 그는 자신이 원하는 목표에 집중하면 성장은 자연스럽게 따라올 것이라고 믿었다. 성장을 위한 성장만을 추구하는 것은 결코 원치 않았다. 이것은 슈미트의 신념과 원칙의 문제였다.

완전히 다른 종류의 사업을 운영한다고 해도 그는 여전히 같은 접근법을 적용했을 것이다.

"비즈니스는 수많은 지류들이 흐르는 강을 항해하는 것과 같습니다. 때로 어느 방향으로 가야 할지, 그 길이 맞는지 멈춰서 고민해야 할 시기가 오게 됩니다. 하지만 여행 끝의 종착점이 어디인지 알고 있기 때문에 우리는 길을 잃지 않고 계속 항해할 수 있습니다."

슈미트의 이 말은 성장에 대한 작은 거인들의 경영 철학을 잘 드러내준다. 하지만 때로, 예기치 못한 일은 갑작스레 발생하기도 한다.

누가 회사의 '마법'을 이어갈 수 있을까?

1993년 슈미트는 가벼운 심장 마비를 일으켰다. 회복 후 다시 일을 시작하긴 했지만, 그는 자신이 서서히 은퇴 준비를 해야 한다는 사실을 깨달았다. 일반적인 업무 스트레스와 중압감 외에도, UNBT와 같은 은행들에 점점 더 적대적인 태도를 보이는 연방 규제 당국에 대처하기가 힘들어지고 있었다. 그러던 중 통화감독청(OCC, the Office of the Controller of the Currency)은 연방법이 요구하는 기준만큼 UNBT가 저소득층에게 충분한 대출금을 지급하지 않았다며 고발을 감행했다. 슈미트는 팔로알토 동부 지역의 저소득층 중소기업에 대규모 자금을 대출해줬다는 점을 피력하며 통화감독청에 맞서 싸웠고, 9개월의 법정 다툼 끝에 판을 뒤집는 데 성공했다.

그러나 그 소송은 UNBT에 커다란 상처를 남겼다. 그 사건 이후 슈미트는 주주들에게 다음과 같은 내용을 전했다.

"주요 규제기관인 OCC가 '국가적' 관점에서 은행에 관한 규제에 접근하고 있다는 사실이 명백해졌습니다. 그들은 우리가 이전부터 성공적으로 시행해오던 고객서비스에 외려 역효과를 낳는 경영 관료 체제의 기준만을 강요하고 있습니다."

정부 규제에서 비롯된 스트레스가 너무 컸던 나머지 슈미트는 '유니버시티 내셔널 뱅크 앤 트러스트'라는 은행 이름에서 '내셔널'을 빼고 '유니버시티 뱅크 앤 트러스트(University Bank & Trust)'로 사명을 변경했다. 국가적으로 운영되는 은행이 아닌 지역 중심 은행임을 공개적으로 선포한 셈이었다. 그럼에도 불구하고 규제에 대한 압박은 여전히 남아 있었다.

슈미트는 단계적으로 경영 일선에서 물러나 은퇴를 준비해야 함을 깨달았다. 가장 먼저 경영 승계자나 인수자를 찾아야만 했다. 그는 경영을 승계할 사람보다는 인수자를 찾는 쪽이 훨씬 더 효율적이라고 판단했고, 이사회에 다음과 같이 보고했다.

"금융업계와 시장, 그리고 은행에 대한 내 폭넓은 전문지식과 고위간부들을 영입하는 데 들였던 그간의 노력을 감안할 때, 'UNBT를 책임질 만한 적합한 후임자를 찾기는 어려울 것 같다'는 결론을 내렸습니다."

그로부터 일주일 후 주주들은 은행 로비에 모여 디트로이트에 본사를 둔 거대 은행 지주 회사인 코메리카(Comerica)에 UNBT를 매각하는 안을 승인했다. 총 159만 주였던 UNBT의 주식 1주당, 코메리카의 주식 1.75주와 교환하기로 합의했다. 코메리카의 주식은 주당 27달러 이상이었으므로, 전체 인수가는 7500만 달러 이상이었다.

매각 안 결정을 위한 투표 전에 슈미트는 코메리카가 UNBT를 인수하더라도 지역사회와의 긴밀한 관계를 유지하고 훌륭한 고객서비스를 지속적으로 제공할 것이라는 내용을 전달하며 주주들을 안심시켰다. 그러나 한 가지 확실한 것은 매각 이후 UNBT는 거대 기업의 목구멍 속으로 삼켜질 것이고 결코 이전과 같은 모습을 유지할 수 없다는 점이었다. 실제로도 매각이 성사된 후 UNBT의 흔적이 유일하게 남아 있던 것은 매년 7월에 고객들에게 제공했던 월라월라산 양파가 전부였다. 마치 이 양파들만이 과거의 UNBT가 지닌 번영의 비밀을 품고 있는 것 같았다.

작은 거인들에게 가장 어려운 도전과제는 자신들이 지닌 마법을 지속시키는 것이다. 책에서 소개한 회사들의 사례에서도 살펴볼 수 있듯이 최적의 비즈니스 환경에서 사업을 운영하더라도 마법을 꾸준히 유지하는 것은 결코 쉬운 일이 아니다. 반드시 유명한 기업이 아니더라도, 한때는 마법을 갖고 있었지만 보편적인 성장과 변화의 과정을 거치며 자신만의 마법을 잃어버린 회사들이 무수히 많다. 변동이 잦은 비즈니스 환경에서 마법을 지켜내는 것도 어렵지만, 회사의 소유권과 경영권이 이전되는 시기에 마법을 지켜내는 일은 훨씬 더 어렵다.

우선 소유권과 경영권이 이전되는 시기에 마법을 지켜내려면, 대부분의 경우 소유주들의 상당한 희생이 요구된다. 높은 가격을 제시한 인수자에게 판매하여 얻는 지분 수익을 포기하고, 더 낮은 매각 가격을 감수해야 할 수도 있기 때문이다. 대부분의 인수자들은 기업을 사들인 이후에 회사의 수익성을 높일 기회를 호시탐탐 노릴 것이다. 이들은 회사를 합병한 이후 경영 구조의 재정비는 물론 기업의 생존에 필수적이지 않거나 이익에 직접 기여하지 않는 여러 방면의 정책들을 없앨 수 있다. 그러한 정책들 가운데 일부는 회사의 마법을 형성해온 다양한 활동들을 포함할 것이다.

설령 소유주가 그들이 받을 수 있는 금액보다 더 낮은 금액으로 회사를 매각할 의사가 있다고 하더라도, 회사의 마법을 고스란히 유지하면서 조직을 경영할 수 있는 비전과 열정을 지닌 인수자를 찾기는 결코 쉽지 않다. 대부분의 경우 적합한 인수자의 자질을 지닌 사람들은 이미 조직 내에서 일하고 있을 확률이 높다. 그들은 회사의 마법을 창출하는 데 직접 참여하고 기여했기 때문에, 마법을 지속시키는 데 필요한 것이 무엇인지 누구보다 잘 알고 있다. 하지만 그들이 갑작스럽게 경영자의 입장이 되어도 자신의 책임을 제대로 이행할 수 있을까? 리더십 자질은 충분할까? 그들을 지원하고 교육하기 위해 필요한 자원은 존재하는가? 회계나 재무적인 지식들은 갖추고 있을까? 회사의 인수나 합병을 추진할 만한 능력은 있는가? 이전 소유주 몫의 지분을 지불한 이후에도(혹은 은행의 부채를 상환한 이후에도) 회사 운영에 차질을 빚지 않을 만큼 충분한 현금 흐름을 창출할 수 있을까?

결국 어떤 회사든 이러한 문제에 직면하게 된다. 그리고 성공적으로 마법을 발전시켜온 회사일수록 그러한 질문들에 대한 해답을 찾기는 더욱 어렵다. 그들에게는 잃을 것이 너무 많기 때문이다. 이러한 문제의 복잡성과 심리적인 측면을 감안하면, 대부분의 개인 기업 소유주들이 최대한 회사의 계승을 미루는 것은 어쩌면 당연하게 보인다. 때때로 그들은 회사의 생존이 달린 심각한 문제에 직면하고 나서야 소유권 계승 문제를 진지하게 고민하기 시작한다. 그러나 그 때쯤이면 이미 선택 가능한 대안이 대폭 제한될 수도 있다.

UNBT의 칼 슈미트의 경우를 살펴보면, 상장기업 대표로서 신용상의 책무, 준비된 승계자의 부재 등의 문제로 결국 주주들에게 최고의 이익을 가져다주는 선택을 내릴 수밖에 없었다. 즉 전략적 인수자에게 회사를 넘기고, 상황이 원하는 대로 돌아가기를 바라는 것 외에는 할 수 있는 일이 없는 것이다.

· · ·—·—· · ·

결국 직면할 수밖에 없는 현실적인 과제

이 책의 초판이 나왔을 무렵, 여기서 소개한 대부분의 소유주들 역시 경영권을 다음 승계자에게 넘겨야 한다는 커다란 도전에 직면한 상태였다. 작은 거인들 가운데 세 개의 회사는 소유권과 경영권을 후계자에게 계승하는 과정을 거쳤으며, 나머지 회사들은 소유주가 갑자기 세상을 떠나거나 문제가 생기는 상황을 고려해 일시적으로 회사를 운영할 수 있는 팀을 미리 구성해두었다. 하지만 그들이 장기적인 계획이라고 마련해둔 것은 기껏해야 추상적인 경우가 대부분이었다. 징거맨스의 폴새기노는 이렇게 말했다.

"아직까지 회사의 경영권을 넘겨야 한다는 생각은 구체적으로 해본 적이 없습니다. 하지만 제가 영원히 일할 수는 없으니 진지하게 고민해봐야겠지요."

시티스토리지의 놈 브로드스키는 회사의 경영권 계승 문제에 크게 신경 쓰지 않았다. 그는 자신이 세상을 떠난 이후에도 회사가 살아남을 수 있는지를 따지기보다는 시티스토리지가 업계의 대표적인 모범기업으로 기억되는 것이 더 중요하다고 생각했다.

하지만 그는 예외에 속한다. 사실 대부분의 경영자들은 자신들이 회사를 떠나는 날이 오더라도 회사가 계속 살아남기를 원한다. 그러나 그 방법이 무엇인지는 아직 찾지 못한 경우가 대부분이다. USHG의 대니 메이어는 경영권 승계와 관련해 "아직까지 경영권 계승과 관련된 계획은 세우지 못했습니다. 그 일에 관해서라면 사실 지금도 확신이 없습니다"라고 말했고, 해머헤드의 댄 츄바는 "최근에 와서야 조금씩 경영권 계승 문제를 생각하고 있습니다. 사실 이전에는 우리가 이렇게 오랫동안 업계에서 살아남을지 몰랐거든요"라고 말했다.

앵커 브루잉의 프리츠 메이태그는 경영권 승계만큼은 자신이 다른 사람들보다 빠른 결정을 내려야 한다며 이렇게 말했다.

"솔직히 말씀드리면 아직 잘 모르겠습니다. 창립자의 성향도 중요하지만, 회사도 사람처럼 개별적인 특성이나 자신만의 성향을 지닙니다. 우리 회사 역시 독특한 개성을 갖고 있고, 저는 앵커 브루잉의 특별함을 계속 유지하고 싶습니다. 사업을 반드시 가족 비즈니스로 운영해야 한다는 생각은 없습니다. 가족 경영 방식에 대해서는 아직 좀 더 생각해봐야겠지만, 세금 문제가 특히 까다롭거든요."

클리프바의 게리 에릭슨도 이 점에 대해서는 같은 의견을 보인다. 에릭슨은 자신의 저서에서 상속세만으로도 회사를 매각할 수밖에 없는 상황에 놓일 수 있다고 언급했다. 만일 당신이 부채 없이 3000만 달러 가치를 지닌 회사의 단독 소유주라고 가정하면, 회사는 당신이 세상을 떠난 후 신탁 관리하에 놓이게 될 것이다. 당신의 재산을 상속받는 이는 1500만 달러의 상속세를 내야 할지도 모른다. 에릭슨은 책에 등장한 다른 어떤 경영자들보다 상속에 대한 구체적인 대책을 많이 세워놓았다. 그의 나이가 비교적 젊다는 것을 고려하면 다소 놀라운 일이다. 그는 사십 대 중반부터 경영권 계승 문제를 고민해왔다.

"저는 죽음은 언제든 올 수 있다고 생각합니다. 상속 전문가들이 저에게 이렇게 말하더군요. 대부분의 고객들은 죽음에 대해 생각하는 것을 꺼리고, 자신들이 없는 회사를 상상하고 싶어 하지 않는다고요. 그런데 저는 좀 다릅니다. 우리는 또한 자식들에게 얼마나 많은 재산을 남겨줘야 할지에 대해서도 생각해야 합니다."

에릭슨은 자신의 저서에서도 이렇게 말했다.

"기업의 계승 문제에 대해 진지하게 고민하는 경영자들이 거의 없다는 사실이 놀랍다. 나는 7억 달러 규모의 회사를 소유하고 있음에도 불구하고 유산 문제에 대한 계획이 전혀 없는 사람들을 만나보았다. 내가 그들에게 하고 싶은 조언은 간단하다. 회사의 규모와는 상관없이, 가능한 한 빠른 시일 내에 상속 계획이나 유산에 대한 대책을 마련해야 한다는 점이다. 우리는 다음 세대에 물려줄 엄청난 재산들에 대한 책임의식을 가져야 하며, 이는 사업가라면 지녀야 할 당연한 의무다."

에릭슨은 물론 그 과정에는 많은 비용이 소요되고 끝없는 절차가 필요하다고 덧붙였다.

"회사가 성장하고 변화함에 따라 계승 계획 역시 지속적으로 수정돼야만 합니다. 상속 계획을 추진하는 것은 상당한 의지가 필요한 일입니다. 가장 중요한 것은 이 모든 절차를 함께 수행할 수 있는, 당신이 신뢰할 만한 사람들을 먼저 찾는 것입니다."

물론 상속 계획은 회사 승계 문제의 한 측면일 뿐이다. 소유주가 회사를 떠났을 때, 선택된 후계자가 회사를 계속 경영하는 문제 외에도 여러 가지 다른 중요한 사안들이 존재한다. 가족경영기업의 생존율에 대한 통계에서도 드러나듯이 가족기업들 중 약 30%만이 2세대까지 사업을 유지하고, 4세대까지 경영이 이어지는 회사는 전체의 3~5%에 불과하다.

계승의 또 다른 측면은 경영권의 이양과 관련이 있다. 책의 초판이 처음 나왔을 당시 에릭슨은 8년 동안 클리프바에서 함께 일해온 브랜드 책임자 셰릴 오러플린(Sheryl O'Loughlin)에게 경영권을 넘긴 상태였다. 오러플린은 클리프바가 한 차례 매각 위기를 겪었던 시기에도 에릭슨과 함께 일했다. 그러나 여러 이유로 그녀는 경영권을 이어받은 이후 제대로 회사를 운영하지 못했는데, 이는 결코 드문 사례가 아니다. 개인 소유 회사의 창립자들은 초반에 제대로 된 경영권 승계를 못하는 경우가 대부분이며, 실수를 토대로 얻은 교훈을 발판 삼아 다시 성공적인 승계를 시도하는 경우가 다반사다.

오러플린이 회사를 떠난 후, 에릭슨과 크로포드는 다시 경영권을 승계할 사람을 선택하는 데 갖은 노력을 기울였고, 결국 케빈 클리어리(Kevin Cleary)를 두 번째 승계자로 선택했다. 그 역시 마케팅 부서에서 오랜 기간 함께 근무한 직원이었으며, 오러플린이 직접 채용한 인물이었다. 2013년 CEO로 임명되기 전까지 2년간 클리프바의 최고운영책임자로 근무했으며, 4년간 사장과 COO로 근무했다. 2014년 가을, 에릭슨과 크로포드는 클리어리의 경영 능력을 완벽히 신뢰하게 되었고, 그에게 경영권을 전면적으로 맡기고 1년 동안 이태리에 거주할 만큼 그를 믿게 되었다. 클리프바는 그들의 부재 기간에도 계속해서 번창했다.

오랫동안 건실하게 유지되는 회사를 만들고자 한다면 표본으로 삼는 롤 모델을 갖는 것은 무척 중요하다. 에릭슨과 크로포드의 롤 모델은 의류회사 파타고니아(Patagonia)였다. 아웃도어 브랜드 의류업체인 파타고니아는 창립자인 이본 취나드(Yvon Chouinard)와 그의 아내 멜린다(Malinda)가 회사의 소유권을 보유하고 있지만, 그들이 회사의 경영에 직접적으로 참여하지 않은 지는 이미 오래된 상태였다. 파타고니아는 여러 명의 CEO들을 거친 후에야 회사에 적합한 경영자를 찾을 수 있었다. 에릭슨은 파타고니아의 경영 방식을 면밀히 조사한 후, 한 가지 중요한 사실을 알게 되었다. 그것은 회사의 마법을 유지하는 것이 올바른 승계자를 찾는 것보다 훨씬 더 중요하다는 사실이었다. 또 한 가지 중요한 점은 회사의 경영에 담긴 명확한 비전이었다.

파타고니아를 교훈 삼아 에릭슨은 클리프바의 비전을 담은 5가지 '포부'를 만들어냈다. 브랜드, 사업, 직원, 지역사회, 환경보호를 지켜내겠다는 중대한 포부였다. 또한 매년 각각의 포부들을 얼마나 실천했는지 명확히 판단하기 위한 통계적인 측정법도 개발했다. 에릭슨은 이 모든 과정이 경영권 계승 절차의 일부였다고 말한다.

"회사는 경영자 중심에서 '비전' 중심으로 변화해야 합니다. 우리의 목표는 경영진이 없더라도 회사의 비전이 확고하게 유지되는 것입니다."

사실 이전에 에릭슨이 고려하던 소유권 계승 방법은 종업원 지주제도를 활용하는 것이었다. 즉 회사 지분의 일부를 직원들에게 판매하는 방식이다. 이 방법은 회사의 성공에 기여한 직원들의 노력과 헌신에 대한 보상을 제공한다는 의미와 더불어 회사의 지속적인 발전에 책임의식을 부여한다는 의미도 있다. 하지만 종업원 지주제도는 어떤 형태로든 참여적인 경영 방식과 결합되지 않으면 회사에 큰 도움이 되지 않는다. 소유권은 단지 지분을 갖는 것 이상의 책임감이 수반되는 일이다. 직원들이 그런 책임을 제대로 이해하지 못하거나 실행할 기회가 없다면, 종업원 지주제도는 기껏해야 직원들의 은퇴 계획에 불과한 제도가 될 것이다.

또한 종업원 지주제도를 설립할 때 회사가 고려해야 하는 두 가지 책임에 대해서도 이해가 필요하다. 첫 번째는 종업원 지주제도가 일반적으로 직원들이 돈을 빌려 회사의 지분을 구매함으로써 창립자들에게 현금을 확보해주는 방식이라는 점이다. 따라서 직원들이 대출금을 모두 상환하고 난 뒤에야 실질적인 지분을 소유할 수 있다. 때때로 직원들의 부채는 회사 입장에서 감당할 수 없을 만큼의 부담이 되기도 한다. 두 번째는 회사 입장에서 훨씬 더 위험할 수 있는 문제일 수 있다. 종업원 지주제도가 의도한 바대로 작동한다면, 직원 소유의 지분은 미래에 상당한 금전적 가치를 생성할 것이다. 그렇게 되면 직원들은 본인 소유의 지분을 외부에 판매하고 회사를 떠날 생각을 갖게 될 수 있다. 결국 회사는 그 직원의 지분을 다시 사들이거나, 외부 주주에게 지분을 판매할 수밖에 없는 상황에 처하게 되는 것이다.

실제로 레엘 프리시전 매뉴팩처링과 ECCO는 이미 종업원 지주제도로 운영되는 회사에서 발생하는 여러 문제에 직면한 적이 있다. 그들은 1980년대에 종업원 지주제도를 설립했으며 2005년에 ECCO 지분의 58%는 직원 소유였고, 레엘은 43%가 직원 소유였다. 두 회사는 모두 경영권 이양 과정을 한 차례 거친 바 있고, 내가 방문한 당시에는 다음 경영권 이양을 준비 중이었다.

　레엘의 경영권 계승에 대해서는 7장에서 이미 어느 정도 언급했지만, 회사가 6년 동안 생존을 위해 고군분투하는 동안 종업원 지주제도에도 많은 변화가 있었다. CEO인 카일 스미스는 이렇게 말했다.

　"회사는 마치 가뭄에 굶주린 소 같았습니다. 법에는 최소한 지분의 재매입에 대한 이자는 지급해야 한다고 규정하고 있더군요. 물론 우리는 그 규칙을 준수했지만, 종업원 지주제도가 안정적으로 돌아갈 수 있을 만큼 충분한 돈을 거기에 투입할 수는 없었습니다. 결국 종업원 지주제도가 쓸모없게 된 셈이지요. 아무도 이 제도를 신경 쓰지 않았습니다. 알찬 수익이 나오는 것도 아니었고요. 저 역시 종업원 지주제도에 2년 정도 가입했지만, 제 계좌 내역을 보고 '커피 한 잔 값은 나오겠네'라고 생각했을 정도였으니까요."

　종업원 지주제도의 실패는 직원들의 업무 의욕을 꺾는 계기가 되었다. 또한 조직 내부의 현금 흐름의 고갈을 야기했고, 이후 해고된 직원 70명의 지분을 회사가 다시 사들여야 했기 때문에 더 큰 현금 흐름의 위기를 겪게 만들었다. 스미스는 말한다.

　"이사진들에게 종업원 지주제도의 심각한 문제점에 대해 알렸습니다. 저는 그들에게 '우리가 당장 회사의 현금 흐름을 창출해내지 않으면 채무를 이행할 방도가 없습니다. 그렇게 되면 종업원 지주제도의 문제점을 우려하는 것도 의미가 없게 되고요. 유일한 대책은 수익성 있는 사업을 즉각적으로 운영하는 것이고, 그것이 바로 제가 집중하고자 하는 것입니다'라고 말했습니다."

경영권과 소유권의 변화가 회사에 미치는 영향

반면 ECCO는 경영권과 소유권 이양에 있어서 다른 회사들과 다소 다른 모습을 보였다. 우리는 이미 5장에서 ECCO의 계승 문제에 대해 조금 살펴보았다. 1993년 사장 겸 최고경영자였던 짐 톰슨이 첫 심장마비를 겪은 후, 그의 파트너이자 매부인 에드 짐머에게 경영권을 이양했고, 톰슨은 CEO직함만 그대로 유지했다. 2년 후에 톰슨은 두 번째 심장마비를 일으켰고 결국 수술을 받게 되었다. 그 사건을 계기로 톰슨은 경영 일선에서 자신의 역할을 대폭 축소했다. 톰슨은 당시를 회상하며 말했다.

"저는 수술 직전까지도 리더십팀의 주간회의와 연간 전략회의에 꾸준히 참석했습니다. 저에게도 직원들에게도 결코 좋지 않은 선택이었지요. 회의를 하면서 짜증스럽고 초조한 적이 많았습니다. 때때로 저는 리더십팀에게 우리가 처한 문제들을 빠르게 처리하지 못한다는 이유로 불만을 표출하기도 했거든요. 제 방식과 맞지 않아 너무 답답했으니까요. 그래서 제가 회사 일에 가급적 손을 떼게 된 것입니다. 에드와 저는 전혀 다른 경영 방식을 갖고 있었습니다. 이것을 깨닫는 데 오랜 시간이 걸렸지요. 어쨌든, 지금의 회사는 에드의 방식대로 더 잘 굴러가고 있습니다. 제 인생에도 가장 큰 스트레스 요인이 줄었고, 에드가 회사를 운영하는 동안 지분이 올랐으니 제 자산에도 큰 기여를 한 셈이지요. 결과적으로 저의 방식보다 에드의 방식이 회사에는 더 잘 맞았으니까요. 저는 회사를 망치고 싶지 않았습니다. 어떤 방식이 옳은지에 대한 논쟁으로 씨름하기보다는 자산이 불어나는 걸 보는 게 더 나은 일이었으니까요."

1999년에 이르자 회사는 더욱 맹렬한 기세로 성공가도를 달렸다. 톰슨은 짐머에게 CEO 직책을 넘기고 자신은 회장과 이사직을 맡았다. 동시에 그는 회사에 엄청난 부담을 안겨줄 문제에 대해 조금씩 고민하기 시작했다. 자신의 지분으로 무엇을 할 것인지 결정하는 일이었다. 톰슨은 여전히 회사 지분의 51%를 소유하고 있었고, 건강이 더 나빠지기 전에 지분을 판매해 수익금을 충분히 활용하며 누리는 게 낫다고 생각했다. 문제는 누구에게 판매할 것인가였다.

사실 지분을 사들일 잠재적 구매자들은 넘쳐났다. ECCO와의 거래에 만족을 느낀 회사들이 많았기 때문이다. 후진 경고 장치와 안전등의 높은 품질을 비롯해 그들의 고객 친화적인 서비스에 긍정적이었던 국내외의 수많은 기업들이 존재했다. 그들 중 적어도 7개의 업체들은 짐머나 톰슨에게 주기적으로 "아직도 매각 준비가 안 되었나요?"라고 묻곤 했다. 그럴 때마다 두 사람은 "아직은 적합한 시기가 아닙니다"라고 대답하며 화제를 돌렸다.

또 다른 대안은 톰슨이 자신의 지분을 종업원 지주제도에 매각하는 것이었다. 그는 자신이 소유한 지분의 전부는 아니더라도 종업원 지주제도를 회사의 최대 주주로 만들기에 충분한 양의 지분을 매각하고 싶었다.

톰슨에게는 아들 크리스가 있었다. 크리스는 시애틀의 전기회사에서 5년간 일한 후 1993년 ECCO에 합류했다. ECCO에 들어온 후 3년 만에 최고재무책임자(CFO)로 승진했고, 서른 살에 회사 이사회의 멤버가 되었다. ECCO가 독립 업체로 남아 있는 한 그가 가장 유력한 짐머의 후계자였다. 만일 다른 회사가 ECCO를 인수하면 그가 후계자가 되는 것은 당연히 불가능했다. 톰슨은 아들에게 자신이 회사에서 경험했던 소중한 기회를 넘겨주길 원했고, 이를 위해서는 종업원 지주제도에 지분을 매각해야만 했다. 하지만 종업원 지주제도가 톰슨이 매각한 지분을 사들이기 위해서는 약 510만 달러의 빚을 져야만 했고, 톰슨은 회사가 너무 큰 부채를 부담하게 되는 것이 우려스러웠다.

톰슨은 각각의 선택 안에 대한 장단점을 신중히 고민했다. 크리스는 톰슨에게 "외부의 전략적 인수자들에게 지분을 매각하면 더 많은 금전적 이익을 얻을 수 있으니 자신 때문에 고민하지 말라"고 당부했다. 당시에는 짐머도 같은 생각이었다.

하지만 결국 톰슨은 종업원 지주제도에 지분을 매각하는 방안을 택했다. 그는 말한다.

"제 결정에는 재정적인 측면과 정서적인 측면, 그 외의 여러 개인적인 이유들이 복합적으로 반영되었습니다. 무엇보다 크리스가 회사를 운영하는 즐거움을 느끼게 해주고 싶었습니다. 누구나 그렇겠지만, 저는 항상 자유롭고 독립적인 삶에 대한 열망이 있습니다. 어떤 사람들은 이렇게 생각할지도 모르겠습니다. '회사에서 부담하게 될 부채도 부담스럽고, 종업원 지주제도에 가입한 직원들이 회사를 그만두면 다시 돈을 빌리게 되는 것도 원치 않으니, 외부인에게 지분을 매각하고 내 주머니나 두둑이 챙기는 게 낫다'라고 말입니다. 때때로 저는 종업원 지주제도가 빚을 지고 부채를 갚는 반복된 일들을 해야 하는 것이 저로 인해 시작된 것이 아닌가 하는 우려도 듭니다. 다행히 제 소유의 모든 지분을 판매한 것은 아니라서 그나마 회사의 부담을 조금 덜 수는 있지만, 어쨌든 제가 회사의 미래에 짐을 지운 건 아닌지 걱정스럽긴 합니다. 하지만 지금은 회사가 돌아가는 상황에 만족합니다."

비도덕적이고 비양심적인 소유주들이라면 이런 회사의 상황을 이용해 직원들에게 더 많은 빚을 지게 만들고 그들을 빈털터리로 만든 후 자기 돈만 챙겨서 빠져나갈 위험도 존재한다. ECCO는 그러한 사태가 발생하지 않도록 특히 주의를 기울였다. 짐머는 말한다.

"우리는 종업원 지주제도가 대출금을 갚을 수 있게 만들기 위해 상당한 노력을 기울였습니다. 법적으로도 포괄적이고 철저한 준비를 했고요. 당시에는 모두에게 법률 자문 변호사가 있었습니다. 짐은 지분매각자로서, 저는 회사 대표로서, CFO인 조지 포브스는 종업원 지주제도의 대표로서 법률자문 변호사를 고용했고, 은행 역시 법률자문을 받았고요."

다행히 우려했던 일은 발생하지 않았고, ECCO는 종업원 지주제도의 부채를 무사히 상환할 수 있었다. 회사의 수익에도 별 타격이 없었다. 그러나 ECCO의 직원들은 커다란 영향을 받았다. 우선 종업원 지주제도에 속한 모든 직원들이 회사의 자산에 대해 더 많은 비율의 소유권을 주장할 수 있게 되었고, 그들이 보유한 지분 가치도 상승했다. 결국, 직원들은 나중에 지분을 현금화할 때 훨씬 더 많은 금액을 받을 수 있게 되었다. 톰슨이 종업원 지주제도에 지분을 넘기기 전에는 직원에게 지불된 가장 큰 금액이 6만 8000달러였다. 지분 매각 이후에는 그 금액이 25만 달러가 될 수도 있었다.

하지만 더 중요한 점은 종업원 지주제도에 지분을 매각했던 톰슨과 짐머(짐머도 지분의 일부를 종업원 지주제도에 넘겼다)의 결정이 직원들에게 일종의 강력한 메시지를 전달했다는 점이다. 대부분의 직원들은 그들의 이러한 결정을 회사를 이끌어가는 경영진의 신뢰와 헌신의 신호로 받아들였다. 2001년 ECCO에 입사한 엔지니어링 부서의 토드 맨스필드(Todd Mansfield)는 말한다.

"짐과 에드가 외부에 지분을 매각했다면, 분명 훨씬 더 큰돈을 벌 수 있었을 겁니다. 그런데도 종업원 지주제도에 지분을 매각하기로 결정한 것은 일종의 강력한 선언이었다고 생각합니다. 저는 종업원 지주제도에 몇천 달러 정도의 지분밖에는 없지만 저에게는 이 금액도 정말 중요한 의미가 있거든요. 다른 직원들도 같은 생각일 겁니다."

톰슨의 결정은 회사가 가까운 미래에 매각될 가능성을 제거했다는 점에서 역시 큰 의미를 지녔다. 이 때문에 직원들은 안심할 수 있었다. 그러나 누구도 ECCO가 다시 매각될 가능성이 없으리라 확신할 수는 없었다. 짐머는 언젠가 회사는 또 지금과 같은 갈림길에 서게 될지도 모른다고 예측했다. 그때쯤이면 짐머를 포함한 대부분의 주요 경영진들과 직원들이 육십 대 중반의 나이가 될 것이다. 그들 가운데 전부는 아닐지라도 대부분은 지분을 현금화하고 은퇴를 고민할 것이다. 어쨌든 회사는 지분 매각 금액을 지불하기 위해 사전에 충분한 자금을 마련해야 했다.

짐머의 경영권을 계승할 후임자가 누가 되든 막중한 책임을 물려받아야 했다. 유력한 계승 후보자인 짐 톰슨의 아들 크리스는 자신이 CEO가 되면 직면할 수 있는 어려움에 대해 토로했다.

"만일 제가 경영권을 이어받은 후에 회사를 충분히 성장시키지 못하면 매각은 당연한 수순일지도 모르지요. 하지만 중요한 건, 성장 측면에서 볼 때 종업원 지주제도가 큰 역할을 한다는 것입니다. 직원들은 자신이 소유한 지분의 가치를 높이기 위해 그만큼 동기부여를 받게 될 테니까요. 이 제도 때문에 회사는 부채를 끌어안게 되지만, 동시에 빚을 상환하는 능력 또한 만들어내는 셈입니다. 우리에게는 다양한 성장의 기회가 열려 있고, 그 기회를 활용해 벌어들인 돈을 재투자하며 다시 성장해갈 것입니다. 반면 어떤 회사는 벌어들인 돈을 재투자하기보다는 수익을 남기는 쪽을 택하기도 하겠죠. 하지만 저희 회사는 그런 방식을 원하지 않습니다. 물론 종업원 지주제도를 부자가 될 수 있는 기회로만 바라보는 사람들도 있습니다. '적당한 때에 잘 팔면 엄청난 돈을 벌 것이다'라고요. 또 어느 시점에는 우리도 회사를 매각할 수밖에 없는 상황에 직면하게 될지도 모르는 일이고요."

그로부터 3년여 후인 2006년 가을, 짐머와 톰슨을 비롯한 ECCO

의 경영진들은 회사의 주요 경쟁업체가 매각 대상으로 나왔다는 사실을 알게 되었다. 그들은 인수 가능성을 조사하는 과정에서 한 가지 중요한 점을 발견하게 됐다. ECCO와 유사한 경쟁업체들이 그들의 예상보다 훨씬 더 높은 EBITDA(Earnings Before Interest, Taxes, Depreciation and Amortization, 이자, 법인세, 감가상각비 차감 전 영업이익. 즉 기업이 영업 활동으로 벌어들인 현금 창출 능력을 나타내는 지표이자 기업의 합병에 활용하는 기준 지표)를 갖고 있다는 사실이었다. 그렇다면 ECCO의 가치도 당연히 그들의 예상을 훨씬 뛰어넘는 수준일 것이었다. 짐머는 ECCO의 가치가 지분당 300달러에 이를 것이라고 산출했다. 즉 회사가 현재의 속도로 성장한다고 가정했을 때, 인수자는 종업원 지주제도에 소속된 직원들에게 어떠한 위험요소 없이도 10년이나 12년 후에 받을 수 있는 지분가치 금액을 충분히 지불할 수 있었다. 이런 측면에서 본다면, 인수자를 찾지 않는 것이 오히려 재정적으로 무책임한 행동이 될 터였다.

그래서 ECCO는 주당 340달러에 지분 매각을 진행했다. 구매자는 필라델피아에 위치한 4세대에 걸친 가족경영 투자 회사인 버윈드 코퍼레이션(Berwind Corporation)이었다. 이 회사는 원래는 탄광업체였다가 이전 CEO인 찰스 그라함 버윈드 주니어(Charles Graham Berwind Jr.)에 의해 제조서비스 분야의 다각적인 대기업으로 전환됐고, 기업 인수를 할 때 굉장히 까다로운 것으로 알려져 있었다. 한 투자 은행가는 짐머에게 "버윈드 코퍼레이션은 버크셔 해서웨이(Berkshire Hathaway, 미국의 지주회사. 워런 버핏이 섬유회사이던 버크셔 해서웨이를 구입해 여러 회사의 지주회사로 재설립했다)의 축소판"이라고 말했다.

재정적인 관점에서 보면, 그러한 지분 판매는 종업원 지주제도에 가입된 직원 주주들에게는 대단히 좋은 기회였다. 그러나 당시에는 짐머 자신조차도 그들이 얼마나 운이 좋았는지 전혀 깨닫지 못했다. 다음 몇 년간 미국은 경제대침체에 직면할 것이었고, 만일 ECCO가 그때 버윈드에게 인수되지 않았다면 종업원 지주제도에 가입된 주주들은 다시 그런 기회가 올 때까지 무한정 기다려야만 했을 것이다. 그동안 회사의 상황이 안정적이라면 새로운 인수 가능성을 고려할 수 있겠지만, 그렇지 않은 경우라면 사실 누구도 회사의 미래는 예측할 수 없는 상황이었던 것이다.

지분을 매각한 직후에는 회사 내에서 짐머의 역할만이 유일하게 바뀌었다. 짐머는 어떤 면에서는 그 변화를 즐겼고, 다른 어떤 면에서는 그렇지 않았다. 미국 경제는 대침체의 구렁텅이로 빠져들었다. ECCO의 고객 가운데 OEM 업체들이 주문량을 50% 이상 삭감했다. 두 번째로 큰 고객사인 캐터필러는 주문량의 70%를 줄였다. 그해 4월, 짐머는 회사의 36년 역사상 최초로 가장 큰 규모의 정리해고를 감행했다. 침통했지만 회사로서는 불가피한 결정이었다. 전 직원의 15%에 해당하는 인원이 해고됐다. 직장을 잃은 직원들 중 일부는 억울해하며 회사의 매각과 소유권의 변동을 비난했다. 짐머 역시 회사의 지분을 매각한 이후 ECCO의 기업문화가 다소 변했다는 사실을 인정했다. 그러나 버윈드가 아니었다면 사실상 더 많은 직원들을 해고해야 했을지도 모른다. 게다가 레엘과는 달리 ECCO는 단 한 번의 정리해고만을 시행했으며, 직원들의 불안감을 최소화하고자 빠른 속도로 해고 절차를 진행했다.

정리해고 다음으로 짐머를 괴롭게 만든 것은 버윈드가 끊임없이 요구했던 보고 절차였다. 그는 버윈드에서 유일하게 MBA 학위와 회계 경력이 없었다. 또한 그는 버윈드가 요구하는 만큼 정확하게 수치를 추적하는 데 익숙하지 않았다. 짐머는 말한다.

"이전에는 예산에서 1% 정도의 수치 차이가 발생하는 것은 전혀 문제될 게 없었습니다. 하지만 버윈드에서는 그 차이를 설명하기 위해 몇 시간 혹은 며칠간의 분석이 필요했습니다."

그는 버윈드 측에 ECCO의 CEO로 다른 사람을 앉히는 게 낫겠다고 털어놓았지만 그때마다 회사는 그를 그만두지 못하게 설득했다. 하지만 2009년 10월, ECCO의 최고경영자로서 20년 이상 재직해온 짐머는 경영 일선에서 물러났다. 그는 자부심과 안도감이 뒤섞인 기분이었다고 말한다.

"저는 ECCO에서 이룬 모든 것들이 자랑스러웠습니다. 회사는 어느 때보다도 단단했고, 안정된 경영권 아래에 있었습니다."

그가 느낀 안도감은 자신이 동료들, 직원들과 맺어온 만족스러운 관계에서 비롯되었고, 이제 ECCO는 다른 누군가의 책임이었다. 버윈드는 ECCO의 내부직원인 유럽 자회사의 이사 크리스 마샬(Chris Marshall)을 그의 후임으로 지목했고, 짐머는 이 같은 결정에 기뻐했다. 크리스 톰슨은 미국 시장을 담당하는 사장으로 승진했고, 나중에 ECCO 그룹의 영업 및 마케팅 부사장이 되었다.

어떻게 변화에 적응하고 또 변화를 이끌 것인가?

지금까지 책에서 소개한 회사의 창립자들이 어떻게 마법을 창출했는지, 그리고 그들과 후계자들이 회사의 마법을 지속시키기 위해 어떤 노력을 기울였는지에 대해 살펴보았다. 그러나 회사를 기존의 형태와 똑같이 유지한다고 해서 반드시 마법이 지속되는 것은 아니다. 7장에서 살펴보았듯이 마법을 지닌 회사라고 해서 시장의 보호를 받을 수 있는 것도 아니며, 작은 거인들 역시 다른 기업들과 마찬가지로 경쟁적인 환경의 변화에 발 빠르게 적응해야 한다. 물론 그들은 마법을 형성해온 확고한 신념과 경영 방식을 갖고 있기 때문에 이런 변화에 훨씬 더 쉽게 적응할 수 있었다.

더 정확히 말하자면, 창립자들(1세대)이 회사에 남아서 변화를 주도하는 한 변화에 대한 적응 과정은 훨씬 더 용이하다. 하지만 아이러니하게도 창립자들의 성공과 이를 뒷받침한 마법은 그들의 뒤를 잇는 후계자들에게는 종종 넘기 힘든 장애물이 되기도 한다. 특히 회사의 경영 방식에 근본적인 변화가 필요할 때는 더욱 그렇다.

O.C.태너의 세 번째 CEO인 켄트 머독(Kent Murdock)은 1997년 O.C.태너가 세상을 떠난 지 4년 만에 이런 상황에 직면했다. 머독은 시장 상황이 너무 빠르게 변하고 있었기 때문에 회사에 대대적인 혁신과 변화가 없다면 마법은 물론 생존에도 위협을 받을 수 있다고 판단했다. 하지만 그는 회사의 중대한 변화를 위해서는 먼저 창립자의

유산이라는 거대한 장애물을 넘어야 한다는 사실을 깨달았다.

사실상 표면적으로는 머독이 그러한 변화를 이끌 만한 인물처럼 보이지는 않았다. 1991년까지만 해도 그는 사업가가 아니라 변호사였다. 그는 O.C.태너의 법률 자문역할을 담당했던 법률 회사의 소송 파트너였다. 머독은 오버트 태너가 주주 분쟁에 휘말렸던 1990년에 O.C.태너와 처음 관계를 맺었다. 태너는 주주들과의 분쟁이 소송으로 이어질 만큼 심각했다고 생각했기 때문에 만일의 경우를 대비해 머독을 고용했다. 그러나 머독은 양측의 입장을 들어보고 사실 관계를 전면 검토한 이후에 소송이 불필요하다는 사실을 확신했다. 협상 과정에서 훌륭한 중재자 역할을 맡았던 머독 덕분에 결국 회사에는 어떤 소송도 발생하지 않았다. 오버트 태너는 머독의 신중한 일처리에 깊은 인상을 받았다. 그로부터 6개월이 지난 뒤, 태너는 머독에게 변호사를 그만두고 O.C.태너의 사장으로 취임할 것을 제안했다. 머독은 예상치 못한 제안에 당황했지만, 생각해볼수록 끌리는 제안이라는 생각이 들었다. 결국 그는 태너의 제안을 받아들이기로 결정했다.

머독은 12년 후에 당시를 회상하며 이렇게 말한다.

"다소 충동적인 결정이긴 했습니다. 중년의 위기도 그것보다는 나았을 겁니다. 하루는 O.C.태너의 법률 자문 변호사와 이야기를 나눴는데, 그가 저에게 이렇게 말하더군요. '혹시 모르니 변호사 사무실에 있던 가구를 다 팔지는 마세요.'라고요."

원래 계획은 머독이 당시 CEO이던 돈 오슬러(Don Ostler)에게 경영 교육을 받고 나서 5년 후 오슬러가 65세가 되면 경영권을 이어받는 것이었다. 머독에게는 분명 값진 경험이 될 것이었지만 당시에 그는 앞으로 자신에게 무슨 일이 닥쳐올지 전혀 예측할 수 없었다. 외견상으로 O.C.태너는 1991년에 매출 1억 8180만 달러에 2000명 이상의 직원을 거느렸으며 안정적인 영업이익에 부채도 없는 훌륭한 회사였다. O.C.태너는 업계를 이끄는 모범기업이었다. 그럼에도 불구하고 당시 오슬러와 태너는 회사에 대대적인 변화가 필요하다는 사실을 깨달았다.

단적인 예로 당시 미국 제조업계에는 적시 재고관리 및 팀 중심 경영 등을 통한 품질 혁신이 대대적으로 일어나고 있었지만, O.C.태너는 그런 흐름에 한참 뒤처져 있는 상황이었다. 회사의 경영 구조는 이미 낡을 대로 낡은 상태였고, 계급적인 특성을 비롯한 명령과 통제 방식으로 운영되었으며, 기존 방식이 고착되어 유연성이 한참 떨어진 상태였다. 한편 40년 동안 조직의 업무 효율성은 지속적으로 떨어졌지만, 주문 제품의 다양성과 수는 꾸준히 증가했다. 매일 수천 개 이상의 표창 패를 만들어달라는 요청이 들어왔고, 1개만 만들어달라는 주문도 급격히 늘어난 상태였다. 또한 적시 납품에도 문제가 발생했다. 사실상 이 모든 문제들은 고객들의 기대치에 미치지 못하는 회사의 고루한 운영 방식에서 비롯된 것이었다.

오슬러와 태너는 문제의 심각성을 깨닫고, 머독을 영입하기 전에 모든 방식을 전면적으로 개선하기 시작했다. 그들은 게리 피터슨 (Gary Peterson)이라는 젊은 관리자를 '변화 책임자'로 임명했다. 그의 첫 번째 임무는 지시받은 대로 일하도록 훈련 받은 생산직 근로자들의 사고방식을 완전히 뒤바꾸는 것이었다. 피터슨은 근로자들에게 자신의 의견을 좀 더 적극적으로 표현하라고 요청했지만, 처음에는 별다른 성과가 없었다. 그는 당시를 회상하며 이렇게 말했다.

"광택 부서에는 총 200명의 여직원들이 일하고 있었는데, 그 부서의 직원들은 손목 터널증후군 같은 여러 신체적 질병을 갖고 있었습니다. 우리는 먼저 광택 부서의 직원들을 8명씩 배정해 팀을 만들었습니다. 처음 몇 주간은 서로 아무 말도 안 하고 쳐다보기만 하더군요. 회의에서 '화요일에는 무슨 일이 있었냐'라고 물으면 아무도 먼저 말을 꺼내지 않았습니다. 3주가 지나서야 서로 조금씩 대화를 하기 시작하더군요. 대개는 누군가를 불평하는 말이었습니다. 직원들이 서로를 신뢰하기까지 정말 오랜 시간이 걸렸습니다."

이후 머독은 제조 부문의 문제점을 빠른 시간 내에 파악했고, 회사가 직면한 도전들에 대한 심층적인 평가와 검토를 통해 사업의 여러 측면에 의문을 제기하기 시작했다. 머독이 사업 경영 방면에서 경험이 부족했던 것이 오히려 도움이 되었다. 주로 업계에서 오래 근무한 베테랑 직원들이 당연하게 여겼을지도 모르는 문제들에 대해 의문을 가졌기 때문이다. 예를 들면 머독은 회사가 마케팅을 거의 하지 않는 것을 이상하게 생각했다. 그는 말했다.

"마케팅에 대한 제 생각은 먼저 시장과 고객을 파악하고, '그들에게 무엇이 필요한지, 우리가 어떻게 그들에게 필요한 것을 제공할 수 있을지' 고민하는 것입니다. 단순히 제품을 만들고 고객들에게 그것을 어떻게 판매할지에 대한 방안을 찾는 것이 전부가 아니라는 뜻입니다. 우리는 후자에만 집중하고 있었습니다. O.C.태너의 마케팅은 모두 판매 위주의 활동입니다. 단순히 제품을 만들고 판매하는 것이 제조회사가 하는 역할의 전부라는 족쇄를 스스로 채우고 있던 셈이지요. '우리가 직접 만든 품질 좋은 제품이 여기에 있으니 직접 와서 사가세요'와 같은 소극적인 방식이었습니다. 회사의 회계나 시스템, 사고방식을 비롯한 모든 측면이 판매 위주로만 돌아갔습니다. 시대에 한참 뒤떨어진 방식이었지요."

시장은 전면적인 변화를 맞고 있었기 때문에 O.C.태너의 방식은 낡은 것일 수밖에 없었다. 우선, 직원의 '장기 고용'이라는 개념은 점차 과거의 일이 되고 있었다. 1980~1990년대에 대거 발생한 구조조정으로, 회사에 대한 충성심은 점차 찾아보기 힘든 것으로 인식되었다. 회사의 주가를 올리기 위한 하나의 수단으로 구조조정을 악용했던 기업들과 언제든 더 높은 연봉을 제시하는 곳으로 이직하려고 하는 직원들은, 더 이상 서로 충성심을 기대하지 않았다. 이런 시장 환경을 감안했을 때, O.C.태너의 주력 사업인 장기근속 직원 표창 부문의 전망은 그리 밝지 않았다.

동시에 시장에는 경쟁업체들도 급속하게 증가했다. O.C.태너의 제품은 이미 최고 품질과 훌륭한 서비스로 인정받았기 때문에 고객들은 기꺼이 그에 대한 비용을 지불해왔다. 그러나 지금은 훨씬 더 낮은 가격에 비슷한 품질과 서비스를 제공하는 경쟁자들이 속속들이 생겨나고 있다. 당연히 회사의 이윤은 감소했고, 그들의 핵심 경쟁력인 제품의 품질에 대한 가치도 점차 약화되고 있었다.

회사에 근무하는 직원들의 성향이 달라진 점도 일부 영향을 미쳤다. 점차 더 많은 수의 젊은 직원들이 회사에 합류하기 시작한 것이다. 그들은 O.C.태너에서 근무하던 기존 직원들보다 훨씬 더 실용적인 태도를 보였다. 고객들 역시 더욱 까다로워지고 있었다. 특히 납품 속도와 제품의 세부적인 측면을 꼼꼼히 따지기 시작했다. 이런 압박은 온라인 업체들의 급격한 확산으로 더욱 심해졌다. 얼마 지나지 않아 O.C.태너가 제공하는 서비스와 똑같은 제품을 훨씬 더 경쟁력 있는 가격으로 판매하는 온라인 업체들이 82개로 급증했다. 뿐만 아니라 중국과 여러 값싼 노동력을 가진 아시아, 남미, 동유럽 국가들이 생산 공장으로 부상하던 상황이었다. 이런 경쟁적인 환경에서 O.C.태너는 미국 내에서만 제조공장을 유지하는 것에 대해서도 고민을 시작해야 했다.

머독은 O.C.태너의 상태를 더 세부적으로 살펴볼수록 회사의 경영 방식에 근본적인 변화가 필요하다는 점을 확신하게 되었다. 사업에 대한 정의, 직원들의 업무 방식, 사내 시스템 등 모든 것이 변해야만 했다. 머독은 O.C.태너가 다음 세기에도 굳건히 살아남으려면 완전히 다른 회사로 변모해야 한다고 믿었다. 머독이 오슬러와 다른 핵심 경영진들에게 자신의 우려를 표명하자 그들 역시 머독의 의견에 동의했다. 그들은 함께 회사가 직면한 상황에 대해 치열하게 고민했지만, O.C.태너 만큼 지속적으로 성공을 거둬온 회사를 대대적으로 재정비하는 것은 결코 쉽지 않은 일이었다. 오슬러가 CEO를 맡아온 지난 23년 동안 회사는 단 한 번도 매출 감소를 보인 적이 없었다. 누가 봐도 O.C.태너는 업계에서 가장 안정적이고 수익성 높은 회사였다. 사실상 O.C.태너를 제외한 모든 회사들이 재정적인 어려움을 겪고 있는 것처럼 보일 정도였다.

그렇다면 기존의 방식이 문제없이 돌아가는 것처럼 보이는 상황에서 어떻게 직원들에게 근본적인 변화가 필요하다는 사실을 납득시킬 수 있을까? 직원들이 회사의 현 상황과 경영 방식에 만족한다면 어떻게 그들의 행동을 변화시킬 수 있을까? 1993년에 세상을 떠났지만, 모든 직원들이 존경했던 창립자에 대한 확고한 믿음은 어떻게 극복할 수 있을까? 이제껏 O.C.태너는 오버트 태너가 원한 방식으로 운영돼왔고, 태너는 결코 잘못된 결정을 내린 적이 없었다. 그렇다면, 직원들이 갑자기 회사의 대표가 된 변호사 출신의 머독을 믿을 이유는 무엇인가? 머독은 이 모든 문제들을 어떻게 처리해야 할지 고민스러웠다. 하지만 한 가지는 확신할 수 있었다. 다음 세기까지 O.C.태너를 성공적으로 유지하려면, 회사에 전면적인 변화가 필요하다는 사실이었다. 1997년 3월, 오슬러에 이어 CEO 직을 이어받은 머독은 본격적으로 회사의 대대적인 개혁을 시작했다.

그가 가장 먼저 시행한 변화책은 회사의 재무정보를 각 팀의 책임자들에게 전면 공개하는 것이었다. 이전에는 관리자들 가운데 일부만이 회사의 실제 수익 구조를 알고 있었다. 그런데 나머지 관리자들에게도 회사의 재무정보가 공유되자 직원들은 충격에 휩싸였다. 그들은 회사가 이전보다 훨씬 더 많은 수익을 거두고 있다고 생각했기 때문이다. 머독은 O.C.태너가 앞으로 가야 할 방향에 대해 근본적으로 고민해보자고 말했다. 그는 직원들을 모아서 O.C.태너가 실제로 어떤 사업을 하고 있는지, 고객에게 어떤 가치를 제공해야 하는지, 그들이 업계 최고의 회사가 되기 위해 어떤 변화를 이루어야 하는지 등에 대해 논의했다. 그 결과 O.C.태너의 미래에 대한 확고한 방향이 정립됐다.

회사는 단순히 상패를 제작하는 것을 넘어서는 회사로 변화해야 했다. 즉 고객사들이 직접 직원표창 프로그램을 만들고 운영할 수 있도록 지원하는 회사로 변화하는 것이었다. 이는 회사 입장에서 대단히 중대한 변화였으며, 머독은 다음과 같은 7가지 '핵심 전략'을 고안해 실행하고자 했다. 첫째, 현실을 직시한다. 둘째, 전략을 명확하게 규정한다. 셋째, 적합한 인력을 배치한다. 넷째, 마케팅 전략을 세운다. 다섯째, 기술을 최우선으로 활용한다. 여섯째, 기업문화를 바꾼다. 일곱째, 회사의 운영 방식을 개선한다.

'현실을 직시한다'는 의미는 강력한 경쟁업체들이 급증했다는 것과 기존의 방식으로는 현재의 위기를 극복할 수 없다는 사실을 받아들여야 한다는 의미였다. '기술을 최우선으로 활용한다'는 것은 회사의 오래된 컴퓨터 시스템을 변화시키는 것을 뜻했다. 즉 새로운 시장 환경에 적합하고, 복잡한 기술적 요구를 처리할 수 있는 빠른 속도의 네트워크 시스템으로 대체하는 것이었다. 머독은 이것이 회사의 대대적인 혁신 가운데 가장 힘든 과정이었다고 말한다.

"새로운 시스템을 만들고 정착시키기 위해 모든 직원들이 엄청나게 고생했습니다. 시스템을 안정화하는 데 무려 4년이 걸렸거든요. 회사에 가장 필요한 것은 모든 부서를 공동 플랫폼에 연결하고, 신규 애플리케이션 개발을 지원할 수 있는 유연성 있는 시스템이었습니다. 전사적 자원관리(ERP) 시스템을 회사에 정착시키기까지 많은 노력이 투입되었습니다. ERP 시스템을 도입한 기업들을 연구하는 한 하버드 대학 교수와 만난 적이 있는데, 시스템 도입을 시도한 회사들 가운데 절반은 실패한다고 말하더군요."

머독은 당장 눈앞에 놓인 거대한 도전과제들을 해결하기에 앞서 직원들의 근무 의욕을 고취시켜야 했다. 그는 외부에서 토드 스키너(Todd Skinne)라는 전문 강연자를 초빙했다. 그는 유명한 암벽 등반가로 히말라야 트랑고 타워(Trango Tower)를 오른 최초의 인물이었다. 머독은 말한다.

"동기부여를 위해 비유할 대상이 필요했습니다. 토드는 베이스 캠프에서 등산 장비를 챙기며 올려다본 트랑고 타워의 꼭대기가 얼마나 위협적인지에 대해 이야기하더군요. 꼭대기에 올라가려면 반드시 암벽을 등반해야만 하는데, 그것은 우리에게도 똑같이 적용되는 것이었습니다. 그는 이렇게 말했습니다. '처음 암벽 앞에 섰을 때는 도저히 올라갈 엄두가 나지 않았습니다. 하지만 실제로 암벽을 타기 시작하니 오르는 게 가능해지더군요.' 회사의 컴퓨터 시스템을 전면 교체하는 작업은 트랑고 타워의 꼭대기에 오르는 것과 마찬가지였습니다. 처음에는 실패를 거듭했지만 우리는 계속 도전했고 결국 실력이 나아지는 결과를 얻었으니까요."

ERP 시스템을 도입한 대부분의 기업들처럼 O.C.태너 역시 도입기에는 컨설턴트에게 많은 의지를 했다.

"당시 전문 컨설팅 회사의 컨설턴트 85명이 우리 회사로 와서 함께 일했습니다. 하지만 컨설턴트들이 도입한 방법은 우리와는 전혀 맞지 않았습니다. 그들은 우리 프로젝트가 시작과 끝이 분명한 프로젝트라고 생각했지만, 우리에게는 그 이상의 의미를 지닌 거대한 변화였습니다. 결국 컨설턴트들은 시스템 도입에 필요한 시간을 잘못 계산했고, 우리 사업의 복잡성을 전혀 이해하지 못했습니다. 우리는 어쩔 수 없이 컨설턴트들을 모두 해고했고, 결국 우리 힘으로 시스템 도입을 안정화시킬 수밖에 없었습니다."

머독은 1997년부터 2002년까지의 기간을 '신념의 도약기'였다고 말한다. 그의 사무실 벽 한쪽에는 산양이 한 쪽 절벽에서 다른 쪽 절벽으로 뛰어오르는 모습이 담긴 그림이 걸려 있었는데, 머독은 자신의 심적 상태가 마치 그 산양과 같았다고 말했다. 그럼에도 불구하고 그는 자신의 유머 감각을 잃지 않으려고 노력했다. 회사가 어려운 시기였던 1999년과 2000년에 그는 이사회에 "좋은 소식이 있어요! 올해엔 소득세를 내지 않아도 됩니다!"라고 말했다. 회사에 소득이 하나도 없다는 뜻이었다. 게다가 지난 5년 동안 제품 판매량은 거의 바닥이었다. 그는 자신의 신념이 무너져 내렸다는 사실을 인정했다. 그는 말했다.

"때로는 제가 너무 낙심한 나머지 다른 사람들이 리더 역할을 하며 앞장서야만 했습니다. 그 시기에 많은 사람들이 회사를 이끌었습니다. 프로그래머나 프로젝트 리더들을 포함해서요."

그는 자신의 책상 위에 있는 남북전쟁의 군인 모형을 가리켰다. 게티즈버그 전투에서 리틀 라운드 톱(Little Round Top)이라는 주요 지역을 남군으로부터 성공적으로 방어해 승리를 이끈 조슈아 체임벌린(Joshua Chamberlain)의 모형이었다.

"체임벌린은 저의 영웅입니다. 누구도 자신의 역할을 대신할 수는 없으며 필요한 일은 스스로 처리해야 한다는 사실을 일깨워 준 인물이지요."

● ● ●━●━●━● ● ●

"과거의 그들은 없고, 현재의 우리가 있다!"

호된 시련 속에서도 머독과 그의 팀은 O.C.태너의 기업문화를 변화시키기 위해 부단한 노력을 이어갔다. 머독은 말한다.

"기존의 문화에 약간의 수정을 가했습니다. 정직함, 지속적인 개선을 위한 노력, 고객과의 친밀한 관계 등 기존의 핵심 가치들은 그대로 남겨두었습니다. 오버트 태너는 진실, 선함, 아름다움의 가치를 믿었고, 그건 우리도 마찬가지였습니다. 하지만 저는 여기에 겸손함과 배움의 자세 등 새로운 가치를 몇 가지 더했습니다."

머독은 그런 가치들은 자신이 부족했기 때문에 만들었다고 덧붙였다. 또한 이전과 달리 직원 간의 소통과 토론을 적극 장려했다.

"조직의 화합을 위해 헤겔 변증법(Hegelian dialectic)을 적용했습니다. 저는 토론을 통한 충돌을 통해 조직 간의 시너지 효과가 나오기를 기대했습니다. 전에는 안 좋은 소식이 생기면 가급적 숨기려고 했지만, 저는 사일로 현상(Silo, 조직 부서들이 서로 다른 부서와 담을 쌓고, 내부 이익만을 추구하는 현상을 일컫는 말)을 피하고 서로 최대한 투명하게 정보를 공유하며 다양한 대화와 논쟁이 이뤄지길 바랐습니다."

머독이 무엇보다 중점을 둔 것은, 직원들에게 굳어진 한 가지 고정관념을 없애려는 시도였다. 그것은 O.C.태너에 근무한다면 당연히 누군가가 자신을 책임지고 보호해줄 것이라고 믿는 것이었다. 자신의 메시지를 명확하게 알리기 위해 머독은 직원들에게 '미래는 스스로 만든다'라는 문구가 새겨진 펜을 나눠주었다.

"회사에는 더 이상 오버트 태너가 없습니다. 이제 과거의 '그들'은 없고, 현재의 '우리'가 남아 있지요. 보너스를 받길 원하면 직접 노력해서 쟁취해야만 합니다. 이것은 실제로도 회사의 경영 방식에 있어서 엄청난 변화였고 초기에는 많은 직원들의 반발을 샀습니다. 오버트는 후하게 베푸는 스타일이었기 때문에 직원들은 그에게 의지를 많이 했습니다. 사람들은 그런 문화에 너무 익숙해져 있었죠. 저는 우리가 그런 것들을 넘어서 성공을 쟁취하길 원했고, 지금 어느 정도는 이룬 것 같습니다. 2000년과 2001년에는 임금이 줄고 보너스도 줄었지만 누구도 불평하지 않았습니다. 이제 우리는 성과에 대한 목표를 정확히 세우고, 그 이상의 성과를 내면 직원들에게 이익을 분배합니다. 목표 달성에 실패하면 보너스도 없습니다."

회사가 겪은 혹독한 시기는 결코 과장이 아니었다. O.C.태너는 단순히 제품을 제조하고 판매하는 기업에서 고객에게 솔루션을 제공하는 기업으로 사업 전략을 전면 개정했다. 품질 관리 방안은 기존의 감사 방식에서 프로세스 기반의 메커니즘으로 변화했다. 마케팅은 만들어진 것을 판매하는 방식에서 고객이 원하는 것을 만드는 방식으로 변했다. 구식 컴퓨터 시스템은 최첨단 네트워크를 기반으로 한 중앙 시스템으로 전면 개조됐다.

사업 방식 자체가 완전한 변화를 겪은 것이었다. 혹독한 5년의 시기가 지난 뒤 회사는 점차 최악의 상황에서 빠져나올 수 있었다. O.C.태너의 성장률은 2003년에 5%, 2004년에 7%, 2005년에는 거의 10%를 달성했고, 이 3년의 기간은 회사 역사상 가장 수익이 높은 해였다. 제조과정에서도 세부적인 성과들이 발견됐다. 1991년에는 주문부터 납품에 소요되는 리드타임이 12주였는데, 2003년에는 3.3일, 2004년에는 하루로 줄었다. 적시 납품 비율은 1991년에 80%에서 2003년에는 99.7%로 증가했으며, 지금은 더 이상 납품 관련 문제가 발생하지 않고 있다. 이전에는 맞춤 상패를 제작하는 데 총 2주가 소요됐지만, 2003년에는 두 시간 안에 작업을 끝낼 수 있었다. 상패의 수상내역은 특수 접착제로 붙여졌는데, 이전에는 제품 100개당 0.14개씩 불량이 발생했지만, 2004년에는 100개당 0.0028개로 줄었고, 이 수치는 해당 접착제를 사용하는 회사들 가운데 가장 낮았다. 한편 전체 제조 결함 비율 역시 100개당 0.25개로 대폭 감소했다. 커뮤니케이션 오류 또한 100개당 0.48개로 줄었다.

어느 측면에서 보아도 O.C.태너는 거의 80년 가까이 사업을 운영해오며 온전히 마법을 유지했던 과거로 되돌아간 것 같았다. 하지만 머독은 결코 긴장을 늦추지 않는다.

"성공했다고 해서 절대 긴장의 끈을 늦출 수는 없습니다. 매일 새로운 문제와 기회들이 발생하니까요. 그렇기 때문에 우리는 늘 겸손함과 용기를 갖고 앞으로 나아가야 합니다. 회사가 미래에도 여전히 살아남고 번영할 것이라고 믿지만, 실제로 그렇게 될지는 누구도 확신할 수 없으니까요."

한편 작은 거인의 창립자들 가운데 일부는 경영권이나 소유권의 계승을 전혀 고려하지 않았다. 이 회사들은 창립자 없이는 존립 자체가 불가능하기 때문에 그들이 경영권을 쥐고 있는 동안에만 작은 거인의 마법을 지속할 수 있다. 창립자들의 특별한 재능을 토대로 설립된 두 회사가 여기에 속한다. 셀리마 스타볼라의 의류회사와 애니 디프랑코의 라이처스 베이브 레코즈다.

셀리마와 라이처스 베이브는 작은 거인의 마법을 굳건히 유지한 회사들이지만, 사실상 이 창립자들이 없는 회사를 상상하는 것은 거의 불가능하다. 어쩌면 언젠가 그들의 자산(예를 들어 디프랑코의 음악 저작권이나 셀리마의 디자인)을 구매하고 싶어 하는 인수자가 나타날지도 모르지만, 실제로 이것이 매각 대상으로 나올 확률은 거의 없다고 볼 수 있다. 스타볼라는 자신의 예술적 재능을 펼치기 위해 셀리마를 설립했고, 디프랑코 역시 같은 이유로 라이처스 베이브를 만들었다. 다른 사람들이 이 두 회사를 사들여서 운영한다는 것 자체가 무의미한 일인 것이다.

물론 라이처스 베이브의 경우는 다소 다를 수 있는데, 회사가 운영하는 여러 부수적인 사업들(콘서트홀, 음반 가게, 레코드 레이블 등)이 계속 번창한다면, 디프랑코의 적극적인 참여 없이도 회사가 살아남을 가능성은 있다. 그러나 스타볼라가 없는 셀리마는 결코 존재할 수 없다. 스타볼라는 자신의 사업을 다른 사람에게 넘기는 것에 전혀 관심이 없었다. 남다른 애정으로 한평생 일궈온 회사를 한 번에 무너뜨릴 수 있는 가능성은 애초부터 배제했던 것이다.

이러한 점을 염두에 둔다면, 셀리마 같은 회사가 과연 '작은 거인'에 속할 만한 회사인지 의문이 들지도 모른다. 물론 셀리마는 재정적으로 대단히 성공한 회사이며, 이 책에 등장한 다른 작은 거인들과 많은 공통점을 갖고 있다. 하지만 과연 셀리마를 스타볼라의 생계를 유지하기 위한 수단 이상으로 볼 수 있을까? 셀리마 한 사람의 영감에서 시작된 사업을 작은 거인들이 지닌 크나큰 열정과 비교할 수 있을까? 그 질문에 대답해야 한다면, 나는 단연코 '그렇다'라고 하겠다. 다음 장에서 그 이유에 대해 짚어보기로 하자.

SMALL
GIANTS

9장

비즈니스도 예술이다

아이디어 하나로 새로운 비즈니스를 창조하는 일

"사업가는 예술가와 다를 게 없습니다.

'비즈니스'를 통해 자신을 표현한다는 점만 제외하면요.

사업가들은 무(無)의 상태에서 새롭게 비즈니스를 만들어냅니다.

자신의 아이디어만 갖고 차고에서 치열하게 고민하고,

거기에서 회사가 만들어지고 살아 있는 역사가 시작되는 셈입니다."

_《인크》의 창립자, 버나드 A. 골드허시

오늘날에는 상상하기 어렵지만, 한때는 '사업가'라고 불리는 것이 칭찬으로 여겨지지 않던 시절이 있었다. 1950년대부터 1970년대까지 사업가라고 하면 흔히 정직하지 않고 교활한 이미지에 낮은 사회적 가치를 지닌 직업군으로 평가됐다. 언론은 그들을 무시했고, 학계는 그들을 비판했으며, 그들이 운영하는 회사 역시 비하의 대상이 되었다. 당시에는 '비즈니스'라고 하면, 큰 규모의 안정된 상장 기업만을 떠올렸다. 중소 규모의 개인 기업들은 비주류로 간주되었고, 전혀 중요하지 않다고 여겨졌다.

1980년대 초부터 이러한 고정관념들은 서서히 변화를 보였다. 특히 버나드와 《인크》의 영향이 컸다. 버나드 A. 골드허시(Bernard A. Goldhirsh)는 《인크》의 창립자이자 미국에서 '기업가정신'이라는 개념을 새롭게 정의하는 데 기여한 인물이다. 1983년에 나는 운 좋게도 버나드와 함께 일하는 행운을 얻었고, 그가 불치의 뇌종양 판정을 받은 후 회사를 매각했던 2000년 6월까지도 《인크》에서 근무하고 있었다. 그로부터 3년 후, 그는 세상을 떠났다. 나는 20년 동안 버나드와 가까이 지내며 누구보다 그에 대해 잘 알고 있었다. 그는 '비즈니스'에 대한 나의 고정관념을 완전히 바꿔놓은 사람이었다.

회사를 창립하는 대다수의 사람들처럼 버나드 역시 우연한 기회로 사업에 뛰어들게 되었다. 배 타는 것을 누구보다 사랑했던 그는 MIT를 졸업한 이후 카리브 해를 항해했다. 이후에는 남미에서 배를 대여해 선상 학교를 운영하기도 했다. 보스턴으로 돌아온 뒤에 버나드는 항해에 관한 교육용 책자를 제작하기 시작했고, 이 책자는 1970년에 《세일(Sail)》이라는 잡지로 창간되었다. 그 후 10년 동안 《세일》은 세계에서 가장 많은 부수를 찍어내는 항해 관련 잡지로 성장했다.

하지만 버나드가 처음부터 그런 목표를 가지고 사업을 시작했던 것은 아니다. 그는 단순히 배를 사기 위해 충분한 돈을 벌고 싶었다. 버나드는 사망하기 약 1년 전, 한 인터뷰에서 이렇게 말했다.

"저는 출판계에 계속 머물 생각이 없었습니다. 전 세계를 항해하는 항해 실습선을 만드는 것이 저의 오랜 꿈이었거든요. 배에 탄 학생들이 자신의 항해 경험에 대해 기록하고, 그 경험들을 《세일》에 게재하고 싶었습니다. 저에게 있어서 그 실습선은 세상에 보여주고 싶은 일종의 모델이었습니다. 모든 사람들이 협력하고, 수질을 오염시키지 않고, 자원을 절약하고, 자연의 힘을 이용해 살아가는 모범적인 모델이요. 당시 저는 젊은 이상주의자였고, 이러한 항해 실습선이 마치 지구의 축소판 같다는 생각을 했습니다. 이 작은 배를 통해 사람들이 어떻게 서로 의지하고 협동하며 살아가는지 보여주고 싶었습니다."

버나드와 그의 친구는 비영리 법인을 설립했고, 유럽에서 대형 선박 한 척을 구입해 대서양 횡단 경주에 참가했다. 또 갈라파고스 제도와 여러 세계적인 항구들을 누비며 항해 실습선을 운영했다. 그러나 머지않아 버나드는 결혼을 했고, 정착을 위해 선상 실습선을 운영하는 자신의 꿈을 잠시 접어두어야만 했다. 뿐만 아니라 당시 《세일》이 큰 폭으로 성장했기 때문에 당분간 회사를 운영하는 데 집중하는 게 좋겠다는 생각이 들었다.

《세일》이 성장 가도를 달리기 시작하면서 버나드는 생각지 못하게 큰 규모의 회사를 경영하게 되었다. 회사의 매출은 1200만 달러로 치솟았고, 이전에는 한 번도 경험하지 못했던 경영상의 문제에도 직면했다. 그는 여러 비즈니스 관련 매체들을 찾아보며 현실적인 도움을 얻으려 했지만 별다른 해결책을 찾지 못했다. 그즈음 나오는 경제경영 관련 서적이나 기사들은 온통 미국 철강회사나 노사분규 문제밖에는 다루고 있지 않았다. 자신과는 아무 상관없는 이야기들뿐이었다.

자신과 같은 처지에 놓인 사람들이 많을 것이라고 생각한 버나드는 그때부터 《인크》의 창간을 고민하기 시작했다. 출판업계 전문가들은 그에게 그런 잡지는 수요도 없으며 성공할 가능성이 없다고 딱 잘라 말했다. 설령 수요가 있다 해도, 누가 중소기업을 대상으로 한 잡지에 광고를 게재하려고 하겠는가? 그러나 주변인들의 만류에도 불구하고 버나드는 《인크》를 창간하기로 결심했고, 같은 시기에 《세일》을 매각했다. 이후 《인크》는 잡지 역사상 가장 성공을 누린

매체 가운데 하나로 인정받았다. 창간 이후 2년 만에 안정된 수익을 내기 시작했고, 창간하고 6년 후 65만 부의 판매부수를 기록했으며, 200만 명 이상의 독자들을 거느렸으니 말이다.

· · · ——— · · ·

"사업가도 예술가와 다를 게 없다!"

나는 변화가 휘몰아치던 시기인 《인크》가 급성장하던 초기에 회사에 합류했다. 버나드는 내가 과거에 함께 일해본 다른 상사들과는 완전히 다른 면모를 보였다. 어떤 면에서는 우디 앨런(Woody Allen, 미국의 영화감독)과 비슷한 외골수 기질을 갖고 있기도 했다. 유대인 출신인 버나드는 왜소한 체구에 다소 산만하고 기이한 면이 있었지만, 한편으로는 대단히 날카로운 사람이었다. 특히 눈에 띄게 이질적인 것들 사이의 연결점을 찾는 데 비상한 재주가 있었다.

호기심이 많았던 그는 항해, 현대무용, 기업가정신, 글쓰기, 수학, 천문학, 자녀교육 등 그 어떤 주제로도 긴 대화를 이어갈 수 있을 만큼 방대한 지식을 갖고 있었다. 회사에서는 늘 면바지와 폴로셔츠에 캔버스를 신고 다니며 소탈한 태도를 보였다. 사회적 지위에 대해서도 크게 개의치 않았다. 자신이 마주한 사람이 노벨상 수상자이든 평범한 사원이든 전혀 상관하지 않고 누구에게나 친밀한 관심을 보였다.

《인크》는 내게 더없이 유쾌한 기억으로 남아 있는 곳이다. 버나드는 직원들을 누구보다 잘 이해했고, 다른 출판사 대표들과는 달리 편집부 직원들에게 자유롭게 일할 수 있는 권한을 부여했다. 그러면서도 버나드는 《인크》에 실리는 내용에 커다란 영향을 미쳤다. 다각도에서 비즈니스가 얼마나 흥미롭고 보람된 일인지 직원들에게 몸소 보여줌으로써 잡지의 내용에도 중대한 영향을 주었으니 말이다.

그는 회사를 설립하는 것은 항해와 비슷하다고 했다. 버나드는 《인크》가 "기업가들이 차고에서 맨손으로 시작해 안정된 회사를 만들기까지, 그 험난한 항해를 도와주기 위한 역할을 한다"고 언급한 바 있다. 그는 《인크》의 창간 10주년 기념호에서 이렇게 말했다.

"항해에서 내가 가장 좋아하는 부분은 바다에 나가면 당연히 자립적인 마인드를 가져야 하지만, 동시에 서로를 의지해야만 한다는 것이다. 특히 험난한 폭풍을 함께 겪고 난 뒤에 생기는 서로 간의 믿음은 대단히 만족감을 준다. 배를 타고 대서양을 횡단하는 것과 회사를 설립하고 목표를 달성하는 과정은 무척 비슷하다. 그 과정에서 폭풍을 만날 수도 있고 평온한 바다를 만날 수도 있다. 가장 중요한 것은 공동의 목표를 위해 협력하는 사람들이 존재한다는 것이다."

그 외에도 버나드는 사람들이 종종 간과하는 기업가정신에 대해서도 자주 언급하곤 했다. 그것은 주로 비즈니스의 창조적이고 예술적인 측면에 관한 것이었다. 버나드는 MIT 학부 시절 한 학기를 휴학하고 폴라로이드(Polaroid)를 만든 에드윈 랜드(Edwin Land) 박사와 함께 일한 적이 있다. 그때의 경험이 회사를 운영하며 발생하는 여러 사업적 측면에 대한 고민으로 이어졌다. 버나드는 당시를 회상하며 말했다.

"랜드 박사님은 제게 영웅 같은 분이었습니다. 수많은 일자리를 창출해내는 훌륭한 회사가 단 한 사람의 아이디어로 세상에 나왔다는 것이 어찌 보면 참 놀랍고 굉장하다는 생각이 들었습니다. 한 사람이 비즈니스를 만들어내고, 회사를 세우고, 일자리를 만들고, 정부의 세금을 증대시키는 등 대단한 역할을 해내는 셈입니다. 한 사람의 의지와 아이디어로 수많은 혜택과 이점들이 생겨난다는 것이 정말 경이롭습니다."

버나드는 그때부터 기업가정신을 통해 한 나라의 경제가 새롭게 바뀔 수도 있다는 사실을 깨달았다. 기업가정신이 없다면, 나라는 활력도 에너지도 잃고 메말라갈 것이다. 마치 지속적인 예술 작품의 창작 없이는 문화 역시 빈곤해지는 것처럼 말이다. 그는 말한다.

"사업가는 예술가와 다를 게 없습니다. '비즈니스'를 통해 자신을 표현한다는 점만 제외하면요. 사업가들은 무(無)의 상태인 백지에서 새롭게 비즈니스를 만들어냅니다. 누군가 자신의 아이디어만 갖고 차고에서 치열하게 고민하고, 거기에서 회사가 만들어지고, 살아 있는 역사가 시작되는 셈이지요. 저는 사업가들이 하는 역할이 정말 귀중하다고 생각합니다."

이것이 버나드가 편집부 직원들에게 언제나 명심하라고 강조한 내용이다. 또한 그는 직원들에게 항상 독자들의 입장을 고려해야 한다고 말했다.

382

"저는 편집부 직원들에게 사업가는 두뇌의 양쪽 모두를 활용하는 예술가라고 말합니다. 우리의 타깃은 이성적인 사업가들뿐만 아니라 예술가의 영혼을 지닌 사업가들도 포함되어 있다고요. 사업가들이 예술성을 표현하는 것은 '비즈니스'를 통해서지요."

물론 버나드 자신이야말로 다른 누구보다 예술성을 지닌 사업가를 대표하는 인물이었다.

그들은 우리 삶의 중요한 가치에 더 집중한다

이 책은 자신만의 특별한 마법을 지닌 회사들에 관한 생생한 현장보고서라고 할 수 있다. 이런 측면에서 본다면 책을 완성하기까지 조사하고 글을 쓰는 과정 역시 하나의 긴 여정인 셈이다. 대부분의 여정이 그렇듯 끝나기 전까지는 누구도 종착점을 정확히 알 수 없다. 그러나 지금까지의 내 여정을 되돌아보면, 적어도 한 가지 질문은 명확하게 떠오른다. 책에 소개한 작은 거인들을 살펴보고 난 후, 그들이 지닌 마법의 본질이 무엇인지 분명하게 말할 수 있을까?

그 질문에 대한 대답은 사업 자체보다는 작은 거인의 직원들에게서 찾을 수 있다고 본다. 나는 작은 거인의 경영자들이 우리 삶의 중요한 가치에 보다 집중한다고 생각한다. 그들은 흥미로운 도전, 동료애, 동정심, 희망, 친밀감, 지역 공동체, 목표의식, 성취감 등 삶에서 얻을 수 있는 긍정적인 요소들에 대해 누구보다 명확하게 인지하고 있다. 그들이 궁극적으로 사업체를 설립하고 운영하는 이유는, 자신을 비롯한 모든 직원들이 이러한 삶의 긍정적 요소들을 누릴 수 있게 만들기 위해서다.

외부인들은 이런 회사를 알게 되면 자연스럽게 친밀감과 매력을 느낀다. 회사 내부에서 언제나 흥미롭고 즐거운 일들이 일어나기 때문에 결국 멋진 회사가 만들어지는 것이다. 훌륭한 기업문화를 지닌 회사라면, 외부인들은 자연스럽게 어떤 방식으로든 그들과 관계를 맺고 싶어 할 것이다. 이런 관점에서 보면, 회사의 마법은 카리스마와 유사하다. 카리스마를 지닌 리더들의 주변에는 항상 따르는 사람들이 넘친다. 마법을 지닌 회사들도 마찬가지다. 사람들은 자연스럽게 그곳에 소속되고 싶어 하는 마음을 갖게 된다.

그러나 이 모든 것의 시작은 버나드가 언급한 예술가의 자질을 지닌 기업가들의 창조적 욕구에서 비롯된다. 작은 거인의 모든 창립자와 리더들의 공통점은 그들이 회사와 일에 대한 무한한 열정을 갖고 있다는 점이다. 그들은 누구보다 자신의 일을 사랑하고, 다른 이들에게 자신의 열정을 전파하고 싶어 한다. 그들은 대단히 훌륭하고 특별한 무언가를 세상에 알리고 보여주는 일을 통해 즐거움과 보람을 느낀다.

프리츠 메이태그가 앵커 브루잉 맥주들의 '테마'에 대해 했던 말을 예로 들어보자. 미국 수제맥주 시장이 부흥하던 초창기에 그는 《하버드비즈니스리뷰》를 통해 이런 말을 했다.

"윈스턴 처칠이 저녁식사에 초대받았는데 누군가가 그에게 디저트의 맛이 어떠냐고 물었다더군요. 처칠은 '테마가 없는 푸딩이군요'라고 답했다고 합니다. 하지만 우리 제품에는 명확한 테마가 존재합니다. 우리는 순수하고 전통적인 방식으로 맥주를 제조하고 있으며, 번거롭다고 해서 정해진 양조법을 따르지 않거나 첨가물을 사용하는 일은 절대 하지 않습니다. 앵커 브루잉의 모든 맥주는 맥아로 만들어집니다. 설탕이나 시럽, 옥수수나 쌀 등의 다른 첨가물이나 곡물들은 사용하지 않습니다. 전 세계의 양조장들은 대부분 그런 재료들을 사용하고 있지요. 물론 그들의 제조 방식이 잘못되었다고 말하는 것은 아닙니다. 그들이 소비자를 속이는 것도 아니고요. 그만큼 오늘날에는 흔한 방식이라는 겁니다. 특히 비용 절감과 생산 효율성 측면에서 많은 이점이 있기 때문에 다른 재료들을 섞는 경우가 많습니다. 하지만 저는 맥아보리로 수천 년 동안 제조해온 우리만의 전통적인 방식을 끝까지 고수하고 싶습니다."

메이태그는 그런 앵커 브루잉의 맥주 제조 방식은 자신들이 추구하는 '테마'의 한 부분이라고 말한다.

"또 우리는 맥주를 만들 때 홉 열매를 통째로 사용합니다. 전통적인 방식으로 홉 열매를 일일이 골라내고 따뜻한 공기로 건조시킨 뒤 가방이나 베일에 싸서 양조장으로 가져갑니다. 그리고 구리 솥에 옮겨 담습니다. 앵커 브루잉의 모든 솥은 구리로 만들어졌습니다. 요즘 생겨난 대부분의 양조장들은 스테인리스 솥을 사용한다고 하더군요. 저희는 상상도 못할 일입니다. 이유를 묻는다면, 글쎄요. 오래

된 양조업자들은 구리 솥이 맥주의 맛에도 영향을 준다고 하죠. 홉 열매를 공기 중에 건조시키는 것도 마찬가지입니다. 다른 대부분의 양조장들처럼 간편하게 홉 추출물을 사용할 수도 있겠지요. 추출물을 사용하면 운송과 저장 측면에서 확실히 효율성이 생길 테니까요. 또 많은 양조장들은 홉 열매에 특수처리를 하기도 합니다. 같은 양의 홉에서 두 배에 가까운 추출물을 얻을 수 있으니까요. 하지만 우리는 그런 방식의 제조는 결코 시도할 생각이 없습니다."

그뿐만이 아니다. 메이태그의 말은 계속 이어졌다.

"우리는 양조장의 모든 맥주를 무척 얇고 커다란 모양의 구식 발효기에서 발효시킵니다. 그러고 나서 여과된 샌프란시스코 공기로 발효실을 식히고요. 우리가 사용하는 발효 탱크에는 냉각 코일이 없습니다. 얼음이 없던 시절의 옛 서부 해안 지역에서는 이렇게 맥주를 발효했다고 합니다. 그저 시원한 밤공기를 사용한 것이지요. 그래서 우리도 이 독특한 형태의 구식 발효기와 샌프란시스코 공기를 활용하는 발효실을 사용하고 있습니다. 그래서 맥주 맛이 다르냐고요? 그건 정확히 잘 모르겠습니다. 당연히 그러길 바라지만요. 그럼 도대체 왜 이런 구식 방식을 고수하냐고요? 앵커스팀 맥주를 마시는 즐거움의 하나는 이렇게 흥미로운 구식 발효법에서 나오니까요."

메이태그의 역할은 앵커 브루잉의 모든 직원들이 앵커 브루잉의 제품에 어떤 테마들이 있는지, 자신들이 정확히 어떤 일을 하고 있는지 인식하게 하고, 업무의 기준과 목표를 명확하게 세우는 것에 있었다고 말한다.

"사실 우리 방식을 남들에게 알리는 것이 약간 쑥스럽고 민망할 때도 많습니다. 제가 하는 일을 정말 사랑하지만, 어떤 면에선 이기적이고 비현실적인 방식이라고 볼 수도 있으니까요. 만일 제가 따르는 원칙과 방식이 그저 어리석은 판단에 불과하다거나 그렇게 만든 맥주의 맛이 형편없다면 그때는 정말 부끄러울 겁니다. 하지만 지금만큼은 제 방식대로 일하는 것이 즐겁습니다. 저는 우리가 만든 맥주가 최고로 맛있다고 믿고 있거든요."

●·●·●—●·●·●

자신의 일에 대한 열정과 애착, 그리고 헌신

메이태그가 앵커 브루잉에 느꼈던 열정은 셀리마 스타볼라가 자신의 의류 디자인에 느꼈던 열정과 크게 다르지 않다. 스타볼라는 말한다.

"저는 아침에 일어났을 때가 하루 중 제일 행복합니다. 출근하는 것이 너무 기대되고 신나거든요. 어떤 사람들은 일이 지루하다고 말하며 '휴가만 기다린다'고 불평하지만, 그런 생각이 든다면 인생을 낭비하고 있는 건 아닌지 돌아봐야 합니다. 아침에 눈을 떠도 하루가 전혀 기대되지 않고 불행한 기분만 드는 날이 반복된다면 인생이 즐거울 리 없겠죠. 일은 즐길 수 있어야 합니다. 결국 가장 중요한 질문은 '아침에 눈을 뜨고 하루를 시작할 때, 설레고 행복한가?'인 것 같습니다."

제이 골츠가 오래된 공장을 개조했던 일에 대해 설명할 때에도 그의 눈빛과 목소리에는 열정이 가득했다.

"저는 건물 내부의 어떤 것도 새것처럼 보이고 싶지 않았습니다. 회사의 계산대는 프랑스산 석회석으로 만든 것도 있고, 양철로 만든 것도 있습니다. 인테리어 디자이너는 '뉴욕에선 다들 벽을 흰색으로 칠한다'고 말하며 우리에게도 같은 색의 페인트칠을 권유했지만, 저는 우리만의 개성을 원했습니다. 빈티지한 분위기가 더 좋더라고요. 결국 모래분사기로 벽을 씻어내고 예전 모습 그대로 두었습니다. 건물 기둥들도 그대로 뒀고요. 회사 건물 주차장에는 예술, 꽃, 집에 대한 문구들이 새겨진 표지판을 세워두었습니다. 주차할 때부터 고객들이 저희 회사만의 독특한 경험을 느껴보기를 원했거든요. 저는 이런 활동도 일종의 예술이라고 봅니다. 고객을 위한 새로운 경험을 만들어내는 것이니까요. 이런 일들을 계획하는 건 정말 설레고 즐겁습니다. 마치 제가 화가가 된 기분이 들기도 하고요. 토요일에 주차장으로 손님이 줄지어 들어오는 걸 보면 우리가 이 사람들을 즐겁게 하고 있다는 생각에 뿌듯합니다."

애리 바인츠바이크가 징거맨스의 신참 직원들을 대상으로 훌륭한 음식을 판매하는 단계를 이야기할 때도 열정이 묻어난다.

"첫 번째 단계는 우리가 만드는 음식에 대해 잘 알고 있는 것입니다. 이 빵은 징거맨스 베이크 하우스에서 가져온 프랑스 농장식으로 구워진 빵입니다. 빵 바닥 부분이 왜 거칠거칠할까요? 돌 위에 올려서 구워지기 때문이죠. 그럼 빵 껍질에는 왜 잘게 줄이 그어져 있을까요? 빵을 담던 바구니의 선 때문에 그렇지요. 그렇다면 빵은 얼마나 오래 구워야할까요? 효모를 쓰는 시중의 빵은 서너 시간이면 만들지만 우리는 18시간이 걸립니다. 시간이 돈이라고는 하지만 좋은 맛과 향을 내려면 그 정도의 시간은 필수거든요. 사실 훌륭한 빵은 냄새가 정말 중요합니다. 빵 맛의 90%는 향에서 느껴진다고 해도 과언이 아니거든요. 아마 나머지 10%쯤이 맛에서 느껴질 겁니다. 음식을 한두 번만 씹고 넘겨서는 음식의 맛을 제대로 느낄 수 없습니다. 음식의 맛을 제대로 평가할 줄 아는 것은 대단히 중요합니다. 단순히 음식을 좋아하고 말고의 문제가 아닙니다. 저는 땅콩버터라면 끔찍할 정도로 싫어하지만 그것과는 상관없이 잘 만들어진 땅콩버터가 어떤 맛을 내는지는 정확히 알고 있거든요.”

시티스토리지의 놈 브로드스키도 마찬가지다. 그의 사업은 세상에서 가장 재미없고 지루한 일처럼 느껴지는 기록물 보관 서비스이지만, 브로드스키는 자신의 일에 관해서라면 다른 작은 거인들 못지않은 열정을 갖고 있다.

“우리 회사를 방문한 사람들은 창고에 가득 쌓인 상자밖에 안 보인다고 말합니다. 수십만 개의 상자들이 가지런히 정리된 상태로 17미터 높이의 천장까지 쌓여 있으니까요. 하지만 저는 이곳에 오면 뭔가 다른 것을 볼 수 있습니다. 직원들과 제가 맨손으로 시작해 이뤄낸 훌륭한 사업이 눈앞에 보이거든요. 창고에 들어가면 제일 먼저 종이 냄새를 맡을 수 있습니다. 전 그 냄새가 너무 좋습니다. 종이 냄

새에서 힘을 얻곤 합니다. 자신의 사업에 대해 이 정도의 열정과 애착이 없다면 어떻게 회사를 경영할 수 있겠습니까? 지금 하는 일이 가장 신나고, 즐겁고, 가치 있다는 것을 본능적으로 느껴야만 합니다. 본인이 그렇게 느끼지도 못하면서 어떻게 다른 사람들을 설득하고 확신을 줄 수 있을까요? 만일 제가 선반 위에 상자를 정리하고 보관하는 일이 지루하다고 느꼈다면 지금 저희 회사에 있는 훌륭한 직원들을 끌어오지 못했을 겁니다. 당연히 지금껏 일궈온 모든 성과도 없었을 거고요. 그리고 일에 대한 제 열정이 직원들에게도 긍정적인 영향을 미친다고 확신하고 있습니다."

• • • — • — • • •

작은 거인을 만드는 차이, '지속하는 힘'의 비결

나는 자신의 회사가 하는 일에 이 정도의 열정이 없는 리더라면 마법을 만들어낼 수 없다고 생각한다. 만일 그들이 자신의 일을 사랑하지 않고, 중요하다고 느끼지도 않으며, 어떤 서비스나 제품을 제공하든 그것을 특별하고 대단하게 생각하지 않는다면, 회사의 직원들역시 똑같이 느낄 것이다. 물론 버나드가 언급했듯이, 그러한 열정은 사업을 시작하는 기업가들(혹은 적어도 성공한 사업가들)이라면 대체적으로 갖고 있는 기질이다. 그러나 그들과 작은 거인들 간의 명백한 차이는 그 열정을 결코 잃어버리지 않고 끝까지 지속하는 데에 있다.

그렇다면 작은 거인들은 어떤 방법으로 그러한 열정을 유지할 수 있을까? 우선 그들은 회사의 규모와 수익만으로 기업의 가치를 측정할 수 없다고 생각한다. 물론 회사의 성장과 안정적인 수익을 통해 경영진의 능력 정도는 파악할 수 있을 것이다. 그러나 그 수치는 회사가 세상에 특별하고 대단히 훌륭한 무언가를 기여하고 있는지에 대해서는 알려주지 않는다. 작은 거인들은 규모와 수익 대신 직원, 고객, 지역사회, 공급업체들과의 친밀한 관계에 초점을 맞춘다. 그 이유는 무엇일까?

　　부분적인 이유로는 그런 관계가 궁극적으로 회사에 이익을 주기 때문이기도 하지만, 본질적으로는 그 관계의 강도와 친밀성을 통해 회사가 그들에게 영향을 미치는 정도를 파악할 수 있기 때문이다. 작은 거인의 리더들은 사람들에게 미치는 긍정적인 영향력을 회사의 가치를 측정하는 가장 강력한 기준으로 인식한다. 또한 직원들 모두가 회사의 창립자와 리더들만큼 열정적이라면, 재정적인 수익은 자연스럽게 따라올 것이라고 믿는다.

　　그러나 작은 거인들은 그러한 관계가 깨지기 쉽다는 사실 역시 잘 알고 있다. 그 관계는 신뢰와 친밀감을 토대로 형성되는데, 조금만 방치하고 소홀해도 금세 잃어버릴 수 있기 때문이다. 관계에 집중하지 않고 그들과 공통의 연결점을 이어가려는 노력을 중단하면, 신뢰와 친밀감은 사라지고 관계 또한 끊어지고 말 것이다. 이러한 현상은 여러 가지 이유로 발생하지만, 주로 회사의 리더들이 성장이나 금전적인 이익에만 초점을 맞출 때 더 자주 발생한다.

즉 회사의 성장이나 수익적 측면을 훌륭한 경영 활동의 부산물로 보지 않고 오로지 하나의 목적으로만 바라보는 것이다. 이 시점에서 외부인들에게 지분을 팔기 시작한다면 어떨까? 경영자들은 필연적으로 투자자들의 이익 추구를 회사의 최대 목표로 잡을 수밖에 없을 것이다. 외부에 지분을 판매하는 순간부터 투자자들에게 수익을 되돌려줄 의무를 지게 되기 때문이다. 이것이 바로 작은 거인들이 비상장기업으로 남기를 선택한 이유다.

여기에는 절제하는 능력도 관련되어 있다. 대개 기업가들은 강한 경쟁심을 타고난 경우가 많으며, 회사가 초창기의 창업 단계를 넘어서 일정 시점에 도래했을 때, 성장을 추구하는 유혹을 떨쳐버리기가 쉽지 않을 수 있다. 결국 회사의 재정적인 수치는 성공을 판단하는 가장 편리하고 객관적인 지표이기 때문이다. 이런 이유로 성장을 최대화하는 것이 성공을 극대화하는 수단이라는 생각의 함정에 빠지기 쉽다. 더 크게 성장하는 것은 누구에게나 승리의 기분을 안겨준다. 승리의 기쁨을 마다할 사람은 없을 것이다.

또한 성장에 대한 과도한 집착은 회사를 운영하며 발생하는 한 가지 문제점인 '권태로움'을 달래는 데 도움을 준다. 권태로움은 어떻게 보면 기업가에게 가장 과소평가된 위험 요소들 중 하나다. 바로 이것 때문에 수많은 사업가들이 인수합병에 나서고, 회사를 상장하고, 새로운 사업부를 만들고, 벤처기업에 투자하고, 그 외의 건설적이거나 그렇지 않은 여러 활동들에 관여하게 되기 때문이다.

일단 회사가 정신없이 바쁜 초기의 성장 단계를 지나면, 많은 기업가들이 대개는 지루하다고 느끼는 경영상의 여러 가지 문제들을 처리해야만 한다. 현명한 리더라면 이런 시기에 그들을 도와줄 조력자들을 찾을 것이다. 그리고 다음 단계에서는 무엇을 해야 할지, 자신이 원하는 방향은 무엇인지, 초기의 의욕과 즐거움을 어떻게 하면 되찾을 수 있을지 스스로 알아내려고 노력한다. 문제는 때로 그들이 옳다고 여기는 방향이 회사 입장에서는 해로운 것으로 판명될 수도 있다는 점이다.

작은 거인들은 대체적으로 이러한 함정을 잘 피해갔다. 나는 그들을 구한 것이 다름 아닌 열정이라고 믿는다. 그들은 자신이 하는 일을 대단히 사랑하고, 그것을 계속하겠다는 굳은 의지를 갖고 있기 때문에 내부적으로 강력한 보호 본능을 발달시켜왔다. 그들을 멈추게 하거나, 잘못된 방향으로 이끌거나, 단순히 방해가 되는 어떤 장애물이 와도 그것을 정확하게 감지해낸다. 성공한 모든 기업가들이 그렇듯이 그들은 여러 가지 기회, 유혹, 방해 요소, 위험으로 가득 찬 망망대해를 항해해야 한다. 그들의 열정이 바로 그들의 나침반이다. 때로 잘못된 길로 빠지더라도 열정이 그들을 올바른 길로 이끌기 때문이다.

또 한 가지 주목해야 할 점은 그들이 열정을 갖고 사랑하는 것이 단순히 자사의 제품이나 서비스에만 국한되지 않는다는 사실이다. 물론 제품과 서비스는 당연히 중요하다. 위대한 작곡가가 음악에 대한 열정을 지니는 것처럼 훌륭한 양조장은 양조에 대한 열정을, 특수효과 회사는 컴퓨터 그래픽에 대한 열정을, 회전제어부품 회사는 관련 제품기술에 대한 열정을 지니고 있어야 한다. 그러나 훌륭한 교향곡이 험난한 작곡 과정의 최종 결과이듯 뛰어난 제품과 서비스 역시 그러한 창조적인 과정의 결과물이다. 회사에 소속된 직원이라면 결과물만큼 그 과정도 사랑해야 한다.

- - - - - - - -

그들은 '영혼'을 지닌 비즈니스를 '창조'한다

마법을 지닌 회사에 열정은 필수적인 요소다. 작은 거인의 경영자들은 '사업'이라는 도구를 활용해 자신의 무한한 열정을 추구하기 때문에 열정을 실현할 수 있는 조직 환경을 창출하기 위해 부단한 노력을 기울인다. 이를 위해 자체적인 내부 시스템과 구조를 개발하며, 그 과정에서 사업을 운영하는 활동 자체가 하나의 창조적인 시도가 된다.

버나드의 표현을 빌리자면, 전통적인 경영은 이성에서 비롯되지만 진정한 기업가정신이 수반된 경영은 '예술가의 혼'이 필요하며, 그들에게는 비즈니스 자체가 진화하는 예술 작품이나 마찬가지다(물론 그들 중 일부는 '예술 작품'이라는 표현을 꺼릴 수도 있겠지만 말이다).

또 어떤 이들은 다른 사람들에 비해 사업을 예술에 더 가깝다고 느낀다. 특히 셀리마 스타볼라가 여기에 해당한다. 그녀는 자신의 모든 창조적인 에너지를 의류 디자인에 쏟았기 때문에 사업의 확장은 생각할 여유조차 없었다. 자신의 일에 온전히 몰입하는 것이 스타볼라가 원했던 방향이었고, 그 때문에 회사를 최대한 작은 규모로 유지했다. 그녀는 말했다.

"대규모로 운영되는 사업은 더 이상 예술의 영역에 속할 수가 없습니다. 대기업에서는 당연히 비용 측면이 중요할 테고, 고객들의 반응도 일일이 신경 써야 합니다. 끊임없이 비용 문제를 고려해야 한다면, 제가 과연 디자인에만 집중할 수 있을까요? 큰 회사를 운영하면 외부인들에게 일종의 의무와 책임이 생깁니다. 지분을 판매하기 시작하면, 낯선 이들이 회사의 지분을 구매하게 되고 회사의 소유권을 일부 가져가게 되죠. 제 디자인은 저의 것입니다. 저는 옷을 만들 때 고객이 어떤 사람인지에 대해 굉장히 민감한 편입니다. 지금껏 살면서 딱 한 번 똑같은 옷을 두 번 만들어봤습니다. 친구 두 명에게 선물한 옷이었어요. 그 외에 제가 제작한 옷들은 오로지 개별 고객들을 위한 다른 디자인의 맞춤형 옷들이었습니다. 또한 저는 때로 원하는 대로 스케줄을 조정해 일하기도 합니다. 제가 큰 회사를 운영하고 다른 사람들의 수익을 우선시해야 한다면 그런 일이 가능할까요? 당연히 불가능할 겁니다."

그렇다고 해서 그녀가 비용, 마케팅, 수익 측면에 대해 완전히 무신경한 것은 아니었다. 셀리마는 설립된 이래로 꾸준히 안정적인 수익을 냈고, 그녀 자신의 방식대로 최고의 마케터 역할을 해냈다고 볼 수 있다. 하지만 확실한 점은 그녀가 회사의 규모를 최대한 작게 유지함으로써 사업에 신경 쓸 일을 최소화할 수 있었고, 자신의 디자인에 보다 집중할 수 있었다는 점이다.

　사업을 예술적인 측면으로 바라보는 데 있어서 놈 브로드스키는 정반대의 의견을 보인다. 기록물 보관 서비스는 의류 디자인과는 전혀 다른 분야이기 때문에 어떻게 보면 당연하게 느껴질 수도 있다. 고객에게 서류 상자를 수령해서 창고로 가져와 보관했다가 고객이 원할 때 다시 가져가는 일이 예술성을 필요로 하는 일이라고 보기는 어렵다. 하지만 이런 단순한 업무를 하면서도 마법을 만들어내며 훌륭한 사업을 유지하는 것 또한 일종의 창조적인 도전이다. 브로드스키는 그런 도전을 사랑했다.

　"사업가라면 흔히들 갖고 있는 기질이 저에게도 많이 있습니다. 누군가가 어떤 일에 대해 불가능하다고 말하면 곧바로 뛰쳐나가서 그렇지 않다는 것을 보여주려고 하죠. 저는 그런 일을 하는 것이 즐겁고 또 그것이 제가 원하는 방향입니다. 저 같은 사업가들에게 비즈니스는 일종의 퍼즐입니다. 모든 문제에는 해결책이 있다고 믿고, 해답을 찾기 위해 다각도로 판단해보는 것이지요. 보편적인 시각이 아니라 다른 사람들과는 다른 관점으로 상황을 바라본다는 말입니다. 이를 위해서는 보다 광범위한 시야가 필요합니다. 여러 각도에서 문제를 살펴보고 사람들이 놓치고 있는 것이 무엇인지 찾으려고 노력해야 하니까요. 항상 해답을 찾는 데 성공하지는 않지만, 찾아낸 순간에는 대단한 만족감이 듭니다."

　브로드스키의 남다른 판단력과 시각 덕분에 시티스토리지는 업계의 치열한 경쟁 속에서 무사히 살아남을 수 있었다. 그는 사업을 시작한 지 8년 만에 업계 최고의 기록물 보관회사로서의 입지를 구축했다. 사업 초반에는 고객을 모으는 일이 거의 불가능했다. 대부분의 고객들은 이미 다른 업체와의 장기 계약에 묶여 있던 상태였다. 장기 계약을 맺은 고객들이 업체를 바꾸면, 보관된 상자를 회수할 때마다 박스당 최대 5달러의 수수료를 지불해야 했다. 거래처를 바꾸려면 수십만 달러의 비용을 감수해야만 하는 상황이었던 것이다.

브로드스키가 한참 낮은 수준의 가격을 제시하지 않는 한 업체를 바꾸는 것은 불가능해 보였다. 그는 터무니없이 낮은 가격으로는 서비스를 제공하고 싶지 않았다. 많은 회사들이 가격 경쟁을 벌이다가 결국 수익 실현에 실패하고 파산하는 모습을 보아왔기 때문이다. 단순히 낮은 가격이 해결해줄 문제가 아니었다.

그러나 브로드스키는 아무리 경쟁이 치열한 업계라고 해도 새롭게 진입할 수 있는 가능성이 완전히 닫혀 있다는 생각은 하지 않았다. 대신 그는 업계에서 어느 정도 자리를 잡기 위해서는 기존의 경쟁자들과 접근 방식을 달리 해야 한다는 사실을 깨달았다. 이를 위해서는 그가 앞서 언급했듯이 사업을 전혀 다른 관점에서 바라보고, 다른 사람들이 놓치고 있는 것이 무엇인지 찾아내야 했다. 시간은 좀 걸렸지만 결국 브로드스키는 해답을 찾아냈다.

"문득 제가 속해 있는 업계가 부동산 산업과 비슷하다는 생각이 들었습니다. 단순히 문서들을 보관해주는 것이 아니라 사실은 박스를 보관하기 위해 공간을 임대해주는 것이었으니까요. 그렇다면 한 건물에서 더 많은 임대료를 받을 수 있는 방법은 무엇일까요? 바로 임대 공간을 최대한 효율적으로 확보하는 것입니다. 만일 같은 공간에 경쟁자들보다 더 많은 상자를 수용할 수 있다면, 더 적은 요금을 부과하더라도 여전히 더 높은 수익을 올릴 수 있는 겁니다. 한정된 공간에 더 많은 상자를 보관하는 방법은 무엇일까요? 바로 천장을 최대한 높게 만들고, 상자를 꼭대기까지 쌓아올리는 것입니다."

또한 브로드스키는 자신이 새로운 건물을 가진 소유주라면 어떻게 할 것인지를 생각해보았다. 어떤 방식으로 세입자들을 끌어올 수 있을까? 예를 들어 세입자가 5년 임대 계약을 맺고 나서 다음 5년 동안 더 높은 임대료로 자동 갱신 계약을 한다면, 최초 6개월에 대해서는 임대료를 면제해주는 방법이 있다. 만일 세입자가 임대 공간을 증축하고 개조할 만한 자금적 여유가 없다면, 브로드스키가 공사를 지원해주는 대신 임대기간 동안 임대료를 일부 올려 받을 수도 있다. 그는 자신의 사업에도 같은 전략이 통할 것이라고 생각했다. 고객이 거래처를 쉽게 바꿀 수 있도록 다른 기록물 보관 회사의 계약 해지 비용을 대신 지불해주고, 나중에 상자당 요금을 높여서 부과하면 된다고 생각했다.

브로드스키는 그의 생각을 빠르게 실행에 옮겼다. 그는 천장이 이례적으로 높은 창고 건물을 찾아냈고, 그에 걸맞은 높이의 선반들을 설치했다. 동시에 경쟁자들보다 현저히 낮은 요금을 제시하며 계약해지 비용을 지원해주기 시작했다. 업계에서 단 한 번도 시도한 적 없는 특이한 방식이었다. 그는 당시를 회상하며 이렇게 말했다.

"우리가 처음 이 방식을 실시했을 때 경쟁자들은 자신의 고객들에게 '브로드스키는 제정신이 아니에요. 이런 방식으로는 업계에서 살아남을 수 없습니다. 2년 안에는 망하고 말 겁니다'라고 말하며 흥분했다고 하더군요. 고객들이 저에게 이 방식을 선택한 이유를 물었습니다. 저는 이렇게 대답했지요. '간단합니다. 우리 창고의 천장을 보세요. 우리는 1만 제곱피트당 15만 개 이상의 상자를 보관할 수 있습니다. 경쟁업체들은 4~5만개 정도만 보관이 가능하고요. 우리가 서너 배 이상을 더 보관할 수 있는 셈이지요.' 그럼 고객들은 웃으면서 가격을 좀더 할인해달라고 합니다. 저는 '고객을 위한 여러 다른 서비스도 제공하기 때문에 현재 비용은 합리적인 수준입니다'라고 말하며 회사가 시행하고 있는 서비스들을 열심히 설명해줍니다."

그의 사업은 나날이 번창하기 시작했다. 경쟁업체들은 뒤늦게 이 방식의 효과를 깨닫고 시티스토리지를 모방하기 시작했지만, 시티스토리지는 이미 상대할 수 있는 수준을 넘어선 상태였다. 브로드스키와 그의 동료들은 업계 최고의 회사가 되기 위한 그들만의 시스템과 경영 방식을 이미 구축해놓았기 때문이다.

혹자는 브로드스키가 하는 일이 예술과 어떤 관련이 있는지 의문을 가질 수도 있다. 하지만 다른 사람들이 놓치고 있는 것을 찾아 '무'에서 '유'를 창조하는 일은 분명 일종의 예술성을 지닌다고 볼 수 있다. 결국 그것이 예술가들이 하는 일이다. 비즈니스도 예술과 마찬가지로 최종 결과물은 사람들의 경험으로 귀결되며, 그 경험의 질은 함께한 사람들과의 관계를 반영하기 때문이다. 사업가들은 예술적 영감보다는 외부적인 비전에 의존한다고 볼 수도 있지만, 사실상 두 개념 사이의 차이를 정확히 구별하기는 어렵다. 비즈니스와 예술은 모두 창의적 과정의 중요한 요소이며, 위대하고 특별한 무언가를 만들어내기 위해서는 창의적 과정이 반드시 필요하다. 오케스트라든 레스토랑이든 기록물 보관서비스 회사든 그것은 모두에게 똑같이 적용된다.

· · · · — · · · ·

목적과 수단 사이에서 올바른 균형을 유지한다는 것

스타볼라가 자신이 하는 일에 남다른 열정을 가졌고, 브로드스키가 회사 자체에 열정적이었다면, 책에 소개한 다른 작은 거인들은 둘 사이의 중간 정도에 위치한다고 볼 수 있다. 그들 모두는 회사를 조직하고 운영하는 데에도 창조적인 에너지를 쏟았지만, 자신의 분야(음식, 음악, 건설, 서비스, 기술, 직원 보상 등)에도 깊이 관여하며 열정을 보였다. 정도의 차이는 있을지라도, 브로드스키처럼 회사를 운영하는 활동 자체가 창조적인 표현의 한 형태가 될 수도 있고, 스타볼라처럼 회사를 운영하는 것이 자신이 사랑하는 일과 목표를 추구하는 수단이 될 수도 있다.

핵심은 둘 사이에 올바른 균형을 유지하는 것이다. 만일 자신이 원하는 일과 꿈에만 과도하게 집착한다면, 그것을 이루기 위한 수단을 위태롭게 만들 수도 있다. 반면 수단에만 너무 집착한다면, 일의 즐거움을 잃어버릴 수도 있다. 바인츠바이크는 말한다.

"징거맨스에는 세 가지 중요한 핵심 가치가 있습니다. '훌륭한 음식, 훌륭한 서비스, 훌륭한 수익'입니다. 때로 세 가지 가치는 서로 충돌하기도 합니다. 재료의 질을 낮추면 비용을 절감할 수 있을 테니까요. 또한 직원들을 더 많이 고용하면 서비스는 더 개선될 수 있지만, 회사는 재정적으로 힘든 상황을 겪을 수도 있고요. 세 가지 핵심 가치를 모두 따르고 싶지만 우리의 시간은 한정되어 있습니다. 그래서 우리는 한 번에 하나씩만 개선해가려고 노력합니다."

라이처스 베이브는 다른 어떤 회사들보다 비즈니스와 예술의 구분이 분명하다. CEO인 애니 디프랑코와 사장인 스콧 피셔의 업무와 책임이 명료하게 구분되어 있기 때문이다. 피셔는 말한다.

"우리는 음악 사업을 하고 있습니다. 애니는 '음악'을 담당하고, 저는 '사업'을 담당하지요. 우리는 이렇게 명확히 구분된 사업 방식에 상당히 만족하고 있습니다. 저는 회사의 초창기 시절부터 라이처스 베이브가 전문적인 사업체가 되기를 바랐습니다. 애니는 그녀가 원하는 것을 지속적으로 추구하면서도 제가 회사 내에서 이러한 분위기를 만들 수 있게 적극적으로 도와주었습니다. 저도 마찬가지입니다. 사업적인 전문성을 유지하면서 애니에게는 그녀의 순수한 예술적 세계를 구축할 수 있도록 지원했고요. 제 생각엔 우리가 예술과 비즈니스가 공존할 수 있는 중간점을 찾은 것 같습니다."

디프랑코 역시 이렇게 말했다.

"이 모든 것을 가능하게 한 것은 저희 둘의 시너지에서 비롯됐습니다. 제가 없다면 회사가 존재할 수 없겠지만, 현 시점에서 보면 스콧이 없다 해도 회사가 정상적으로 돌아가긴 어려울 겁니다."

이러한 관계의 중심에는 각자의 역할에 대한 존경과 이해가 수반되어 있다. 피셔는 말한다.

"저는 돈을 벌어들이거나 사업적 관점에서의 성공에 훨씬 관심이 많지만, 그것이 제가 일을 하는 근본적인 원동력이 되는 것은 아닙니다. 저는 궁극적으로 애니가 원하는 것을 하고 싶습니다. 그녀가 저에게 특정 뮤지션의 앨범을 어떤 식으로 제작하고 싶은지 말하면, 저는 수익을 내는 동시에 그녀가 원하는 방식을 추구할 수 있는 최상의 방법이 무엇인지 고민합니다."

피셔는 디프랑코의 예술성을 깊이 존경했기 때문에 때로는 명백히 사업적 수익과는 관련이 없어 보이는 그녀의 소망을 들어주기도 했다.

"애니의 콜로라도 공연을 촬영하기 위해 비디오 회사를 고용한 적이 있습니다. 비용은 약 4만 달러가 들었지요. 하지만 애니는 그날 공연을 탐탁지 않게 여겼습니다. 드럼 연주도 별로였고, 여러모로 마음에 들지 않는 공연이라고 말하더군요. 원래 계획은 그 공연으로 '애니 디프랑코 인생의 2시간'이라는 제목의 비디오를 제작하려고 했습니다. 그런데 그날 저녁에 애니가 오늘 공연으로 영상물을 만들고 싶지 않다고 말하더군요. 저는 '4만 달러나 쓰고 시간도 쏟아부었는데 뭔가는 해야 하지 않겠냐'라고 했습니다. 그러자 애니는 웃으며 '그럼 당신 뜻대로 해. 하지만 그걸 만들면 나는 당신을 평생 미워

할지도 몰라'라고 말하더군요. 분명 미소를 띠고 있긴 했지만 의도는 분명하게 전달한 셈이었습니다. 저는 결국 영상을 제작하지 않기로 결정했습니다. 이 정도의 결정도 단독으로 못 내린다면 독립 음반사로서의 의미가 없는 게 아닐까요? 우리가 대형 음반사에서 제시한 1000만 달러를 포기하고 독립 음반사를 만든 이유가 바로 이것입니다. '아니오'라고 말할 수 있는 자유야말로 돈과는 바꿀 수 없는 소중한 가치니까요."

하지만 디프랑코 역시 사업을 위해 희생을 치루지 않은 것은 아니다. 그녀는 자신이 원하는 방식으로 음악을 할 수 있게 만든 사람들에 대한 책임을 잊지 않았다. 그녀는 이렇게 말했다.

"라이처스 베이브 사무실에는 함께 일하는 직원들이 있습니다. 공연 예약을 담당하는 직원도 있고, 홍보 담당자나 음반 제조사, 인쇄회사 등 여러 사업체들도 있고요. 만일 제가 갑자기 그만둔다면 이 모든 사람들이 어떤 영향을 받게 될까요? 그래서 최근 일에 대한 책임감을 부쩍 많이 느끼고 있습니다. 사실 너무 피곤해서 스콧에게 '휴식이 필요해'라고 말할 때도 있습니다. 스콧은 차분히 제 말을 듣고는 공연 일정을 휴가 이후로 다시 조율해줍니다. 제가 오랫동안 공연을 하지 않고는 못 견딘다는 것을 잘 알고 있으니까요. 얼마 전에는 스콧이 저에게 이렇게 말하더군요. '봄에 휴가를 내고 싶으면 가도 좋아. 회사에 재정적인 문제가 생길 것 같으면 미리 알려줄게.' 우리는 이렇게 주고받는 형태의 협조가 굉장히 잘 되어 있는 관계입니다. 둘 다 서로를 배려하면서 양보하는 면이 존재하니까요. 스콧이 그렇게 말하자 저는 '괜찮아. 5월에 여기에서 공연을 하면 어때?'라고 곧바로 되물었습니다. 우리의 공통된 목표는 라이처스 베이브와 직원들과 우리가 하는 모든 일을 안정적으로 유지하는 것인데, 제가 열심히 공연을 하지 않으면 불가능한 일이니까요."

한 가지 확실한 점은 둘 사이의 파트너십에는 엄청난 상호 신뢰가 필요하다는 것이다. 그들이 라이처스 베이브를 운영하던 첫 7년 동안 연인이었다는 사실을 감안하면, 서로 간의 신뢰는 확실히 특별했다. 그 기간 동안 디프랑코는 끊임없이 순회공연을 다녔고, 이는 두 사람 모두에게 상당한 육체적, 정신적 피로를 가져왔다. 그녀와 피셔는 스트레스를 줄이고자 로드매니저 겸 운전사 역할을 담당할 음향 기사를 고용했다. 누구도 애니와 음향기사인 앤드류 길크리스트(Andrew Gilchrist)가 사랑에 빠질 것이라고는 상상하지 못했다.

디프랑코는 버펄로의 한 식당에서 피셔와 저녁을 먹으며 그 사실을 솔직하게 털어놓았다. 디프랑코는 당시를 회상하며 이렇게 말했다.

"저는 피셔에게 앤드류를 해고해야 할 것 같다고 말했습니다. 사업 책임자와 로드매니저 중 누가 더 저한테 필요했을까요? 저는 당연히 앤드류를 포기하겠다고 말했지만, 스콧은 그럴 필요가 없다고 말하더군요. 당시에 제가 얼마나 필사적으로 누군가의 도움이 필요했는지 누구보다 잘 알고 있었기 때문이죠. 그는 '해고는 좋은 생각이 아닌 것 같아. 지금은 그 사람의 도움이 절실한 시점이니까'라고 말하며 상황을 정리하고 서서히 문제를 해결해나갔습니다."

1998년 디프랑코와 길크리스트는 결국 결혼했다. 피셔는 친구들의 만류에도 불구하고 계속 라이처스 베이브의 사장으로 남기로 결정했다.

"무척 힘든 시기였습니다. 하지만 제가 이번 일만 잘 이겨낸다면 앞으로 어떤 어려움도 극복해낼 수 있을 거라는 생각이 들더군요. 회사를 떠날 마음은 전혀 없었습니다. 저는 애니가 하는 일이 대단히 중요하다고 믿었기 때문에 결국 회사에 남기로 결정했습니다. 헤어진 전 남자친구가 될지, 사업 파트너로 남을지를 선택했던 겁니다. 말할 것도 없었습니다."

디프랑코 역시 그 시간이 힘겨웠다고 말한다.

"함께 일하는 순간순간이 긴장의 연속이었습니다. 마음이 너무 아팠고 죄책감도 많이 들었으니까요. 저는 그에게 회사에 억지로 남아 있지 않아도 된다고 말했습니다. 친구들의 충고를 따르라고 했지요. 하지만 스콧은 여전히 회사에 남기를 원했고, 그게 자신이 원하는 것이라고 말하더군요. 그는 우리의 관계와 공동의 목표가 단순한 연인 관계 이상의 중요한 의미를 지닌다고 믿었습니다."

결국 그들은 이전보다 더욱 단단한 파트너십을 형성할 수 있었다. 그들은 사업을 하는 목적과 회사의 역할에 대해 같은 의견을 갖고 있었기 때문에 힘든 시기를 더 잘 극복해낼 수 있었다. 두 사람 모두 라이처스 베이브는 궁극적으로 예술을 위해 존재한다고 생각했다. 때문에 그들은 손해를 감수하더라도 다른 독립 가수들의 음반을 발매하기도 했다. 디프랑코는 말한다.

"우리는 라이처스 베이브가 저라는 존재를 넘어선 회사로 발전하기를 원했고, 음반 배급에 도움이 필요한 독립 음악가들을 위한 음반회사가 되기를 바랐습니다. 이런 일을 하면서도 회사가 건실하게 유지되고, 그들의 음악을 대중에게 전달하는 통로가 되는 것이 바로 제가 원하는 것이고요. 스콧과 저는 가수들이 자신의 신규 앨범에서 능력을 최대한 발휘하지 못하는 것 같으면 그들에게 스스럼없이 말했습니다. 우리가 '이 앨범에 좀 더 신경 써봐'라고 말하는 것은 더 잘 팔리거나 대중적인 앨범을 만들려는 의도가 아닙니다. 그보다는 그들의 역량을 최대한 발휘할 수 있는 기회를 주고 싶었던 거죠. 사업상의 이유로 가수들에게 이래라저래라 지시하는 경우는 거의 없습니다. 대부분의 음반사들은 사업상의 문제로 가수들과 잦은 충돌이 많지만, 스콧은 우리의 궁극적인 목적이 그들을 위한 든든한 지원군 역할에 있다는 것을 잘 알고 있습니다."

디프랑코와 스콧에게 예술은 이처럼 비즈니스의 가장 우선순위였지만, 그렇다고 해서 그들이 사업적인 측면을 등한시한 것은 아니었다. 두 사람은 예술을 지원하는 맥락에서 사업적 이익을 위한 일은 언제든 환영했다. 특히 애즈베리 델라웨어 교회를 매입하고 개조하는 결정에서 그들의 이러한 시각을 분명하게 엿볼 수 있다. 디프랑코는 말한다.

"저는 당시 뉴올리언스에 있는 녹음 스튜디오에 투자하는 것을 고려하고 있었습니다. 어느 정도의 자금을 모아두기도 했지만, 음반업계의 상황이 그리 좋지만은 않았기 때문에 사업의 다각화가 필요하다는 점을 깨달았거든요. 그때 스콧이 교회에 대한 아이디어를 제안했고, 여러 측면에서 적합하다는 생각이 들었습니다. 사업 목표는 세계적으로 잡되, 회사는 지역 중심으로 운영한다는 우리의 마인드와도 부합했기 때문입니다. 뉴올리언스의 스튜디오보다 훨씬 더 실용적이고 활용 가능성이 높다는 생각이 들더군요. 또한 지역사회에 예술적으로 더 많은 공헌을 할 수 있는 기회이기도 했고요. 버펄로에는 경기장이나 공연을 할 만한 바(bar)들은 많았지만, 일정 수준 이상의 대규모 공연장은 부족했거든요."

피셔와 디프랑코는 버펄로의 유명한 예술 단체 중 하나인 홀월스 컨템포러리 아트센터(Hallwalls Contemporary Arts Center)와 교회 공간을 함께 사용하기로 결정했다. 교회 건물 안에는 라이처스 베이브의 콘서트홀과 재즈 클럽 외에도 홀월스의 전시관, 상영실, 미디어 아트센터, 사무실 등이 들어왔다. 피셔는 이렇게 말한다.

"저는 때때로 애니에게 제가 하고 있는 사업이 저의 예술이자 캔버스이고 저의 악기라고 말합니다. 저는 스프레드시트를 작성하고 다루는 것을 좋아하거든요. 애니는 사업적인 측면에는 직접 관여하지 않지만, 회사에서 일어나는 전반적인 일들은 모두 파악하고 있습니다. 애니와 저는 매일 일과 예술에 대해 이야기를 나눕니다. 회사의 중요하거나 사소한 결정들 역시 함께 공유하고 있고요."

그들은 서로의 장점을 누구보다 잘 알고 있기 때문에, 부족한 부분을 보완하며 사업을 성공적으로 운영할 수 있었다.

"어떤 때 보면 스콧은 정말 창의적입니다. 그는 그의 방식대로 예술적인 면을 갖고 있다고 봅니다. 저 역시 굉장히 현실적이고 제 나름대로는 사업적인 감각도 어느 정도는 갖고 있고요."

물론 피셔와 디프랑코처럼 사업과 예술 측면을 명확하게 대표하는 두 명의 리더를 가진 회사는 드물 것이다. 하지만 그들이 추구하는 비즈니스와 예술 사이의 균형은 비단 라이처스 베이브에만 존재하는 것은 아니다. 작은 거인들 모두에게서 우리는 이 같은 균형을 찾아볼 수 있다. 적어도 그들은 사업적인 측면과 창의적인 측면이 서로 충돌하지 않고 조화롭게 공존할 수 있다는 사실을 보여준다. 이것을 가능하게 만든 것은 그들이 추구하는 우선적 가치다. 그들은 사업이 자신의 열정을 추구하기 위한 수단이라는 사실을 믿어 의심치 않는다.

사실 사업을 성장시키는 시기는 수많은 회사들이 자신의 마법을 잃고 잘못된 방향으로 가기 쉬운 시점이다. 맨손으로 시작해 잘 관리된 조직으로 가는 험난한 항해의 과정에서 그들은 반대로 생각하기 시작한다. 즉 자신의 열정을 훌륭한 회사를 일궈내기 위한 하나의 수단으로만 치부하는 것이다. 물론 이것을 반드시 잘못되었다고 볼 수는 없다. 하지만 이런 생각으로 계속 사업을 운영하다 보면 결국 처음에 회사의 마법을 형성했던 귀중한 무언가를 잃게 된다. 세상에 훌륭하고 특별한 무언가를 기여한다는 가치는 점차 후순위로 밀려나는 것이다.

결국 회사는 기계적으로 수익을 내는 것 이상의 의미를 가질 수 없다. 만일 이런 회사가 인수된다면, 인수자는 회사가 지닌 열정과 비전에 대한 신념 때문에 인수를 결정한 것은 아닐 것이다(인수한 회사의 새로운 경영진이 어떤 말을 해도 마찬가지다). 그들은 인수한 회사가 금전적 이익을 향상시킬 것을 기대하기 때문에 인수를 진행하는 것이다. 그렇게 되면 직원들은 오로지 생계를 위해 일할 것이며, 고객들은 비용 대비 성능이 현저히 좋은 경우에만 회사의 제품을 구매할 것이다. 회사 입장에서는 단순히 경제적인 측면 외에는 얻는 것이 전혀 없으며, 기존의 소중한 가치 역시 모두 사라지게 된다.

· · · · — · · · ·

'탁월함'에 대한 새로운 기준을 만들어가는 사람들

그럼, 그렇게 되는 것이 반드시 잘못된 것일까? 어떤 관점에서 보면 사실은 전혀 문제가 되지 않을 수도 있다. 원활하고 윤택한 경제를 위해 금전적 수익을 내는 회사들이 많은 것은 분명 사회적으로 중요한 요소이기 때문이다. 그들이 없다면 우리 모두는 대단히 불편한 삶을 살지도 모른다. 그 회사들은 사람들에게 일자리를 제공하고, 정부에 세금을 내며, 우리가 필요로 하고 원하는 제품과 서비스를 제공하고, 부가가치를 창출한다. 이 회사들이 모두 『좋은 기업을 넘어 위대한 기업으로』나 『성공하는 기업들의 8가지 습관』에 나오는 모범 기업들처럼 운영된다면 더할 나위 없이 좋겠지만, 아마도 그것은 우리의 바람에 불과할 것이다. 하지만 반드시 그런 방식으로 운영되지 않는다고 해도 그 기업들은 나라의 경제와 번영에 기여를 하며 우리는 그것에 대해 인정해야 한다.

그러나 인정을 하는 것이 반드시 만족을 의미하지는 않는다. 어떤 사람들은 보편적인 기업이 제공하는 것을 넘어선 다른 무언가를 원하기도 한다. 단순히 수익만을 위해 존재하는 회사는 지루하다고 생각하며 자신을 희생할 만한 가치가 없다고 여긴다. 그들에게는 열정과 창의적인 아이디어가 샘솟으며, 이것을 그대로 흘러가게 내버려둔 채 인생을 살고 싶어 하지 않는다. 그래서 그들은 자신의 열정을 추구하고 행복을 찾을 수 있는 회사를 설립한다. 그들은 자신이 사업을 시작한 이유와 어떻게 현재 위치까지 오게 되었는지를 결코 잊어버리지 않는다. 사업이 성장하더라도 자신이 열정을 쏟는 대상을 추구하기 위한 수단으로 사업을 활용하며, 세상에 훌륭하고 특별한 무언가를 기여하려는 노력을 지속적으로 이어간다.

이들이 바로 작은 거인들의 창립자, 리더, 그리고 직원들이다. 당신이 그들 가운데 한 명이 아니라고 해도(사실 우리 대부분은 여기에 속하지 않는다) 그들이 해온 일과 진정으로 일을 즐기며 보람을 느끼는 모습을 보면, 이런 질문을 던지게 될지도 모른다. '과연 나는 일을 하면서 진정으로 원하는 것을 얻고 있는가?' 만일 이 질문에 대한 대답이 '아니오'라면, 작은 거인들은 당신에게도 선택할 수 있는 기회가 있다는 사실을 알려주었다고 생각한다.

책에 소개한 기업들은 작은 거인의 일부에 불과하다. 책의 서문에서도 언급했듯이 조사를 하면서 책에 모두 포함시킬 수 없을 정도로 많은 수의 작은 거인들을 발견했다. 그들 중 일부는 앵커 브루잉이나 클리프바처럼 유명한 회사들도 있었고, 어떤 곳은 회사가 위치한 지역사회 이외에는 거의 알려져 있지 않은 기업들도 존재했다.

작은 거인이 결코 흔하다고 할 수는 없지만, 그렇다고 해서 반드시 찾기 힘든 것도 아니다. 세상에는 지역사회를 위해 기여하고 있는 수많은 작은 거인들이 존재한다. 당신이 눈여겨본다면 분명 그들을 발견할 수 있을 것이다. 작은 거인은 우리 주변의 어디에나 존재하기 때문이다.

책의 조사를 끝내려던 시점에 나와 아내, 그리고 우리가 살았던 건물에 함께 거주하던 부부는 우리 건물에 페인트칠이 필요하다고 판단했다. 몇 년 전 한 이웃이 페인트칠을 새로 했을 때 모두가 감탄할 만큼 멋지게 완성된 것을 보았던 우리는 그 페인트 공에게 연락해 작업을 의뢰했다.

페인트공의 이름은 피터 파워(Peter Power)였고, 그가 운영하는 회사는 뉴 호프 컨트랙팅(New Hope Contracting)이었다. 그의 안내에 따라 우리와 이웃들은 집의 앞, 뒤, 옆, 가장자리에 사용될 여섯 가지 페인트 색을 골랐다. 그 후 얼마 지나지 않아 8명의 페인트 공들이 작업을 시작했다. 그들은 누구보다 친근하고 활기가 넘쳤으며 성실했다. 우리가 식료품을 사서 들어가거나, 가구를 옮기거나, 침대를 조립하거나, 창틀을 수리할 때도 스스럼없이 도움을 주었다. 마치 우리 삶의 골치 아픈 작은 걱정거리들을 해결해주기 위한 보이스카웃 여덟명이 곁에 있는 기분이었다. 그들은 함께 일하면서 늘 유쾌한 농담을 나눴고, 벽을 다듬거나 사포질을 하거나 페인트칠을 하거나 청소를 하거나 점심을 먹을 때에도 늘 즐거워 보였다. 감독하는 사람 없이도 훌륭하게 페인트칠을 완수한 것이 특히 인상 깊었다.

그들이 일을 끝낼 무렵 나는 이 회사 역시 내가 책을 위해 조사해온 작은 거인들과 상당히 비슷하다는 점을 깨달았다. 회사의 한 고참 직원은 나의 이러한 깨달음을 더욱 확고하게 만들었다. 나는 우연히 그가 얼마나 오랫동안 파워와 함께 일해왔는지 물었는데, 그는 '10년'이라고 답했다.

"페인트 회사에서 10년이면 정말 긴 시간이네요."

"네. 근데 제가 가장 오래 일한 건 아닙니다. 스티브가 가장 오래 근무했을 거예요."

"스티브는 얼마나 오랫동안 근무했나요?"

"17년이요."

내가 이 이야기를 꺼낸 중요한 이유는 회사가 지닌 '마법'이 당신이 생각하는 것만큼 그렇게 드문 것이 아니라는 점을 말하고 싶어서다. 실제로 마법을 지닌 회사들은 우리 주변의 어디서든 찾아볼 수 있다. 책에 소개한 작은 거인들이 미국 경제의 근간을 이룬다고 말할 수 있을지는 모르겠지만, 그들은 확실히 미국 경제의 핵심이자 영혼이다. 또한 그들은 비즈니스에 있어서 '탁월함'에 대한 새로운 기준을 만들어가는 데 중추적인 역할을 담당하고 있다.

어쩌면 가장 중요한 것은 다른 수많은 회사들 역시 작은 거인이 목표로 하는 '탁월함'의 기준을 따르며, 그것을 성취할 수 있다는 사실이다. 만일 그렇게 된다면, 그들은 훌륭한 제품과 서비스를 넘어선 귀중한 무언가를 사회에 기여할 수 있다.

비즈니스는 사회 경제의 근간을 형성하는 하나의 구성 요소일 뿐만 아니라 우리 삶의 기본 요소이기도 하다. 기업이 하는 일과 그들이 사업을 운영하는 방식은 경제적인 측면 이외에도 우리 삶의 많은 부분에 영향을 미친다. 그들은 우리가 살고 있는 지역사회, 우리 삶의 가치, 삶의 질을 형성하는 데에도 커다란 영향을 준다. 만일 기업이 올바른 기준을 세우고 이를 지키기 위해 노력하지 않는다면 사회 전체가 고통을 겪게 될 것이다.

작은 거인들은 그 어떤 기업들보다 높은 기준을 세우고 그것을 유지하기 위해 노력을 기울인다. 이런 회사들이 많아질수록 우리가 사는 세상은 더 나은 곳이 될 수밖에 없을 것이다.

10장

더 나은 길을 찾아서

정체하지 않는 한 발전은 계속될 수 있다

작은 거인들에게 탁월한 기업을 향한 목표는

최종 목적지가 아닌 긴 항해의 한 과정에 속하며,

그것을 달성하기 위한 노력은 결코 끝나지 않는다.

바로 이것이 10년간 작은 거인들이 겪은 경험을 통해

우리가 얻을 수 있는 중요한 교훈이다.

10년이면 강산도 변한다. 비즈니스 세계에서는 수많은 기업들이 생겨나고, 사라지고, 번영하고, 무너지기에 충분한 세월이다. 이 책의 초판이 출간되고 난 이후 10년이라는 긴 시간이 흘렀고, 그동안 작은 거인들에게도 예상치 못한 많은 일들이 일어났다.

    우리는 7장에서 레엘 프리시전 매뉴팩처링이 어떻게 간신히 파산을 면했는지, 그러나 리듬 앤 휴스는 왜 파산하고 말았는지에 대해 자세히 살펴보았다. 또 8장에서는 ECCO가 매각된 이유와 그 과정을 소개했다. 작은 거인들 가운데 지난 10년간 소유권에 변동이 있었던 회사는 ECCO뿐만이 아니다. 2007년에 놈 브로드스키는 시티스토리지 지분의 대부분을 약 1억 1000만 달러에 사모펀드(상장기업)에 매각했다. 프리츠 메이태그 역시 2010년에 앵커 브루잉의 가치관과 기업문화를 보존한다는 조건하에 회사를 주류 제조회사에 넘겼다.

    회사의 소유권 변경은 그들이 10년간 겪은 변화의 일부에 불과하다. 그들 가운데 10년 전과 똑같은 모습을 유지하고 있는 회사는 단 한 곳도 없으며, 이것은 전혀 놀라운 일이 아니다.

· · · — · · ·

유일하게 변하지 않는 것은 오직 '변화' 그 자체뿐

비즈니스에서 유일하게 변하지 않고 지속되는 속성은 오로지 변화 그 자체뿐이다. 기업들은 여러 가지 이유로 변화를 겪는다. 때로 그 변화는 현대사회에서 필연적으로 발생하는 경제 현상이나 특정 산업 트렌드의 변화, 기술 개발, 고객 취향의 변화, 새로운 정부 규제나 계획 등 다양한 원인으로 발생한다. 또는 조직을 지속적으로 개선하기 위해 회사가 의도적으로 변화를 선택한 경우도 존재한다. 그 외에 연로한 경영진 때문에 변화가 불가피한 경우도 있다.

동시에 한 가지 이상의 변화를 겪는 기업들도 있다. 레엘의 경우를 살펴보면, 경기 침체로 인해 노트북 컴퓨터의 판매량이 급감했고 동시에 회사의 주력 사업인 노트북 경첩이 점차 대량생산되는 공산품으로 변화하면서 엄청난 경쟁자들이 대거 등장했다.

골츠 그룹 역시 불경기로 인해 위기를 맞았다. 부동산 시장의 침체와 더불어 고급 가정용 가구에 대한 수요가 고갈됨에 따라 제이 골츠의 가정용품 및 정원용품 매장인 제이슨 홈(Jayson Home)의 매출이 하룻밤 사이에 30% 급감하기도 했다. 고객의 소비 성향 변화와 할인점 등의 경쟁업체 증가 역시 프레임 비즈니스 업계를 뒤흔들었다. 미국 내 액자 상점 수는 10년 만에 2만 5000개에서 8000개로 감소했고, 아티스트 프레임 서비스의 매출 또한 30% 감소했다. 이 같은 위기에 대처하고자 골츠는 북미 전 지역을 대상으로 이탈리아와 스페인산 몰딩을 판매하기 시작했고, 회사의 도매 사업부를 한층 강화했다. 2015년에 골츠 그룹의 전체 매출은 다시 2008년도 수준으로 회복됐으며, 이전과 비교해 도매 사업부가 차지하는 매출의 비율이 훨씬 더 큰 폭으로 성장했다.

버틀러 컨스트럭션 역시 경기 침체로 인해 심각한 타격을 받았다. 건설 산업은 다른 업계와 비교해 부동산 시장의 붕괴로 인한 피해를 더 많이 받기 때문에 회사는 예기치 못한 위기를 맞을 수밖에 없었다. 버틀러는 대형 고객사인 코스트코와 타깃의 요청에 따라 애리조나에 건설 사무실을 추가로 설립했다. 그러나 애리조나에 매장을 낼 계획을 갖고 있던 두 회사는 2005년에 부동산 버블의 붕괴 징후를 발견했고, 이후 매장 오픈 계획을 철회했다. 고객사의 갑작스러운 변심으로 버틀러 컨스트럭션은 전체 인력의 30%를 해고해야만 했다.

빌 버틀러는 당시를 '벼랑 끝에 다다른 상황'이었다고 회상한다. 곧 애리조나 지역의 사업 계획 무산은 앞으로 다가올 더 중대한 위기들에 대한 일종의 경고였음이 드러났다. 버틀러와 경영진들은 시장에 대한 총체적인 접근 방식을 달리해야 한다는 사실을 뒤늦게 깨달았고, 사업 다각화에 초점을 맞추기 시작했다. 그 결과 소매업자들을 위한 건설 수주는 기존의 50%에서 20% 비율로 축소하고, 대형 업체들을 위한 프로젝트에 집중했다. 여기에는 학교, 주택 개발업체, 서베이몽키(SurveyMonkey), 왓츠앱(WhatsApp) 등 급성장하는 기술 회사에 이르기까지 다양한 대형 신규 고객들이 포함됐다. 2015년에 이르자 버틀러 컨스트럭션은 캘리포니아 3개 지역으로 사업을 확장할 수 있었고, 매출액은 3억 달러를 달성했다. 회사의 고객 기반은 10년 전과는 완전히 다른 양상을 보였다.

라이처스 베이브는 애니 디프랑코가 아이들을 출산하게 되면서 변화를 겪었다. 앤드류 길크리스트와 이혼하고 프로듀서 출신 마이크 나폴리타노(Mike Napolitano)와 재혼한 디프랑코는 2007년 첫 딸을 출산했고 2013년에 아들을 낳았는데, 그로 인해 연간 120회에 달했던 애니의 순회공연 일정은 40여 차례로 대폭 축소되었다. 자연스럽게 라이처스 베이브의 수익 역시 급감했다. 콘서트 수익뿐만 아니라 공연장에서 판매하는 여러 연간 제품의 매출에도 커다란 영향이 미쳤다. 동시에 음반업계에도 변화의 바람이 불고 있었다. 음악 CD 대신 아이튠즈나 스포티파이(Spotify) 등 스트리밍 서비스가 새롭게 등장한 것이다.

라이처스 베이브는 이러한 시장의 본격적인 변화에 직접 대응해야 했다. 한 가지 방안으로, 스콧 피셔는 버펄로의 애즈베리 델라웨어 교회의 라이처스 베이브 본사 규모를 대폭 축소했다. 2015년 회사의 수익은 10년 전의 약 3분의 1 수준으로 떨어졌고, 직원은 12명에서 5명으로 줄었다.

회사를 재창조하기 위한 새로운 프로젝트

한편 리듬 앤 휴스가 파산했다는 사실을 고려해볼 때, 동종 업계인 해머헤드 프로덕션은 어떤 변화를 겪었는지 궁금할 것이다. 주정부는 여전히 보조금이나 세금 환급 등의 혜택으로 할리우드에서 영화 제작사들을 끌어오려는 다양한 시도를 하고 있었고, 해머헤드 역시 리듬 앤 휴스가 처한 어려움에 직면한 상태였다. 공동창립자인 댄 츄바와 제이미 딕슨은 처음에는 이를 대수롭게 여기지 않았다. 기존 고객들의 충성심을 믿었기 때문에 경쟁업체들이 겪고 있는 위기를 잘 헤쳐 나갈 수 있을 것이라고 생각했다. 그러나 2013년에 특수효과 업계를 강타한 위기는 그들 역시 피해갈 수 없었다. 해머헤드가 이제껏 프로젝트를 진행하며 청구해온 비교적 높은 금액으로는 더 이상 작업을 수주할 수 없었다. 츄바는 말했다.

"당시 우리가 했던 특수효과 작업으로는 남는 이윤이 거의 없었습니다. 이전에는 수익이 남지 않는 프로젝트를 진행하는 것은 상상도 못했습니다. 의뢰 받는 프로젝트들은 넘쳐났지만 돈은 벌지 못했습니다."

해머헤드의 미래가 불투명해지자 츄바와 딕슨은 그들이 선택할 수 있는 몇 가지 방안을 고려해보기 시작했다. 거대 기업들 중 한 곳에 회사를 매각하거나 전략적 제휴를 시도하는 것이 가장 손쉬운 대안이 될 터였다. 하지만 둘 중 어떤 방안을 선택하든 그들은 기꺼해야 대규모 기업 소속의 LA지사 정도로 전락할 것이 분명했다. 그들이 남다른 목표와 의지를 갖고 있다 해도 다른 회사의 직원이 된다면 주도적인 역할을 하기는 힘들 거라는 생각이 들었다.

또 다른 방안은 자금을 충분히 확보한 후 브리티시컬럼비아 주 밴쿠버에서 새롭게 사업을 시작하는 것이었다. 그렇게 되면 밴쿠버 시의 보조금을 받을 자격을 갖출 수 있었다. 하지만 사실상 그것은 누구도 원치 않는 계획이었다. 그들에게 남은 유일한 방안은 완전히 새로운 형태의 사업을 설립하는 것이었다. 그것은 특수효과 사업을 접고 직접 영화를 제작하는 방법이었다. 스튜디오와 경쟁하는 대신 그들이 소유한 기존의 콘텐츠를 활용해 직접 영화제작자가 되는 방식으로 회사를 재창조하는 것이 마지막 대안이었다.

사실 해머헤드는 과거에 직접 영화를 제작했던 경험이 있었다. 10년 전, 그들은 서울에서 애니메이션 스튜디오를 오픈한 적이 있었다. 츄바는 말한다.

"그때는 뚜렷한 목표를 갖고 시작했다기보다는 단순히 재미삼아 해본 일이었습니다. 당시에 우리는 총 9개의 CG 애니메이션 영화를 제작했지만, 모두 외주 받은 프로젝트들이었습니다. 제작은 모두 저희가 했지만 저작권은 외부 소유였고요. 저희는 그때처럼 시작하면서 우리가 계획한 목표에 접근하면 된다는 생각이 들었습니다."

츄바는 새로운 사업의 핵심이 될 만한 프로젝트에 착수했다. 그는 모린 사전트 고먼(Maureen Sargent Gorman)이라는 부유한 여성으로부터 애니메이션 제작 작업을 의뢰받았다. 그녀는 자신이 어린 시절에 가장 좋아했던 동화책인 『더 박스카 칠드런(The Boxcar Children)』을 애니메이션 버전으로 만들고 싶어 했다. 그 책은 많은 이들에게 사랑받는 고전 동화책이었다. 1924년에 책이 처음 출판된 이후 다양한 버전의 박스카 동화책이 탄생된 바 있었다. 츄바는 그 책을 애니메이션으로 제작한다는 아이디어에 흥미를 느꼈다.

이 프로젝트는 츄바와 동료 두 명의 지휘 아래 진행되었다. 그들은 애니메이션의 성우 역할에 인기 스타들을 캐스팅했다. 프로젝트의 제작 책임은 영화의 독점 투자를 고집한 고먼이 맡았고, 해머헤드는 영화 소유권의 20%를 가졌다. 2014년 8월에 완성된 영화는 각종 영화제에 참가해 수상의 영광을 누리기 시작했다. 츄바와 투자자는 결과에 대단히 만족했다.

"우리는 애니메이션을 보는 것이 마치 동화책을 읽는 느낌이 나도록 하는 기술을 자체 개발했습니다. 사람들이 무려 90년 동안 사랑해온 동화책의 내용을 고스란히 영화에 담으려고 노력했지요."

2014년 8월에 시카고에서 열린 자선영화제에 참석했을 때, 그는 자신이 만든 애니메이션의 인기를 실감했다. 애초에 150명 정도의 인원이 참석할 것으로 예상했으나 막상 당일이 되자 700명이 넘는 사람들이 참석해 인산인해를 이루었다. 모두가 입장을 위해 두 시간 동안 줄을 서는 수고로움을 감수했다. 곧 전국의 도서관에서 애니메이션 상영회가 열렸고 영화제 관련 초대장들이 쏟아지기 시작했다. 영화는 넷플릭스와 아마존에서도 개봉됐으며 전통적인 영화 배급망을 벗어나 다양한 경로에서 수익원을 창출할 수 있게 되었다. 결국 투자자들은 영화를 통해 상당한 수익을 거둘 수 있었다.

애니메이션 〈더 박스카 칠드런〉의 대대적인 성공은 새로운 사업 모델을 향한 길을 열어준 것이나 다름없었다. 이후 츄바는 500권 이상의 고전 아동도서 영화 판권을 사들였다. 그는 〈더 박스카 칠드런〉과 같은 방식으로 매년 4개의 영화를 제작할 계획이었다. 또한 전국의 영화관 및 월마트와 같은 대형 유통업체들의 배급망을 통해 애니메이션 상영을 활성화 할 전략을 세웠다.

이러한 해머헤드의 대대적인 변화와 함께 제이미 딕슨 역시 자신의 커리어에 변화를 꾀했다. 그는 하와이에서 영화 〈알로하〉를 제작할 당시 '뿔이 세 개 달린 잭슨 카멜레온(Jackson's three- horned chameleons)'이라고 알려진 한 쌍의 카멜레온을 애완동물로 입양했었다. 시간이 흘러 두 카멜레온이 열네 살이 되자 딕슨은 잭슨 카멜레온을 소재로 애니메이션을 제작하기로 마음먹었다. 그는 영상의 샘플을 제작해 드림웍스 TV의 책임자를 만났다. 그는 딕슨의 아이디어를 무척 반겼고 함께 카멜레온을 소재로 한 프로그램을 기획했다.

2015년 8월, 칼(Carl)이라고 이름 붙인 카멜레온이 유튜브에 처음으로 등장했다. 쇼의 제목은 '까칠한 칼의 동물 비디오 쇼(Cranky Carl's Viral Animal Clip Show)'였다. 이 프로그램은 잭슨 카멜레온을 애니메이션 캐릭터 '칼'로 만든 것으로, 칼이 다른 동물이 등장하는 각종 영상에 대해 비판적인 평가를 하는 내용이었다. 그들이 타깃으로 삼은 시청자들은 온라인에서 가장 인기 있는 유형의 콘텐츠 가운데 하나인 동물 영상을 좋아하는(혹은 싫어하는) 사람들이었다. 딕슨은 이

쇼를 10개 에피소드로 묶어 드림웍스 TV에 판매했고, 드림웍스 측은 영상 20개를 더 구매하겠다고 제안했다.

한편 딕슨은 같은 시기에 15살의 케이티 스탠튼(Katie Stanton)이라는 소녀를 주인공으로 한 11분짜리 애니메이션 영상물 시리즈도 제작하기 시작했다. 아버지가 케이티를 학교에 데려다줄 때마다 그녀의 머릿속에 그려지는 다채로운 꿈을 담은 영상이었다. 딕슨은 십대 청소년을 타깃으로 삼은 기업들을 비롯한 여러 잠재적인 에피소드 구매자들을 끌어올 수 있었다.

결국 딕슨과 츄바는 영화 제작사에 특수효과 서비스를 제공하는 하청업체에서 오리지널 콘텐츠를 제작하고 소유하는 사업자로 해머헤드를 전환하는 과정을 거쳤다. 회사를 새롭게 설립하기 위해 그들은 훌륭한 콘텐츠 제작을 토대로 잠재시장과 고객을 식별해냈다. 또한 애니메이션 제작 과정을 능률화하고, 원하는 스토리를 보다 명확하게 전달하기 위해 새로운 기술을 개발하거나 개조했다. 전면적인 변화와 노력이 투입된 결과 2014년에 매출의 20%를 차지하던 오리지널 콘텐츠 제작 부문은 2015년 중반에 이르자 회사 수익의 약 55%를 차지하게 되었고, 2015년 말에 그 수치는 90%로 급증했다. 물론 여전히 회사의 생존을 위한 발전을 계속 고민해야 하겠지만, 중요한 것은 프로젝트가 끝난 이후에도 계속해서 수익을 올릴 수 있는 오리지널 콘텐츠를 자체적으로 보유하게 되었다는 점이었다. 동시에 딕슨과 츄바는 업계의 전문지식을 꾸준히 발전시키는 노력도 게을리 하지 않았다.

사라지거나 변화하거나 새롭게 도전하거나

한편, 초판에 소개한 회사들 가운데 일부는 이미 작은 거인의 자격을 상실한 경우도 있다. 존 휴스가 이끌던 리듬 앤 휴스가 여기에 속한다(오늘날에도 리듬 앤 휴스는 여전히 존재하지만 파산과 매각을 거쳐 다른 특수효과 회사의 자회사가 되었다). 셀리마 스타볼라가 운영하던 의류 디자인 회사인 셀리마도 마찬가지다. 그녀가 아흔아홉 살이 되던 해, 스타볼라는 더 이상 정상적으로 일을 할 수 없다고 판단했고, 그녀 없이는 사업도 건재할 수 없었다. 따라서 셀리마 주식회사는 사라졌다.

시티스토리지와 ECCO 역시 현재는 훨씬 더 큰 회사의 일부가 되었기 때문에 더 이상 작은 거인에 속한다고 볼 수 없다. 다만 그들은 매각 과정에서 보편적인 기업들과는 대단히 다른 선택을 취했다. 브로드스키가 시티스토리지의 인수자를 고려할 당시 그는 업계의 대규모 경쟁업체들은 가급적 피하기로 결정했다. 만일 그들이 시티스토리지를 인수하게 되면 불가피하게 직원들이 일자리를 잃게 될 가능성이 높았기 때문이다. 그는 경기 침체가 전면적으로 모습을 드러낼 무렵인 2007년 12월에 시티스토리지 지분의 대부분을 얼라이드 캐피탈(Allied Capital)에 매각했다. 그러나 얼라이드 캐피탈의 재정 상태는 경기 침체를 견뎌낼 만큼 건실하지 않았다. 결국, 2009년에 얼라이드 캐피탈은 아레스 캐피탈 코퍼레이션(Ares Capital Corporation)에 시티스토리지를 재매각했다.

426

회사가 매각된 이후 4년 반 동안 브로드스키는 아레스와 맞서 싸워야 했다. 시티스토리지의 부실 경영을 비롯해 자신과 소수 주주들에 대한 부당한 대우를 참지 못했기 때문이다. 2009년 5월, 결국 아레스는 호주에 기반을 둔 글로벌 기록물 관리회사인 리콜 홀딩스(Recall Holdings)에 시티스토리지의 지분을 매각했다. 리콜 홀딩스는 브로드스키가 과거에 인수를 거부했던 기업 중 한 곳이었다. 그러나 놀랍게도 리콜 홀딩스는 시티스토리지를 인수한 시작점부터 모든 것을 제대로 해낸 뛰어난 기업으로 밝혀졌다. 적어도 브로드스키의 관점에서는 그랬다.

회사를 인수한 이후 리콜의 북미지역 사장과 리더십팀은 시티스토리지의 모든 직원들과 개별적으로 만나 회사의 안정성을 확신시켰다. 직원복지 혜택은 브로드스키가 과거에 제공했던 것보다 훨씬 더 뛰어났다. 직원들의 업무 사기는 자연스럽게 상승했다. 브로드스키는 대기업에 회사를 매각하는 것에 대한 부정적인 시각을 갖고 있었지만, 결과적으로 리콜 홀딩스의 훌륭한 경영 방침에 만족했다.

ECCO 역시 버윈드 코퍼레이션에 인수된 이후 오랫동안 많은 변화를 겪었다. 가장 큰 타격을 받은 것은 회사의 고위 간부들이었다. 버윈드는 인수 과정에서 데니스 콘론(Denis Conlon)이라는 고참 직원을 경영관리팀에 배정해 ECCO와 함께 일하게 했다. 그는 특히 재무보고와 관련해 대단히 까다롭고 꼼꼼한 일처리로 유명했다. ECCO의 경영진들은 당시에는 그의 까다로운 일처리에 혀를 내둘렀지만 나중에는 오히려 그런 점을 고맙게 여겼다. 사장이었던 크리스 톰슨은 당시를 회상하며 이렇게 말했다.

"우리는 콘론이 재무적인 측면에서 비즈니스를 바라보는 관점을 보고 배운 점이 많습니다. 과거에 독립적으로 사업을 할 때에도 재무 측면에서는 꽤 꼼꼼하다고 생각했는데 그게 아니더군요. 그의 접근 방식은 완전히 새로웠습니다. 냉정하고 객관적인 관점을 기르는 데 많은 도움을 받았지요. 우리는 보고 절차를 통해 이전에는 간과하던 점들을 발견했습니다. 인수 이전에 ECCO는 일종의 성장 모드에 있던 상태였습니다. 모든 초점이 매출 증대에 있었지요. 콘론은 하나에만 고정되어 있던 우리의 사고방식을 바꾸려고 노력했습니다. 하지만 마인드가 변하려면 보다 근본적인 문화적 변화가 먼저 수반되어야 했기 때문에 결코 쉽지는 않았습니다."

그 변화는 이제껏 몸에 깊숙이 밴 습관들을 바꿔야 했기 때문에 더 힘들었다. 예를 들어 ECCO는 특정 제품의 매출을 늘리기 위해 일부 제품은 낮은 가격으로 책정해왔다. 하지만 콘론은 그런 방식을 받아들이지 않았다. 그는 매출과 이윤의 증대가 동시에 이루어져야 한다고 생각했으며 각각의 제품들은 독자적으로 생존하고 성장해야 한다고 믿었다. 결과적으로 ECCO는 불가피하게 일부 제품에 가격인상 정책을 추진해야 했다.

주변의 회의적인 시각 역시 극복해야 했다. 버윈드에 인수되기 전, ECCO의 마진율은 업계의 평균 수준이었다. 에드 짐머의 뒤를 이어 CEO를 맡은 크리스 마샬은 과거 20년 동안 3곳의 각기 다른 안전 보호 장비 회사에서 근무했었다. 그는 그 경험을 통해 ECCO의 재정적인 측면에 분명 개선의 여지가 있다고 판단했지만, 한편으로는 버윈드가 목표한 수준의 성과를 과연 ECCO가 달성할 수 있을지 의문을 갖고 있었다. 마샬은 말한다.

"버윈드는 여러 측면에서 회사에 압박을 많이 줬습니다. 전체 사업부에서 이윤을 남기길 원했습니다. 특히 저희가 불가능하다고 생각했던 OEM 사업 부문에서도 이윤이 남아야 한다고 말했고요. 어쨌든 저희는 시도를 해보고 결과를 지켜보자고 생각했습니다."

놀랍게도 그들은 ECCO의 수익을 무려 50%나 향상시켰다.

"저희도 놀랐습니다. 사실상 버윈드 없이는 해낼 수 없었을 겁니다. 사업적인 성과 측면에서 우리와는 전혀 다른 버윈드의 시각이나 사고방식이 많은 자극을 준 것 같습니다. 버윈드에서라면 어떤 것도 가능하겠다는 자신감을 심어주기도 했고요."

한편, O.C.태너는 책에 소개한 다른 기업들과 비교해 훨씬 규모가 큰 회사다. 2005년에 이미 1722명의 직원을 거느리고 있었고, 연매출은 3억 4400만 달러를 달성한 상태였다. 나는 작은 거인이 어디까지 커질 수 있는지, 그리고 그 규모에도 불구하고 여전히 작은 거인의 자질을 갖추며 '인간적인 면'을 지닐 수 있는지 알아보기 위해 이 회사를 포함시켰었다. 창립자 오버트 태너는 조직의 가족 같은 분위기를 누구보다 중요시했고, 직원 수가 1000명을 넘긴 이후에도 이런 분위기를 보존하기 위해 노력했다. 그가 취했던 태도나 방식은 누가 봐도 O.C.태너를 인간적인 회사로 보이게 했다. O.C.태너의 전 직원들은 적어도 일 년에 한 번은 그를 직접 만날 수 있었다. 추수감사절 때마다 오버트 태너가 직원들에게 직접 100달러짜리 지폐를 나눠 주었기 때문이다. 그는 직원들의 배우자와 아이들의 이름을 알고 있었고, 그들에게 삶의 변화나 새로운 소식이 있으면 언제나 알려고 노력했다.

그러나 8장에서 살펴보았듯이 오버트 태너의 경영권을 승계 받은 켄트 머독은 21세기의 경쟁적인 환경에 적응하기 위해 온정주의적인 기업문화를 변화시켜야 한다고 주장했다. 그는 조직 운영의 효율성을 개선하기 위해서도 이러한 변화는 필수라고 여겼다. 이후 머독은 2009년에 CEO 자리에서 물러났고, O.C.태너에서 26년간 근무해온 고참 직원인 데이비드 피터슨이 경영권을 이어받았다. 그 역시 조직 내의 지속적인 효율성 향상이 무엇보다 중요하다고 생각했고, 자신의 원칙을 고수하기 위해 노력했다.

결과적으로, 2015년 O.C.태너의 매출은 10년 전과 비교해 연간 1억 2000만 달러에서 4억 6300만 달러로 급증했다. 반면 직원 수는 10년 전에 비해 198명 감소한 1524명으로 축소됐다.

그렇다면 O.C.태너처럼 수많은 직원을 거느린 대규모 회사도 여전히 인간적인 면을 지닐 수 있을까? 놀랍게도 회사는 2016년에도 여전히 지난 10년간 지켜온 그들의 마법을 유지하고 있었다. 또한 직원의 90% 이상이 O.C.태너를 대단히 만족스러운 직장이라고 답했다. O.C.태너는 고객사들에게도 이러한 문화를 적극적으로 전파했다. O.C.태너의 고객사 중 30곳이 《포천》 선정 가장 일하기 좋은 100대 기업에 포함되었기 때문이다.

앵커 브루잉 역시 이 책의 초판이 발행된 이후 다른 기업에 매각되었다. 그러나 앵커 브루잉은 매각된 세 회사들 가운데 유일하게 여전히 작은 거인의 자질에 부합하는 회사로 남았다. 새로운 소유주들과 프리츠 메이태그의 노력으로 회사는 성공적으로 경영권을 이양할 수 있었다. 특히 프리츠 메이태그는 회사의 마법을 훼손시키지 않으면서 조직을 성장시킬 수 있는 확고한 의지와 재정 수단을 겸비한 인수자를 찾기 위해 많은 노력을 기울였다.

2005년 당시 메이태그는 매각에 대한 자신의 견해를 공식적으로 밝히지는 않았지만, 마음속으로는 인수자를 찾아야 한다고 생각하고 있었다. 결정적인 이유는 자신의 나이 때문이었다. 그는 칠십을 바라보고 있었고, 예전만큼 활기와 기운이 넘치지도 않았다. 게다가 수제 맥주 시장은 빠르게 성장하며 변화의 물결을 타고 있었다.

"오늘날에는 전국적으로 4000개 이상의 소규모 양조장들이 존재합니다. 그들은 매달 새롭고, 놀랍고, 독특한 맥주들을 만들어내고 있지요. 저도 앵커 브루잉만의 특별한 맥주를 만들어야 한다는 부담감이 많습니다. 이를테면 딸기 맛 흑맥주 같은 것들이지요. 하지만 어느 순간 그런 것들이 무의미해 보였습니다."

자신이 느낀 여러 감정 상태를 고려했을 때, 메이태그는 그때가 앵커 브루잉을 매각할 적기라고 판단했다. 그는 양조장을 비롯해 호밀 위스키와 진을 제조하던 소규모 증류주 공장을 인수할 만한 적임자를 찾기 시작했다. 메이태그는 가족이 경영하는 소규모 와이너리들의 매각을 담당했던 컨설턴트를 만났다. 그는 자신에게는 요구사항이 많지 않았다고 말한다.

"인수자는 샌프란시스코 출신이거나 이곳에 거주하는 사람이어야만 했습니다. 저는 지역을 기반으로 한 사업을 원했고, 무엇보다 샌프란시스코의 상징과도 같은 앵커 브루잉에 대한 자부심을 가질 수 있는 사람을 원했습니다. 또한 오랜 기간 동안 회사를 건실하게 운영할 수 있는 젊은 사람을 원했고요. 안정적인 경영이 저에게는 무엇보다 중요했으니까요. 아시다시피 샌프란시스코는 부동산 가격이 너무 비싸다 보니 언제든 다른 곳으로 본사를 이전할 수 있는 위험 요소가 존재합니다. 그래서 새로운 인수자는 반드시 충분한 재정적인 기반이 마련되어 있어야 한다고 생각했고요. 그래야만 회사의 성장에 필요한 요구사항들을 충족시키며 여러 기회를 활용하거나 위기를 극복할 수 있으니까요."

인수 적임자를 찾는 일은 쉽지 않았다. 컨설턴트가 잠재적 후보로 생각했던 이들이 앵커 브루잉의 양조장을 방문해 인수를 고려했지만 성사되지 않았다. 그 후 4년 동안 회사를 매각할 기회가 두 번 더 찾아왔지만 모두 무산됐다. 그런데 2009년 여름, 4년여 전 앵커 브루잉의 인수를 고민하며 양조장을 방문했던 토니 포글리오(Tony Foglio)와 키스 그레고르(Keith Greggor)가 다시 앵커 브루잉을 찾았다. 그들은 이전에 기회가 있을 때 앵커 브루잉을 인수하지 못한 것이 그들 삶의 가장 큰 실수라고 말하며, 아직 적합한 인수자를 찾지 못했다면 그들이 회사를 인수하고 싶다고 제안했다.

당시 포글리오와 그레고르는 몸담고 있던 주류회사에서 나와 그들의 회사를 새롭게 차렸다. 회사의 이름은 그리핀 그룹(Griffin Group)으로 증류주를 비롯한 수입 맥주사와의 공급계약을 추가로 맺으며 열성적으로 사업을 시작했다. 두 파트너는 그들이 사들인 앵커 브루잉을 어떻게 운영할지 진지하게 고민했다. 그레고르는 말했다.

"처음에는 앵커 브루잉과 기존의 사업을 어떻게 융합해야 할지 도무지 방향이 서질 않더군요. 하지만 2009년에는 전략이 보다 명확해졌습니다. 그래서 탄생한 회사가 앵커브루어스 앤 디스틸러스(Anchor Brewers and Distillers)입니다."

그들은 메이태그에게 자신들의 계획을 공유했다. 세 사람은 이후 몇 달 동안 계속해서 회사의 방향에 대한 논의를 이어갔다. 그레고르와 포글리오는 메이태그가 사업에 있어서 최우선적으로 여기는 가치들을 점차 이해하며 합의점을 찾아갈 수 있었다. 그레고르는 당시를 회상하며 이렇게 말한다.

"메이태그가 가장 중요시한 것은, 앵커 브루잉이라는 브랜드에 대한 자부심을 지키며 지난 45년간 사업을 지탱해온 회사의 가치를 고수하는 것이었습니다. 저희는 메이태그가 우선시하는 가치들에 전적으로 동의했기 때문에 인수 과정에서 잡음은 전혀 없었습니다."

메이태그는 말했다.

"저는 두 사람에게 이렇게 말했습니다. '회사를 인수하면 반드시 지켜야 할 원칙들이 몇 가지 있습니다. 그중 하나는 앵커 브루잉에 근무하는 직원들이 최소 2년간 동일한 조건과 급여로 근무할 수 있어야 한다는 겁니다.' 그 외에도 몇 가지 원칙들을 공유했고요."

계약은 2010년 8월에 성사됐다. 그로부터 5년이 지난 후에도 메이태그는 여전히 당시 매각을 결정한 자신의 선택에 만족했다. 앵커 브루잉의 새로운 소유주들은 메이태그와의 약속을 굳건히 지켰다. 그들은 단 한 명의 해고 없이 앵커 브루잉에 근무하던 모든 직원들을 남겨두었고, 메이태그의 조카인 존 대너벡(John Dannerbeck)을 앵커 브루잉 사업부의 사장으로 채용했다. 또한 앵커 브루잉에서 40년간 근무한 마크 카펜터(Mark Carpenter)를 양조장 책임자로 선정했다. 회사는 극적인 성장세를 보이기 시작했다. 그들은 샌프란시스코에서 가장 규모가 큰 제조업체로 성장했으며, 지역 내에서 가장 많은 일자리를 창출하는 제조업체로 자리매김했다. 동시에 그들은 포트레로 힐에 있던 기존의 양조장을 성공적으로 운영했다. 새로운 경영진들은 앵커 브루잉에서 생산되던 맥주를 비롯한 24종의 신규 맥주를 출시함으로써 생산량을 두 배로 늘리는 성과를 달성했다. 메이태그는 말한다.

"그들이 이렇게 훌륭한 결과물을 낼지는 저도 정말 몰랐습니다. 아주 대단하다는 생각이 들더군요. 새로운 맥주들이 지속적으로 출시되면서 생산량이 급격하게 증가했고, 생산시설 확충이 불가피한 상황이었습니다. 그러나 그들은 제가 과거에 내렸던 결정처럼 현명한 선택을 하더군요. 생산량이 증대되더라도 샌프란시스코에 머물기로 결정한 것입니다. 대신 대기업이나 지역사회와 긴밀하게 협력하는 파트너십을 도입했고요. 두 사람이 선택한 방식은 대단히 창의적이었습니다."

그들이 지역사회와 맺은 파트너십은 샌프란시스코 자이언츠의 홈구장인 AT&T 파크에서 맥코베이 코브(McCovey Cove)를 가로지르는 해안 지역을 개발하는 것이었다. 앵커 브루어스 앤 디스틸러스는 이 지역에 양조장, 증류주 공장, 레스토랑, 박물관, 교육 시설 등을 설립하고, 보행자들이 시설 내부를 들여다볼 수 있도록 부둣가 주변에 산책로를 만들기로 결정했다.

새로운 양조장은 기존의 앵커 브루잉 생산량의 4배에 달하는 생산량을 달성할 계획이었다. 포트레로 힐 양조장에서 매년 맥주 18만 배럴을 생산하고, 동시에 새로운 양조장에서 50만 배럴을 추가적으로 생산할 예정이었다. 결과적으로 약 200개의 신규 일자리가 창출되고, 그중 75%는 생산 라인의 일자리로 구성된다. 이 모든 계획은 2019년에 시설이 완공됨과 동시에 실현될 것이었다. 시설이 완공되기 전까지 회사는 일종의 팝업 빌리지(Pop-up village)인 정원을 임시로 만들어 노천 맥주펍을 열었다. 선박용 컨테이너를 개조해 만들어진 정원 내부에는 각종 상점, 레스토랑, 문화 이벤트 등을 위한 공간이 마련되었고, 주민들을 위한 장소로 꾸며졌다.

메이태그의 뒤를 이은 승계자들은 지역사회의 경제를 떠받치는 기둥으로서 앵커의 역할을 확고히 하기 위한 노력을 이어나갔다. 이후 샌프란시스코 박물관과 역사협회는 '샌프란시스코와 수제 맥주 역사에 기여한 회사의 공헌'을 인정해 앵커 브루어스 앤 디스틸러스에 표창장을 수여했다.

10년이란 시간 동안 발전을 계속해온 거인들

내가 소개한 회사들 가운데 다음 세 곳은 특히 지난 10년간 변화가 두드러지게 나타난 곳들이다. 그들은 강력한 기업문화와 선두적인 경영 방식을 지닌 회사들에게도 여전히 발전의 여지가 있음을 보여주었다. 클리프바 앤 컴퍼니, 유니언 스퀘어 호스피탤러티 그룹, 징거맨스 커뮤니티 오브 비즈니시스가 여기에 해당된다.

클리프바는 내가 처음으로 회사를 방문했던 2003년과 비교해 2015년에 훨씬 더 훌륭한 회사로 성장했다. 또한 이전보다 훨씬 더 큰 규모를 자랑했다. 클리프바는 10년간 연 평균 21%의 성장률을 기록했으며 직원 수는 이전보다 4배 증가한 수치인 400명 이상으로 늘었다. 늘어난 직원들을 수용하기 위해 회사는 2010년에 캘리포니아주 에머리빌로 본사를 이전했다. 과거에 밸브공장으로 운영되던 곳을 환경 친화적인 공간으로 전면 개조한 11만 5000제곱피트에 달하는 규모의 장소였다.

건물은 재활용 목재 벽에 태양열 판으로 만들어진 지붕과 낡은 청바지들을 모아 만든 단열재로 구성되었다. 8미터 높이의 천장 여기저기에는 자전거가 걸려 있었고, 직원들은 밝고 공기가 잘 통하는 오픈된 공간에서 근무했다. 회사에는 사무실, 회의실, 네 곳의 정원, 연구개발을 위한 주방, 직원들이 운영하는 식당과 카페, 어린이집, 400석 규모의 영화관, 건강센터가 마련되어 있다. 건강센터에는 체육관과 암벽등반용 벽, 근육단련센터, 요가실, 댄스 스튜디오, 스핀바 이크 등의 시설이 구비되어 있다. 또한 직원들이 건강센터를 활발하게 이용하도록 장려하기 위해 요가, 킥복싱, 줌바 등의 강좌를 제공하고 있다.

각종 복지혜택 외에도 클리프바의 소유주인 게리 에릭슨과 그의 아내 키트 크로포드는 2010년에 직원들의 사기 진작에 중대한 영향을 미치는 일을 추진했다. 그것은 클리프바 지분의 20%를 직원들에게 제공하기로 결정한 것이었다. 당시 클리프바의 사장이자 최고운영책임을 맡고 있던 케빈 클리어리는 이렇게 말했다.

"직원들의 반응은 놀라웠습니다. 종업원 지주제도는 퇴직연금의 일환이지만, 심리적으로는 대단히 큰 효과를 발휘했습니다. 회사에 대한 직원들의 주인의식과 헌신이 큰 폭으로 강화된 계기가 되었거든요."

물론 회사에 대한 직원들의 충성심은 이미 강력한 상태였다. 그러나 그들의 애사심은 클리프바가 갑작스럽게 커다란 위기에 직면했을 때 더욱 명백히 증명되었다. 2009년 1월, 미국 식품의약국은 땅콩버터 제조회사인 PCA(Peanut Corporation of America) 사가 소유한 조지아 공장에서 생산된 땅콩버터와 땅콩 관련 제품들이 살모넬라균 식중독의 원인이라는 사실을 발표했다. PCA 제품들은 결국 미국 전역에서 9명의 목숨을 앗아갔고, 46개 주에서 714명 이상을 식중독에 감염시켰다. 이 사건은 미국 역사상 가장 큰 규모의 리콜 사태를 기록했으며, 360개 이상의 회사와 PCA 재료를 사용해 만들어진 약

4000개의 제품들이 리콜 대상이 되었다.

클리프바는 PCA의 고객사는 아니었다. 다만 자사의 공급업체 중 한 곳이 그 사건으로 인해 일시적인 공급 혼란을 겪고 있었고, 그 공급업체는 PCA에서 가공된 땅콩을 구매한 이력이 있었다. 결국 클리프바는 제조 공장에 광범위한 식품안전 규약과 테스트를 시행했으며, 시장에 출시된 모든 클리프바의 제품은 자사의 높은 품질 기준을 충족시켰다는 점을 분명히 공표했다. 그럼에도 에릭슨과 크로포드는 땅콩 재료가 들어간 클리프바의 제품들을 자발적으로 회수했다. 자신들이 판매하는 제품에 어떤 의문도 제기되길 원치 않았기 때문이다. 전국의 매장과 창고에 있는 모든 관련 제품들을 폐기하는 과정에는 막대한 노력과 시간이 투입되었다. 위기를 극복하기 위해 클리브바의 전 직원들이 총동원되었다. 클리어리는 회사의 최고운영책임자로서 그들이 직면한 심각한 사태를 헤쳐 나가기 위해 많은 노력을 기울였다.

"저는 직원들에게 이렇게 말했습니다. '위기를 기회로 한번 만들어봅시다. 이번 일을 계기로 고객들과 더 긴밀하게 소통하고, 그들을 더 잘 이해해봅시다'라고요."

여기서 클리어리가 말한 '고객들'이란 클리프바의 제품을 판매하는 소매업체들과 유통업자들을 의미했다. 클리어리가 가장 중요하게 생각한 것은 '정직함'이었다. 에릭슨은 말한다.

"우리는 언제나 정직하게 행동합니다. 소매업체들과 유통업자들을 속이거나 기만하는 일은 결코 일어나지 않습니다. 회사에 무슨 일이 생기면 항상 상황을 정확하게 전달하고, 빠른 대처를 취합니다. 실수를 은폐하거나 지키지 못할 약속 역시 절대 하지 않습니다. 그래서 우리와 거래하는 모든 업체들은 누구보다 우리를 지지하고 응원합니다."

클리어리 역시 이렇게 말한다.

"그 사건이 일어난 뒤 판매업자들에게 다시 재고를 공급할 수 있는 날짜를 정확히 고지했고, 적시에 배송을 마쳤습니다. 회사 내부적으로는 3개월 동안 계속해서 고객들의 전화문의에 응대했고요. 물론 저도 동참했습니다. 우리는 총 2만 6000건에 달하는 문의를 처리했고, 그들에게 최대한 빠르고 정확한 답변을 주기 위해 노력했습니다. 모든 직원들이 대단히 힘든 시기를 함께 겪은 셈입니다."

에릭슨은 고객들(소매업체와 유통업자들)이 회사의 이런 노력을 알아챘다고 말한다.

"미국에서 가장 큰 식료품 체인점 중 한 곳의 부사장이 저에게 이런 말을 하더군요. 이런 위기 상황에서 클리프바처럼 의연하고 정직한 방법으로 일을 처리하는 회사를 본적이 없다고 말입니다."

클리어리도 말했다.

"그해 회사의 매출은 평년과 대비해 큰 폭으로 증가하지는 않았습니다. 11.9% 정도 상승한 수치를 보였지요. 하지만 위기를 다루면서 조직적 측면에서는 많이 성장했습니다. 고객을 비롯한 유통업체나 판매업체들과의 강력한 신뢰 관계도 형성할 수 있었고요. 그 후 2010년에 이르자 회사의 매출은 45%로 증가했습니다."

문화를 위협하는 참 요인은 '정체'에서 비롯된다

USHG 역시 이전보다 더 큰 규모를 달성하고 발전을 이룬 작은 거인에 속한다. O.C.태너를 제외하면 책에 소개한 작은 거인들 가운데 지난 10년간 USHG만큼 성장한 회사는 없다. 또한 대니 메이어는 작은 거인의 경영자들 중 경영 철학 측면에서 가장 큰 변화를 겪은 인물이다. 그는 이렇게 말했다.

"제 삶의 모토는 '회사의 성장을 기업문화를 발전시키기 위한 원동력으로 활용하자'는 것입니다. 한때 성장이 회사의 문화를 훼손한다고 생각했던 저의 가치관과는 정면으로 충돌하는 셈이지요. 이런 측면에서 보면, 성장에 대한 제 가치관은 180도 변했다고 볼 수 있겠군요. 지금의 저는 기업문화를 더 훌륭하게 발전시키기 위해 적절한 성장은 필요하다고 생각합니다. 문화도 회사처럼 성장해야 하기 때문입니다."

USHG는 누가 봐도 괄목할 만한 성장을 이뤘고, 그 성장의 일부는 놀라운 곳에서 발견되었다. 뉴욕의 매디슨 스퀘어 파크에 있는 셰이크쉑을 예로 들어보자. 2005년에 메이어는 "잠재적으로 체인 운영의 가능성이 있는 소규모 사업들을 계속해서 이어갈 것"이라고 말한 바 있다. 그는 2008년 맨해튼의 어퍼웨스트사이드에 셰이크쉑의 두 번째 매장을 여는 것으로 체인사업에 본격적인 신호탄을 쏘아 올렸다. 셰이크쉑은 이후 성공 가도를 달리기 시작했다. 2014년 말에 셰이크쉑은 9개국 63개 지점으로 확장됐고, 1억 4000만 달러 이상의 매출을 달성했다. 이후 메이어는 셰이크쉑을 스핀오프(Spin off, 기업의 경쟁력 강화를 위해 일부 사업 부문을 떼어내 자회사로 독립시키는 것)하고 상장기업으로 전환했다. 이미 쉐이크쉑의 덩치가 너무 커졌기 때문이다. 그는 USHG 만큼은 작은 거인으로 남겨두고 싶었기 때문에 그런 결정을 내렸다고 했다.

그러나 회사의 성장과 문화에 대한 메이어의 관점이 180도 바뀐 것은 단순히 셰이크쉑의 폭발적인 성장 때문이 아니었다. 실제로 도화선이 된 사건은 직원들을 대상으로 한 조직 전반에 걸친 설문조사였다. 메이어는 '일하기 좋은 기업 선정 위원회(GPTW연구소, Great Place to Work Institute)'에 설문조사를 의뢰했는데, 사실 1년 반 전에 진행된 첫 번째 조사 결과에 상당히 실망한 적이 있었다. 그런데 두 번째 조사에서 그는 더 큰 실망을 했다. 이전과 비교해 직원들의 태도 측면에서 개선된 점이 전혀 없었기 때문이다.

"회사는《포천》이 선정한 '일하기 좋은 100대 기업 순위' 안에 들 수 있는 점수에 아슬아슬하게 못 미쳤습니다. 경영 상태는 괜찮았지만, 제가 가장 실망한 부분은 직원들 사이에 형성된 상호 신뢰와 실행력이 굉장히 부족하다고 드러난 설문 결과였습니다."

사태의 심각성을 인지한 메이어는 가장 먼저 GPTW 연구소의 부사장인 에린 모란(Erin Moran)을 회사에 채용했다. 그녀는 그동안 설문조사를 진행하며 줄곧 USHG과 함께 일해왔고, 메이어가 새롭게 만든 직위인 조직의 '문화책임자'에 필요한 모든 자질을 갖추고 있는 인물이었다. 두 사람은 함께 설문조사 결과를 검토하면서 회사의 문제점 한 가지를 찾아냈다. 메이어는 말했다.

"우리는 훌륭한 기업문화를 바탕으로 인재를 끌어 모으는 일은 아주 잘하고 있었습니다. 문제는 그들이 입사 이전에 기대했던 것과 실질적인 회사의 문화 사이에 간극이 존재했다는 점입니다."

문제의 원인은 회사에 남아 있던 25명의 고위 관리직들로 밝혀졌다. 메이어는 그 사실을 알고 적잖은 충격을 받았다.

"회사의 성공을 판가름하는 것은 직원 근속률과 직결된다고 믿었습니다. 그러나 적절한 시기에 알맞은 인재들을 채용하는 것만큼 그렇지 않은 직원들을 내보내는 것 역시 중요하다는 것을 깨달았습니다."

메이어는 스스로를 자책하며 이렇게 말했다.

"저는 처음 회사를 설립할 때부터 가족 같은 분위기의 회사를 원했습니다. 가족 구성원이라면 서로를 떠나는 것은 쉽게 상상할 수 없지요. 마찬가지로 저는 직원들이 조직을 이탈하지 않는 것을 가장 중요하게 생각했습니다. 물론 이것 역시 중요한 요소임은 분명합니다. 고위 간부들이 회사에 느끼는 충성심이 조직의 훌륭한 가치가 될 수 있으니까요. 하지만 비즈니스는 결코 가족처럼 운영될 수 없습니다. 회사에 적합하지 않은 직원들을 냉정하게 대하지 않는다면, 그 일을 실행하는 것은 시간이 갈수록 더 어려워집니다. 지난 몇 년 동안 직원을 해고하는 일이 저를 가장 힘들게 했습니다."

이를 계기로 메이어는 회사의 문화에 새로운 방식을 적용하기로 결심했다. 신규 레스토랑을 열 때마다 소위 회사가 지정한 '문화 전달자'를 활용해 회사의 가치관과 목표를 전달하는 것이었다. 메이어는 '문화 전달자' 역할을 맡은 사람들이 다른 직원들을 위한 롤 모델이 되기를 희망했다.

"문화 전달자들은 일종의 강력한 메시지를 전달합니다. 그것은 '직업적으로 성공하고 싶으면, 이 사람을 롤 모델로 삼으면 되겠다'와 같은 것이지요. 그래서 문화 전달자를 선정할 때도 각별한 주의를 기울여야 합니다. 이것은 우리가 가장 중요하게 여기는 조직문화를 성장시키기 위한 필수적인 과정입니다. 개개인이 적합한 롤 모델을 갖는 것은 조직의 발전에 커다란 원동력이 되기 때문입니다."

실제로 성장이 중요한 이유는 그것이 일으키는 긍정적인 변화 때문이다. 당신이 성장의 기회를 올바르게 인식한다면, 조직문화 역시 더 발전될 가능성이 열린다. 10년 전만 해도 메이어는 이 사실을 인지하지 못했다. 기업문화를 과거와 똑같이 유지하는 것에 집착했기 때문이다. 또한 회사의 성장은 불가피하게 문화의 가치를 저하시킬 것이라고 생각했다. 그러나 문화를 위협하는 참 요인은 '정체'에서 비롯된다는 사실을 뒤늦게 깨달았다. 문화의 정체는 성장을 통해 창출된 기회를 활용해 문화를 지속적으로 개선함으로써 해결할 수 있는 문제다.

성장을 통해 발생하는 기회 가운데 하나는 새로운 레스토랑을 오픈할 때마다 선정된 문화 전달자를 통해 회사가 지향하는 메시지를 전달하는 것이다. 그들은 회사의 확고한 가치관을 직원들에게 전달하고 올바른 문화를 전파하는 역할을 담당한다. 이들을 통해 내부적인 소통에 더 많은 관심을 기울일 수도 있다.

"저는 제 의사를 사람들에게 효과적으로 전달하는 방법은 잘 알고 있지만, 그렇다고 해서 조직 내의 투명하고 통합적인 의사소통에 대해 타고난 재능이 있는 것은 아닙니다. 이제 우리는 직원들과 조직의 모든 정보를 공유할 수 있는 기회를 찾아야만 합니다. 이전에는 이런 내부적인 소통이 얼마나 중요한지 몰랐거든요. 회사에 내부 커뮤니케이션 책임자를 두고, 어떻게 하면 직원들이 가장 효과적으로 정보를 얻을 수 있는지 늘 고민합니다."

또 다른 기회는 메이어가 미처 인지하지 못했을 뿐 이미 그의 곁에 있던 것이었다. 여행을 즐기는 메이어는 그가 어디를 가든지 자신의 저서인 『세팅 더 테이블』에 열광하는 사람들을 만났다. 책에는 그가 추구하는 '깨어 있는 서비스'를 개발한 과정이 연대순으로 기록되어 있다. 메이어의 말에 따르면, '깨어 있는 서비스'가 바로 그의 성공의 핵심 포인트였다. 그는 많은 회사들이 직원들에게 『세팅 더 테이블』을 필독서로 권유하고 있다는 사실을 알게 되었다.

"문득 이런 생각이 들었습니다. '내가 '깨어 있는 서비스'에 대해 이렇게 큰 확신을 갖고 있는데, 우리 직원들도 『세팅 더 테이블』을 필독서로 삼아야 하지 않을까? 우리가 개발한 서비스를 다른 회사들이 훨씬 더 잘 적용하고 있는 건 말도 안 되잖아!' 싶었습니다."

메이어가 자신의 생각을 문화책임자인 에린 모란에게 공유하자 그녀는 메이어가 뒤늦게 깨달은 바를 책에 반영하는 게 어떻겠냐고 물었다. 그녀의 의견을 받아들인 메이어는 책의 일부 내용을 수정한 한정판인 『아우어 플레이북(Our Playbook)』을 출간했다. 이후 이 책은 회사의 모든 직원들의 필독서로 자리 잡았다. 메이어는 성장에 대한 자신의 변화된 관점을 알리고자 그가 운영하는 모든 레스토랑을 직접 방문하기 시작했다. 그리고 직원들이 궁금해 하는 모든 질문에 가능한 한 상세히 답변했다. 성장에 대한 근본적인 관점이 바뀐 이유는 무엇인지, '깨어 있는 서비스'는 왜 단순한 친절 이상의 의미를 담고 있는지, 그것이 어떻게 조직의 경쟁적인 차별화 전략이 될 수 있었는지, 서비스를 제공하는 직원들의 행동을 형성하는 우선 가치는 무엇인지 등 여러 주제를 토대로 직원들과 소통했다.

USHG의 규모는 분명 10년 전보다 훨씬 더 커졌다. 그러나 엄밀히 말하면 메이어가 모든 직원들과 직접 소통하고 대면할 수 없을 정도로 커진 것은 아니었다. USHG는 여전히 인간적인 규모를 유지하며, 작은 거인으로서의 자질을 굳건히 지켜나가는 기업이다.

· · · · · · · · ·

탁월한 기업을 향한 노력은 결코 끝나지 않는다

마지막으로, 작은 거인들을 선정하는 기준이 된 징거맨스 커뮤니티 오브 비지니시스를 짚어보자. 징거맨스는 지난 10년 동안 계속해서 발전을 거듭해왔으며, 2015년에는 '규모 대신 탁월함'을 선택한 작은 거인의 더욱 훌륭한 모범 사례로 자리 잡았다.

　하지만 그렇다고 해서 그들이 회사의 성장을 억제한 것은 아니었다. 징거맨스 사업부의 2015년 매출액은 2005년에 비해 2배 이상 증가했으며, 2500만 달러에서 5600만 달러로 성장했다. 순이익 역시 두 배 이상 증가했다. 2005년에 정규직 직원은 258명, 파트타임 직원은 139명이었는데, 2015년에는 각각 525명, 166명으로 늘어났다. 한편 징거맨스 소속의 신규 자회사 네 곳은 총 11개의 로컬 푸드 관련 사업을 운영하고 있다. 여기에는 캔디 회사, 농작물 사업, 이벤트 회사, 한식당 등이 포함되어 있다.

　또한 기존의 비전선언문인 '징 2009'를 '징 2020'으로 개정했다. 공동창립자인 폴 새기노는 "새로운 비전 가운데 90%는 기존의 비전을 토대로 새롭게 작성한 것"이라고 언급했다. 새로운 비전선언문에는 지속 가능성을 달성하는 데에 더 중점을 두고 있는데, 장기적으로 징거맨스의 지속 가능성에 커다란 영향을 미친 두 가지 변화가 존재한다. 첫 번째는 스프링필드 리매뉴팩처링 코퍼레이션(Springfield ReManufacturing Corp.)이 개발한 오픈북 경영 방식(OBM, Open Book Management)을 채택한 것이다. 징거맨스는 다른 많은 기업들이 그랬듯 이 방식을 조직에 적극 도입했지만 회사의 재정적인 의사결정 과정에 직원들을 참여시키는 것은 실패했다. 폴 새기노는 말한다.

　"우리는 명확한 목표를 갖고 있었고, 목표가 실현된 이후에 조직이 어떤 모습으로 변화할지에 대해서도 분명하게 인지하고 있었습니다. 하지만 한 가지 놓친 것이 있었습니다. 단순히 경영 방식을 오픈하는 것만으로는 부족하다는 사실을 깨달았거든요. 즉 직원들이 재무적인 정보나 수치들을 올바르게 이해할 수 있도록 먼저 교육을 진행해야 했던 것이지요. 진정한 오픈북 경영 방식을 실현하려면, 모든 직원들이 금융지식을 갖추고 재무적인 정보들을 이해할 수 있어야 했습니다."

이 방식이 도입된 초기에는 회사 내부의 강한 반대에 부딪혔다. 모든 직원들을 대상으로 재무제표를 읽는 법을 가르치고, 매주 회의를 열어 조직에서 발생하는 여러 문제들의 결과와 계획, 예측치를 검토하는 습관을 길러주는 것은 결코 쉽지 않았다. 또한 대부분의 관리자들과 직원들은 오픈북 경영 방식이 지닌 의미를 제대로 인지하지 못했다. 그러나 18개월이 지나자 오픈북 경영 방식은 조직문화의 필수적인 부분으로 자리 잡았다. 새기노는 매장의 주방을 지나가다가 설거지 담당 직원을 만난 이야기를 꺼냈다. 그 직원은 1갤런짜리 마요네즈 용기를 재활용통에서 꺼내며 요리 담당 직원을 질책하고 있었다. "남은 마요네즈를 주걱으로 제대로 긁어내지도 않고 버리면 안되죠. 이것 때문에 이익잉여금 처분계산서가 달라질 수도 있잖아요"라면서 말이다. 교육의 효과가 발휘된 순간이었다.

경기 침체로 징거맨스 역시 난관을 맞았던 때도 있었다. 2009년에 징거맨스는 전년도의 매출액을 넘기지 못했다. 연간 계획상으로는 120만 달러의 수익을 예상했지만, 그해의 중간에 회사는 예상 매출을 1~2만 달러 줄어든 수치로 하향 조정했다. 자회사들 가운데 가장 큰 타격을 받은 곳은 교육회사인 징트레인과 사업의 75%를 도매 부문에 의존하던 징거맨스 베이크하우스였다.

　징거맨스 전체 회의에서 징거맨스 베이크하우스 소속 관리자는 위기를 본사에 알렸다. 징거맨스 베이크하우스의 매출은 전년도에 비해 30% 감소한 상태였다. 그들은 전 직원의 급여를 5% 삭감하기로 한 결정을 공유했지만, 자금난에 큰 도움이 되지는 않을 것이라고 덧붙였다. 그들의 추측에 따르면, 징거맨스 베이크하우스는 가을쯤에 현금이 바닥날 예정이었다. 징거맨스 관리자들은 다른 부문에서 비용을 절감하기 위해 여러 아이디어를 제시했다. 그 가운데 징거맨스 베이크하우스 관리자 20명의 급여를 1~3% 추가로 감봉하는 안도 포함되었다.

　징거맨스 베이크하우스에 근무하는 전 직원이 모인 자리에서 관리자들은 최종적으로 결정된 비용 절감 계획을 발표했다. 그들은 직원들에게 회사가 제공하는 복지혜택의 일부를 없애도 괜찮겠냐고 조심스레 물었고, 직원들은 회사의 무료 구내식당을 없애는 대신 직접 도시락을 싸오는 것에 합의했다. 그 결과 회사는 연간 7만 달러를 절약할 수 있었다. 새기노는 말한다.

　"오픈북 경영 방식이 아니라면 이런 조치를 취할 수 없었을 겁니다. 만일 무작정 구내식당을 없애겠다고 말했다면 분명 직원들의 반발을 샀을 겁니다. 하지만 회사의 모든 재무 정보를 공유한 뒤 직원들 스스로 복지 혜택 가운데 하나를 없애기로 결정했다면 어떨까요? 그들은 회사의 비용 절감 방안을 결정하는 과정에서 일종의 권한을 느꼈을 거라고 봅니다. 또한 회사를 위해 조금이나마 도움을 줄 수 있다는 긍정적인 생각을 품지 않았을까요?"

징거맨스 베이크하우스는 누구도 해고하지 않고 힘든 시기를 극복해낼 수 있었다. 직원들의 업무 사기에도 문제가 없었다. 경제가 다시 회복되자 회사는 관리자들이 자발적으로 삭감한 급여의 일부를 모두 환급해주었다.

사실 경기침체 속에서 재정난을 겪은 것은 징거맨스 베이크하우스뿐만이 아니었다. 징거맨스의 재무담당 최고책임자인 론 마우러 (Ron Maurer)는 이렇게 말했다.

"사실상 징거맨스의 모든 자회사들이 힘든 시기를 극복하기 위해 어려운 결정을 감행해야 했습니다. 회의 때마다 결정하기 어려운 문제들을 놓고 치열하게 고민하고 논의해야 했고요."

그 결과 징거맨스는 예측치를 훨씬 넘어선 60만 달러의 수익을 거둘 수 있었다. 그는 이 모든 성공이 오픈북 경영 방식에서 비롯되었다고 말했다.

그 시기에 징거맨스는 또 하나의 커다란 성과를 달성했다. 그 시작은 다소 비극적이었지만 말이다. 2009년 7월에 새기노는 테니스를 치다가 가슴에 급작스런 통증을 느꼈다. 진찰을 받고 몇 가지 검사를 진행한 뒤 의사는 그에게 심장마비가 왔다고 말했다. 그는 말한다.

"사실 살면서 죽음에 대해 생각해볼 기회가 거의 없었습니다. 적어도 심장마비가 오기 전까지는 그랬습니다. 대부분의 사람들 역시 중대한 기로에 놓이지 않는 한 죽음에 대해 깊이 고민할 일은 없을 거라고 봅니다."

그 사건을 계기로 새기노는 자신을 비롯한 공동창립자인 바인츠바이크가 갑자기 회사를 떠날 것을 대비해 어떤 준비를 해야 할지 진지하게 고민해보기 시작했다. 만일 창립자들이 갑작스럽게 회사를 떠난다면 회사는 내부적으로 엄청난 혼란을 겪을 수밖에 없었다. 새로운 경영진은 어떻게 선출할 것인가? 징거맨스 소속 회사들은 독립적으로 운영될 것인가? 혹은 통합적으로 운영되는 것이 좋은가? 통합적으로 운영된다면, 징거맨스는 어떤 방식으로 경영해야 할 것인가? 새기노와 바인츠바이크는 언급된 질문들에 답해야 할 필요성을 느꼈다. 또한 징거맨스를 위한 경영권 승계도 서서히 준비해야 한다는 사실을 깨달았다.

2010년 1월, 샌프란시스코에서 징거맨스 전체 회의가 소집되었다. 새기노와 바인츠바이크를 비롯한 자회사 경영진 16명이 모여 이 문제에 대해 논의하기 시작했다. 새기노는 향후 징거맨스의 경영 방침을 정립하기 위해 특별위원회 구성을 제안했다.

"저는 경영진들에게 이렇게 말했습니다. '이제 회사의 소유권과 경영권 승계 문제를 진지하게 고민해야 할 때가 왔습니다. 바인츠바이크와 제가 회사를 떠나더라도 우리가 보유한 경영 철학이나 리더십을 잃게 되는 일은 없어야 하니까요. 회사의 지배 구조는 지금이야 문제없이 잘 돌아가지만, 나중에 관리자들이 늘어난다고 해도 과연 그 효과가 유지될까요? 그게 아니라면 어떤 변화가 이루어져야 할까요?'라고요."

경영진들은 소유권과 경영권 계승 문제를 논의하기 위해 특별위원회를 설립하는 데 동의했다. 그 후 6년 동안 위원회는 새기노가 기대했던 것 이상으로 발전했으며 다양한 조직의 현안을 조사하고 검토하는 데 큰 기여를 했다. 위원회의 멤버들은 창립자들이 회사를 떠날 때를 대비해 징거맨스의 새로운 경영 비전을 고안해냈다. 그 과정에서 창립자들은 종업원 지주제도에 대해 다시 한 번 검토해볼 기회를 가졌다. 그들은 과거에 종업원 지주제도를 도입하려고 시도했으나 이미 몇 차례 실패한 이후 좌절감을 느낀 상태였다. 일부 경영진들이 직원들과 지분을 공유하는 것에 강한 반대의사를 보였기 때문이다. 징거맨스의 경영 구조가 대단히 복잡한 것도 실패의 원인 가운데 하나였다. 하지만 특별위원회를 통해 징거맨스의 경영 구조가 완전히 재정비되는 시점이었기 때문에 종업원 지주제도는 다시 전면적으로 논의될 수 있었다.

결국 특별위원회는 최소 2년 이상 근무한 직원들을 대상으로 징거맨스 주식을 1000달러에 살 수 있는 기회를 제공하기로 결정했다. 그렇게 되면 직원 주주들도 연간배당금을 받을 자격이 생길 것이고, 금액의 규모는 전년도 징거맨스의 성과를 바탕으로 책정될 것이었다. 이 제도는 직원들의 주인의식에 강력한 영향을 미쳤다.

이 책에 등장하는 작은 거인들의 소유권과 경영 구조의 변화는 한 가지 명확한 사실을 시사한다. 작은 거인들에게 탁월한 기업을 향한 목표는 최종 목적지가 아닌 긴 항해의 한 과정에 속하며, 그것을 달성하기 위한 노력은 결코 끝나지 않는다는 점이다.

나는 바로 이것이 지난 10년간 14개의 작은 거인들이 겪은 경험을 통해 우리가 얻을 수 있는 중요한 교훈이라고 믿는다. 다른 대부분의 기업들과 마찬가지로 그들 역시 혹독한 대침체 시기를 겪었다. 그러나 대부분의 작은 거인들은 위기를 현명하게 극복하며 어느 때보다 강한 회사로 성장했다.

나는 작은 거인의 경영자들이 그랬듯 열정적인 포부를 지닌 오늘날의 기업가들이 자신의 직감을 믿고 따랐으면 좋겠다. 회사의 규모가 크든 작든 혹은 당신이 조직의 중역이든 직원이든 상관없이 작은 거인들은 모두에게 중요한 교훈을 시사한다.

비즈니스에서는 흔히 회사의 '규모'와 '탁월함'을 혼동하기 쉽고, 무조건 성장하고 더 커지는 것만이 정답이라고 생각한다. 하지만 작은 거인들은 '규모'보다 '탁월함'에 집중함으로써 두 가지 요소는 분명 다르다는 사실을 알려주었다. 그렇다면 과연 그들을 탁월하게 만든 것은 정확히 무엇일까? 나는 그들이 자신에게 주어진 '선택권'을 올바르게 인식함으로써 작은 거인이 될 수 있는 가능성을 열어둔 것에 정답이 있다고 본다. 부디 책에 나온 사례들이 독자 여러분들에게도 긍정적인 영향을 주었기를 바란다.

나는 작은 거인들이 전한 강력한 메시지가 수많은 사람들에게 영향을 미쳤다는 사실을 알고 있다. 그 현상은 비단 미국에서만 나타난 것이 아니다. 책에 소개한 기업들이 비교적 규모가 작은 미국 회사들이었기 때문에 나는 책의 독자층이 주로 미국 내에만 국한될 것이라고 생각했다. 하지만 내 예상은 보기 좋게 빗나갔다. 책을 출간한 이후 내가 가장 처음 받은 이메일은 인도 뉴델리의 한 독자로부터

온 것이었기 때문이다.

책의 첫 번째 서평은 캐나다의 일간지 《더 글로브 앤 메일(The Globe and Mail)》과 런던에 본부를 둔 《파이낸셜타임스》에 게재되었다. 그 후 호주, 터키, 스위스 등지에서 작은 거인과 관련된 여러 인터뷰와 기사들이 쏟아졌고 키프로스, 브라질, 과테말라, 프랑스, 이탈리아, 독일 등 다양한 국가에서 강연 초청을 받았다. 최근에는 북미지역 외에도 일본, 베트남, 호주, 브라질 등지에서 작은 거인들의 공동체 모임이 생겨났다.

비즈니스 리더들에게 무엇보다 커다란 영감을 준 것은 그들에게 부여된 '선택권'에 대한 인식이다. 즉 자신이 원하는 모습의 회사를 만들기 위해 스스로가 내릴 수 있는 선택의 범위를 정확히 인식하는 것이다. 당신이 어떤 산업에 속해 있는지와는 상관없다. 당신이 원한다면 회사를 가능한 한 작은 규모로 유지하고 성장을 제한할 수 있다. 물론 성장과 규모를 추구하는 것이 본질적으로 잘못되었다고 말하는 것은 아니다. 다만 그것 역시 당신에게 주어진 여러 선택 안들 가운데 하나일 뿐이라는 것을 알려주고 싶다.

리더들에게는 자유롭게 다른 길을 선택할 수 있는 권한이 있다. 경영자들이 그 선택권을 이해하고 인식하는 데 조금이나마 보탬이 되었다면 책은 본래의 목적을 이룬 셈이다.

우선, 베릴헬스(BerylHealth)의 CEO인 폴 슈피겔만(Paul Spiegelman)과 내가 함께 만든 '스몰 자이언츠 커뮤니티(www.smallgiants.org)'를 소개한다. 스몰 자이언츠 커뮤니티는 작은 거인들 간의 더 나은 소통을 증진시키기 위한 공간이며, 그들의 사업을 더욱 개선하고 강화할 수 있도록 서로 배우고 적극적으로 정보를 공유할 수 있는 장이다. 커뮤니티의 멤버들은 지역 모임, 온라인 세미나, 연례회의 등을 통해 긴밀한 관계를 맺고 있다.

우리는 2015년부터 《포브스》와 공동 작업을 통해 매년 작은 거인들의 목록을 만드는 일을 이어가고 있다. 함께 선정한 작은 거인의 목록은 《포브스》를 통해 소개된다. 우리의 주된 목적은 미국에 존재하는 최고의 작은 거인들을 집중 조명하는 것이다. 그들이 제공하는 제품과 서비스의 질, 그들이 만든 조직문화, 그들이 지역사회에 기여한 일을 알리는 것이다(만일 작은 거인이라고 생각하는 회사가 있다면, 이메일 [bo@smallgiants.org]로 연락주길 바란다. 선정 결과는 Forbes.com 블로그를 통해 확인할 수 있다).

작은 거인의 경영자들이 집필한 서적과 해당 회사들과 관련된 다음의 서적 및 자료들도 참고하길 바란다.

- 시티스토리지의 놈 브로드스키와 내가 함께 집필한『스트리트 스마트(Street Smarts)』
- 징거맨스의 애리 바인츠바이크가 쓴 비즈니스 가이드북,『올바른 경영을 위한 징거맨스 가이드』『훌륭한 서비스를 위한 징거맨스 가이드』등.
- 클리프바의 게리 에릭슨이 쓴『기준을 높여라』
- 골츠 그룹 제이 골츠의 경영 철학을 책으로 엮은 저서『경영노트』
- USHG 대니 메이어의 레스토랑 경영에 대한 통찰력이 엿보이는 책,『세팅 더 테이블』
- 프리츠 메이태그의 경영 철학을 볼 수 있는《하버드비즈니스리뷰》기고글 '작은 기업을 경영하는 기쁨(The Joys of Keeping the Company Small)'
- 레엘 프리시전 매뉴팩처링의 경영 방식에 대한 신선한 관점을 제시한 마가렛 룰릭(Margaret Lulic)의 저서『누구와 함께 일할 것인가』, 레엘의 이사회 멤버인 마이클 J. 노튼이 쓴『역경의 시대를 현명하게 극복한 사람들』
- O.C.태너를 구체적으로 소개하고 있는 헤르만 지몬(Hermann Simon)의『히든 챔피언』

- 라이처스 베이브 레코즈의 애니 디프랑코에 관한 구체적인 정보를 만나볼 수 있는 온라인 스토어(www.righteousbabe.com/store)
- 리듬 앤 휴스의 역사를 기록한 유튜브 다큐멘터리 〈라이프 애프터 파이(Life After Pi)〉

그리고 다음은 이 책에 소개한 작은 거인들의 웹사이트들이다. 독자 여러분들도 한 번쯤 방문해보기를 바란다.

- 앵커 브루잉(현재는 앵커 브루어스 앤 디스틸러스)
  : www.ancorbrewersanddistillers.com
- 클리프바: www.clifbar.com
- ECCO(현재는 ECCO 세이프티 그룹): www.eccosafetygroup.com
- 해머헤드 프로덕션: www.hammerhead.com
- O.C.태너: www.octanner.com
- 레엘 프리시전 매뉴팩처링: www.reell.com
- 리듬 앤 휴스(파산 이후 인수됨): www.rhythm.com
- 라이처스 베이브 레코즈: www.righteousbabe.com
- 골츠 그룹: www.goltzgroup.com
- 유니언 스퀘어 호스피탤러티 그룹: www.ushgnyc.com
- W. L. 버틀러 컨스트럭션: www.wlbutler.com
- 징거맨스 커뮤니티 오브 비즈니시스: www.zingermans.com

영화에 크레디트 타이틀이 있다면 책에는 감사의 글이 있다. 책이 출판되기까지 도움을 준 많은 분들을 생각하면 감사의 글에서 그칠 게 아니라 기립박수라도 보내야만 할 것 같다.

먼저 책을 내기 위한 아이디어를 준 사람들부터 언급하고 싶다. 펭귄 출판사의 페이퍼백 판매부서 책임자 패트릭 놀란(Patrick Nolan)과 펭귄의 자회사인 포트폴리오의 창립자이자 발행인인 에이드리언 잭하임(Adrian Zackheim)에게 고마움을 전한다. 놀란은 나에게 책에 대한 아이디어를 처음 준 사람이고, 잭하임은 내가 《인크》에 기고한 징거맨스 관련 기사인 '미국에서 가장 멋진 중소기업(The Coolest Small Company in America)'을 읽고 연락을 해왔다. 그는 나의 글에서 책이 나올 수 있는 가능성을 보았다고 말했다. 그가 제시한 아이디어는 기대 이상으로 대단히 명확하고 훌륭했다.

그 시기에 이미 주변의 많은 사람들이 이 책의 집필에 영향을 미쳤다. 《인크》의 전 편집장인 조지 겐드론(George Gendron)은 징거맨스 기사를 전적으로 나에게 맡겼고 조사에 많은 도움을 주었다. 리 뷰캐넌(Leigh Buchanan)은 기사를 훌륭하게 편집했고, 조지 겐드론의 후임인 존 코텐(John Koten)은 매력적인 타이틀로 기사를 실어주었다. 징거맨스의 애리 바인츠바이크와 폴 새기노를 비롯한 징거맨스의 여러 직원들 역시 기사를 쓰는 데 큰 도움을 주었다.

또한 바인츠바이크와 겐드론은 책의 주제를 구상하고 조사해야 할 회사들을 선정하는 데 대단히 중요한 역할을 했다. 특히 겐드론은 훌륭한 편집자로서 결정적인 순간에 날카로운 비평으로 많은 도움을 주었다. SRC홀딩스의 CEO인 잭 스택(Jack Stack)에게서도 소중한 조언과 지지를 받았다. 잭 스택은 나의 멘토이자 공동 집필자이기도 했다. 그리고 나의 친구, 친척, 동료들에게도 많은 도움을 받았다. 그들은 집필 과정에서 전적인 지원을 아끼지 않았다.

나의 또 다른 멘토이자 때때로 나와 함께 책을 집필하기도 했던 놈 브로드스키는 여러 방면에서 책의 출판에 기여했다. 그는 내가 살펴볼 만한 회사들을 추천해주었고, 책의 전반적인 주제를 구상하고 살을 붙이는 데 도움을 줬다. 책을 집필하는 여러 단계에서 중요한 피드백을 주기도 했다. 책을 집필하면서 내가 가장 처음 인터뷰 했던 인물은 클리프바의 게리 에릭슨이었다. 그는 인터뷰 과정에서 오히려 나에게 여러 중요한 질문을 던짐으로써 책의 방향을 올바르게 잡을 수 있도록 도움을 주었다. 또한 개정판을 집필하며 클리프바의 CEO 케빈 클리어리와 에릭슨의 아내이자 파트너인 키트 크로포드에게도 대단히 많은 도움을 받았다.

에릭슨과의 첫 인터뷰는 책을 집필하던 시기에 진행된 대단히 고무적이고 활기찬 만남들의 시작에 불과했다. 책을 쓰기 위한 조사를 시작하기 전까지는 내 주변에 이렇게 많은 훌륭한 회사들과 멋진 사람들이 있는지 인지하지 못했다. 책을 쓰기 위한 조사와 집필 과정에서 내가 즐겁게 인터뷰하며 일할 수 있도록 도와준 모든 이들에게 고마움을 표한다. 덧붙여 책의 집필과 조사를 위해 쏟아부은 2년의 시간을 함께 견뎌준 《인크》의 동료 직원들에게도 감사를 표하고 싶다. 책이 나온 이후에도 그들은 끊임없는 지원과 격려를 아끼지 않았다. 《인크》의 창립자인 버나드 골드허시에게도 감사를 표한다.

책을 출판할 시기에 이르자 나는 펭귄의 포트폴리오와 일하게 된 것이 얼마나 큰 행운인지 깨닫게 되었다. 담당자의 지속적인 도움과 날카로운 통찰력과 끊임없는 열정이 없었더라면 많은 어려움을 겪었을 것이다. 만일 모든 저작권 대리인이 그들처럼 일한다면 세상에 어떤 저자도 인정받지 못한다고 느끼는 경우는 없을 것이다.

'스몰 자이언츠'라는 표현을 처음으로 생각해낸 것은 골츠 그룹의 제이 골츠였다. 그는 책에 등장하는 특별하고 탁월한 기업들에게 '작은 거인'이라는 이름을 붙여준 사람이다. 골츠에게 특히 감사를 전하고 싶다. 마지막으로, 내 인생에서 가장 소중한 가족에게 고마움을 전한다.

옮긴이 **김주리**

숙명여자대학교 경영학·중문학과를 졸업하고 중앙일보 영자신문사 및 교육기관에서 근무했다. 현재 번역 에이전시 엔터스코리아에서 전문 번역가로 활동하고 있다. 옮긴 책으로는『스트레스 받지 않는 사람은 무엇이 다른가』등이 있다.

스몰자이언츠가 온다
세상을 바꾸는 완전히 다른 패러다임

초판 1쇄 발행 2019년 8월 7일
초판 3쇄 발행 2022년 9월 26일

지은이 보 벌링엄
옮긴이 김주리
펴낸곳 넥스트북스
출판등록 제406-251002017-000070호
주소 경기도 파주시 산남로 5-86, 202호 (산남동)
전화 031-939-6272
팩스 031-624-4295
이메일 nextbooks@nextbooks.co.kr
ISBN 979-11-967394-0-9 (03320)

www.nextbooks.co.kr   넥스트북스는 다음을 꿈꾸는 이야기를 만듭니다.
내일을 꿈꾸는 독자 여러분들의 기획이나 원고를 기다립니다.
nextbooks@nextbooks.co.kr 이메일로 연락처와 함께 보내주세요.